以莎士比亚和达尔文为主题形象的藏书票
（参见本书图10，此处较原图放大）

# 片纸沧桑

## 英国藏书票五百年之旅

BRITISH BOOKPLATES

A HERITAGE OF FIVE CENTURIES

史　扬 / SHI Yang　编著

西泠印社出版社

图书在版编目（CIP）数据
片纸沧桑 ： 英国藏书票五百年之旅 / 史扬编著. 杭州 : 西泠印社出版社, 2025. 6. -- ISBN 978-7-5508-4808-5
Ⅰ. G262.2
中国国家版本馆CIP数据核字第2025QE5515号

# 片纸沧桑 英国藏书票五百年之旅

史扬 编著

责任编辑 周小霞
责任出版 杨飞凤
责任校对 吴乐文
特约编辑 吴 伟
装帧设计 木 马
排版制作 密桢瑜
出版发行 西泠印社出版社
（杭州市西湖文化广场32号5楼 邮政编码 310014）
联系电话 （0571）87243079
经 销 全国新华书店
制 版 杭州真凯文化艺术有限公司
印 刷 浙江海虹彩色印务有限公司
开 本 889mm×1194mm 1/16
字 数 628千
印 张 29
印 数 0001—1000
书 号 ISBN 978-7-5508-4808-5
版 次 2025年6月第1版 第1次印刷
定 价 450.00元

# 目　录

# Contents

# 序
# Preface

## 片纸缀史赋沧桑

黄显功 / HUANG Xiangong

以纸为媒的历史记录，既有文字的书写，也有图像的描绘。旧时的藏书票属于广义的图像文献之一。作为藏书标志的藏书票，以书为载体，以人为核心，书以人为归属的特性，赋予了藏书票丰富的历史内涵。藏书票的历史是一部以人书互动为中心的文化史。对于中国藏书票爱好者而言，对国外藏书票的历史性认知还处于学习和了解的过程中，亟待加强研究、介绍与出版。

### 书页缤纷启书林

当1984年我国以版画家群体为核心的藏书票组织诞生后（当时名为中国版画藏书票研究会），多位热心的版画家和美术评论家在报刊上陆续撰文介绍外国藏书票。这是继叶灵凤在20世纪30年代和唐弢在60年代发表推荐藏书票文章之后的新一轮藏书票宣传，与八九十年代的改革开放、积极引进外国文化的时代潮流共起伏，培育了国内第一代藏书票收藏者。藏书票研究会内部刊物《藏书票信息》（后改名为《书票研究》《中国藏书票》）应运而生，成为业内的一个主要宣传园地，为创作者、研究者和收藏者开拓了国内外藏书票艺术发展的视野。这份重要的藏书票文献由于局限于版画家的圈子内发行，未能充分发挥其社会影响。1990年，梁栋、鹏程夫妇以该刊内容为主，选编了《藏书票艺术》一书，由上海人民美术出版社正式出版，这本我国第一种向社会公开发行的藏书票专著，以“史料性、知识性、趣味性、实用性和艺术欣赏价值”为特色（编者的话，《藏书票艺术》第358页）。在介绍外国藏书票的专文中，仅有三篇有关英国藏书票的译作，作者是英国伦敦大学教授W. E. 巴特勒先生，他曾任英国藏书票协会秘书长，后任国际藏书票联合会（FISAE）秘书长。梁栋先生在签赠此书时特别对我提到藏书票书刊出版的重要性，感慨此类书出版困难，数量太少。我那段时期赴京出差，每年都去梁栋家拜访，而每次交流几乎都会谈到藏书票图书的出版与研究话题。作为中国藏书票研究会的掌门人，他十分期望通过出版藏书票主题书籍，让更多人认识这个舶来艺术品，以此促进藏书票的规范化创作与大众收藏。

在2001年，又一份藏书票杂志《东方藏书票》在香港东方艺术中心出版，四川艺术家、该刊主编阿年先生为推行藏书票，将此刊广泛赠给国内文化界人士，该刊图版中刊登了许多包括英国在内的国外藏书票作品。以上两份刊物虽然出版不稳定，之后因难以为继而停刊，但在介绍国外藏书票方面与有功焉。

通过展览欣赏原作藏书票也是了解英国藏书票的重要途径。例如1989年1月由上海版画会、《文学报》、上海图书馆联合主办的“89上海国际藏书票邀请展”是我国开展藏书票活动以来，早期规模最大的一次国际性展览，公开展出了一批英国艺术家的作品。英国驻沪总领事欧文易先生不仅到场观展，还约请版画家见面交流，带来自己的藏书票进行交换和赠送。总领事竟也是一位藏书票的行家，这大概是英国官方人员与我国版画家首次在公开场合进行中英藏书票交流活动。进入新世纪之后，英国当代藏书票纷纷在各地展览中亮相，但对历史上的英国藏书票我们仍缺少认识。

## 西风票影英伦情

当藏书票的使用功能日益淡化之后，藏书票的创作、展览与收藏成为其存在的三个主要支撑点，而收藏则成为其创作的重要推手，收藏又促进了人们对藏书票的研究。所以，当中国藏书票在20世纪80年代兴起后，从初期的版画家交流创作逐渐转变为以收藏者为主体的研究，一批有影响的藏书票文章与著作主要出自收藏者之手。生活在港台的董桥、吴兴文是推动中国藏书票研究、介绍国外藏书票的引领者。

香港作家董桥先生的作品20世纪90年代在内地出版后，深受读者欢迎。他的《藏书票史话》是当时对人们影响最大的专题文章，许多人从中读到了国外藏书票的历史信息。我首次读到此文是在1996年上海“文汇书展”期间，当时浙江文艺出版社将刚出版的《董桥散文》参展，《文汇读书周报》的书展主持人刘绪源赠了一册作者钤印本。因董桥负笈英伦的经历，其《藏书票史话》涉及较多英国的藏书票历史，某种程度上可以说这是中国人撰写的第一篇较详细的英国藏书票史文章，之后人们撰写的西方藏书票沿革与艺术分期大都取材于此。

台湾著名出版人、藏书票收藏家吴兴文先生从1994年起陆续出版了《票趣——藏书票闲话》（传文文化，1994）、《图说藏书票——从杜勒到马谛斯》（宏观文化，1996）、《藏书票世界》（辽宁教育出版社，1997）、《我的藏书票之旅》（生活·读书·新知三联书店，2001）等一系列著作，其中介绍了一批英国著名的藏书票作者与作品，直接影响了收藏者按图索骥，收藏国外藏书票。董桥、吴兴文的论著在推介藏书票艺术与历史研究方面功不可没，其研究方法与写作样式影响了国内的后来者。

之后，北京子安先生撰写的多本著作为中国读者传递了丰富的英国藏书票鉴赏信息，上海安行先生的“安行票话”公众号也成为人们了解英国王室、贵族与名人藏书票内容的主要来源之一。

令人欣喜的是近十多年来国内出版界对藏书票书籍的出版热情渐涨，对英国的藏书票书刊尤为关注。因为英国是西方最早成立藏书票协会的国家（1891年），也是开创藏书票研究最早的国家之一。19世纪末，在藏书票收藏的黄金时代，英国出版了一系列藏书票著作，近年出版了中译本，如英国历史手稿委员会委员、文物鉴定专家威廉·约翰·哈迪（原译作“哈代”）著《藏书票史话》（金城出版社，2020），英国藏书票收藏家诺娜·拉布谢尔著《女士藏书票》（商务印书馆，2024）。马丁·霍普金森根据大英博物馆珍藏的藏书票编著的《藏书票的故事》在2011年问世后不久也被翻译出版（北京时代华文书局，2014）。特别是在西方藏书票史上影响颇大的英国1891年至1908年出版的《藏书票协会杂志》（*Journal of the Ex-Libris Society*）18卷，2025年将由上海三联书店出版全套影印本。

## 片纸缀史赋沧桑

作为舶来品的藏书票如何引入当代的中国文化，让更多的爱好者纵览国外的藏书票旖旎风光？除了促进展览、创作与收藏外，还要加强研究、宣传和出版传播。以往的零散单篇式介绍已无法满足人们对于英国藏书票的认识需求了，如今，我们欣喜地读到了史扬先生的《片纸沧桑——英国藏书票五百年之旅》。这部中国藏书票收藏家与研究者编著的第一部英国藏书票史著作，首次系统叙述了英国藏书票的发展历程。这部专题国别史著作的出版，为我们打开了“展现英国历史文化的一个窗口”（本书作者弁言）。此书将读者从以前的“走近”英国藏书票带入了“走进”英国藏书票的历史场域，尽享艺术与人文之旅的多彩篇章。

藏书票是伴随西方活字印刷术而诞生的藏书持有标志。英国印刷先驱卡克斯顿引进古登堡印刷术后，极大地推动了印刷书的出版和英语的规范化，为藏书和藏书票创造了物质基础，为繁荣英国文化积淀了丰富的资源。因此，藏书票的创作、使用与社会风尚的形成有其丰富而复杂的历史背景，如果孤立地看待方寸大小、片纸只图的藏书票就难以揭示特定时期的艺术生态与艺术家的成就，无法看到不同时代的无数王公贵族、社会名流、知识精英崇尚藏书的群体形象，也就难以理解一个国家强盛的文化基因。所以，数量庞大的藏书票是承载英国历史的特种文献之一。有“大英博物馆第二创始人”之誉的弗兰克斯爵士在从业45年（1851—1896）期间，为该馆成为世界级文物收藏与展览机构做出了重大贡献，其中就包括在大英博物馆开创性地开展藏书票收藏工作。弗兰克斯深刻地意识到“藏书票属于‘小品’，但它们所关联的历史和文化信息却极为丰富”（本书第5页），对此物我们不可小觑。

所以，藏书票的历史不仅仅是艺术创作史，还蕴含了藏书票诞生后六百年间无数人在各自生活的时空中所演绎的无数故事，轻轻的纸片折射了时代的沧桑。从中可令人感悟不同文化的缤纷映影，品藻爱书人的书趣逸情，寻觅票主身份的历史缩影，追寻社会风尚变迁的踪迹，体验人文、自然与艺术融合的升华……在此想起清代的一副对联“片纸能缩天下意，一笔可画古今情”，以此正视藏书票恰可匹配。

有鉴于此，作者史扬先生以史家的视角，对英国16世纪以来五百年藏书票历史作了全面梳理，以纵向的历史回顾作为通史总览，再以艺术家及其作品、霍尔家族藏书票、国王藏书票、公共图书馆和图书协会、收藏家与藏书票协会五个专题，按历史脉络分别叙述。以上内容均以藏书票图片及图片说明予以具体展示和讲解，为读者鉴赏藏书票、深入认识其中的内涵给予了直观的诠释和导读。书中分列的英国各时期历史年表、附录的英国贵族与荣誉称号和人名索引则彰显了历史学中的时代、人物、事件三个重要维度。在英国特定的历史时空中，众多艺术家和票主共同谱写了英国的五百年藏书票历史，每一张藏书票均是承载历史的图像史料。

## 文苑英华票为媒

我对英国藏书票的直观认识始于上海图书馆徐家汇藏书楼收藏的英国作家狄更斯的藏书票。1989年在上海图书馆举办的“89上海国际藏书票邀请展”上，图书馆提供了一批贴有藏书票实物的西文藏书，其中有一册英文版《中国第二次战役纪事》，此书是狄更斯的个人藏书。1870年狄更斯逝世后，其藏书被送去拍卖。这本书被不知名的竞拍人买下辗转带到了上海，此人是谁？此书经手了几个人？不论有多少令我们想象的情节，此书“可说是难得的中西文化交流的实物资料”。（吴兴文《我的藏书票之旅》，第131页）这张铜版雕刻的雄狮形象作品在1840年由一位爱好文学的木匠设计，画面采用狄更斯五世祖所获纹章的羽饰，即狮前足所持的马尔他十字架，抬头蹲伏于双色绞丝花环上，构图十分简洁。

当我在《片纸沧桑》中也看到这张狄更斯的藏书票时（本书图60），既感到十分亲切，同时也触发我的思念与回忆。1996年，上海图书馆淮海中路新馆落成，馆方命我负责筹备“书·藏书票（1606—1996）——庆贺上海图书馆新馆落成藏书票展”，编辑出版《上海图书馆藏藏书票作品选集》（上海人民美术出版社，1996），我自然不会让狄更斯的藏书票在展览和书中缺席，要让它见证一座图书殿堂的诞生。2017年我作为中方策展人，与大英图书馆合作在上海图书馆举办“文苑英华——来自大英图书馆的珍宝”英国作家手稿展，这是“大英图书馆在中国：共享知识与文化”政府双边文化交流项目。我赴英讨论入选作家手稿时，坚持争取入选狄更斯的手稿，其原因正是源自徐家汇藏书楼所收藏的狄更斯藏书票。大英图书馆同意了我们的要求，提供了狄更斯的《匹克威克外传》手稿参展。这部狄更斯的早期作品是1836年至1837年完成的，分19期按月出版，之后出版了单行本。“这部小说标志着狄更斯开始成为一位流行作家”（上海图书馆、大英图书馆编《文苑英华——来自大英图书馆的珍宝》，商务印书馆，第90页）。狄更斯从此在文坛上声誉鹊起，成为引人关注的作家。不久他拥有了约翰·奥弗斯为他设计的藏书票，这位设计者患有肺结核病，在狄更斯的鼓励与帮助下，把自己的诗文习作编成《一个工人的夜晚》出版，狄更斯为此撰写了序言（参见本书第102页）。2018年3月，狄更斯的手稿跨越关山，终于与狄更斯藏书暨藏书票在展厅中相聚，每一位与此相遇的观众从留存英国文豪手泽的小说手稿、藏书、藏书票中激发出各自的兴趣与联想，虽然人们并不知晓这张藏书票的“外史”，但它在这次中英两国高级别人文交流中扮演了特殊的历史角色。史扬先生在书中还收录了许多铭刻了历史故事的藏书票，兹不赘述，我相信每位阅读此书的读者都会从中找到有共鸣的藏书票。

* * *

叶灵凤于1933年在上海《现代》4卷2期上发表的《藏书票之话》一文附图中有一枚“十七世纪的英国藏书票”，如果说这是我国报刊上刊登的第一张英国藏书票图片的话，本书则是我国第一本集中展现英国藏书票精华的研究性历史图录，收录了英国历史上重要的艺术家和著名人士与机构的藏书票代表作。从《现代》到《片纸沧桑》，从徐家汇藏书楼的狄更斯藏书票到英国作家手稿展，时间延伸了我们的认知视野，时代拓展了我们的叙史空间。藏书票在中外文化交流方面具有独特的历史价值。

2025年3月15日

# 作者弁言

# Foreword by the Author

启功有云：“滔滔骈散终何用，几见藏家诵一通。”（《论书绝句百首》之四十一）

本书的主题是英国藏书票。虽然欧美各国乃至日本的藏书票也有深厚传统，中国藏书票亦可圈可点，但作者因学识所限而自囿于“英国一角”来写作藏书票的历史。尽管如此，英国藏书票以其历史的久远和博大，堪为研究西方藏书票的一个不可或缺的重要领域。

作者绝对无力也无意编成一部关于英国藏书票的百科全书式著作。实际上，在西方藏书票历史上，除几部重要的目录和通览之作外，从未有过所谓总集。藏书票的收藏和研究需铢积寸累之功，却难言止境，更何况其创作和积累仍在不断发展。

另外还需说明的是，由于藏书票数量浩大，关联深远，对此一纸千言之物，作者所尝试的描述和分析工作不免挂一漏万。在涉及带有敏感性的历史问题和观点时，则集中于事实性描述，回避主观评断，以免偏离本书主旨。

在说明这些情况之后，作者方可坦然表达这样一种愿望，即：以尽量包括主要类别的收录范围和力求具体、贯通的描述文字，作成一部英国藏书票历史，来向同好请教和交流，并希望它成为展现英国历史文化的一个窗口。

果如所期，幸甚至矣！

2024年11月28日

# 鸣谢
# Acknowledgements

作者本人虽然对藏书票有浓厚兴趣，并搜求有关资料，但早前并未设想过编著。本书的缘起，盖因西方插图本研究专家吴伟先生的建议和推荐。西泠印社出版社来晓平总经理等领导所给予的信任和支持使我能够根据设想投入工作；同时，我衷心感谢周小霞编辑对我的鼓励、理解，在组织、指导和编审等方面付出辛勤努力。杭州师范大学历史系周真真副教授应邀审读和指正书稿，在此深表谢忱。

本书成稿之际，中国美术家协会藏书票研究会副会长、上海图书馆历史文献中心原主任黄显功先生慨允作序，对我不啻勉励。而对于读者来说，阅读黄先生的序文则必有启发。

本书的写作有赖于英国藏书票领域所积累的大量研究资料，令作者的视野得以开阔，下笔有所依据。作者虽然编列了“文献选录”，在此还是要特别指出布莱恩・诺斯・李（Brian North Lee）的杰出工作和卓越成就是任何研究者都无法绕过的。在东方，董桥的文章对于大多数中国人认识英国藏书票有启蒙之功，而吴兴文对藏书票的热情则少有出其右者。

就我个人而言，高登・P. 史密斯（Gordon P. Smith）是我收集和理解英国藏书票的一位重要领路人。自加入英国藏书票协会（The Bookplate Society）以后，安东尼・平考特（Anthony Pincott）对我收集藏书票和研究资料给予了慷慨支持，他对于藏书票的权威知识令人钦佩；同时，也正是由于他的引荐，我得以结识其他会员如爱丁堡的理查德・托伦斯（Richard Torrance）、沃特福德的朱利安・沃尔顿（Julian Walton）、上海的安行等诸位先生，并向他们请教，使我受益匪浅。

杰弗里・塞维林（Geoffery Severin）和塞巴斯蒂安・卡特尔（Sebastian Carter）分别授权本书使用其先辈的作品，他们的慷慨和友谊令人难忘。

曾给我以教益和帮助的还有国内的阿罡、子安、慕贤和俄罗斯的杨嘉冰等先生，在此对他们表达我的诚挚谢意。

亲友之间，Yuan在生活中的奉献和支持使我能够心无旁骛地专注于写作，感激未可言表。Qing和Ken为我搜集资料竭其所能。绮云斋主帮助审读和编辑书稿，功不可没。

若无以上各方面的支持和帮助，本书的完成是难以想象的。而书中仍不免错漏，则全因作者学识所限或不慎之过，恳请各位读者给予指正。

作者谨记

# 凡例
# Notes to the Reader

## 全书体例

本书先以“绪言”介绍有关英国藏书票的基本知识和概念，再以“历史回溯”作为通览，之后分若干专题从不同侧面进一步展示历史。“历史回溯”及各个专题的内容均按历史脉络叙述，并主要以图片及图片说明进行具体展示和讲解。

除“绪言”部分之外，各部分的藏书票图片均按作品年代排序。其中，“艺术家及其作品选介”先按艺术家出生年代排序，每位艺术家名下的作品再按作品年代排序。

## 中外文和人物信息

为便于读者理解和查证，除极个别情况外，书中外国人名、机构、报刊名称和引用外文文字均附原文。引文的译文除特别说明外，均为本书作者自译。

对于书中出现的人物，尽量注明其生卒年，以便于识别或说明有关背景情况。当信息不详时，则注明“生卒年不详”或不注。对在世人物，除需要借以反映其所处历史时期外，一般不注出生年份。

对于反复出现的人物，除作者认为必要的情形外，书中避免重复出现同一人物的姓名原文和生卒年信息，而仅在首次出现或行文最为必要处注明，在其他处则标注其信息在书中出现的位置（页次、图号）。此外，书末“索引”也可供查找有关人物。

在标注图文信息互见的位置时，对见于综述性文字的人物，包括选介的艺术家，标注“参见第某某页”；对于票主人物或藏书票作者，标注所对应的图号；对见于某图片解说文字的人物，标注“参见图某某”。

## 图　片

除图1、图8、图227外，本书图片均出自实物扫描或拍摄。除图279外，所有藏书票图片均出自扫描或拍摄藏书票实物；其中，对于个别使用藏书票原票复制品的情况，在解说文字中具体说明。除附于图书上的藏书票图片外，藏书票图片显示尺寸均近似于原票。

版权：就所引用的少量涉及版权问题的藏书票，已获得版权人许可，并在图片下给予特别说明。

图名：藏书票图片均以票主名称（人名或机构名）为图名，包括中英文。当票面票主名称采用缩写或别称时，图名则用其全称或注明其常见名称。

年代：即藏书票创作完成或交付票主的时间。如不能确认具体年份，则注以年份区间，或大约年份（一般指早或晚5年内，个别可能扩大至早或晚10年内）。

藏书票（及图书开本）尺寸：尺寸标注均以厘米为单位，书中尺寸数字不再注明单位。标注格式为：矩形票面“高×宽”，菱形（椭圆形）票面“竖对角线（竖轴）×横对角线（横轴）”，圆形票面“直径”。测量取设计图像和文字外边缘最大尺寸（但不包括手写签名溢出部分）。

作者及署名：藏书票作者包括设计者、绘制者和雕刻者。当作者采用雕刻方式（文字或花押）或手写方式署名时，在可能情况下均予指明。在没有署名的情况下，则尽可能根据文献资料注明设计者和雕刻者（或其工作坊）名称；对于照相制版公司则一般在解说文字中说明。在作者信息不详或未署名的情况下，则略去有关说明项，不再专门说明。

技法：考虑到本书主旨和节省篇幅的需要，对于藏书票采用的版画技法除做一般性说明外，对每款藏书票的技法不做一一区分和说明。

图内文字：除极易辨别的情况外，对图内文字均在解说中录出原文并翻译（或说明大意）。录文在原文换行处以“/”分隔，译文于必要处加逗号断句。

## 方位术语

在描述藏书票内容时，所称“上”“下”“左”“右”方位均以读者为准，例如“右”即指读者的右手侧。但对于纹章的描述，按规则其“左”“右”方位应以纹章为准，例如“右”是指扶盾兽的右足侧（以读者角度观之则为左侧）。为便于区别和避免误解，当按照纹章规则辨别两侧方位时，以“D侧”（Dexter）指纹章右侧，“S侧”（Sinister）指纹章左侧。

## 纹章术语

见“绪言”部分之“纹章简说”。

## 参考文献

书末“文献选录”所列为英国藏书票相关文献。书中引用时以【 】内号码指明。

对于期刊类文献，在引用时注明出处所在某期。例如【11：1984-9】，指第11号文献之1984年9月号；【65：1982夏】指第65号文献之1982年夏季号。

对于书中引用的一些与藏书票没有直接或具体关系，或仅有局部参考意义的文献，在引用时则直接在脚注说明，而不再列于“文献选录”。

# 绪言

# Introduction

**图1　大英博物馆　The British Museum，1853**
版画作者：奥古斯斯都·巴特勒（Augustus Butler，1817—1863）

藏书票在英国出现于16世纪前期，至今已有五百年的历史。沧桑荏苒，千头万绪，止于一端，对于它们的收藏和研究，可从大英博物馆和弗朗克斯说起。

1759年，大英博物馆正式开放。它的建立，主要缘自汉斯·斯隆爵士（Hans Sloane，1660—1753，医生，皇家学会会长）遗赠给乔治二世国王的全部收藏，包括5万件图书、图版和手稿，3万2千枚钱币和勋章，334卷植物标本以及1千多件古物。此外，还汇集了更早的科顿（Robert Bruce Cotton，1571—1631）和哈雷（Robert Harley，1661—1724）的收藏。不过，在开馆后的近一百年间，大英博物馆的收藏仍局限于18世纪以地中海文明为中心的概念。直至19世纪后半期，奥古斯都·沃拉斯顿·弗朗克斯（Augustus Wollaston Franks，1826—1897）主持馆藏工作，这种情况才得以改变。

弗朗克斯于1852年从剑桥大学三一学院获得文科硕士学位，正值大英博物馆建筑落成。此前，他在1851年已进入这个博物馆工作。1866年，任不列颠与中世纪古物馆和人种学馆的首任馆长，直至1896年退休。他还加入了其他很多组织，包括在1854年当选伦敦古物学会会员（自1892年至去世任会长）。他对世界不同地域和不同类型的文化独具慧眼，广交并且善用收藏界和财力方面的人脉。在他的45年职业生涯期间，大英博物馆的馆藏在历史时期和文化地域跨度上都变得极其丰富，成为一座展现不同人类文明的世界级文物收藏和展览机构（原有的自然历史和图书收藏主要转移到了伦敦自然历史博物馆和大英图书馆）。他因此被称为大英博物馆的第二创始人。

**图2　奥古斯都·沃拉斯顿·弗朗克斯　Augustus Wollaston Franks**

年代：1898

尺寸：12.8 × 6.7

作者：查尔斯·威廉·舍邦

署名：C. W. Sherborn RE fecit 1898（皇家画家–蚀刻家协会会员C. W. 舍邦完成于1898年）

这是用于弗朗克斯遗赠伦敦古物学会书籍所用的藏书票，在票主去世次年作成。中央椭圆框内是弗朗克斯肖像，沿像框写名号AUGUSTUS WOLLASTON FRANKS KCB LITT D DCL FRS PSA，即“奥古斯都·沃拉斯顿·弗朗克斯，巴斯骑士，文学博士，民法博士，皇家学会会员，古物学会主席”（博士头衔是由剑桥大学和牛津大学授予的名誉称号）。上方为伦敦古物学会纹章，有学会的拉丁文铭文NON EXTINGVETUR（绵延不绝）；下方为弗朗克斯纹章，配铭文NUNC MIHI MOX ALIIS（暂得于己　倏忽去之），其两边有花瓶、书籍、藏书票册等。

下部文字写明遗赠之事：Bequeathed to the Society of Antiquaries of/London by Sir Augustus Wollaston Franks. / President MDCCCXCII. XCVII（由1892—97年主席奥古斯都·沃拉斯顿·弗朗克斯爵士遗赠伦敦古物学会）。后接藏书票作者署名。底部字框用于填写书籍编号（此处印样未经贴用）。矩形外框左上角有拉丁文Obiit May 21, 1897（1897年5月21日去世）。

关于藏书票作者，参见第198页；作者为票主所作私用藏书票，见图122。

1997年，在弗朗克斯去世100周年之际，大英博物馆出版社出版了一部纪念文集，总题《A. W. 弗朗克斯——19世纪的收藏与大英博物馆》【15】。该书由不同方面的文物专家撰写，在总述弗朗克斯对大英博物馆乃至维多利亚时代收藏界的贡献之后，分门别类论述了他对扩展大英博物馆馆藏所发挥的作用，包括：石器时代，史前时代晚期和古罗马时期的不列颠文化，人种学，不列颠和爱尔兰中世纪早期考古，欧洲中世纪，欧洲陶瓷、玻璃和珐琅器，东方陶瓷器，奥克瑟斯宝藏，印度雕塑，日本文物，伊斯兰文物，早期科学仪器和钟表，钱币，藏书票。其中，“藏书票收藏家弗朗克斯”一章由英国藏书票协会时任会长布莱恩·诺斯·李（Brian North Lee，1936—2007）撰写，揭示了弗朗克斯对于大英博物馆藏书票收藏的开创性贡献。在世界范围内，他仍然是收藏藏书票数量最大的个人收藏家。

在19世纪前期，英国已有人从事藏书票收藏。大约在1870年后，弗朗克斯先从C. V. 贝雷那里获得了一小批藏书票，后在沃伦（图65、图121）处见到斯科特（图65）借给沃伦的一部藏书票集，这真正引发了他对藏书票的兴趣。他意识到，与其他收藏品类相比，藏书票属于“小品”，但它们所关联的历史和文化信息却极为丰富，这十分符合他的意趣。其价格低廉，体量小巧，也便于个人收藏。于是，他开始有意识地去收集。

1880年沃伦出版《藏书票研究指南》【86】，书中感谢弗朗克斯出借其“不乏精品的小小收藏”。可见，当时弗朗克斯收藏藏书票仍在起步阶段。这时，一些较早藏家的收藏已经具有一定规模，弗朗克斯遂向他们成批收购。他也乐于与人交换复品，但无暇为交换花费过多时间。因其在大英博物馆和收藏界的声望，当外界了解到他收集藏书票时，有不少人主动向他提供。这使他的收藏迅速增长，以致后来他自己都难以确认究竟已有多少。

根据弗朗克斯的遗嘱，他收藏的藏书票在身后全部捐赠给大英博物馆。经剔除复品后，大英博物馆对这些藏书票进行编目、装册或装盒，再作分类统计，最终入于馆藏的这批藏书票共有约56,000枚。其中，英美藏书票约占60%（其中以英国为主，但美国藏书票自早期以来即与英国关系密切而不便拆分），其余基本为欧洲大陆藏书票（以法国、德国居多），也有少量来自拉丁美洲乃至东方。其收藏规模堪称首屈一指，并且，从进入市场的复品来看，其中不乏珍品，质量很高。

在收集的基础上，弗朗克斯也努力对藏书票进行研究，在去世前不久编成了以其个人收藏为基础的《1830年前英国藏书票目录》，总计收入14,400款。不过，由于他所收藏的藏书票数量巨大，而他又诸务缠身，因此他无力完成充分的整理工作。

大英博物馆收到这批藏书票时，它们的保存状态如何，现已不得而知。馆方委托豪威（Edward Russell James Gambier Howe，1858—1943，律师，伦敦古物学会会员，深谙纹章学和考古学）对它们进行编目工作，历时5年编成三卷《弗朗克斯遗赠大英博物馆英美藏书票目录》，于1903年出版【36】。它把约34,000枚藏书票按照票主姓名字顺排序，再逐个编号。原票则托于标准规格的纸张，再装订成55巨册。从后来的研究需要和更加先进的技术手段来看，这个编目并非完美，但它仍是研究19世纪及以前英美藏书票不可或缺的重要参考资料。藏家在引用时通常在其编号前冠以F字头，在把自已获得的藏书票与这个目录进行比对时，如有匹配则标明其“F……”编号（例如，后文图5所载藏书票为F9120）；如果不能匹配，则会注明NIF字样，即Not in Franks（意为“不在弗朗克斯之藏”）。

在弗朗克斯之后，大英博物馆继续收到一些重要藏家捐赠的藏书票。此外，馆方也从当代名家收藏他们的藏书票作品。至今，大英博物馆收藏的藏书票数量应在10万枚以上，并且从馆方的收藏策略来看，其中并不包括复品（但会有同一藏书票的不同版别）。它们上溯15世纪，下至现代，从不列颠到欧美乃至世界范围，囊括名人名家，称之为世界最大藏书票馆藏并不为过。如此规模庞大的收藏究竟承载了多少历史文脉，实在令人难以想象，后人对它们的研究和利用一直在持续。无疑，藏书票这个收藏界的“小品”已经进入文物殿堂，与其他品类的文物一样值得重视。

藏书票进入中国可以追溯到一百年以前，那时正值欧美藏书票艺术的“黄金时期”。在20世纪20—30年代，国内文学艺术界人士开始重视藏书票，有一批优秀作品问世。中国最早的藏书票收藏家则当数叶灵凤（1905—1975），他从20世纪30年代开始向国内介绍欧美和日本藏书票【90】。在中国社会经历巨大转折和变革的过程中，藏书票的创作、使用和收藏起起伏伏，时隐时现，却未曾中断。董桥在20世纪70年代加入英国藏书票协会，是当代较早进入西方藏书票组织的华人。1984年，“中国版画藏书票研究会”在北京成立（后改称“中国藏书票研究会”），藏书票发展成为一个重要的艺术创作品种。近30年来，随着中外交流的不断扩大和加深，藏书票收藏活动在国内逐渐形成群体。2008年，国际藏书票协会联合会（FISAE）第三十二届大会和双年展也在北京举办。

不过，对很多人来说，藏书票可能仍然是陌生的。

## 什么是“藏书票”

在西方国家购买一些有年头的旧书时，有时会发现在书内贴着印有前书主名号的一张纸片，这就是藏书票。它的基本功能是声明拥有这本书的人。其形式是以纹章、人像或其他图画为主体，配以铭文和主人名号的小型甚至是微型版画，也可以文字为主体构成。藏书票当然也可以手绘制成，但从收藏角度来看这是稀见的。不管怎样，藏书票是印制或绘制于独立的纸张（或别的材料）上，再贴用于书内，而不是印或画在书页上。

在近现代藏书票上，在票主名号前一般都有Exlibris（或作Ex Libris，Ex-Libris）字样，这个拉丁文词汇的含义是“出自……的藏书”；但通常还用它来代指藏书票，例如The Exlibris Society即“藏书票协会”。较早期的藏书票上可能并没有Exlibris字样，甚至也没有直接出现票主姓名，这时，就需要做一番考证才能确定其作为藏书票的功能，以及所属票主。

除Exlibris之外，在藏书票上还有用其他字样来表示类似意思的情况，例如“My Book”（吾之书）、“His Book”（他之书）、“Her Book”（她之书）等，甚至还有更加复杂的措辞，编撰和运用这些文字往往体现了票主的独特趣味或用意。

在英语世界，藏书票还被称为bookplate（或作book-plate）。其意指“藏书票”本身，而极少出现在藏书票上。虽然在票面上印Bookplate字样的情况的确存在，但这看起来是比较奇怪的，好比在警服上可以印“警察”而不会印“警服”这样的大字标识。此外，在一些特定情况下，bookplate可指从书中裁切下来的版画。

作为翻译词汇，“藏书票”一词体现了其功能和形式。虽然也出现过不同译法，但“藏书票”已经成为约定俗成的叫法。

## 西方藏书票与中国藏书印

为声明书籍权属，除直接手书之外，中国多用藏书印，西方惯用藏书票。叶灵凤把这两种不同传统归因于中西书籍纸质的差异，后人曾追随这个观点[1]。

在研究资料极大丰富的今天看来，探究这两种不同传统恐怕要追溯到它们的起源。中国玺印起源远及殷商，早期的基本功能是作为凭信、权力和身份的象征。玺印自春秋战国以来普遍应用，作用对象主要是封泥；用于纸本应在东汉以后，至隋唐已可见用于经籍鉴藏的实证[2]。宋代书籍印刷业兴盛，官私藏书印也形成了制度和风气。因此，印章被用于书籍乃是水到渠成之事。到16世纪，篆刻发展成为文人艺术，藏书印自此不仅具有声明权属的功能，也成为书籍文化的重要组成部分。

而西方藏书票的源起是在15世纪晚期。在此之前，标识书籍权属的方式是在皮质封面上压印或烫印纹章、名号等内容。随着印刷技术的进步，书籍变得丰富易得，印记也改为印制藏书票、再贴于书内这样较为便利和经济的形式。

藏书票在清末民初传入中国，出现了在中国传统线装书上使用西式藏书票的情况，并且两种艺术开始互相交融。在中国人设计的藏书票中，不乏篆刻样式，好似一枚放大的印蜕贴于书内。另一方面，藏书票上的票主名号采用印章形式也并非鲜见，还有在藏书票上钤印文字的做法，甚至在印章上刻制Exlibris字样和图案、名号再钤在书页上作为权属印记——不过其效果往往远逊于印制藏书票。

篆刻家向印主交付的是印章，由使用人自行钤印，钤印则需要一定的技巧和经验。而藏书票在完成之时，向票主交付的是已经印制并裁切好的成品，由票主直接贴用即可；印版可由原作者或票主保存，在不少情况下还会做毁版处理。这两种交付成品的方式给后期的收藏、交流和研究带来很大影响。印章除用于声明权属外，也可作为信物，其私属特性较强，故难以想象印主会令其进入流通市场。可供收藏的印谱数量一般也不多，流通范围十分有限，而印章本身则绝不易成批收藏。藏书票除贴用之外，现在多被用于交换和流通，虽然也有限量，有难以获得的绝品，但获取途径相对较多。总的来说，收藏藏书票比收藏印蜕乃至印章较容易入门。

---

[1] 叶灵凤此说初见于《书鱼闲话》（载于《文艺画报》第一卷第二期，1934 年 12 月）。郁鹏在其《藏书票》一文中沿用这一观点（见《北京晚报》，1963 年 5 月 22 日）。

[2] 可参考罗福颐《古玺印考略》（紫禁城出版社，2010 年）、王玥琳《妙无余——中国藏书印的历史与文化》（国家图书馆出版社，2021 年）等。

## 藏书票的产生和使用

藏书票最早出现的时间几乎与活字印刷书籍在欧洲的起源同时。目前，西方世界已知最早的藏书票出现于15世纪的德国地区[1]，这恐怕与古登堡（Johannes Gensfleisch zur Laden zum Gutenberg，1398—1468）在那里发明了西方活字印刷术息息相关。当图书可以被更多更容易地印制出来，并被更多的人拥有或借阅，也就增加了对标记书主的藏书票的需要，它是替代压印或烫印纹章的更加便利和经济的方式。针对这样的需求，丢勒（Albrecht Dürer，1471—1528）等一批艺术家在15世纪末至16世纪初设计制作了最早一批具有较高艺术性的藏书票。

在书中粘贴藏书票的位置，一般是在封面背后的封里，令读者开卷即可看到书主。还有较少见的情况是贴于封底之内，其用意是在读者阅毕时提醒归还书主。

需要指出的是，虽然在一般情况下藏书票票主与贴用其票的书主是同一人，但在一些特殊情况下，例如用于捐赠或纪念目的的藏书票，其票主与书主则可能不同。

版画天然是用来复制的，面向大众的，但当它用于藏书票却成为具有专属性的个性化标签。藏书票的产生从其肇始即是使用者和设计制作者两方面合作和互相影响的结果。订制和完成一张藏书票对于票主和艺术家两方面都有要求。一款理想的藏书票应当符合票主的专属需要，同时又体现艺术家的设计思想和制作质量，这当然需要两方面的协调。当藏书票的内容从单一的纹章式发展到更加多元化的形式后，这种协调就显得愈加重要。票主应当明确其意图和要求，而艺术家则在理解票主的基础上发挥其设计乃至制作才能，方可诞生兼具专属性和艺术性的佳制。

什么样的书籍适合贴用藏书票呢？这当然没有一定之规。凡书主自珍的书籍都可以贴上自己的藏书票。一些组织机构和公共图书馆也为其藏书订制和使用藏书票，它们的使用更是覆盖了很多不同类别的书籍。在标示书籍权属的作用之外，藏书票贴于书内可以体现书主（或票主）阅读和藏书的偏好及品味，甚至用以体现身份、地位和观念。虽然一款藏书票的印数可以很大，但是，就贴有私属藏书票的一本书来说，这样的组合往往是唯一的。

以下展示数例贴用藏书票的书籍，其中包括了藏书票的几种典型形式，以供初步了解藏书票的使用和它们的文化意义。（关于其设计中所采用的纹章形式，见后文说明。）

---

[1] 以德国的两款最早藏书票为代表。它们常见于各种著录文献，这里毋庸图示，仅说明其情况如下：

一款为匿名的“捧盾天使”藏书票。票主希尔德布兰德·勃兰登堡（Hildebrand Brandenburg，1442—1514）是一位牧师，他订制这款藏书票用于他捐献的图书，时间约在1470—1480年。手工上色，每张票有其手写的不同图书信息。

另一款为“刺猬之吻”藏书票。票主约翰尼斯·克纳本斯伯格（Johannes Knabensberg，？—1501）也是一位牧师。画口衔一枝玫瑰的刺猬，用票主别名Hanns Igler（Igler意为“刺猬”）。铭文hanns Igler das dich ein igel ku(s)s，意为“汉斯·伊格勒，一只可能吻你的刺猬”（注意原文仅Igler一词的首字母大写），即票主友爱于还书人但会刺伤失信者之意。约作于1480年（一说1450年），见于弗朗克斯收藏。

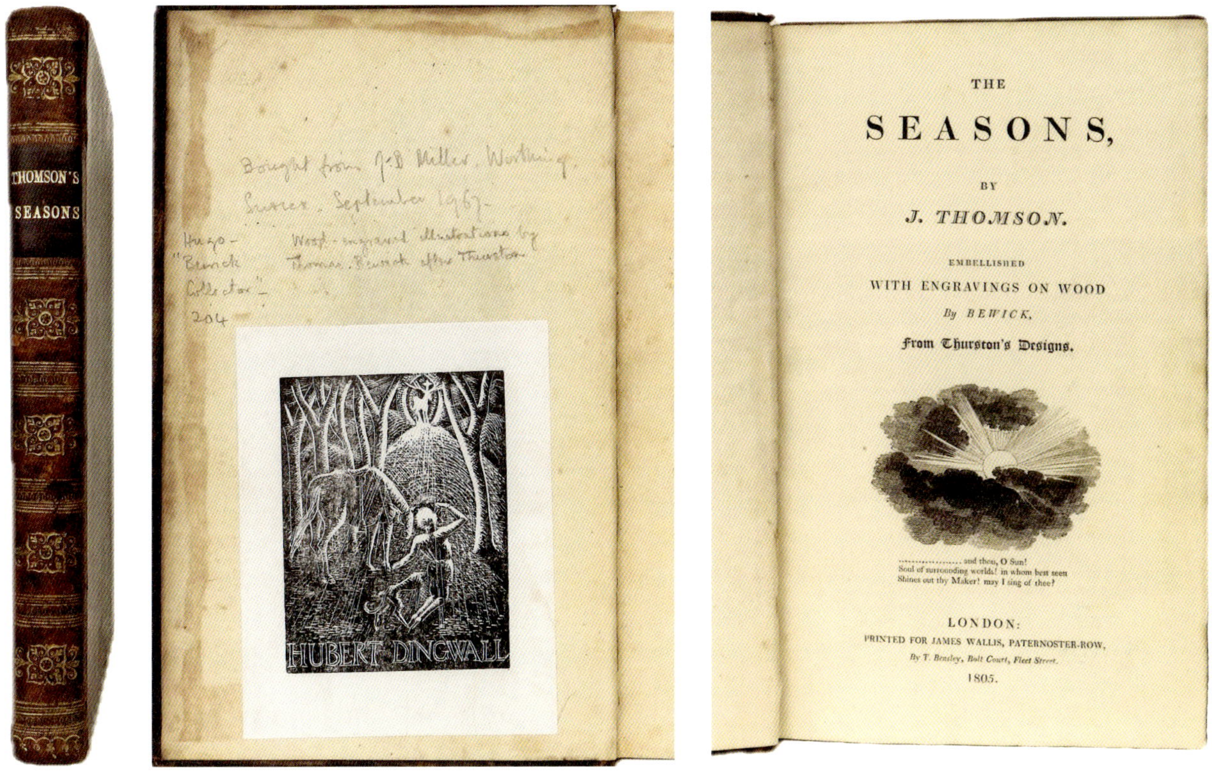


**图3　贴藏书票书籍示例之一——《四季》**

**James Thomson: *The Seasons*, published in London by James Wallis, 1805（开本尺寸22.0 × 14.0）**

**藏书票**

**票主：休伯特·丁沃尔 Hubert Dingwall**

年代：推测1950—1960

尺寸：8.2 × 6.3

作者：玛丽·斯彭德设计

《四季》是詹姆斯·汤姆森（James Thomson，1700—1748）所作长诗。分作四部，最早完成的是《冬》（1726），《夏》《春》分别成于1727年和1728年，1730年完成《秋》和结尾部分的《自然赞美诗》，汇成完整的诗集，每部各有一千余行。这是英语历史上第一部纯自然题材的长诗，其主题和结构在当时都是十分新颖的。版本众多，历久不衰。这部1805年版本由约翰·瑟斯顿（John Thurston，1774—1822，水彩画家，曾为多部文学作品设计插图）设计扉页和各部首尾的插图，托马斯·比维克（参见第178页）完成木刻。

封里贴藏书家休伯特·丁沃尔（1912—2001）的藏书票。据其记录，他在1967年买到这本书。票主早年毕业于牛津大学，自述其藏书活动始于1935年买到1697年版《堂·吉诃德》第二部（塞万提斯故于1616年），于是迫不及待去追寻同一版本的第一部。二战后结婚，生活趋于稳定，于是藏书不遗余力，家中汗牛充栋。故世多年后，其1,500多部珍本被拍卖。

票主加入了1972年重建的英国藏书票协会，在1975年向协会《简讯》提供了这款藏书票，并说这是多年前由表妹玛丽（Mary Spender，生卒年不详）设计。票面所绘人物是狩猎保护神圣休伯特（传说生于7世纪），他在丛林中看到在一头白鹿的鹿角中间闪耀的十字架后受到启示而皈依教会；而丁沃尔家族纹章的羽饰也是一头雄鹿。因此，这是一款隐喻票主姓名的藏书票。

图4 贴藏书票书籍示例之二——《反雅各宾派诗集》
***Poetry of the Anti-Jacobin*, the Fifth Edition, published in London by William Miller, 1807**
**（开本尺寸16.2×10.5）**

**藏书票**

**票主：威廉·亚瑟 William Arthur**

年代：1900

尺寸：11.6×8.5

作者：J. 斯科特设计，J. A. C. 哈里森雕刻

署名：INV. W. P. B. 1900（WPB设计，1900年）

雅各宾派是法国大革命时期的政治团体，它的激进政治主张曾在英国引起巨大反响。当时英国政坛的反对派辉格党人通过文学评论媒体挑动民众抗议和抨击保守的托利党政府，也被视为"雅各宾派"。这时，在伦敦出现了一个宣传托利党政治观点的周刊《反雅各宾派》（*Anti-Jacobin*，1797年11月20日至1798年7月9日刊行），它拥护英国的教会和国家制度，讥刺激进分子和支持他们的辉格党人。主要作者是乔治·坎宁（George Canning，1770—1827，时任小皮特政府外交次官；1827年为首相，病逝于任上）等人。他们在此发表的政治讽刺诗汇编为《反雅各宾派诗集》，初版于1799年，但其所反映的政治思想分化一直持续到19世纪前半期。

此处所示为1807年第五版。封里贴有波特兰六世公爵威廉·亚瑟于1900年订制的藏书票，距该书出版已近百年。我们不知这位公爵是如何获得这本古书和当时此书面貌如何。又过了一百多年，这本烫金皮装的诗集仍存有其藏书票，但书脊已经不存。

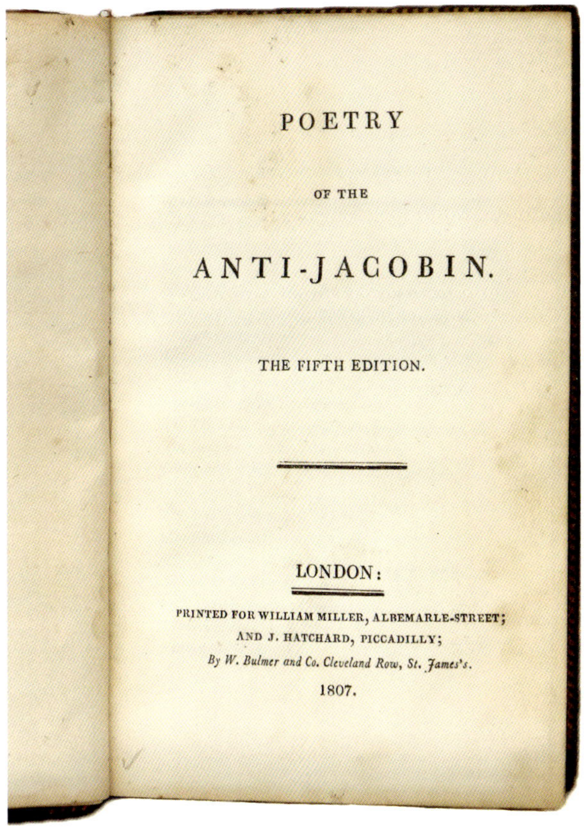


票主出身于显赫的彭廷克家族。祖上汉斯·威廉·彭廷克（Hans Willem Bentinck，1649—1709）原为荷兰人，因帮助威廉和玛丽到英国即位国王而获英国贵族封号；其子在乔治一世时获封波特兰公爵（Duke of Portland）。波特兰二世公爵的岳母为纽卡斯尔一世公爵的女儿（图27）；其子波特兰三世公爵尊其外祖母之遗命于1755年启用复姓卡文迪什-彭廷克，全名为威廉·亨利·卡文迪什-彭廷克（William Henry Cavendish-Bentinck，1738—1809），他曾在小皮特第一个任期之前和第二个任期之后两次出任首相，其中第二次出任实为小皮特逝于任上、格伦维尔（William W. Grenville，1759—1834）继任仅约一年之后，事在1807年，即本书出版之年。

票主（全名William John Arthur Charles James Cavendish-Bentinck，1857—1943）于1879年袭为波特兰六世公爵。早年曾经从军，在政界属于保守党（源出托利党），但其主要身份是国王近臣，曾任御马官之职。

藏书票采用纹章式设计。中央为卡文迪什-彭廷克家族盾徽，其中第一、四分区为彭廷克家族的风车式十字架徽章，第二、三分区为卡文迪什家族三鹿首徽章。盾徽悬浮于嘉德勋章吊袜带之前，双狮扶盾，上有公爵冠，下悬皇家维多利亚勋章。公爵冠上为带格栅的公爵头盔，其D侧羽饰属于彭廷克家族，S侧羽饰属于卡文迪什家族。顶部有彭廷克家族使用的法文铭文CRAIGNEZ HONTE，大意“畏耻知羞”。底部写票主名号WILLIAM ARTHUR/SIXTH DUKE OF PORTLAND/K.G.，即“威廉·亚瑟，波特兰六世公爵，嘉德骑士”，其左右分别有一小天使。纹章衬以繁复的莨苕纹披风，置于一古典建筑拱门下。整个票面以花纹边框包围。

该票虽然署名设计者是WPB，但实际设计者是斯科特（J. Scott）、雕刻者是J. A. C. 哈里森，参见第100页。

**图5　贴藏书票书籍示例之三——《马国贤神父回忆录》**

***Memoirs of Father Ripa*, published in London by John Murray, 1844（开本尺寸17.3 × 11.8）**

**藏书票**

**票主：约翰·德拉蒙德 John Drummond**

年代：1830—1850

尺寸：9.1 × 8.4

本书是1832年意大利文版的英译本（有删节），副标题“居于北京朝廷供职中国皇帝之十三年”。中译本书名为《清廷十三年：马国贤在华回忆录》（上海古籍出版社，2004年）。

马国贤（原名Matteo Ripa，1692—1745），是出自意大利那不勒斯的天主教传教士，1707年被教皇克莱芒十一世（Clement XI，1649—1721）派赴中国。1710年1月抵达澳门，次年进京拜见康熙皇帝，被任命为宫廷画师。1724年1月，带领4名中国青少年教徒从广州启程归国。他的这部回忆录记述了他在康熙朝后期至雍正朝初年供奉清廷的经历，以及归国后在那不勒斯成立第一个专门培养中国学生的“中国学院”的情况，在宗教史和东方史方面均独具价值。

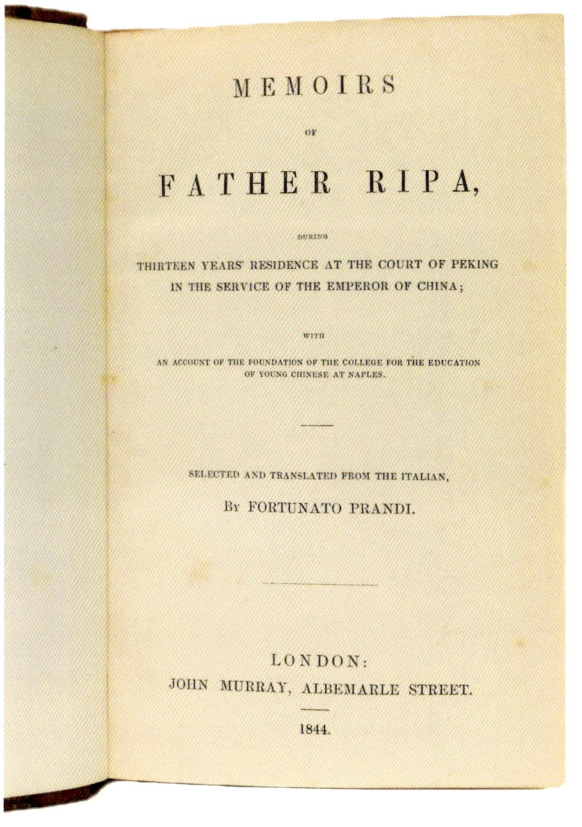


值得一提的是，在马戛尔尼（图50）率领的英国第一个前往中国的外交使团中，担任翻译工作的中国人即出自马国贤创办的这所中国学院，他们同马戛尔尼之间用拉丁文交流[1]。

本书英译者福图纳托·普兰迪（Fortunato Prandi，1799—1868）是流亡英国的意大利革命党人，曾是意大利民族解放运动领袖朱塞佩·马志尼（Giuseppe Mazzini，1805—1872）的伙伴。

票主（1793—1875）是19世纪中期的一位英军将领。他17岁中学毕业后入伍，1812—1814年参加对抗拿破仑的半岛战争，屡获嘉奖，并在战后晋升为上尉。后主要在欧洲大陆从事军务，1866年升至上将。1821年娶温奇尔西九世伯爵乔治·芬奇（George Finch，1752—1826）的私生女乔治亚娜（Georgiana Augusta Finch，生卒年不详）。在格洛斯特郡终老。

票面中央盾徽由德拉蒙德家族徽章和其夫人所出芬奇家族的三神兽徽章组成。盾徽两侧由武士扶盾，上方有头盔和弓箭羽饰，下方绶带上的拉丁文铭文MARTE ET ARTE意为“有勇有谋”，这些均为票主所在这支德拉蒙德家族专用的设计。票主名号写于底部。

[1] 斯当东（George Staunton，1737—1801）：《英使谒见乾隆纪实》，叶笃义译，群言出版社，2014年。

**图6　贴藏书票书籍示例之四——《哥布林集市及其他诗歌》**

**Christina Rossetti: *Goblin Market and Other Poems*, Macmillan and Co. 1862（开本尺寸16.7×10.7）**

**藏书票**

**票主：弗吉尼娅·瑟蒂斯 Virginia Surtees**

年代：约1970

尺寸：4.5×5.1

作者：迈克尔·伦顿

这是19世纪英国杰出女诗人克里斯蒂娜·G. 罗塞蒂第一部正式出版的诗集。她的父亲加布里埃尔·罗塞蒂（Gabriele Rossetti，1783—1854）是1824年流亡英国的意大利烧炭党人，也是一位诗人；他在伦敦娶妻成家，育有四位子女。这是一个传奇式的家庭：

长女玛丽亚（Maria Francisca Rossetti，1827—1876）通晓多种语言，研究但丁（Dante Alighieri，1265—1321）颇有建树；

长子但丁（Gabriele Charles Dante Rossetti，1828—1882）是突破传统的著名画家，先拉斐尔派[1]发起人之一，也是重要的诗人，以Dante Gabriel Rossetti行世，本书后文简称但丁·罗塞蒂；

次子威廉（William Michael Rossetti，1829—1919）是一位多产的艺术和文学批评家，编纂过多部英美诗人的传记和诗集，并且是先拉斐尔派人物行止的主要记述人；

[1]　Pre-Raphaelite 多见译作“拉斐尔前派”。董桥《中世纪之恋》附注说金庸主张仿中国“先秦诸子”说法译为“先拉斐尔派”，本书从之。

小女克里斯蒂娜（Christina Georgina Rossetti，1830—1894）是诗人。她的兄长但丁·罗塞蒂（本书卷首和扉页的两幅版画即出自他的设计）认为，她是勃朗宁夫人（Elizabeth Barrett Browning，1806—1861）之后最优秀的女诗人，其率真的诗艺甚至超过后者。在世时即有多部诗集面世，由麦克米伦（参见图66）出版。

这部诗集出版时，作者年甫32岁（或未满）。集中包括45篇不同体裁的诗歌和16篇祈祷诗（作者是虔诚的英国新教教徒）。书名取自列为第一篇的《哥布林集市》（*Goblin Market*），这是一部有500多行的叙事诗，讲述两姐妹遭遇售卖禁果的哥布林并最终摆脱他们的故事，探讨了诱惑、欲望和犯戒后果等主题。哥布林是西方民间传说中游荡的精灵和怪物，且往往是邪恶的。

封里贴有一枚以票主姓名组成的字体藏书票。票主（1917—2017）幼年时曾随外交官父亲在北京居住过。她祖母的母亲路易莎（Louisa Ruth Herbert，1831—1921）曾在1858—1860年为但丁·罗塞蒂做绘画模特，因此给票主遗留下这位画家的不少作品。票主本姓Bell，一生有过两次婚姻。1962年第二次离婚，后专注于收藏和研究先拉斐尔派的作品，花了近10年编成两卷本《但丁·罗塞蒂油画和素描作品目录》〔*The Paintings and Drawings of Dante Gabriel Rossetti (1828—1882)*，1971〕，不久后还策划了但丁·罗塞蒂的回顾展。此外，她作有多部历史人物传记和回忆录，并收藏他们的书信。她在2014年97岁高龄时，将所藏但丁·罗塞蒂重要作品交予佳士得拍卖行。其中，她在1951年以285镑买下的但丁·罗塞蒂画作《三玫瑰》（Rosa Triplex）以90.25万镑拍出，现藏于泰特美术馆。由此可见这位画家在数十年间逐渐受到较高重视，这当然也与票主的贡献有很大关系。她的其他收藏则分别赠给了维多利亚与阿尔伯特博物馆等多家公共收藏机构。

票主继承了外祖父赫伯特·C. 瑟蒂斯（Herbert Conyers Surtees，1858—1933，英军准将，议员，历史作家）的祖宅，参见图110。第二次离婚之后，遵已故外祖母遗命改姓Surtees，此后再未结婚。而据她所作标记，她是在1969年买到这部已有百年以上历史的诗集。根据这些情况，推测她的这款藏书票作于1970年左右。

藏书票作者（Michael Renton，1934—2001）是一位雕刻家兼字体艺术家。除较大型的石刻外，他以木刻作品见长。其所设计的字体藏书票线条优美而不失力度，属于现代藏书票艺术的一个重要流派。

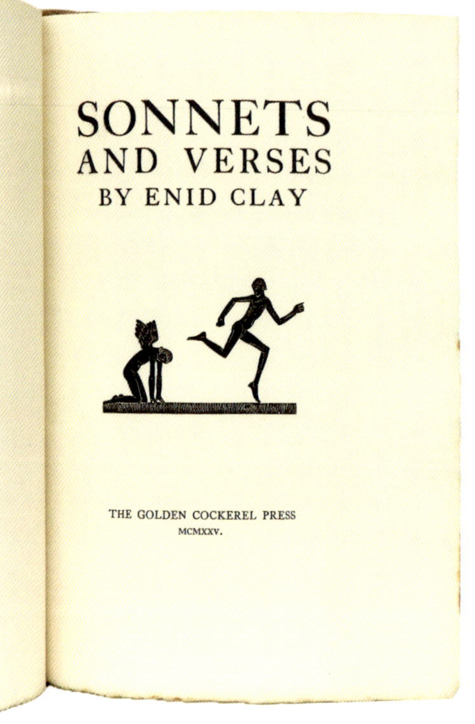


**图7　贴藏书票书籍示例之五——《商籁与歌行》**

**Enid Clay: *Sonnets and Verses*, The Golden Cockerel Press, 1925（开本尺寸22.5×15.5）**

**藏书票**

**票主：C. S. 巴罗 C. S. Barlow**

年代：约20世纪30年代

尺寸：6.5×4.1

罗伯特・吉宾斯（图100）接手金鸡出版社之后不久，就邀请同在木口木刻家协会的埃里克・吉尔（参见第288页）创作插图，但是吉尔因金鸡出版社并不遵奉他所信仰的天主教而不愿意合作。这时，吉尔的姐姐埃妮德・克雷（Enid Clay，婚前全名Enid Rose Gill，1881—？）正在寻求出版其诗作。于是，吉宾斯提出由吉尔创作插图来出版她的诗集，这才促成这部由吉尔为金鸡出版社创作的第一个插图本（包括扉页和内文插图共8幅木刻）。出版当年即被双冠俱乐部（The Double Crown Club，成立于1924年，由书籍设计师、出版社和藏书人等组成，现称图片艺术社The Graphic Arts Facility）评为“年度书籍”。此后，吉尔与金鸡持续合作，包括为埃妮德・克雷的另一部诗集提供插图。

这部诗集由十四行诗和其他体裁多样的韵诗组成，共31首，均为短章。从诗体的对比上看，犹如中国的格律诗与歌行体诗。其内容主要是咏叹爱情和亲情、生命与死亡等。扉页配图表现了第一首诗的主题“爱情追赶青春不及而力竭”。诗集为作者在诗坛奠定了地位；不过，如果人们更加看重其中的插图，倒也不能说是“买椟还珠”。

在封里贴有一枚十分精致的酒红色皮质烫金藏书票。票主应是一位藏书家。他的一些珍本书，包括吉尔为金鸡出版社所作的其他一些插图本，曾在2002—2003年由佳士得拍卖。其更多信息仍然待考。

## 藏书票的品种

出于不同观察角度或研究需要，对藏书票有各种分类方法，每种分类还可继续细分下属子类。分类的目的是便于归集、整理、比较和研究。藏书票的一些主要分类方法已是约定俗成之例，但实际上并无统一或固定的分类方法。就本书出现的情况，下面对一些分类方法进行归纳，以便于读者判断和理解。

**用途分类**　从专属性来看，藏书票主要为个人专属，即私人藏书票。而一些机构、组织和公共图书馆制作的藏书票在一定范围内广泛使用，可划分为半通用型。由书店或出版社提供名号空白的藏书票，供购买者填写自己的名号后使用，被归为通用型（例如图72）。

从功能来看，藏书票当然主要是票主自用。但历史上也不乏用于捐赠图书的藏书票，在这种情况下藏书票上会有捐赠人的名号，但可能没有受赠方也即书主的名号。与此相对，还有专门用于受赠图书的藏书票，不过这是比较少见的情况。

**基质分类**　藏书票可以在皮质基底上烫印或压印，或用油墨在纸上印刷而成。实际上，自藏书票出现以来，纸质藏书票早已成为压倒性多数，皮质藏书票则成为早期在皮质书籍封面压印或烫印纹章的遗绪。

**技法分类**　藏书票的制作可以分为设计、制版、印制等步骤。画家的首要任务当然是设计图样，同时他们也可以是能够进行雕刻乃至印制的技法高手。但实际上很早就出现了专门的雕刻行业，画家或票主可以持画稿委托制版和印刷。随着现代图片复制技术进入应用，画家可以更加专注于设计，而将制版或复制委托于专业工坊。在这种情况下，画家甚至可以提供幅面较大的画稿，由制版人缩制成尺寸适宜而且效果可能更加精细的成品。但是，这并不意味着画家可以完全脱离技术。在当代计算机辅助设计和数字化技术发展的潮流下，如果画家能够充分掌握和运用新技术，则有利于创新技法来追求自己的艺术表达。

印制藏书票的传统技法可分为凸版、凹版和平版三大类。凸版以木刻为代表，这是最早采用的技法。西方世界现存最古的两款15世纪藏书票（见第8页脚注）即为木刻作品。在木刻领域后来又发展出可表现精细效果的木口木刻。木刻艺术几经兴衰，但人们对木刻独特韵味的喜爱从未减弱。另外，现代凸版工艺还可采用麻胶版和塑料版等材料。

凹版主要指16、17世纪兴起的铜版（雕刻或蚀刻），其精细技法具有很强的表现力；以及19世纪兴起的钢版，其硬度较高而更适合大量印刷。凹版雕刻和印刷对技法和耐心都有很高要求，虽盛极一时，但当代从事手工凹版的人却越来越少。

平版发明于18世纪末的慕尼黑，采用石灰岩板材，根据油、水相拒原理制版和印刷。在德国，还发展出适合印制原色纹章的彩色石版印刷术。将平版印刷原理结合摄影术后，则产生了光刻制版技术。

随着摄影术和化学方法的进步，在19世纪后半期出现了种种新式的复刻制版方法，其中以较为廉价和方便的锌版为主。在锌版上可以直接绘图或作成像处理，也可以复制雕刻版或石版。它特别适合印刷单色线条或块面而对表现层次要求不高的情况，可以实现精细的复制效果。另一方面，丝网印刷则为表现丰富的层次提供了手段。

国际藏书票协会联合会（Fédération Internationale des Sociétés d'Amateurs d'Exlibris，简称FISAE）于1966年成立后，统一规范了藏书票各种技法的分类和标识【27】，此处不再一一赘述。

**题材分类** 作为个人权属标识，早期的藏书票多以贵族专属纹章为题材是十分自然的。依其演进过程，纹章式藏书票又可分为早期纹章式、雅各式、奇彭代尔式及19世纪流行的简化形式，例如图4和图5。纹章古已有之，其作用已经退化，但时至今日仍然是藏书票设计的题材之一。

在纹章式藏书票正盛的17世纪末，已经出现了图画式题材。从那时到18世纪末的约100年间，人像、书堆、寓言、风景、古瓮等题材的图画式藏书票都已面世。随着平民知识阶层在藏书票使用群体中的扩大，图画式藏书票大有一统天下之势，其具体内容也越来越丰富多样。

题材融合这一艺术现象在藏书票领域是经常可见的。在图画式藏书票中就有不少结合使用纹章的情况，对此类混合式设计，如果仍然要划分其所属类型，可根据占画面比重较大或者较突出的主要题材来确定。

此外，字体藏书票，即以字符为主体的藏书票，也称书标，是在英国较早出现和比较多见的一种形式。字体藏书票又可分为两种：一是雕刻制版而成，做成专有的设计样式；一是用活字模排印而成，用字体艺术家设计的字模印制而成的藏书票别具意义。二者都是专门印制再经裁切后粘贴于书内，这种书标虽然简单、直接，但其内容和艺术性仍然值得研究和玩味。

## 纹章简说

古老的纹章学在当代西方世界已非“显学”，对很多中国读者来说恐怕就更是陌生的。纹章的复杂多样性并非片言可解，本书作者在这里不揣浅陋做一简要说明，目的是帮助读者理解本书后续内容。读者如需全面深入了解纹章学，须择专著而研之。

英国藏书票协会会长拉蒂默尔（参见第422页）对纹章曾有一个精妙的比喻，即“纹章是汽车号牌的12世纪版本”【11：1984-9】。在12—13世纪，英国国王因战事组织军队时，受封而拥有土地的地方贵族需派遣由骑士率领的部队，各支部队服从于所属地方首领。由于骑士戴着遮面头盔（关于中世纪骑士的面貌，参见图170），为使下属或友军识别，他们会在自己的盾牌（或其他披挂）上画出显示身份的专用图案，好比现在用以识别车辆的号牌。这就是纹章的起源。在欧洲大陆，使用纹章的传统与此类似。

显然，必须确保纹章的专属性才能避免误用或误判。另一方面，还必须保证准确识别这些标志，这对战场上的传令官来说尤为重要。为此，贵族和国王都需要具备这种能力的传令官；但是到后来，只有国王才任用这样的官员。亨利五世国王在1418年颁布敕令，规定纹章须经官方授予，或继承先辈，或参加过英法阿金库尔战役的人才能拥有。1484年，理查三世设立了负责调查、记录和更正贵族纹章的纹章院（The College of Arms），它也代表君主向特定人士授予纹章。此外，一些自治市镇也拥有属于本地区的纹章。纹章院存在至今；不过，纹章的战事功用早已衰退。至18世纪晚期，由纹章院代表国王授予纹章成为一种象征性的荣誉；民间新兴阶层则往往自己设计和绘制纹章，而不一定再由官方授予。这时，纹章的功用已转变为地位或权属标识，用于宅第、银器乃至墓碑。当然，它也出现在藏书票上。

纹章的组成形式有一定规则，绘制纹章也成为一门艺术。在藏书票上，纹章的画法经历过一些复杂、微妙的演变，但是其基本构成元素并无变化。它是对实物做抽象化表现，再加以组合而成的。另外，对于纹章设计使用的色彩，在黑白藏书票上可用特定的底纹来表示。下面以英国皇家纹章（图8）为例说明纹章的组成和术语，并以英国上议院图书馆藏书票（图9）的设计来显示它在藏书票上的应用。

**盾徽（Shield）** 居于纹章中央，是最重要和最核心的身份标识。盾徽的图案（Charge或Device）一般是经过专门设计和授权使用的，有时还加上具有特定意义的符号。虽然盾徽可以只有一个专属图案，但较为常见的情况是由不同分区图案（Quartering）组合而成，每个分区代表不同的意义，或显示主人的家传或姻亲关系。分区的排序方式是从左至右、自上而下。本书把这些分区的图案称为徽章，以便与盾徽相区别。由于这些图案的设计十分复杂，本书除说明其所属或出处外，一般不再做具体分析。图8盾徽有四个分区，分别代表英格兰（一、四），苏格兰（二）和爱尔兰（三）。如果主人拥有官方授勋，则盾徽还可配饰勋章，例如这里环绕盾徽的是嘉德勋章吊袜带。

**扶盾（Support）** 在盾徽两边对称布置的一对动物、人物或其他象征装饰物，两边可以相同也可以不同。其象征作用是支撑立起的盾徽，其装饰意义则是使纹章设计更加丰富和庄重。应当注意的是，纹章之左、右是按其自身方位而定的，以扶盾为例，其右手（足）侧为右扶盾，左手（足）侧为左扶盾。在图8盾徽两侧，右扶盾为立狮，左扶盾为独角兽。为与一般情况下所称左右方位相区分，本书对于按纹章规则所称之“右”和“左”，分别以“D侧”（Dexter）和“S侧”（Sinister）代称。

**头盔（Helmet）** 居于盾徽顶部中央。其设计根据主人地位有一定的规则。例如，面部无格栅头盔正对观者表明主人的骑士身份，若以半侧面示人则表明他未受封骑士；面部带格栅的头盔用于公爵时以半侧面示人，例如图4，而图8所示以正面示人的头盔则专用于国王。

**绞丝花环（Torse或Wreath）** 盘于头盔顶部，用以将披风或其他附着饰物固定于头盔。

**王冠或冠冕（Crown或Coronet）** 用于拥有王位或爵位的贵族的纹章。其他人的纹章一般没有这个部分，但有的设计会将羽饰立于一个仅具装饰性的小冠冕上。

**羽饰（Crest）** 位于头盔或冠冕上方，也是显示主人地位或身份的重要标志，可以用植物、动物或人物等图案，一般为传承定式而不可随意改变。图8的羽饰是皇家纹章惯用的走狮图案。拥有王位或爵位的贵族有时只用王位或爵位冠冕而不另加羽饰。

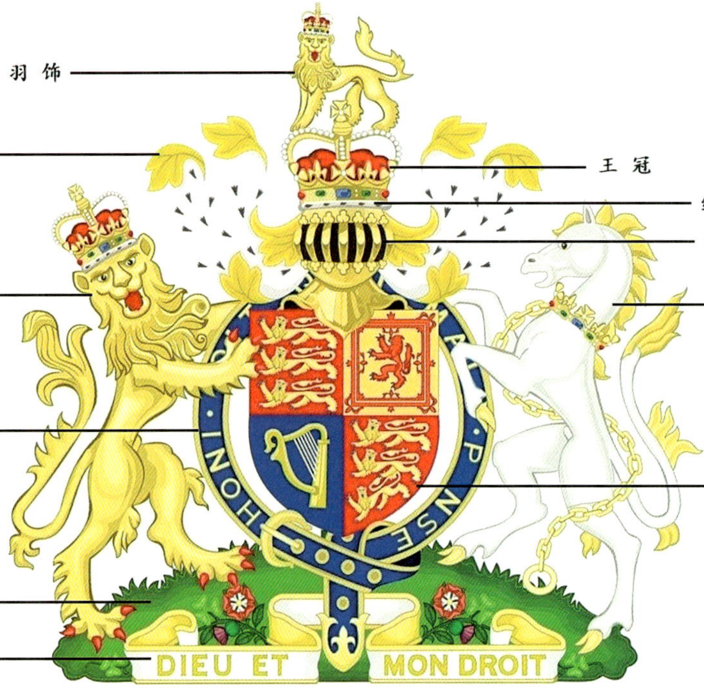


**图8 英国皇家纹章**

盾徽为维多利亚女王以来样式，参见图248。王冠为伊丽莎白二世启用样式，参见图262。

**披风（Mantle）** 在头盔后面向两边披散。它本是布料材质，可大至占满画面。在纹章图案上还常常采用象征性的茛苕叶或橡树叶等组成的卷曲纹饰。图8披风上布满了貂尾纹样，以显示主人的高贵身份。

**隔层（Compartment）** 在纹章底部为盾徽和扶盾设置的立足地或分层结构。

**铭文（Motto）** 常出现在纹章下部横贯的条幅上，但也可以安排在上部。铭文，或译作“箴言”，是整个纹章的点睛之笔，用以宣示主人的观念或追求，其文字一般是家传惯用的，但也可能是从其他出处引用。图8铭文为国王专用（参见图9）。

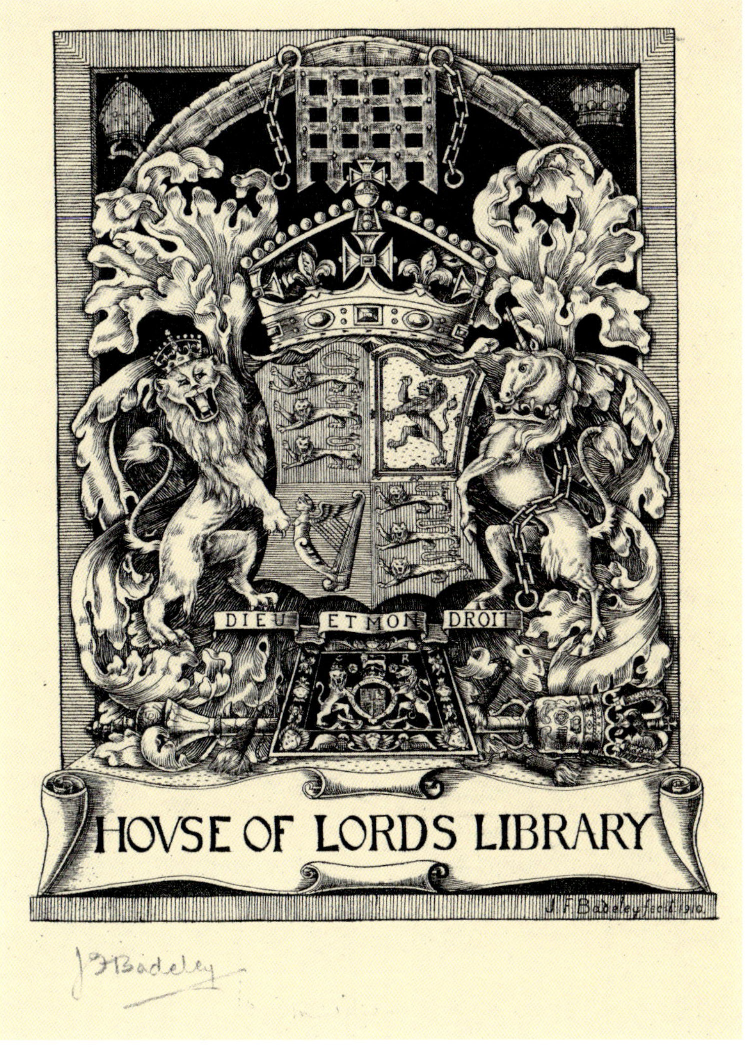


**图9　上议院图书馆　House of Lords Library**

年代：1910

尺寸：11.8 × 9.3

作者：亨利・J. F. 巴德利

署名：J. F. Badeley fecit 1910（J. F. 巴德利完成于1910年），及铅笔签名

英国议会上议院，或称贵族院，起源于11世纪，目前由大主教、世袭贵族、终身贵族和最高法院大法官等组成。在英国两院制立法机构中，它曾经掌握较大权力；但是在现代议会体制下，下议院成为主要立法机构，上议院对下议院立法的否决权已在1911年（即该票完成之次年）被终结，转而主要发挥补充和平衡的作用。

票面中央为皇家纹章，其中盾徽是维多利亚女王以来样式。王冠是维多利亚女王后期至乔治六世时期的“双段拱新月式”图案，不同于图8所示的前后左右“四段拱式”。盾徽和王冠背衬莨苕叶披风。羽饰是英国议会的城堡大门标志（两边链条用于放倒或收起门篦）。拱券上方两角分别是大主教和贵族冠冕，象征上议院的构成。D侧扶盾兽为雄狮，S侧为独角兽，均为皇家专属。盾徽下有法文铭文DIEU ET MON DROIT，直译“上帝和我的权力”，实即“君权天授”或“天佑吾王”之意。下面又有一枚小型皇家纹章，其背后是国王权杖。底部字幅写所属机构名称。

作者（参见第253页）是上议院秘书长，在1910年和1924年分别作有一款上议院图书馆藏书票。其本人对1924年款的设计和雕刻更为满意，但实则1910年款的内容比较丰富。

## 怎样认识和理解一张藏书票

当我们面对一张藏书票时，可以划分它的类别，并且基于社会观点或个人偏好对其做一番“欣赏”。但更重要的是，一枚藏书票作为一个特定票主的专属物，它承载着与票主、设计者乃至时代背景相关的各种信息。成批收藏的藏书票所蕴含的信息之丰富堪称形形色色、五花八门。为了具体认识藏书票所表现的内容，理解其中蕴含的意义，要按照合乎逻辑的方法或程式来进行分析，才能透过形式对其主题和内容做出具体、确切的品评，而不是停留于肤浅的主观判断。

将图像学的概念和方法运用于此再合适不过。

根据潘诺夫斯基（Erwin Panofsky，1892—1968，参见图160）的图像学理论[1]，可以按照统一规定的三个层次对一款藏书票的题材或意义进行区分。通过在每个层次上进行充分的描述和分析，就能对它做出比较完整和深入的理解，而每个层次的分析工作总是以上一层次为基础。下面，以舍邦为其子所作藏书票（图10）为例来具体说明。

第一个层次，也是最基本的层次，是藏书票的“自然题材”。它首先是指纯粹的形式化的“事实性题材”，也就是画面上直接出现的内容。在图10中，我们可以看到它是一个书房的内景，有窗畔的书柜、桌面、雕像、书籍、票主研究工作所使用的物件和工具等，也可以看到藏书票标记、票主姓名、纹章、铭文、作者署名等文字信息。

所谓“自然题材”还指藏书票的“表现性题材”，也就是出现在画面上的对象物和文字相互组合所直接表达的含义。在上面的例子中，票面的文字说明这是舍邦为儿子（即票主）所作藏书票，窗上隐现的纹章暗示了家族背景。书柜上的铭文体现了票主的爱好和信仰，这可能也是父亲对儿子的寄托。整个画面则令我们想象票主在一个古雅书斋中的工作环境，和他的思维空间与精神世界。

第二个层次是“程式题材”，也就是根据人们已经约定俗成的概念或理解，辨识藏书票所表现的象征性主题。在图10中，莎士比亚和维纳斯雕像体现了诗歌和艺术主题，达尔文画像和桌面器物体现了科学主题，而书籍和铭文等则表现了知识与信念。我们对这些主题的认识，是基于第一层次的分析和我们已经具备的概念或常识。如果藏书票的作者也正是按照这些主题来构思和创作的，那么可以说我们已经正确认识了这样一件藏书票。

在第一和第二层次上，研究都是针对作品本身所表现的特性，是“图像志”意义上的描述。但是，正确认识作品的外在表现仍然是不够的，在这样的层次上我们对于作品的认识仍然是孤立的，而没有观察它与其所处的时代、环境的必然联系。真正的“图像学”意义上的思辨还要深入到第三个层次，即作品的“内在意义或内容”。这也就是在分析作品主题的基础上，综合归纳出它所反映的具有更广泛意义的因素，这些因素可以是民族、宗教或信仰的，是社会、阶级或政治的，是科学、文化的，等等。

[1] 欧文·潘诺夫斯基：《图像学研究》，范景中、戚印平译，商务印书馆，2022年。

**图10　查尔斯·戴维斯·舍邦　Caroli Davies Sherborn（Caroli为Charles的拉丁文写法）**

年代：1890

尺寸：9.6 × 7.5

作者：查尔斯·威廉·舍邦

署名：C. W. Sherborn fecit 1890（C. W. 舍邦完成于1890年），及铅笔签名

票主（1861—1942）是古生物学家和地质学家，并以传记作家知名。作为作者之子，他为父亲编写的传记和作品目录是研究舍邦藏书票艺术的最重要资料。

票面呈现一间书房内部的景象，前景桌面上摆放插着鹅毛笔的墨水瓶、书籍、化石标本、显微镜等物，翻开的书页显示这是一本古生物书籍，上面压着一枝玫瑰；打开的标本匣上盖内有票主花押，一盏灯在书桌一侧点亮。书柜楣板上有拉丁文LIBRI AMICI · DEUS NATURA，意为“书籍是朋友，自然属上帝”。书柜上方摆放着莎士比亚雕像，侧边有维纳斯雕像，上方墙面上还有一幅达尔文的画像。

窗格上装饰着以立狮盾徽和独角兽羽饰为特征的舍邦家族纹章，其下部字框内有年份字样1890。上方的拱窗内则刻有作者署名。

关于作者，参见第198页。

就图10来说，它所组合的主题与维多利亚时代人们对科学进步的态度和观点有密切联系。自启蒙运动以来，科学发现的步伐加快，给人类物质生活带来巨大改变，也对传统观念带来冲击。悲观者以为，实验科学会给自然带来破坏，把它简化为没有灵魂的机制。乐观者则认为这是无稽之谈。狄更斯（图60）即指出，科学把人们从迷信中解放出来，但并非用功利主义的锁链束缚人类，而是让人们沉浸于对更美好事物的思索，激发想象力，引导灵魂进入更高境界。科学揭示了物质的自然过程，但是对于超出现实经验和实验研究的“非物质”过程，仍然需要用诗歌来表达；诗歌可以帮助人们表达对自然世界和自我命运的思考。事实上，科学家们也常常以诗歌的形式来传播科学概念，把科学上升为一种“美”。这款藏书票正是表现了这样一种调和，难怪美国艺评人格利高里·泰特（Gregory Tate，1957—2021）在其《维多利亚时代科学里的诗意》[1]中引用它作为一个例证。

对于这款藏书票，还可把它与票主联系起来做一番考量。票主作为藏书票艺术家舍邦的长子，为父亲编制过一部作品目录，并附有一篇情深意切的回忆录【70】。舍邦出生于伦敦莱斯特广场的一所民居，这里离荷加斯（参见第168页）、雷诺兹（Joshua Reynolds，1723—1792，皇家美术院首任院长）和布雷克（参见图85）的故居不远，而莎士比亚（参见图129）、牛顿（Isaac Newton，1643—1727）和亨特尔（John Hunter，1728—1793，现代外科之父）等人的雕像则在莱斯特广场公园矗立。票主在回忆录中写道：“（在这样一个成长环境中）不知是什么原因使他选择投身艺术，而不是去争名夺奖或从事医学、物理学等。”一个人或从事艺术，或投身科学，往往难以兼得；而换一种思考，一个人于二者之中任择其一，是否皆可能有所成就呢？我们可以设想艺术家父亲和科学家儿子之间曾经就此对话，而这款藏书票体现了父亲对儿子的寄托和期许。

当我们能够把一件艺术作品与它所倚赖、所涉及的“时代和环境”因素联系起来，就可以在新的层面对它做出更加深刻的理解和解释。如此发现的象征价值可能已经超出艺术家的初衷，甚至与他本来的立意相去甚远。这与我们理解一首古诗的过程有相似之处，即在解构的基础上，再做完整的串联和解释。这样的解释仍然不能脱离作品本身，但不可避免地受到解释者见识、立场和意图的影响。就专属性很强的藏书票来说，作者的创意应与票主相协调，但这并不妨碍他的作品反映出属于一个圈子、一个阶层乃至一个时代的特征。可以说，这个层次的分析已经属于或至少接近文艺批评的范畴。

这里需要进一步强调的是，运用上述图像学方法的基本原则是，我们所做的工作不能脱离对象本身的内容和形式。在上升一个层次进行分析或归纳时，必须以前一层次的正确认识为基础，才能保证描述的正确性。

这带来两方面的要求或者问题。首先，观察者需要具备与认识一件作品的要求相当的实际经验、知识基础乃至综合直觉。如果不能认识画面所绘为何物，不能理解画面直接表达的含义，那么就无从解析它的主题；如果缺乏关于艺术家本人和他的作品所属时代、所处环境、所服务对象的了解或者资

[1] Gregory Tate: *The Poetry of Victorian Science*, The Public Domain Review, July 26, 2018.

料，也就很难在更深的层次上理解它的主题，也难以对它的意义进行归纳，乃至做纵、横向的关联与比较。

但是另一方面，作品本身所限也可能阻碍对其做出完整和充分的认识。如果一位艺术家刻意地特立独行，令观者无从直接认识其作品所表现的题材，那么也就很难理解它表现的主题。如果他把题材进行了“奇怪”的表现或者“超常”的组合，也会让观者难以把他的创意与自己的知识或经验联系起来。这样的例子在现当代风格激进的艺术中并不少见，对此往往需要艺术家本人或评论家对作品加以说明。

就藏书票而言，由于它们的数量如此庞大，在久远的年代跨度上涉及的人物数量难以计数，而且几乎每一款作品都“因人而异”，因资料缺失而无法解决疑难甚至无法获得解决问题的线索是常见的，本书也难免付之阙如的情况。但这并不意味着可以就此妥协，因为逐步探求问题答案的过程正是收藏的乐趣所在。在图像志层面，本书力求对票面内容做出尽可能详尽的描述，其中包括对图像、文字的理解，在没有确切时间记录的情况下对完成时间做出推断，在分析题材之间关系的基础上指出立意或主题。

如前文所述，藏书票作品是票主和艺术家相互影响的成果。如果说藏书票的专属性对于理解它会成为一个障碍，那么对于票主的了解则是解决障碍的钥匙，艺术家与票主的关系也可能是理解藏书票的关键。因此，还需要尽可能获得票主和艺术家乃至其相互关系的有关信息。从实际出现的一般情况来看，较早期的票主多为具有一定社会地位的人物，关于他们的记载往往有据可查，但藏书票作者的信息却往往欠缺；现当代藏书票的情形则相反，引领、主导潮流和趣味的艺术家们地位突出，而票主方面则因平民化或大众化的趋势而常常信息湮没。

当然，图像志解说的文字并非一定要遵从固定顺序，而是按照便于说明和理解的原则来组织。在此基础上，读者尽可依靠自己的知识背景进入“第三层”图像学分析，其中可能会涉及流派归属、时代联系等问题；此外，还可对作品的“艺术性”进行评判，例如设计构思、表现手法乃至工艺质量等。由于这些问题涉及很多不同专业领域，本书如对每张藏书票均一一做这样的详细探讨，则不免脱离主旨和冗长累赘，因此只在认为必要或适宜的情况下提供观点供参考。

*　　*　　*

总而言之，藏书票是书籍归属的标记，它的设计和使用都有很强的专属性。收集、整理藏书票，并按照科学方法进行分析，可以看到它们以自己的故事串联起来的历史，而它们的样式或风格的演变也是一段独具魅力的文化史。

英国藏书票与欧洲大陆藏书票相似相通，但又有其独特之处。从中世纪以后的近现代直至当代，英国基本保持了国体的连续性，它的藏书票艺术也呈现了比较完整的历史演进过程，其复杂多样性不逊于任何欧洲大陆国家。在18世纪的英国，纹章式藏书票的各种形式都已出现，图画式藏书票也丰富多样，藏书票的使用则从贵族阶层扩大到新兴阶层。从19世纪末至20世纪初，藏书票的创作汇入新的艺术潮流，藏书票协会组织的建立又极大推动了收藏和研究活动，这是英国藏书票历史上的黄金时期。现当代藏书票艺术几经兴衰，但仍在传统与创新之间继续融合发展，其价值发现历久弥深，其影响从西方向东方扩大，有增无减。

英国藏书票的数量究竟有多少？这是一个不易回答但又令人感兴趣的问题。首先，这个数字应是指不同款式或不同设计的藏书票，但可能包括一定数量不同版别的藏书票，即不包括完全相同的复品；其次，由于英国和美国以及原属大英帝国的一些国家或地区的紧密关系，在统计英国藏书票时往往很难排除它们，目前在统计英国藏书票数量时采取把它们合并进来的办法，以英美藏书票笼统称之，其中英国本土的艺术家和票主占绝大多数。按照这样的原则和范围来估计，英美藏书票在20世纪前累计的数量约有10万种，20世纪以来累计增加的数量约有5万种，因此总数为15万种左右。由于存在很多从未被收藏或著录的纹章标志或字体书标，目前不可能做到确切统计。英美藏书票的数量在全世界的占比约25%—30%；由于二战后欧洲大陆藏书票数量增长较快，这个比重应有下降趋势。

虽然收藏藏书票的入门门槛不高，但要想穷尽存世作品却只能是虚妄之盼，而且也是不必要的。在收藏达到一定规模的基础上，通过研究和分析来进一步提高兴趣和增加回馈，方为进阶之道，这与其他收藏活动并无二致。当然，由于藏书票数量庞大而又带有特别突出的专属性，这种工作也意味着不小的难度。

近一个多世纪以来，英国以及美国、澳大利亚、加拿大、南非等国的藏书票组织和专家、学者进行了大量整理、考证和分析工作，积累了丰富的资料，英国藏书票的整个面貌因此得到梳理和总结。它们所承载的史事典故引人回味、思索，所牵涉的人生命运令人喟叹、唏嘘，这一切并不因其系于小小的纸片而减色。

# 历史回溯

# A historical retrospective

与其他艺术门类相似，藏书票形成一个历史发展过程。但是，其特殊性在于，除通用藏书票外，每款藏书票都具有专属性，即依据个别票主的要求设计并为其所使用。在交流范围受到较大局限的早期，这种专属性并不利于形成所谓流派，流行样式主要受一定时期社会传统的影响，逐渐传播、扩散而形成。在藏书票协会、杂志等交流媒介出现之后，对于藏书票的设计进入了公开讨论，艺术家们可以面向公众展示和推广自己的作品与风格；但是，一般来说，票主仍然希望尽可能保持自用藏书票的独特性。

因此，并不奇怪，近100多年来，对藏书票的研究总是从大量个体出发，对个别、具体的藏书票进行描述和分析，以此为基础，采取“自下而上”的方式归纳其发展脉络。这种研究不仅关注艺术家作者，也同样关注向他们订制作品的藏书票拥有者和使用者。

在全世界范围，藏书票自产生以来已跨越了五百多年，它们的发展脉络以样式和风格的延续与演变为特征，同时又因其内涵而与广阔和深远的社会历史进程相联系，成为“大历史”的一部分。对于藏书票历史的分期是在研究个别藏书票的基础上进行归纳所得。这种主观性分析不可避免地受到藏书票发展在不同国家或地区之间差异性的影响；即使单就某一国家或地区而言，不同研究者的观察角度和分析方式也会有所不同。因此，对于藏书票历史并不存在固定、统一的分期方式，尽管不同的分期方式仍可以相互对应。

从外在观察的角度来看，藏书票历史分期的着眼点是其形式的变化，而造成其阶段性的内因则是票主偏好的演化和艺术潮流的更替。针对英国藏书票，本书按以下四段时期来回顾其历史：

（一）16—18世纪初，即都铎王朝亨利八世在位前期至斯图亚特王朝结束，约200年。

（二）18世纪初汉诺威王朝开启至威廉四世去世，约120年。

（三）维多利亚女王即位至第一次世界大战中，约80年。

（四）自第一次世界大战中温莎王朝开启以来，约100年。

这个分期方式参考了沃伦【86】、卡斯尔【17】等研究者进行的归纳。同时，为便于中国读者的理解，将分期尽量对应于英国王朝更替的一些重大节点，并照顾到各期藏书票体量的相对均衡。这样，一方面便于归纳藏书票的不同特征形式，另一方面又可与英国的“大历史”时期相对应，具体情况见后文，此处不作赘述。但需要指出的是，至少就英国的情况来看，一些具有悠久传统的早期形式和题材在后期仍然存在，并未消亡，例如现当代藏书票中仍不乏古已有之的纹章式。因此，各个分期的特征主要是就当时新出现的形式或题材而言，但这并不意味着可以忽视或否认传统影响的持续存在。

为了分析和理解一张藏书票，需要结合历史事件和人物的背景信息。为此，本书对于每个分期都提供了一个历史大事表，分别列于各期收录的藏书票之前，以供参考。这些大事表列出了一些重大历史事件和与藏书票领域有密切关系的事件。但本书主旨并非英国历史，从历史学的观点来看，这些“大事表”必有缺欠乃至片面之处，这是需要读者注意和给予理解的。另外，这些大事表是以英格兰为主线，而联合王国是随着威尔士、苏格兰和爱尔兰的并入而形成的，它们的历史和藏书票其实也是值得注意的专题。

整部英国史风起云涌，千丝万缕，大量藏书票所涉及的历史事件和人物难以尽述。但是，如果能够把握它的以下几个重大进程，无疑有利于对于各个时期藏书票的认识和理解。当然，这些历史进程与藏书票的分期并不完全对应，而是跨越和交叉。反过来，从大历史进程到个别历史事件，在藏书票中往往都可以寻到踪迹，例如，中英关系史上的一些重大事件在藏书票中可以找到见证或关联。

**君主立宪**　1066年，“征服者威廉”来到伦敦登基王位；又经历数年征战后，使英格兰成为一个统一的中世纪国家。至13—14世纪，随着《自由大宪章》签署生效和召开议会，英国在用法律限制王权和建设高效政府方面已经超出同样拥有强大君权的法国。至17世纪晚期，英国正式进入一直持续至今的君主立宪体制；自18世纪起，英国的政体与欧洲大陆君主国家之间逐渐出现了明显差别，为建立先进的现代国家奠定了重要政治基础。

**宗教改革**　16世纪在欧洲大陆兴起宗教改革运动，显示了人文主义向中世纪宗教权威发出的挑战。当它传播到英国，则以亨利八世不顾教皇敕令、自主决定其婚姻为标志，成为自上而下发生的一场革命。不被教皇承认的伊丽莎白一世重新宣布本国圣公会为国家教会，至此英国正式形成以国王为世袭首领的独立教会。1588年，英格兰以弱胜强击败西班牙无敌舰队也被认为是“天佑英格兰”的结果，令人更加坚信新教主张得到了上帝支持，这大大激发了英格兰的民族意识。此后，新教与天主教之间的争斗仍然反复，甚至导致王位继承危机，直至“光荣革命”令詹姆斯二世被废黜。此后，议会立法禁止天主教徒继承王位，英国在政、教两方面完全实现独立，自此也再未遭遇入侵。

**海外扩张**　英国对法国领土的觊觎在“百年战争”之后逐渐消退；另一方面，在击败西班牙无敌舰队后，其海外扩张转向远洋。1600年成立英属东印度公司，是为后来英属印度帝国的基础。17世纪初期，开始建立北美洲殖民地，后来还利用奴隶贸易在西印度群岛发展种植园。到18世纪初期，英国海军实力已经领先世界，海外贸易份额大幅增加。到19世纪末，英国在对外战争和国际竞争中取得巨大优势，势力范围遍及美洲、非洲、澳洲、南亚和远东，成为所谓“日不落帝国”。

**工业革命**　18世纪后半期在英国发生了棉纺织业技术革新，并发明了蒸汽机，引发了19世纪各种产业的机械化。这大大提高了社会生产力，并创造了大量新的工作岗位，使财富积累的来源转型到制造业和商业。工业化到19世纪中期已基本完成，但随之而来的城市快速发展也造成许多前所未见的问题。艺术家们对于工业时代的大规模廉价生产方式采取抵触态度，他们试图挽救工业时代衰落的艺术品味，在回归传统和突破境界之间追求自己的目标，开创了工业革命之后新的艺术潮流。

**帝国衰落**　第一次世界大战后，英国作为战胜国扩大了在非洲和中东的势力范围，但是这场战争的巨大消耗使英国已无力继续维持其在国际舞台上的野心。1929年爆发的经济大危机严重挫伤了英国的海外贸易，国际政治格局遭到破坏终又导致第二次世界大战的爆发。战争使英国的出口市场丧失殆尽，并由于对美国战时贷款的依赖而在1945年成为世界上的主要债务国，金融稳定受到严重打击。这时，英国仍然保持着世界最大帝国的地位，但是实际影响已大大减弱，特别是曾经举足轻重的海军实力严重衰落。1947—1964年，大多数殖民地取得独立。自1931年成立英联邦到此时，大英帝国已不复存在。当然，这并不意味着英国的国际地位一蹶不振。1949年，英国作为创始国之一加入以美国为首的北大西洋公约组织；1973年，英国在放弃大部分英联邦特殊利益的条件下加入欧洲共同体。这些都标志着其国际角色在当代世界的转换。

*　　*　　*

以下按历史时期对藏书票的分组分别以当期大事表为首，而不另作分节。正文主要叙述各时期藏书票的总体情况，展现其纵向演进。对于它们与历史事件和人物的联系，则就各藏书票具体解说，而大事表可以作为参照。针对一些艺术家及其作品的专题，或在较大时间跨度上前后关联的票主群体，则另辟专篇叙述。

## 大事表（一）　中世纪至斯图亚特王朝
## （1066—1714）

| 年 代 | 事 件 |
|---|---|
| 1066 | “征服者威廉”夺取英格兰王位，为威廉一世，建立诺曼王朝。 |
| 1215 | 约翰国王被迫签署限制王权的《自由大宪章》，后为英国宪法性文件之一。 |
| 1265 | 召开国会，开启议会制度。 |
| 1337 | 英法“百年战争”开始。 |
| 1342 | 杰弗里·乔叟（1342或1343—1400）出生。 |
| 1343 | 国会分为上议院和下议院，确立议会君主制。 |
| 1415 | 英军对法阿金库尔战役获胜。 |
| 1477 | 威廉·卡克斯顿（1422—1491）出版第一部英国本土印刷的英文书籍《哲学家的名言或警句》。 |
| 1484 | 设立纹章院。 |
| 1485 | 亨利七世即位，开启都铎王朝。 |
| 1530 | 托马斯·沃尔西（约1475—1530）去世。其贴于书内的彩绘纹章是英国最早的藏书票。 |
| 1532 | 小汉斯·荷尔拜因（约1497—1543）定居英国。 |
| 1533 | 亨利八世与安妮·博林结婚，成为英国王权超越教会神权的标志。 |
| 1536 | 威尔士正式并入英格兰。 |
| 1537 | 官方英文版《圣经》面世。 |

续表

| 年　代 | 事　件 |
| --- | --- |
| 1538 | 英国现存最早的字体藏书票（书标）约出现于此时。 |
| 1558 | 伊丽莎白一世即位。 |
| 1561 | 哲学家、散文家弗朗西斯·培根（1561—1626）出生。 |
| 1564 | 威廉·莎士比亚（1564—1616）出生。 |
| 1574 | 已知最早有纪年标识的英国藏书票出现。 |
| 1588 | 击败西班牙无敌舰队。 |
| 1600 | 成立英属东印度公司。 |
| 1603 | 苏格兰詹姆斯六世国王继位为英格兰詹姆斯一世国王，开启斯图亚特王朝。 |
| 1607 | 北美弗吉尼亚定居点建立。 |
| 1611 | 詹姆斯一世钦定版《圣经》完成。 |
| 1620 | “五月花”号抵达北美洲。 |
| 1625 | 查尔斯一世*即位。 |
| 1649 | 查尔斯一世*遭处决，英格兰进入共和制。 |
| 1650 | 奥利弗·克伦威尔（1599—1658）征服爱尔兰。 |
| 1652 | 奥利弗·克伦威尔征服苏格兰。 |
| 1660 | 查尔斯二世*复辟王政。 |
| 1662 | 皇家学会正式成立。 |
| 1679 | 托利党和辉格党形成，后于19世纪中期分别演变为保守党和自由党。 |
| 1685 | 詹姆斯二世即位。 |
| 1688 | 发生“光荣革命”。 |
| 1689 | 威廉和玛丽依《权力法案》成为联合君主，开启君主立宪制。 |
| 1697 | 威廉·荷加斯（1697—1764）出生。 |
| 1701 | 《王位继承法》由威廉三世签署生效。 |
| 1703 | 使用和设计图画式藏书票的塞缪尔·皮普斯（1633—1703）去世。 |
| 1707 | 英格兰和苏格兰成立联合王国。 |
| 1714 | 安妮女王去世。 |

* 旧称查理一世、查理二世是取其拉丁文称号Carolus的译音。现均取其英文称号Charles的译音，称查尔斯一世、查尔斯二世，后文同。

根据现存实物，英国最早的藏书票出现在16世纪20—30年代。

在大英图书馆所藏一部1524年巴黎出版的《四次大公会议之第一卷》（*Tomus Primus Quatuor Conciliorum generalium*）上，贴有一枚文艺复兴装饰风格的彩绘纹章，它被认为是英国现存最早的藏书票【12：2010-9】。票主托马斯·沃尔西（Thomas Wolsey，约1475—1530）是亨利八世时期的红衣主教和权臣。根据该书出版年份和票主在世时间，这枚纹章的制作和贴用时间应在16世纪20年代。

而金洛斯修道院院长罗伯特·里德（Robert Reid，？—1558）的两款字体书标（分别粘贴于16世纪20—30年代出版的两部书内），则被认为是现存最早的印制藏书票。它们印有如下拉丁文：

Ex libris domini Roberti Reid, Abbatis a Kynlos.

（金洛斯修道院长罗伯特·里德大人之藏书）

票主在苏格兰教会和政府担任要职，是苏格兰詹姆斯五世国王的亲信。作为苏格兰文艺复兴时期的人文主义者，他捐赠了自己的遗产用于在爱丁堡建立大学（即后来的爱丁堡大学）。推测这两款“字体式藏书票”约作于1538年，当时票主拥有了一定规模的藏书，但也可能略早于此【51】。

现存最早有明确纪年的藏书票则是英格兰掌玺大臣尼古拉斯·培根在1574年向剑桥大学捐赠图书所用（图11）。据著录【51】，能够确认不晚于16世纪的此类纹章式藏书票仅有3款，同期另有约50余款书标。相比之下，德国在15世纪内已出现约20款藏书票。到16世纪初，以丢勒为代表的一些画家已开始为亲友和贵族人士设计制作藏书票，出现了一批艺术性很高的作品。到16世纪末德奥地区的藏书票累计已有约600种。

到17世纪中期，也就是查尔斯一世被送上断头台时，在英国累计已有的藏书票也不过50—60种（不包括字体书标），而德奥地区的藏书票数量已超过一千种，法国也已有约300种。显然，这时藏书票的使用在英国尚未形成风气，在书籍封面压印或烫印纹章仍是常见的权属标识方式。

造成这种差距的原因可能存在于使用需求和设计制作两方面。在英国，直到1477年才由威廉·卡克斯顿（William Caxton，1422—1491）推出第一本活字印刷书籍，这比古登堡印出第一部《圣经》晚了20多年。当然，国内外多次发生的战争和持续的乱局可能是影响阅读和藏书活动的更深层原因。总之，藏书票需求在英国的出现相对较晚；此时，英国书籍装帧仍然受到法国的较大影响，贵族乃至国王多采取在书籍封面烫印或压印纹章的做法。另一方面，当时在英国也缺少像丢勒这样的艺术家来满足和推动对藏书票的需求。

英国藏书票数量首次出现显著增长是在查尔斯二世复辟王政之后，至斯图亚特王朝结束。但是藏书票设计主要依据票主纹章式样的做法并无明显改变，尽管后期出现了图画式。那时，主导英国美术设计的是来自欧洲大陆的艺术家，在新出现的雅各式藏书票上也往往可见法国洛可可艺术的影响。

这个时期的藏书票除少数采用木刻外，主要为铜版作品。从藏书票上留下的信息来看，在英国本土已经逐渐成长起一批具有很高技术水准的雕刻师，而且他们也具备设计所需的绘画才能。其中，在18世纪之初完成了较多藏书票作品的威廉·杰克逊（图21、图23）是一位比较突出的代表性人物。虽然关于他的生平缺乏具体信息，但是据平考特调查大学历史资料发现【13：1974-6】，他曾在1700—1704年为剑桥和牛津诸学院图书馆完成过40余种藏书票，甚至还负责向书内粘贴藏书票；他可能也从事插图等其他业务，但藏书票无疑是他的一个重要领域，而且也说明订制藏书票到此时已经形成了一个市场。

英国藏书票历史的最初200年正是英国从中世纪向近代国家转变的时期。由于图书仍然稀缺和珍贵，藏书票的使用者主要是运作国家体制的贵族、法官和律师，以及宗教领域的高层人物和其他一些专业人士。这时的藏书票既是“小众的”，也是高贵地位的一个象征。

具体而言，除久已存在的书标（字体式藏书票）之外，这个时期藏书票的形式按先后可分为三个大类。

## 早期纹章式

据李的归纳【51】，英国早期使用藏书票的个人可以分为三类：对使用藏书票有特殊兴趣的人，将其纹章的雕刻版用作藏书票的贵族，向大学或其他公共机构署名捐赠图书的人。不过，至查尔斯二世时期，纹章式藏书票的样式尚未形成流行款式。由于16—17世纪国家局势动荡，这个时期的藏书票从时间上看并不连续，而是按照先后顺序被分为三组：

都铎式：出自伊丽莎白一世时期，例如图11、图12，以直接采用票主纹章设计为主。此后这类设计仍然存在。

查理式（又称卡洛琳式）：查尔斯一世时期出现的样式，例如图13。这时利用纹章设计藏书票的方式变得比较灵活，而且还会增加一些装饰。

王政复辟时期：即查尔斯二世时期。在经历查尔斯一世后期的内战和后来共和时期的动荡之后，国家回归相对稳定的政权体制，人们重新对书籍给予重视，而藏书票的使用也变得相对多见。以图15、图16为例，这时纹章式藏书票的设计表现为早期的都铎式和后来兴起的雅各式并存，这种情况一直延续到“光荣革命”之后。

## 雅各式

雅各（Jacobe）是詹姆斯二世国王称号的拉丁文拼写译音，但所谓雅各式实际上在查尔斯二世时期已经出现。沃伦以一款1701年藏书票作为其典型样式，因票主是詹姆斯二世时期一位官员的夫人，故名之以“雅各式”【86】。

与早期纹章式藏书票上的纹章“悬浮无依”相比，雅各式的特点是将各种元素进行组合，盾徽坐落于下部的字牌或基座上而获得“支撑”，此外两侧还配有扶盾者，整个设计体现出建筑式的稳固风格，例如图17、图19、图20、图22—图25。另外，体现洛可可式风格的贝壳图案和鱼鳞纹装饰也被用于雅各式设计。从18世纪初开始，雅各式的盛行一直延续到18世纪中期，且此后也并未被完全放弃。

## 图画式

肖像式：在17世纪后半期，在书籍卷首常采用附上作者或编者肖像的做法，而它们也可作为藏书票使用。据著录【65：1982夏】，至17世纪末，这样的肖像藏书票共有4种。其中，最早的一款属于牛津大学阿什莫林博物馆的初创者伊莱亚斯·阿什莫尔（Elias Ashmole，1617—1692），约作于1650年；另一款是大主教约翰·哈科特（John Hacket，1592—1670）向剑桥大学捐赠其藏书所用。二者均由威廉·费瑟恩（William Faithorne，约1616—1691）雕刻。其余两款则属于查尔斯二世至詹姆斯二世时期海军大臣和日记作家塞缪尔·皮普斯[1]（图279C）。

雕刻肖像藏书票需要以准确、传神的画像作为底本，对精细雕刻技术的要求也很高，从来都不是轻易可得。

书堆式：皮普斯作为一代名人，在早期藏书票历史上也占有重要地位。除自己拥有5款藏书票外，他还为友人设计过最早的书堆式藏书票（图18）。这种设计式样的应用一直延续到20世纪。

在此值得一提的是，皮普斯在其1668年7月21日的日记中写道：“往见书票制作人；为设计我的国王四帆桁（战舰）书籍所用藏书票，讨论用时1小时。”（其所指应是票主的一款锚链图案的藏书票。）这被认为是藏书票（book plate）一词的最早出处。

[1] Samuel Pepys，通译塞缪尔·佩皮斯。本书按 Pepys 发音译其家姓为“皮普斯”。

MEDIOCRIA★FIRMA.
N. Bacon eques auratus & magni
sigilli Angliae Custos librum hunc bi-
bliothecae Cantabrig. dicauit.
1574.

**图11　尼古拉斯·培根**
**Nicholas Bacon**

年代：　1574

尺寸：　14.9 × 9.0（复制品）

票主（1509/1510—1579）于1527年毕业于剑桥大学圣体学院，后进入格雷律师学院并于1533年成为律师。1545年当选议员。不过，由于他的新教信仰，他并不受当时的玛丽一世女王信任。他的第二任妻子与名臣威廉·塞西尔（William Cecil，1520—1598）的妻子为姐妹，因这层关系，在尊奉新教的伊丽莎白一世于1558年末继位后，他被推荐担任掌玺大臣，不久进入枢密院并获封骑士。1559年担任大法官。他坚决支持英国新教，反对苏格兰玛丽女王对英格兰王位的觊觎。1579年逝于伦敦，葬圣保罗大教堂。作为政治家和律师，以学识和辩才博得声望。他还热衷于教育事业，为之慷慨解囊。与第一任妻子育有三子三女；与第二任妻子育有二子，其中次子即后来的著名哲学家和散文家弗朗西斯·培根（Francis Bacon，1561—1626）。

这是英国目前已知最早的标明年代的藏书票，也是英国16世纪仅存的三款印制纹章式藏书票中之最早者。它是在1568年颁授的培根家族纹章下面加上文字而成，1574年应是加印文字和上色时间。除了这个手工着色版外，还有同款但没有下方配文的黑白版，可能是试印样张，见【33】和【51】著录。

中央盾徽中，第一、四分区的徽章属于培根家族，第二、三分区属于夸普拉德家族（Quapladde，该家族的女继承人早年嫁入培根家族）。盾徽中央有一新月标记，表明票主为次子（实为第三子，因长兄早故而居次子地位）。盾徽上方为骑士头盔（至16世纪尚未采用骑士头盔以正面示人的纹章制式）。羽饰是一只行走的野猪（象征勇气），猪身装饰着高贵的貂尾图案，其中也有一个新月标记。头盔后面是向两侧展开的蓝、金配色茛苕纹披风，并配饰吊穗，这是王室专用的装饰方式，但也可被用于王室亲信。下方金色飘带上有拉丁文铭文MEDIOCRIA FIRMA，意为“淡泊无忧”。

其下三行拉丁文N. Bacon eques auratus & magni/sigilli Angliae Custos librum hunc bi-/bliothecae Cantabrig .dicauit.，意为“N. 培根，黄金骑士和英格兰国玺掌玺大臣，此书藏于剑桥大学图书馆，编号”。该票用于票主向剑桥大学图书馆捐赠的约70部图书，而并非票主私用。至今仍然粘贴在这批图书中者仅存9枚；已知唯一流出的一枚曾属于霍华德博士（参见第409页），后被拍卖，再几经转手，于1935年由维纳（图137）购得并捐赠给大英博物馆。此处所示是1891年成立的藏书票协会订制的复制品。

VNG:DIEV
ET
VNG:ROY
Willm. Marshall. Sculpsit.

**图12　爱德华·李特尔顿**
**Edward Littleton**

年代：　1620—1630

尺寸：　18.2 × 13.3

作者：　威廉·马歇尔

署名：　Will. Marshall Sculpsit（威廉·马歇尔雕刻）

这是一款匿名藏书票。根据其纹章设计推断票主为什罗普郡蒙斯洛的李特尔顿一世男爵（1589—1645，其姓氏又写作Lyttleton）。他是一位律师、政治家。1609年毕业于牛津大学基督堂学院，1617年成为伦敦内殿律师，1621年接替父亲成为北威尔士大法官。1625—1628年为下议院议员，参与制定了限制王权的《权利请愿书》（*The Petition of Right*）。1635年封骑士。1640年为普通诉讼法庭（国家设立的负责民事案件的中央法庭）首席法官。1641年封男爵，并担任掌玺大臣，直至1645年身故。1643年被牛津大学授予法学荣誉博士。其一生经历了英国海外殖民扩张的兴起和议会对王权的挑战；晚年被卷入查尔斯一世挑起的内战，在国王和议会中间处于两难境地，郁郁而终。

票面中央的盾徽由17个徽章组成。其设计与内殿律师学院大厅彩色玻璃花窗上的李特尔顿家族徽章和票主受封男爵时为他颁发的纹章均一致，因此断定其为票主。其中，第一分区的徽章属于李特尔顿家族，其他分区与他的祖辈、姻亲、官职等相关。

盾徽上方的头盔未采取正面设计，说明颁授于票主封骑士之前；其年份被推定为1621—1626年【25：1894-4】，即票主成为下议院议员前后。羽饰为象征勇敢的摩尔人侧面像。摩尔人曾在中世纪侵入和占领西班牙南部，票主纹章采用摩尔人形象可能和16世纪以来英国与西班牙之间的争端有关。两侧的莨苕涡卷纹披风下悬两个吊穗。底部飘带上有拉丁文铭文UNG DIEU ET UNG ROY，意为“唯一的上帝和唯一的国王”。

现存这件雕版的大多数印成品背后没有粘贴的痕迹。不过，由沃伦（图65、图121）收藏的两枚则显示曾用于书籍，所以认定其为藏书票。

雕刻师（William Marshall，生卒年不详）活跃于1630—1650年，主要从事人像和插图雕版，曾为同时代的诗人约翰·邓恩（John Donne，1572—1631）和约翰·弥尔顿（John Milton，1608—1674）作像。这张藏书票是他唯一留下记录的藏书票作品，也是英国现存最早留有雕刻师签名的藏书票。

**图13　索斯维尔家族**
**Southwell**

年代：　约1630

尺寸：　4.0×4.4

这款匿名藏书票的盾徽属于诺丁汉郡索斯维尔教区一个家族，因地名而得名。在16世纪，该家族曾出过一位罗马天主教耶稣会传教士兼诗人罗伯特·索斯维尔（Robert Southwell，1561—1595），受英国国教迫害，被监禁在伦敦塔并遭处死。

索斯维尔家族盾徽的特征是三个蔷薇科的委陵菜花朵。在这款藏书票上，盾徽周围环绕着下端扎在一起的莨苕折枝，雕刻精细，是少见的查尔斯一世时期藏书票。

**图14　乔治·安特**
**George Ent**

年代：　1636—1640

尺寸：　8.0×6.9

这张匿名藏书票的票主（1604—1689）是一位科学家。其先辈为躲避宗教迫害从现属比利时的佛兰德斯来到英格兰。他在欧洲大陆完成基础教育，后入剑桥大学，先后获得文科学士和硕士学位。1636年在意大利帕多瓦大学获医学博士学位。1639年起，终身为皇家内科医学院院士，并曾于1670年当选院长。1663年皇家学会成立时，为最早的会员之一。

票主精于解剖学，并精通拉丁文和擅长论辩。他与发现血液循环规律的威廉·哈维（William Harvey，1578—1657）为密友，依据解剖学为哈维的理论写过一本《辩白书》（*Apologia*，1641），为其第一部出版作品。1665年，查尔斯二世国王曾亲临其在皇家内科医学院的解剖课，同年封他为骑士，在这家医学院本院的人士中至今尚无第二人获此殊荣。此外，他对木化石的研究也有贡献。

这是一款典型的查理式藏书票，应作于票主获封骑士之前（头盔以侧面示人），并且同样的设计还出现在其《辩白书》的扉页，因此推断它的时间很可能是在1641年之前的几年内。

票面下方飘带上写着拉丁文GENIO SURGET，大意“天才崛起”。

**图15　皇家学会　The Royal Society**

年代：约1663—1665

尺寸：9.5 × 8.6

作者：约翰·伊夫林（传）

英国皇家学会（The Royal Society），全称“伦敦皇家自然知识促进学会”（Royal Society of London for Improving Natural Knowledge），成立于1660年，是世界上历史最悠久且从未中断的科学组织。它在成立之初就得到了王室的支持。查尔斯二世在1662年向其授予特许状，次年经过修改又重新颁发了一次，规定了学会的组织形式等。尽管如此，学会一直保持着作为自发性组织的性质。早期会员组成比较复杂，除科学家之外还包括一些对科学活动有兴趣的贵族人士；不过，后来它完全依据科学工作成就来评选会员。最早通过学会发布的科学成果有牛顿《数学原理》（*Philosophiae Naturalis Principia Mathematica*，1687）、富兰克林闪电电学性质实验、疫苗接种英文报告、巴贝奇差分机等；学会还支持了库克船长（图49）跟踪金星凌日天象向澳洲的航行。

这款藏书票完全基于1663年皇家特许状中规定的纹章设计，其中央为银色盾徽，盾徽D侧上角有代表英格兰的三狮徽章。盾徽上方是佩金色冠冕的头盔，羽饰是一只右爪抓起一面三狮盾徽的鹰。扶盾为两只银色猎犬。下方飘带上写拉丁文铭文NULLIUS IN VERBA，意为“不盲从于任何人”，这是根据查尔斯二世特许状中的学会训言拟定的。学会初版的胡克（Robert Hooke，1635—1703）所著《显微学》（*Micrographia*，1665）即以此纹章为卷首图。根据这些基本的设计元素，有不同版本的学会纹章藏书票存世。

据说学会纹章（包括铭文）是由伊夫林设计的，但目前只能肯定铭文出自其手。约翰·伊夫林（John Evelyn，1620—1706）是一位著述颇丰的作家，涉足美术、林业和宗教等领域，与塞缪尔·皮普斯（见图18和图279C，1684—1686年为皇家学会会长）为友。他受到查尔斯二世的重用，皇家学会1662年和1663年的特许状均以他为理事会成员，并且他终身为学会会员。

**图16　吉尔伯特・尼科尔森　Gilbert Nicholson**

年代：1669或之后

尺寸：12.3 × 9.2（边缘裁切）

这款早期纹章式藏书票见于爱尔兰国家图书馆的著录。票主（1620—1709）在30岁前是皇家陆军的一名尉官。1669年，他买下位于爱尔兰米斯郡巴尔莱斯伯里（Balrath Burry）的土地，成为当地乡绅。据记载，在此后200多年的时间里，他的后代一直保有这一乡绅地位，并多次担任米斯郡的郡长。

盾徽的中间图案为暗色貂皮上三只银色无足鸟，两边条带饰以貂尾纹。盾徽置于一个涡卷纹边框内，顶端有两个玫瑰状图案，这在当时是罕见的设计。盾徽上面有头盔；羽饰则是被一支箭射穿颈部的豹子。两旁是体积感硕大的茛苕叶纹饰。下方飘带上拉丁文铭文PRO REPUBLICA意为“为了国家”。底部是票主名号和年份，即Gilbert Nicholson of Balrath, /in the County of Meath Esqr. 1669（米斯郡巴尔莱斯的吉尔伯特・尼科尔森绅士，1669年）。这个年份是票主买下巴尔莱斯伯里土地的时间，而藏书票则可能晚于这个时间【33】。有证据表明这个藏书票设计一直传承到票主的五世孙约翰・阿米蒂奇・尼科尔森（John Armytage Nicholson，1798—1872，1827年为米斯郡郡长）。

**图17　威廉·卡文迪什　William Cavendish（德文郡一世公爵）**

年代：1694或之后

尺寸：12.5 × 10.6

票主（1640—1707）是“光荣革命”时期的一位重要政治家。他的贵族头衔如票面下部所示：The Right Noble William Duke of Devonshire, /Lord Steward of his Majesty Houshold, and Knight/of the most Noble Order of the Garter，即“真正尊贵之德文郡威廉公爵，陛下之内廷大臣，和无上尊贵之嘉德勋章骑士”。

其家族为世袭贵族，他是德文郡三世伯爵的长子，1684年袭爵。1661年，结束在欧洲大陆的游历后回到英格兰，进入议会。辉格党人，反对詹姆斯二世继承王位，发生“光荣革命”时是联署请威廉和玛丽到英格兰即位的七人之一。后被新国王重用为内廷大臣，是威廉三世在位期间先后册封的九大公爵中之第八位（1694年获封哈廷顿侯爵和德文郡公爵）。之后他的一个重要作为是帮助最终完成英格兰和苏格兰的合并。

据所见，票主至少拥有4款藏书票，此处所载是盾徽和名号较为完整的一款。在由嘉德勋章吊袜带围绕的盾徽中，第一、六分区为卡文迪什家族的三鹿首徽章，其余则与票主祖辈等有关。公爵冠之上，为面部带格栅的头盔，顶部羽饰为蜷于绞丝花环之上的一条蛇，头盔后面是向两侧张开的莨苕纹披风。两旁的扶盾兽是颈部系玫瑰花环的雄鹿，飘带上的拉丁文铭文CAVENDO TUTUS意为“谨慎为安”（拉丁文“谨慎”与票主家姓谐音）。

德文郡公爵爵位一直传袭，至今已至第十二世，历代不乏使用以鹿首徽章、蛇形羽饰和家族铭文为元素的藏书票。其后代中最著称于世者，应是那位宁愿隐姓埋名的科学家亨利·卡文迪什（Henry Cavendish，1731—1810，其父为德文郡二世公爵之第五子）。1874年在剑桥大学开放、以卡文迪什命名的物理实验室，则出于德文郡七世公爵（William Cavendish，1808—1891）的捐赠。

**图18 亚瑟·查勒特 Arthur Charlett**
年代：1698
尺寸：6.8×9.5
作者：塞缪尔·皮普斯设计

这是迄今所见最早的书堆式藏书票。这个设计的特点是平放和立置的书籍交错叠层、左右对称、中央设置主题、顶部散落手卷。它后来通行了至少两个世纪。该票中央是一幅立轴，上有票主姓名缩写花押。立轴下部翻卷处的拉丁文铭文是Animus fi aequus, quod petis hîc eft.，大意“心平气和，可得其所”。尽管没有标注年份，但是其设计制作记录显示，它最早在1698年已经完成设计【42】。

票主（1655—1722）出身于牧师家庭，毕业于牛津大学三一学院。1692年起终身为牛津大学大学学院院长，后来还担任教区牧师。大力支持牛津大学出版社，藏书颇丰。

据饱蠹楼图书馆[1]档案记载，1698年票主请塞缪尔·皮普斯（图279C）设计了这款藏书票，包括中央由AC字母组成的花押图案和铭文；然后他又向纹章院的罗伯特·戴尔（Robert Dale，1663—？）征询意见，后者可能还为他完成了雕刻。

[1] 即 Bodleian Library。牛津大学图书馆因宗教改革的影响一度停办，后因托马斯·博德利（Thomas Bodley，1545—1613）的贡献在 1602 年重新开放，故以其名命名。音、义双谐的译名“饱蠹楼”则出自钱钟书。

（上接第 45 页）

此处所载是他最早的都铎式藏书票之一，设计者可能是伊夫林（图15）。中央为西德纳姆家族盾徽，盾徽中间有一标识从男爵的左手掌图案。盾徽上是头盔，头盔上是立于花环上的鸟纹羽饰（另有以羊首为羽饰的版本），周围以繁复的莨苕叶装饰。飘带写拉丁文铭文MEDIO TUTISSIMUS，大意“中正可保万全”。语出英国诗人约翰·庞弗雷特（John Pomfret，1667—1702）的两句诗：

| | |
|---|---|
| Who moves within the middle region shares, | 行事不偏不倚之人， |
| The least disquiets, and the smallest cares. | 可少焦虑亦免烦懑。 |

底部票主名号Sir Philip Sydenham Baronet，即“菲利普·西德纳姆爵士，从男爵”。

**图19　菲利普·西德纳姆　Philip Sydenham**

年代：1699

尺寸：14.7×10.0

作者：约翰·伊夫林设计（传）

票主（约1676—1739）出身于萨默塞特郡的一个显赫家族，1696年袭爵成为第三代从男爵。他是一个顽固的托利党人，曾为众议院议员，终因不合“光荣革命”后的政治潮流而在1705年退出议会，转而专注于学术活动（他早年已经是皇家学会会员）。他与牛津大学的托马斯·赫恩（Thomas Hearne，1678—1735，曾任饱蠹楼图书馆副馆长，因反对乔治一世继承英国王位而于1716年被免职）交好，自己也拥有珍贵的藏书。他在后半生仍然坚持自己的政治观点，却因不在意理财而导致负债高企，靠出售祖产度日，甚至不得不卖掉自己的藏书。终身未婚，其爵位也因无人继承而终。

留存资料显示，票主有11款藏书票，包括23个版本，这在维多利亚时代以前是十分罕见的。其中部分原因是他曾三次更改其纹章的羽饰设计和铭文。但毋庸置疑，他是一个喜好使用藏书票的人，其藏书票的时间跨度从1699年至1738年，包括都铎式、书堆式、雅各式、奇彭代尔式，几乎成了他一生的一个记录。

（下接第44页）

**图20　保罗·乔德雷尔　Paul Jodrell**
年代：约1700
尺寸：16.5 × 13.0

票主（1646—1728）自1683年至1727年担任下议院秘书长（The Clerk）。在下议院举行会议时，负责记录下议院的决定（不是做发言记录）。他被认为是议会议事规则和程序方面的权威人士，甚至有人认为他是议长的合适人选。其后代不乏律师、医生等出色人物。

这款早期纹章式藏书票构图工稳，雕刻精细，中央乔德雷尔家族盾徽上的各种装饰呈立体效果。肉冠突出的雄鸡羽饰下围绕着玫瑰花环，是不多见的特殊设计。

下面的飘带上没有铭文。底部字牌上写着票主名号：

| | |
|---|---|
| Paul Jodrell of Duffield in ye County of Derby | 德比郡达菲尔德之保罗·乔德雷尔 |
| Esqr. Clerk of ye Honorable House of Commons | 崇高的下议院之秘书长先生 |

**图21　福音传播公会　The Society for Propagating the Gospell**

年代：1701

尺寸：9.9 × 7.1

作者：威廉·杰克逊工作坊

这款玺印式藏书票的椭圆形边框内环读的拉丁文是SIGILLUM SOCIETATIS DE PROMOUENDO EVANGELIO IN PARTIBUS TRANSMARINIS（海外福音传播公会之印）。在中间画面上，从海面上驶来一艘帆船，一位体量夸张的传教士手捧经书立于船头；岸边有众多土著前来欢迎；上方拟人化的太阳向下照射出光芒，空中一条飘带上的拉丁文是TRANSIENS ADIUVANOS，大意“传道助人”。

下方又有两行英文The Gift of the Society for propagating/the Gospell in Foreign parts，1701，即“海外福音传播公会之赠，1701年”。

因此，这是18世纪初英国在美洲殖民地拓展教区、赠发经书所使用的藏书票，其印数应不少。有不同版本行世，此处所载是较早的一个版本。后来数年间版本的主要变化是在船上添加若干水手，船头十字旗图案更加清晰，岸上的土著人数也有增加。传教活动扩大了英国对外部世界的文化影响；不过，这个画面上的和谐景象应该主要是传教者的视角。

作者（William Jackson，生卒年不详）及其工作坊所作藏书票基本都是纹章式的，这款藏书票为其仅见的图画式设计。

**图22　托马斯·奥斯本　Thomas Osborne（利兹一世公爵）**
年代：1701
尺寸：13.1 × 10.3（边缘裁切）

票主（1632—1712）家族的崛起始自其曾祖父（伦敦城市长，骑士），之后历代均获贵族头衔，至票主获封公爵。他的各种贵族头衔正如票面下部文字所示：The Right Noble Thomas Duke of Leeds, /Marquis of Carmarthen, Earl of Danby, Viscount/Latimer & Dumblan, Baron Osborne of Kiveton and/Knight of ye most Noble Order of ye Garter，1701，即"真正尊贵之利兹托马斯公爵（1694）、卡马森侯爵（1689）、丹比伯爵（1674）、拉蒂默（1673）和邓步兰（1672）子爵、基弗尔顿奥斯本男爵（1673）和无上尊贵之嘉德勋章骑士（1676），1701年"（括号内为其获封年份）。

其从政经历则颇为曲折。在查尔斯二世复辟王政后，他在1665年进入议会。1673年任财政大臣，次年因政绩获封丹比伯爵。他在议会培植支持国王至上权力、敌视法国和严格推行英国国教（担任公职者必须宣誓皈依国教）的托利党。1676年获得嘉德骑士勋章。他策划了查尔斯二世侄女玛丽公主与奥兰治亲王威廉的婚姻（1677），这是其政治生涯的第一个高点。但是，私下亲法的查尔斯二世让他秘密接受法王路易十四给予的一笔年金补贴，此事在1678年暴露，他立刻受到议会弹劾，次年被关入伦敦塔监狱。

（接下页）

**图23　瑞奥塞斯利·拉塞尔　Wriothesley Russel（贝德福德二世公爵）**

年代：1703

尺寸：8.5 × 7.0（边缘裁切）

作者：威廉·杰克逊工作坊

票主（1680—1711）身为贝德福德一世公爵之孙，因父亲早故而继承祖父的公爵爵位。他年纪轻轻就被推举竞选议员，然而由于家庭的反对他还是以完成学业为先。1697年剑桥大学毕业，之后在欧洲大陆游历两年。1700年袭祖父贝德福德公爵爵位，1701年底进入上议院，1702年获封嘉德骑士。

他的两个姐姐分别嫁给德文郡二世公爵和拉特兰三世公爵。他本人的政治活动主要是在安妮女王一朝。虽然祖上是辉格党人，但他在议会上选择与托利党人合作。不过，他的身体状况较差，经常影响他参加议会，最终因天花而早逝。

这款雅各式藏书票亦出自杰克逊工作坊。嘉德勋章吊袜带中间为拉塞尔家族的贝壳与狮子盾徽，羚羊羽饰也是家族所特有，两侧分别以盾徽之狮子和羽饰之羚羊为扶盾。飘带上的拉丁文铭文CHE SARA SARA意为“顺其自然”。下方字牌上写着他的名号和年份The Most Noble Wriothesley Duke of/Bedford, Knight of ye Most Noble Order/of the Garter, 1703，即“最尊贵之贝德福德瑞奥塞斯利公爵，无上尊贵之嘉德勋章骑士，1703年”。

（接上页）

他在1684年获释后重回政坛。1688年，他和另外六人共谋迎回奥兰治亲王威廉，夺取了信奉罗马天主教的詹姆斯二世的王位。他在和辉格党妥协的基础上，使威廉和玛丽成为英格兰的联合君主。到1690年时重回政治生涯巅峰，居于相当于首相的地位。1694年封利兹公爵，是威廉三世所封九大公爵中的第六位。但他却在次年因东印度公司的贿赂丑闻再被弹劾，此后逐步退出政坛。1710年出版著作，为其在查尔斯二世时期的作为辩护。他的手稿文件后来入藏大英博物馆。

这张藏书票宣示了利兹公爵的一世荣光，却是在他退出政坛之后所作。票面中央是其盾徽，周围环绕嘉德勋章吊袜带。盾徽第一分区的圣乔治十字徽章（配饰貂皮和海蓝色）属于他本人所在的奥斯本家族；其余属于其祖辈姻亲等，其中第五分区属于他曾祖母的休伊特（Hewett）家族。面部带格栅的头盔是适用于公爵的专门设计。飘带上的拉丁文铭文是PAX IN BELLO，意为“以战求和”。

**图24　戈弗雷·科普利　Godfrey Copley**

年代：约1705

尺寸：12.0 × 9.4

票主（约1653—1709）是斯普罗特伯勒二世从男爵（也是最后一代）。他被认为是一个很有才智的人，并依靠自己的财力投入科学研究和古物收藏。交游广泛，长期担任议员（主要活跃于“光荣革命”后至安妮女王时期）。不过，令他名垂青史的应该是他对皇家学会的贡献。他自1691年进入皇家学会，数度当选理事。1704年，他遗嘱向学会捐赠100英镑用作支持科学研究项目的年度奖励基金，负责管理这项基金的人包括汉斯·斯隆（参见第3页）等人。1731年，斯蒂芬·格雷（Stephen Gray，1666—1736）因其电学研究成就成为第一个获奖的科学家。1736年，学会决定以该基金设立“科普利奖章”，作为学会的年度奖项。这个古老的跨国界科学奖项一直延续至今。18世纪获奖者有1753年的富兰克林（Benjamin Franklin，1706—1790）、1766年的卡文迪什（Henry Cavendish，1731—1810）、1794年的伏特（Alessandro G. A. A. Volta，1745—1827）等，19世纪又有1838年的法拉第（Michael Faraday，1791—1867）、1864年的达尔文（Charles Robert Darwin，1809—1882）等，20世纪以来则有数十位诺贝尔奖获得者亦曾获颁科普利奖章。

这款雅各式藏书票的精致装饰明显受到法国洛可可风格的影响。中央盾徽的D侧半区细分为四个小分区，依次为科普利家族的风车式十字架徽章等，中央为从男爵左掌标志；S侧半区为其1700年续娶之第二任妻子所属卡鲁（Carew）家族的三狮徽章。盾徽用贝壳式涡卷纹配以枝叶环绕装饰，其间填以鱼鳞纹。下方字牌的边框采用类似的装饰边框，上写票主名号Sr. Godfrey Copley Bart.，即“从男爵戈弗雷·科普利爵士”。整个矩形票面铺满横条纹底纹，立体感十足。

**图25　亨利・格雷　Henry Grey（肯特一世公爵）**
年代：1713
尺寸：12.1 × 9.4

这是一款具有巴洛克风格的雅各式纹章藏书票。公爵冠上方没有头盔和羽饰，也没有披风围护。中央由嘉德勋章吊袜带围绕的是格雷家族徽章，两边各有一尊格里芬式的猛禽扶盾，它们立于巴洛克式的基座上。字带上的拉丁文铭文是STAT RELIGIONE PARENTUM，意为“坚守祖先之信仰”。下方横匾写票主名号和年份。

票主（1671—1740）是一位贵族政治家。1702年袭格雷伯爵，1704年任宫务大臣和枢密院顾问。1710年他以其职位换取了肯特公爵爵位（不列颠序列），而他的宫务大臣职位由查尔斯・塔尔博特（Charles Talbot，1660—1718，是联署请威廉来英国即位国王的七人之一）继任。马基（John Macky，？—1726）和斯威夫特（Jonathan Swift，1667—1745）等人曾称他“识时务者为俊杰”。1712年获嘉德骑士勋章。此后他的政治影响下降，作为王室亲信主要担任王室内务职务，在乔治一世国王返回汉诺威期间则为大法官之一。他是亨德尔在英国的巴洛克歌剧事业的一个主要赞助人。

票主之子早故，他去世后其肯特公爵爵位（及其他爵位）因无人继承而终。他的一个女儿安妮（Ann Grey，1695—1733）嫁入卡文迪什家族，是科学家亨利・卡文迪什的生母。

1799年，乔治三世第四子爱德华（维多利亚女王之父）获封肯特和斯特拉森公爵。此后，肯特公爵封号成为皇家专有。

## 大事表（二） 汉诺威王朝：乔治一世至威廉四世（1714—1837）

| 年　代 | 事　件 |
|---|---|
| 1714 | 乔治一世即位，开启汉诺威王朝。 |
| 1717 | 伦敦古物学会重建并开始定期活动。 |
| 1735 | 议会通过《雕刻师版权法》。 |
| 1756 | 欧洲七年战争开始。 |
| 1757 | 乔治二世将皇家藏书赠予成立不久的大英博物馆。 |
| 1759 | 大英博物馆正式开放。 |
| 1760 | 乔治三世继位。 |
| 1762 | 邱园中国塔建成。 |
| 1765 | 东印度公司开启印度殖民地化。 |
| 1768 | 皇家美术院经国王批准成立。 |
| 1769 | 詹姆斯·瓦特（1736—1819）发明的蒸汽机获得专利。 |
| 1774 | 北美殖民地发生独立战争。1776年美国签署《独立宣言》。1783年战争结束。 |
| 1779 | 库克船长在第三次探索太平洋航行途中于夏威夷身亡。 |
| 1785 | 托马斯·比维克开始创作《四足动物史》。 |
| 1789 | 法国爆发大革命。 |
| 1793 | 英法开战。马戛尔尼率英国外交使团首次访问中国。 |
| 1801 | 爱尔兰并入英国。 |
| 1805 | 特拉法加海战。纳尔逊击败法国—西班牙联合舰队。 |
| 1811 | 乔治三世被宣布因精神疾病不再适合理政，由威尔士亲王乔治摄政。 |
| 1815 | 拿破仑军队在滑铁卢战役被击溃。维也纳和会举行。 |
| 1833 | 下议院通过《废奴法案》。 |
| 1820 | 摄政王乔治即王位，为乔治四世。 |
| 1834 | 威廉四世恢复皇家图书馆，后延续至今。 |
| 1837 | 威廉四世去世。 |

1714年，乔治一世登基王位，开启汉诺威王朝。自此，英国的国体长期保持相对稳定，国力持续增长。这是一个扩张的时代。虽然北美殖民地独立建国，但是由于开发印度殖民地和战胜拿破仑所带来的更多殖民地利益，大英帝国已具雏形。

这也是思想和文化领域的启蒙运动持续扩大影响的时代。虽然装饰艺术仍然在很大程度上受到法国乃至意大利的影响，但是，以荷加斯（参见第168页）为代表的英国艺术家也在这个时期留下了不朽之作。皇家美术院在伦敦成立之后，艺术创作和艺术教育都得到大力推进。在工商业繁荣的纽卡斯尔，则有托马斯·比维克（参见第178页）复兴了木刻艺术。

随着书籍变得普及，阅读和藏书从王室显贵进入平民社会，藏书票的使用也从贵族阶层延伸到更广大的新兴阶层，其中除律师和官员外，还有艺术家和科学家这样的专业人士。一些大画家加入藏书票创作，中心城市的雕刻工坊成为提供和获得藏书票的重要商业渠道，使这门艺术进入了第一个繁荣期。

藏书票的品种在这个时期变得十分丰富，各种样式几乎都被创作出来。它们体现了流行趋势，也体现了社会思想和艺术理想的进步。

## 纹章式

18世纪前期雅各式流行之后，出现了更加凸显洛可可风格的奇彭代尔式设计。奇彭代尔（Thomas Chippendale，1718—1779）是活跃于18世纪中期的一位家具设计师，他的设计融合法国洛可可式、中国式、哥特式、新古典式等，成为当时设计界的主流。在藏书票设计中引入这种风格（图29—图31、图33），其特点是一改刻板式样，用贝壳式的涡卷纹形成非对称的构图。围绕中央盾徽的框架完全避免直线或规则的圆曲线，而是极尽变化之能事。沿边框饰以具有浪漫色彩的花草枝叶，两侧扶盾也演化出花鸟、走兽、人物或器物等更加多样的题材。书写票主名号的字牌一般也采用类似的涡卷纹装饰。不过，应该指出的是，虽然奇彭代尔式貌似非对称，但其设计元素的布置方式仍然可见左右均衡的用心，在变化多端中不失规矩。法国洛可可风格的影响最初出现于雅各式，而奇彭代尔式藏书票至迟在18世纪30年代就已经出现（例如图29），也明显早于奇彭代尔的《家具指南》（*The Gentleman and Cabinet Maker's Director*，1754）。

至18世纪中后期，奇彭代尔式藏书票的设计还演化出新的题材和样式，例如以文字花押替代盾徽（图37），采用花彩式装饰（图45），等等。此外，在纹章式设计中结合图画式设计也逐渐增多，体现了不同艺术表现方式总是相互融合的趋势。对于这种融合式设计，只能根据其中的重点题材来加以归类。

## 图画式

各类图画式藏书票在这个时期差不多都已经出现。除早期已有的肖像式和书堆式外，还有书房内景式、寓言式、风景式、希腊古瓮式等，呼应了当时正在兴起或酝酿的浪漫主义和唯美主义思潮。

寓言式藏书票（图27、图32、图38、图39、图47）在票面上用古代神话或历史人物的形象来寄托对古典的向往，对智慧的崇尚，和对美的理想的追求，经常出现的形象有密涅瓦（希腊的雅典娜）、墨丘利（希腊的赫耳墨斯）、缪斯和小天使等。雕刻精细、形象生动的寓言式藏书票给人留下的印象十分深刻，可以直接体会到票主不俗的品味。

书房内景式藏书票贴切而又含蓄地表现对于书籍的热爱，在这个时期成为人们喜爱的品种。这类设计一直延续到一个多世纪以后。不过，18世纪的书房内景式藏书票结合寓言人物（图27、图38），独具一种浪漫和隽永的意味，与后来的写实风格又有所不同。

在18世纪后期至19世纪前期，风景式兴起，成为一个重要样式。托马斯·比维克是设计风景式藏书票的代表人物，但同时期也有不少其他艺术家采用这个题材（图43、图52、图54）。在方寸之地刻画一幅层次分明、具有感染力的风景并非易事，它反映了在工商业快速发展的喧嚣时代，人们对纯朴宁静的大自然的向往。伟大的浪漫主义诗人威廉·华兹华斯（William Wordsworth，1770—1850）作于1802年的这首无题十四行诗[1]或可帮助我们理解风景式藏书票的意境。

| | |
|---|---|
| The world is too much with us; late and soon, | 这尘世拖累我们可真够厉害 |
| Getting and spending, we lay waste our powers; | 得失盈亏，耗尽了毕生精力； |
| Little we see in Nature that is ours; | 对我们享有的自然界所知无几； |
| We have given our hearts away, a sordid boon! | 为了卑污的利禄，把心灵出卖！ |
| This Sea that bares her bosom to the moon; | 这大海，她向明月袒露着胸怀； |
| The winds that will be howling at all hours, | 这天风，他只想昼夜呼号不息， |
| And are up-gathered now like sleeping flowers; | 如今却像熟睡的花朵般静寂； |
| For this, for everything, we are out of tune; | 对这些，对万物，我们都不能合拍， |
| It moves us not. —Great God! I'd rather be | 都不能感应。——上帝呵！我倒情愿 |
| A Pagan suckled in a creed outworn; | 当个异教徒，为古老信条所哺养； |
| So might I, standing on this pleasant lea, | 那么，在这片草地上，我就能瞥见 |
| Have glimpses that would make me less forlorn; | 异样的情景，宽慰这凄苦心肠； |
| Have sight of Proteus rising from the sea; | 看得见普罗谛乌斯现形于海面； |
| Or hear old Triton blow his wreathèd horn. | 听得见特里同把螺号悠悠吹响。 |

希腊古瓮式藏书票（图46、图53）以古希腊遗存于世的陶瓮为题材，结合纹章、人物等，是自成一格的设计样式。人们对于古器物的爱好在东、西方世界皆然，而对于希腊古瓮，西方人似乎更加倾心于它们永恒的美感，或利用它们与祭祀的关联来寄托庄重的情感。生命短暂而诗名远播的约翰·济慈（John Keats，1795—1821）所作《希腊古瓮颂》（*Ode on a Grecian Urn*，1819）淋漓尽致地写出了这种向往之情。济慈在这首诗中提出“美即是真、真即是美”，这是19世纪唯美主义运动的先声。他所吟诵的希腊古瓮在比他的诗略早或与之同时的藏书票上已经出现，不能不令人兴起一番感慨和思考。此处节选该诗的最后一节[2]，或有助于理解古瓮式藏书票。

[1] 杨德豫译：《华兹华斯诗选——英汉对照》，外语教学与研究出版社，2012 年。

[2] 顾子欣编译：《英汉对照——英诗三百首》，线装书局，2015 年。

| | |
|---|---|
| O Attic shape! fair attitude! with brede | 哦，古雅的造型，优美的姿态！ |
| Of marble men and maidens overwrought, | 你身上缀有石雕的少年和少女， |
| With forest branches and the trodden weed; | 还有树林，草地——已被人践踩； |
| Thou, silent form! dost tease us out of thought | 你，寂静的形体！你将我们的思绪， |
| As doth eternity: Cold Pastoral! | 引向永恒：啊，冰冷的牧歌！ |
| When old age shall this generation waste, | 当这一代人将在暮年中消殒， |
| Thou shalt remain, in midst of other woe | 你仍将存在，伴着另外一些 |
| Than ours, a friend to man, to whom thou say'st, | 忧伤，你将如朋友告慰后人， |
| 'Beauty is truth, truth beauty, —that is all | “美即是真，真即是美，——它包括 |
| Ye know on earth, and all ye need to know.' | 你们所知道和该知道的一切。” |

这是藏书票艺术兴起的时代。不论从数量的增加还是从形式的多样化来看，到18世纪末，英国藏书票可以说是达到了第一个高峰期。如前所述，这首先表现为藏书票使用人群的空前扩大，而市场渠道的增多也为票主们带来了前所未有的便利。

雕刻师们的技术水准普遍提升，以荷加斯为首，他们中的一些人依靠自己的设计创意成了真正的艺术家。他们证明自己的一个突出事件是，在他们的强烈呼吁之下，1735年议会通过《雕刻师版权法》，以保护其作品免遭抄袭。1768年皇家美术院成立前后，来自意大利等欧洲大陆国家的画家进一步推动了英国雕刻事业的发展。他们不但给英国带来了不同凡响的作品，也推动了这里的正规美术教育。

此外，在伦敦以外的新兴产业和商业中心，例如纽卡斯尔、伯明翰等地，成长起以托马斯·比维克为代表的一批本土艺术家。他们的突出成就是复兴木刻，以具有革命性的技法为流行铜版的藏书票领域开辟了一个新天地。

不过，随着藏书票使用人群的扩大，后期却出现了趣味趋于平淡以至衰落的趋势。在奇彭代尔式设计大行其道之后，纹章式藏书票逐渐变得简单乏味，到19世纪初甚至形成了“制模工”（die-sinker）定式，似乎只要客户能提供基本的徽章样式，任何雕刻师傅或他的工作坊都能利用标准式样为其制成一款藏书票。这类货色不但缺乏创意，制作质量也大都比较粗劣。它们的数量很多，但是其千篇一律的风格很难凸显藏书票所要求的独特性。另一方面，图画式设计在巴托洛奇和比维克等人老去之后，似乎也进入了一个“空窗期”。在经历了18世纪的繁荣发展之后，藏书票艺术在进入19世纪后陷入了一段沉闷时期。

SWIFT AND TRUE
MARIAGES IN THE MALE LINE
MARIAGES IN THE FEMALE LINE
FUST
BOYNTON
SPRING
FUST
ASTELEY
ASHETON
SMALL WOOD
BANCROFT
BEDING FIELD
GARRETT
PLUMSTED
GOOD FELLOW
ASHFIELD
ISHAM
SHERRARD
SINGLE TON
HIDE
HAMBLER
DENTON
BANCROFT
HASKETT
CREW
CHALONER
COCKS
STEPHENS
MOHUN
FLEET WOOD
ASTLEY
POE
BENNETT
COCKS
THOMBSON
TOOKER
FUST
IRONSIDE
FREEKE
WARNER
FUST
TERRENA PER VICES SUNT ALIENA
Sr. FRANCIS FUST OF HILL COURT
IN THE COUNTY OF GLOUCESTER
BARONET. CREATED 21st AUGUST 1662
THE 14 YEAR OF KING CHARLES 2d
No.

**图26　弗朗西斯·福斯特**
**Francis Fust**

年代：　不早于1728

尺寸：　16.9 x 9.5

这款雅各式藏书票列示的徽章多达40个。票面下方写着票主名号：$S^{R}$: FRANCIS FUST OF HILL COURT/IN THE COUNTY OF GLOUCESTER/BARONET. CREATED 21ST AUGUST 1662/THE 14 YEAR OF KING CHARLES 2D，即“格罗切斯特郡希尔府之弗朗西斯·福斯特爵士，从男爵，获封于1662年8月21日，吾王查尔斯二世在位第14年”。尽管查尔斯二世复辟王政是在1660年，但是票主仍按惯例以查尔斯一世亡故（被斩首）的1649年为查尔斯二世即位起始年份。据说希尔一世从男爵爱德华·福斯特（Edward Fust，1606—1674）正是因其对王室的效忠而被查尔斯二世封爵，事在上述日期。票主（1704—1769）继为希尔五世从男爵则是在1728年，所以这款藏书票的年份应不早于此。

票主显然十分在意他的家族世系。尽管他所在的福斯特家族的早期情况并不清楚，但他还是列示了上至许多世代的徽章，好似家族谱系表。如票面所示，整个盾徽被分为两半，D侧为男性亲属之姻亲（MARIAGES IN THE MALE LINE），S侧为女性亲属之姻亲（MARIAGES IN THE FEMALE LINE），并在每个徽章上都注明了姻亲对象的家姓，男系和女系首尾均为福斯特（FUST）家族徽章。在男性亲属姻亲方面，自尾部福斯特徽章倒数，依次为其夫人、异母兄（希尔三世）夫人、母亲和希尔三世的其他三位夫人、祖母、曾祖母、高祖母……所属家族的徽章。女性亲属姻亲方面，自尾部福斯特徽章倒数，紧邻的是其异母姐姐伊丽莎白丈夫华纳（WARNER）家族的徽章。不过，大部分徽章——特别是较早的那些——已难以考证，或出于票主自己推测。他的爵位至儿子约翰（John Fust，1726—1779）传至六世，之后无嗣而终。

票主拥有多款藏书票，而以此款最引人注意。在包含众多分区的盾徽上方有头盔，比例夸张的花环上的羽饰是一匹奔马，两边的台座上摆放着向日葵和各种果实，并悬挂花饰。顶部有细小的英文铭文SWIFT AND TRUE，意为“敏捷而忠实”。盾徽下方的拉丁文铭文是TERRENA PER VICES SUNT ALIENA，大意“层出不穷之俗务与我无涉”。其底部的椭圆框内供填写书籍编号。整个票面环绕带纹饰的矩形边框。

Henrietta Cavendish Holles
Oxford and Mortimer.
Given me by my Lord Dec. 1731

**图27　亨丽埃塔・卡文迪什・霍利斯**
**Henrietta Cavendish Holles**

年代：　约1730
尺寸：　12.0 × 6.5
作者：　乔治・弗图

如底部文字Henrietta Cavendish Holles/Oxford and Mortimer/given me by（亨丽埃塔・卡文迪什・霍利斯，牛津和莫蒂默，受赠于）所示，这是一款少见的用于受赠图书的藏书票。在铭文后接续手写的my Lord（对伯爵的书面敬称）和时间Dec 1731（1731年12月），表明这枚藏书票曾被贴用于票主丈夫当时赠予的图书。

票主（1694—1755）是纽卡斯尔一世公爵（1711年故世）的女儿和唯一继承人，1713年嫁牛津二世伯爵兼莫蒂默伯爵爱德华・哈雷（Edward Harley，1689—1741）。这位伯爵利用夫人继承的50万镑遗产扩增了自己父亲留下的藏书，而伯爵夫人在丈夫所赠图书上使用的藏书票却谦辞如许，令人别有一番遐想。事实上，她的这款藏书票大部分是用于丈夫给她的书籍，而且她在拥有这款藏书票之前则在丈夫赠书上手书类似题款。

这是一款早期的寓言式藏书票，仿效雅各式的结构，但采用了全新的元素。在涡卷纹边框内是书房内景，智慧女神密涅瓦正在给六个小天使讲授，小天使们或描绘，或写生，或奏乐，或编桂冠。他们后面是满墙满架的图书，地面上也堆放着一些书籍和天球仪、分规等，窗外依稀可见山川、林木、房屋和桥梁组成的风景。边框两侧各有一个人物头像。在边框上方，两边各有一位神话人物阿斯忒瑞亚和墨丘利，中间的台座侧面刻票主姓名缩写HCH组成的花押，上面置一座希腊古瓮。

作者（George Vertue，1684—1756，又见图32）是一位学习雕刻出身的古物收藏家兼雕刻师，擅长肖像和插图作品。虽然他在艺术史上并非名气很大，但是他的收藏、记述和研究为霍勒斯・沃波尔（参见图47）编写《英格兰绘画史轶事》（*Anecdotes of Painting in England*，1762—1771）和《英格兰雕刻师名录》（*A Catalogue of Engravers, Who Have Been Born, or Resided in England*，1794）提供了重要参考，沃波尔则为他编过生平传记和作品目录。

**图28　詹姆斯·吉布斯　James Gibbs**

年代：1736

尺寸：9.4 × 12.0

作者：伯纳德·巴龙

署名：B. B. S.（伯纳德·巴龙雕刻）

票主（1682—1754）是一位出身于富商家庭的著名建筑师。毕业于阿伯丁大学的马修学院，之后到欧洲大陆求学，曾在罗马师从卡洛·丰塔纳（Carlo Fontana，1638—1714）。1709年回到苏格兰，再到伦敦，并获得建筑设计委托。他的设计属于源自意大利的新古典主义风格，主要作品包括伦敦斯特兰德大街圣母教堂（1723）、位于现特拉法加广场的圣马丁教堂（1726）、威尔街的圣彼得教堂（1721—1724）、威斯敏斯特教堂内的一些名人纪念物和牛津大学拉德克里夫科学图书馆（1737—1749）等公共建筑。此外，他还著有建筑学经典著作。他的部分藏书和图稿在19世纪末为个人收购，他留存其中的藏书票也随之见于藏家。

雕刻师（Bernard Baron，1696—1762）来自法国而在伦敦开业，他的这件作品是当时并不多见的精雕细刻之作。票面四周采用建筑外墙式的边框，并带有光影立体效果；在橡树枝叶围绕的洛可可式涡卷纹像框内是票主的侧面像，上方的穴怪头像也属于洛可可装饰元素。沿画框环绕拉丁文JACOBUS GIBBS ARCHITECTUS（其中Jacobus是James的拉丁文写法），意即“建筑师詹姆斯·吉布斯”，以及藏书票制作年份1736。

**图29　J. 安德烈 · E. P. 维利亚莫兹　J. Andre E. P. Wliamoz**

年代：1737

尺寸：9.7 × 7.1

作者：J. G. 拉梅尔

署名：J. G. Ramel Del: Sculp: London 1737（J. G. 拉梅尔绘制并雕刻，伦敦1737年）

这枚藏书票的票主和作者（J. G. Ramel）情况均不详，但它却属于最早出现的奇彭代尔式藏书票。蚌壳式的盾徽上画鸢尾花和星、月图案，顶部以花草为羽饰，两侧各有一个相对错位布置的小爱神扶盾，下部文字穿插于花草之间，底部中央是一个穴怪形象。尽管它的雕刻效果似不够精细，但是整体设计已经摆脱老式藏书票的呆板，显示了优美的韵味。

虽然这款藏书票可被归类于奇彭代尔式，但是在它设计完成时，托马斯 · 奇彭代尔尚不满20岁，他著成《家具指南》更是17年之后的事。这张藏书票的存在，可以说明所谓奇彭代尔式的设计早在这种风格得名之前就已经存在，反映了源自法国的洛可可风格在英国的早期影响。从票主的姓名来看，他也许是从意大利来到伦敦的。

**图30 菲利普·伯顿 Philip Burton**

年代：约1740

尺寸：12.3 × 7.1

作者：威廉·钱纳利设计，爱德华·索罗古德雕刻

署名：W. Chinnery Script/E. Thorowgood Sculpt（威廉·钱纳利绘制/爱德华·索罗古德雕刻）

这也是一款较早出现的奇彭代尔式藏书票，时间早于托马斯·奇彭代尔著成《家具指南》。它的设计仍然不脱早期纹章藏书票的构成特点。票面采用了一个矩形外框，中间为伯顿家族盾徽，其洛可可式边框的两侧分别安排了花草作为扶盾。盾徽上有头盔，其背后的苴苕纹披风已不似早期纹章藏书票那样繁复。猫头鹰羽饰的造型与盾徽上的图案相同，注意猫头鹰头顶均有一个“冠冕”，但只可见三片草莓叶，与公爵冠冕（可见五片草莓叶）并无关系。

上下方文字都用盘桓的曲线来装饰。上方铭文是THE/Wicked borroweth and payeth not again，意为“恶人借贷而不偿还”（出自《圣经·诗篇》）。下方为票主名号Philip Burton/Exchequer Office/Lincoln’s Inn，即“菲利普·伯顿，财务部，林肯律师学院”。因此，票主应是在这家律师学院担任司库这样的职务。上方的铭文则有双关含义，暗喻借书须还。林肯律师学院有记录的历史始自1422年，但实际存在的历史更为悠久。

设计稿作者（William Chinnery，1707—1791）是一位作家兼画家；其孙乔治·钱纳利（George Chinnery，1774—1852）是一位活跃于印度和华南的画家，终老于澳门。

雕刻者（Edward Thorowgood，约1718—1768）是一位能设计印刷字体的职业雕刻师。

**图31　约瑟夫·史密斯　Joseph Smith**

年代：约1740

尺寸：8.3 × 6.7

票主（1682—1770）是一位出名的艺术品和古董收藏家。早年曾翻译薄伽丘（Giovanni Boccaccio，1313—1375）所作《十日谈》。1740—1760年为英国驻威尼斯领事。那时的威尼斯共和国已经处于最终被拿破仑灭亡之前的飘摇期，而英国已经在海上贸易中崛起。他所收藏的书籍和艺术品在1762年被乔治三世买下，其中大部分曾被收藏在大英博物馆的国王图书室。

这款奇彭代尔式藏书票采用的纹章出自威尼斯画家安东尼奥·维森蒂尼（Antonio Visentini，1688—1782）按票主委托绘制的水彩设计稿。它吸收了史密斯家族盾徽的一些元素，但是根据票主身份重新进行了设计，上半部为走狮，下半部是两条各配三朵鸢尾花的人字坡图案，突出了不列颠王国的象征。盾徽上有头盔，羽饰是一只手臂举起并抓住三支箭。该盾徽设计稿被乔治三世一并买下，现仍存世。

票面以纹章为中心进行了丰富的配饰。背景为古典式建筑，顶部装饰花叶，两边以人物雕像为扶盾，雕像背衬层叠的浮雕板。盾徽基台下的文字是Joseph Smith/British Consul/at Venice，即“约瑟夫·史密斯，不列颠驻威尼斯领事”。不过，该票实际上是在票主赴任前设计制作的。

**图32　莫里斯・约翰逊**
**Maurice Johnson**

年代：　1744
尺寸：　8.8 × 15.1
作者：　莫里斯・约翰逊设计
　　　　乔治・弗图雕刻
署名：　G. V. Sc.（乔治・弗图雕刻）

这是一款以纹章为中心的早期寓言式藏书票，横贯票面底部的是拉丁文票主名号M Johnson J. Hon. Soc. I. Templi & Antiq. Lond. S. & Gen Spaldg. Inst. & Secr. 1735.，即“小莫里斯・约翰逊，内殿公会律师阁下，伦敦古物学会和斯伯丁绅士学会创立人兼书记，1735年”。

票主（1688—1755）出自林肯郡斯伯丁的一个律师之家。由于父子同名，故票主自称“小莫里斯・约翰逊”。从斯伯丁文法学校毕业后，1705年进入伦敦的内殿律师学院，1710年成为律师。

他在伦敦加入了当时流行的文学俱乐部活动，每周在咖啡馆这样的场所参加讨论有关图书和哲学思想的话题，并因此结识亚历山大・蒲柏（Alexander Pope，1688—1744）、约瑟夫・艾迪生（Joseph Addison，1672—1719）、理查德・斯蒂尔（Richard Steele，1672—1729）等文学人物。在斯蒂尔的鼓励下，他在1710年成为律师、回乡加入家族律师业务时，开始自己组织类似的俱乐部活动；两年后正式成立斯伯丁绅士学会（The Spalding Gentleman's Society），主要活动是研究、探讨艺术与科学话题。会员须向学会图书馆捐献1部价值不低于1英镑的图书，本地会员要为每次会议缴费6便士。他积极为每周的会议设定话题，但学会不涉及政治，因此得以持续而没有像很多其他类似组织那样易因分歧而解体。由于票主的广泛活动，学会吸引了牛顿（同为林肯郡人）、蒲柏等多位名人参加，影响甚至及于海外。它成为英国现存最古老的学术团体之一，拥有图书馆和博物馆，且自2007年起有女性会员加入。

票主因律师业务的需要而经常来到伦敦。在组织斯伯丁绅士学会的同时，他和伦敦的友人在1717年正式恢复了古物学会，也就是后来的“伦敦古物学会”（The Society of Antiquaries of London），并担任其图书馆馆长。这个学会的最早活动历史可追溯到1586年，但由于各种原因而时断时续，1707年恢复活动，至1717年正式重建并在固定地点活动。学会在1751年获颁皇家特许状，1780年乔治三世国王准其使用萨默塞特宫（Somerset House），1874年迁入伯灵顿府（Burlington House）至今，1962年接管凯尔姆斯考特庄园（图72）。它以推动国内外古物和历史研究、增进有关知识为宗旨，其正式会员的头衔为F. S. A.，即Fellow of the Society of Antiquaries之缩写。

票主还分别在1721年和1734年参与成立斯坦姆福德协会（The Stamford Society）和彼得伯勒学会（The Peterborough Society）。它们模仿了斯伯丁绅士学会的模式，不过并未长期存续。他对植物学和昆虫学研究也有贡献，身后遗有大量有关法律和林肯郡南部地区历史的手稿。他的收藏品现保存于斯伯丁绅士学会、约翰逊家族宅邸和大英博物馆等处。

票面主图以一袭巨大的披风为背景。中央大盾徽由12个分区组成，其中第一分区徽章属于票主所在的斯伯丁约翰逊家族；斯伯丁绅士学会会员至今仍在领带上佩此徽记。在大盾徽中间嵌入一个4分区小盾徽，它属于票主妻子伊丽莎白（Elizabeth Johnson，1690—1754）所在的安布勒（Ambler）家族，而她是父亲这一支的继承人。票主和她在1709年结婚，育有26个子女。

盾徽上有立于一顶冠冕上的双翅羽饰，下面有则拉丁文铭文EXCITENT，意为“激发”。D侧扶盾是罗马神话中的诸神使者墨丘利（Mercury），他右手执刻有铅锤图案的三角符，左手执带有一对天使翅膀的双蛇杖（象征沟通、和解）；S侧扶盾是正义女神阿斯忒瑞亚（Astraea），她右手执配有一把斧子的束棒（它们在罗马共和国时期被用于刑罚，象征最高权力），左手捧一顶金冠。在他们所坐的台阶上刻有希腊文ΙΔΡΕΙΗ δοκιμοις ό μελει και ΦΙΛΟΠΑΤΡΙΑ，大意“通过考验之人笃志且爱国”，可能出自古希腊经典，但具体出处待考。

票面上标有“1735”字样，但大英博物馆所收藏的原设计稿则成稿于1743年底，因此它的完成应是在1744年。其设计出自票主本人之手，题材和文字契合他的家族背景、职业和学会事业。

雕刻者（George Vertue，又见图27）自1717年起终身为伦敦古物学会指定的雕刻师，而他本人也是一位收藏家。他显然与票主关系密切，除完成这款藏书票外，还为斯伯丁绅士学会雕刻过一款藏书票（莫里斯・约翰逊设计于1710年）。此外，收藏于英国国家肖像馆的票主画像（1731年）也是他的作品。

**图33　威廉·威尔伯福斯　William Wilberforce**

年代：约1750

尺寸：6.5 × 5.7

这款洛可可贝壳式藏书票的中央是威尔伯福斯家族的盾徽。有设计相同但细节略有差别的三款，据推测属于同名同姓的祖、叔、孙三代，最早一款不晚于18世纪中期。祖父（1690—1776）是一位富商，且两度担任赫尔市市长；与之同名的长子无嗣而终。其次子所生第三代中又有一位与之同名者，即著名的废奴运动发起者威廉·威尔伯福斯（1759—1833）；在存世的这些藏书票中，有的带有其子塞缪尔·威尔伯福斯（Samuel Wilberforce，1805—1873）的手写签名，很可能出自他父亲留给他的藏书。因此，可以推想，三代威廉·威尔伯福斯共用或接续使用了三款设计基本相同的藏书票，而他们的藏书则代代相传。

这位废奴运动领袖威廉·威尔伯福斯曾就读于剑桥大学圣约翰学院，在那里与后来成为首相的小皮特（William Pitt, the Younger，1759—1806）结为挚友。1780年，二人同时当选下议院议员。1784—1785年他在欧洲大陆旅行期间，受同行的米尔纳教授（Isaac Milner，1750—1820）影响成为基督教福音派信徒，奠定了他后来投身废奴运动的思想基础。

他与其他七位议员组成了以他为首的“克拉朋联盟”（Clapham Sect 或 Clapham Group），把废奴作为政治理想。1789年，他们首次提出《废奴法案》；虽然有首相小皮特乃至一些政府反对派人士的支持，却屡遭挫折，至1807年方获得通过。同时，威廉的朋友、美国总统托马斯·杰弗逊（Thomas Jefferson，1743—1826）也签署法令废除奴隶贩卖。但直至1833年7月26日英国下议院通过《废除奴隶制法案》（*The Slavery Abolition Act*），即由英国政府出资向奴隶主赎买以使所有英国本土和殖民地的黑奴获得法律意义上的自由身份，这场废奴运动才真正取得成功。而他则于7月29日病故，葬于威斯敏斯特教堂，与小皮特为邻。除毕生投入废奴运动外，威廉还把大笔家产投入慈善事业，他和他的几个儿子在宗教界也都有影响。

（上接第67页）

此票似有不少散见于市。哈迪回忆他少年时（1870年左右）与父亲在伦敦街头书店以每枚1便士左右挑拣藏书票时，其中就有大卫·加里克等名人之品。对于此票下部的引文，哈迪写道：“不知大卫是不是能谨慎到将出借图书限于悉心阅读之人。”【33】而沃伦在列举藏书票上针对借书人的铭文后，更是言道：“……难道大卫·加里克会把他珍贵的莎士比亚四开本借给邋遢不经意的塞缪尔·约翰逊吗？”【86】这当然是对读书人对待书籍不同态度的幽默。

作者（John Wood，？—约1780）具体信息未详。

**图34　大卫·加里克　David Garrick**

年代：约1760

尺寸：7.0 × 7.6

作者：约翰·伍德

署名：J. Wood in et Sc（约翰·伍德设计并雕刻）

票主（1717—1779）是英国伟大的戏剧演员。他出身贫寒但家教严格，少年时就写得一手好文章。19岁时进入利奇菲尔德同乡塞缪尔·约翰逊（Samuel Johnson，1709—1784）创办的文法学校。但没过多久这所学校就倒闭了，于是约翰逊和票主在几乎身无分文的情况下前往伦敦。多年后，二人功成名就，成为约翰逊发起的文学俱乐部的主要成员。

票主到伦敦后，先学法律，很快又改行经营葡萄酒。在经商活动中结识查尔斯·麦克林（Charles Macklin，1699？—1797，演员兼剧作家）和德鲁里巷剧院的老板。1740年，这家剧院上演了他创作的第一部喜剧。当时，这里和考文特花园是伦敦仅有的两家经官方许可的剧院。次年，他因一次临时顶替的机会出演戏剧角色，后又在莎士比亚的《理查三世》（*Richard III*）中出演主角，一炮而红。他以自然主义的表演风格打破了沉闷的传统，受到大众欢迎。当时议会的著名人物老威廉·皮特（William Pitt，1708—1778，小皮特之父）称他是“英国舞台上产生的最出色的演员”。他在都柏林和伦敦两地的演出不断取得成功，终为伦敦的两家官方许可剧院所接纳。

后来，他成为德鲁里巷剧院的管理人，对演出环境进行了大胆改革。更重要的是，他选择更多地上演莎士比亚剧作，并对其演出进行改良，使莎士比亚真正成为观众心目中的戏剧之王。此外，他仍从事创作，包括写诗，但这些都远不及他的表演成就。他晚年生活富足，与各界名流交往，是斯潘塞一世伯爵（图35）的座上宾。

他死后葬入威斯敏斯特教堂“诗人角”，1797年这里还为他建立了雕像。在家乡利奇菲尔德的大教堂则有塞缪尔·约翰逊纪念票主的著名铭文：

I am disappointed by that stroke of death that has eclipsed the gaiety of nations, and impoverished the public stock of harmless pleasure.

这次死亡的打击令我黯然，它给各国的欢乐蒙上阴影，公众无害的欢乐也变得枯竭。

这款奇彭代尔式藏书票中央直书票主姓名，边框饰以各种戏剧元素。顶部以莎士比亚胸像为羽饰，两侧扶盾位置分别是面具和排箫，底部是戏剧演出所用的各种道具，包括古代里拉琴、王冠、权杖等。下方的铭文出自法国语言学家和文史家梅纳日（Gilles Ménage，1613—1692）：La premiere chose qu'on doit faire quand on a/emprunté un Livre, c'est de le lire afin de pou-/voir le rendre plûtôt. Menagiana Vol IV.（借书到手，阅读为先，早读早还。《掌故录》第四卷。）

（下接第 66 页）

**图35　约翰·斯潘塞　John Spencer**

年代：约1766

尺寸：4.8 × 6.0

这款匿名藏书票的票主是斯潘塞一世伯爵（1734—1783），并依据他的纹章设计。顶部为伯爵冠。中央盾徽的D侧半边是斯潘塞家族徽章，一条装饰着三个贝壳的黑色貂皮斜穿其第一至第四分区，第二和第三分区为纵横条杠交叠的回纹图案；S侧半边的徽章属于其夫人所在的波因兹（Poyntz）家族。D侧扶盾是鹰首狮身兽，S侧扶盾是翼龙，二者颈部均围绕装饰贝壳的黑色貂皮，身上则饰以貂尾纹，为斯潘塞家族专属。飘带上写拉丁文家族铭文DIEU DEFEND LE DROIT，意为“上帝保护正义”。下方空白处有手写的书籍编号字母和数字。

票主出生于北安普敦郡的奥尔索普。他的祖母是马尔伯勒一世公爵（John Churchill，1650—1722）之女。当马尔伯勒一世公爵夫人（Sarah Jennings，1660—1744）以票主为主要继承人时，规定他不得接受国王或政府的津贴，否则即取消其继承权。票主20岁出头即成为代表沃里克郡的议员（1756—1761），属于辉格党。他在1760年末向首相提出国家应对其贡献给予回报之事；于是，乔治三世国王于1761年封其为斯潘塞男爵和子爵，1765年又晋封他为奥尔索普子爵和斯潘塞伯爵，为他这一支斯潘塞家族之首（爵位均属于不列颠序列）。票主在1772—1779年还先后担任圣奥尔本斯市的贵族审判法庭庭长和市长。名画家乔舒亚·雷诺兹（Joshua Reynolds，1723—1792，皇家美术院首任院长）于1759年和托马斯·庚斯博罗（Thomas Gainsborough，1727—1788）于1763年曾为他画像，令其形象传于后世。

票主因病而中年早故，爵位由他的五位子女中唯一的儿子继承，至今已传至第九代（Charles Edward Maurice Spencer，1964—　）。这个家族有四位斯潘塞伯爵曾获嘉德勋章。当今更为人熟知者是斯潘塞九世伯爵的三姐、威尔士王妃戴安娜（Diana, Princess of Wales，婚前称Lady Diana Frances Spencer，1961—1997），她去世后归葬奥尔索普家族庄园。

票主与美国开国总统乔治·华盛顿（George Washington，1732—1799）为同一远祖威廉·斯潘塞（William Spencer，1478—1535）之后。票主又是马尔伯勒一世公爵的外曾孙，而后来的丘吉尔首相（Winston Leonard Spencer Churchill，1874—1965）是马尔伯勒七世公爵（John Winston Spencer-Churchill，1822—1883）之孙。

**图36　伦敦塔国家档案库**
**The Public Record Office in London Tower**
年代：　1760—1770
尺寸：　12.6 × 8.3（边缘裁切）
作者：　詹姆斯·曼德
署名：　J. Mynde Sculpt.（J. 曼德雕刻）

“征服者”威廉一世1066年在伦敦加冕后不久即沿泰晤士河建设内控外防的堡垒，1078年始建目前伦敦塔的中心建筑——白塔。后经12至13世纪的扩建，又在白塔周围增加了内外两层防御设施和护城壕。它曾是王宫、政治监狱、行刑地、军火库和铸币厂，还容纳过一个动物园。现为游览胜地，以中世纪建筑和皇家珠宝展为特色。

伦敦塔在历史上还有一个重要功能，即作为国家行政档案和法律文件的保管地，它的多个建筑都曾被用作档案库房。当时，在伦敦还有两个主要的国家档案保管地，即威斯敏斯特教堂和位于赞善里（Chancery Lane）的档案馆。为增加存储空间和改善保管、查阅条件，1838年通过“国家档案馆法案”，在赞善里正式设立国家档案馆，并扩增那里的建筑，将各处档案汇集至此〔后于1976年又在邱园（Kew Garden）附近启用新馆〕。不过，从伦敦塔迁出档案的工作到1860年才最终完成。因此，在订制这款藏书票时，尚未依法设立“国家档案馆”这样一个正式机构。

其现存最早一份档案是974年的一个地契。而和中国有关的一份早期档案是1602年伊丽莎白一世女王致中国皇帝（当时是明朝万历皇帝）的一封国书，其内容是寻求与中国发展贸易，并希望对投书人乔治·韦茅斯船长（George Waymouth，或作Weymouth，生卒年不详）给予关照。当时，韦茅斯受成立不久的东印度公司的委派，率两条船探访从英国西北方向通往东方的“捷径”，不过他未能通过美洲北部海面冰山的阻挡而被迫返回。这份国书曾遭遗弃，后被发现并收入国家档案馆。1985年10月，当中国第一历史档案馆（原故宫博物院档案馆）举行庆祝成立60周年的国际学术会议时，前来参加会议的时任英国国家档案馆馆长杰弗里·马丁博士（Geoffrey Martin，1928—2007）向中国提供了这件国书的彩色照片。次年，伊丽莎白二世女王访华时，又亲自向中国国家主席李先念送上这件国书的复制件，以示前缘。

这款伦敦塔藏书票存世无多。主图是有四座塔楼的白塔（西、北立面），其上飘扬着英格兰十字旗，前景较低的建筑即其内外两层防御设施。票面下部是一洛可可式的匾牌，写有拉丁文ExLibris Tabularii Publici/in Turre Londinensi.，意即“伦敦塔国家档案库之藏”。铭文下有手卷、书籍、墨水瓶等物，有的手卷上还有“RECORDS”（档案）、“MAGNA CHAT…”（大宪章）等细小字样。底部有作者签名。

关于作者，见图37。

**图37　皮特·汤普森　Peter Thompson**

年代：1770

尺寸：10.0 × 7.3

作者：詹姆斯·曼德

署名：J. Mynde Sculp.（J. 曼德雕刻）

票主（1698—1770）是一位成功的商人，主要与汉堡和纽芬兰两地进行贸易。45岁时被任命为萨里郡郡长，并同时获封骑士。1747—1754年担任议员。爱好收藏，在多塞特郡海滨普尔的大宅内有私人图书馆和博物馆。既是古物学会会员，也是皇家学会会员。一生未婚，死后遗产由弟弟一家继承，其中包括一部最早的莎士比亚戏剧合集“第一对开本”。

该藏书票为奇彭代尔式设计。在中央盾徽位置用票主姓名缩写字母PT交叉构成了一个花押图案，在围绕花押图案的圆框内写着票主名号SR. Peter Thompson FRS，即“皇家学会会员皮特·汤普森爵士”。上方羽饰的立狮和下方小型徽章内的走狮图案均取自其家族纹章。底部飘带上的拉丁文铭文NIL CONSCIRE SIBI.，大意“无愧于心”（这是借用的一条常见铭文，又见于图40）。

票主在1770年当选皇家学会会员，当年10月31日去世，这是确定该票年份的基本依据。

作者（James Mynde，1702—1770）是在伦敦从事书籍插图的雕刻师，有数款藏书票作品存世。其去世时间仅比票主晚20天。

**图38　托马斯·加斯科因　Thomas Gascoigne**

年代：1770

尺寸：9.7 × 6.2

作者：约翰·休斯

署名：Hughes fecit. Bond Street.（邦德街休斯所制）

这款书房内景式藏书票刻画两位头戴花冠的缪斯式的女性人物，一人手持拨弦乐器，一人手执羽毛笔正在书写但却一时被乐器吸引了注意力。她们处于一间由立柱支撑的厅堂内，远端墙面排满书籍，较近处有一尊雅典娜雕像立于台座上，桌面上有书籍、天球仪等物。地面有一柄蛇杖，旁边立加斯科因家族盾徽（银底，中央一条黑色条带，竖立一个被截断的金色鲑鱼头），但是盾徽一角插入的另一个徽章难以辨识。立柱上方的顶梁上刻有票主名号T. GASCOIGNE/PARLINGTON，即“帕林顿之托马斯·加斯科因”。雕刻精细，效果生动，底本应是出自画家设计。

票主（1745—1810）出生于法国。1762年，继其兄为家族世袭第八代从男爵。一生有两次婚姻，该票作于他在1772年第一次结婚之前。1780—1784年和1795—1796年两度为议员，其间因皈依罗马天主教而不获支持，直至1795年同样皈依天主教的十一世诺福克公爵令他补缺而重新进入议会，但次年他又放弃了大选机会。总之，他并非议会中的显要人物。

作者（John Hughes，生卒年不详）当时在伦敦邦德街经营雕刻和书籍业务，但其作品多已不可考。

**图39　约瑟夫·布兰德　Joseph Bland**

年代：约1770

尺寸：11.5 × 6.9

这款纹章与书房内景组合的藏书票以披风为书房顶棚。书房内，密涅瓦正在指点一位18世纪装束的读书人。背景是阳光普照下的古典式建筑。地上一角堆放着图书和罗盘。披风上面是布兰德家族盾徽和猎豹羽饰；猎豹踞于一小冠冕之上，但这与公爵爵位并无关系；盾徽两侧以植物枝叶为扶盾。底部洛可可式的匾牌上写着票主姓名。

此票另有一版，主要区别是票主姓名的字体不同，并简写为Jos. Bland。

密涅瓦的题材常被用于学校颁奖图书上贴用的藏书票或图书馆藏书用藏书票。

票主具体信息未详。

**图40　约翰·布洛克　John Bullock**

年代：约1770

尺寸：5.4 × 6.6

票主（1731—1809）出生于埃塞克斯郡一个富足的商人家庭。从剑桥大学卡莱尔学院毕业后，做过执业律师。1754年成为代表埃塞克斯郡的议员，直至去世。他属于辉格党，曾支持威尔伯福斯等人提出的《废奴法案》（参见图33）。总的说来，他在长期的议会生涯中并无突出表现，但居于议席如此之久，令他在晚年有“议会老前辈”之号。1759年，埃塞克斯郡组建民兵团之初，他担任中校，后于1780年升任上校（最高指挥官）。约在1770年后的几年间，庚斯博罗为他画过一幅全身戎装像（此作曾在2002年6月以260万英镑被拍卖）。

这款纹章结合风景的藏书票尺寸相对较小，但构图奇绝。虽然作者已不可考，但其设计应是出于票主授意。票面突出的题材是背靠一株巨大古树的三牛头盾徽，中间穿插一个带貂尾纹的人字坡图案，为布洛克家族专属（Bullock本有“牧牛人”之义）。盾徽下有两条字幅，上面一条写拉丁文铭文NIL CONSCIRE SIBI.，大意“无愧于心”，下面一条写票主名号。

更值得注意的是，票面一角描绘了一个宏大的战役场面。但见空中战云密布，军队已经从较近处的营地出发，正在战场集结，他们将要进攻远处高地上的一座城池。有人认为，这描绘了詹姆斯·沃尔夫将军（James Peter Wolfe，1727—1759）攻陷魁北克的战役。当时英国陆军登陆的确是选择了出乎法军意料的险坡一侧，但却是乘船抵达。这场战役发生在1759年9月，而票主的埃塞克斯民兵团在当年11月才成立（他本人在24日被任命为民兵团中校）。因此，很难说票主率团参加了这场战役。也许，战役场面的设计只是为了纪念当时英军的这场大胜。

本票还有一个匿名款存世，见于大英博物馆的弗朗克斯收藏，其票面完全相同，但票主姓名被抹去。因票主没有子嗣，他去世后遗产被他的外甥继承。这位继承人也承袭了布洛克家族的盾徽和姓氏，这个匿名款可能就是他将原票主的姓名抹去后制成（大英博物馆所藏票面有他的后代手写签名）。

1786
MINERVA DUCE
TANREGO in the Coun.y of SLIGO
J. Taylor Sculpt.

**图41　斯莱戈郡滕瑞戈**
**Tanrego in the County of Sligo**
**（Family of Irwin　欧文家族）**

年代：　约1780
尺寸：　9.6 × 7.6
作者：　詹姆斯·泰勒
署名：　J. Taylor Sculpt（J. 泰勒雕刻）

这是一款以封地为名的家族藏书票。

克伦威尔（Oliver Cromwell，1599—1658， 1653年自任英格兰、苏格兰与爱尔兰共和国护国公）在1652年征服爱尔兰后，赐予随他征战的约翰·欧文（John Irwin，1680—1752）位于斯莱戈郡滕瑞戈的封地，是为此地欧文家族之始。约翰·欧文关照过最后的爱尔兰竖琴作曲家之一、盲人特洛·奥卡罗兰（Turlough O'Carolan，1670—1738），后者常去他的庄园走动，并作有“约翰·欧文之歌”（Planxty Irwine）一曲流传至今。

约翰之子为刘易斯·弗朗西斯（Lewis Francis Irwin，1728—1785）。第三代中有与祖父同名的约翰（John Irwin，1770—1846），他当选过太平绅士，1822年为郡长，还曾任斯莱戈民兵团的上校指挥官。

盾徽图案采用受到爱尔兰人尊崇的橡树叶，羽饰是一只手臂举起一根橡树枝。在盾徽两下角堆放着调色板、画笔、节杖（象征医学）、乐器、天球仪、观测仪器和望远镜等物，字幅上的拉丁文是MINERVA DUCE，意为“密涅瓦指引”。后方远景中，一侧是埃及金字塔，另一侧是一座矗立于山顶的古罗马神殿，太阳从云中喷薄而出，空中还有巨蟹座和狮子座的形象。底部的洛可可式匾牌中间写着家族封地名称，两边分别是图书和伸手指引的智慧女神密涅瓦。

在紧贴盾徽底部的横条底纹字牌上刻有“17”字样，后面手书填写“86”。1786应是该票被使用的年份。鉴于此时第三代尚年少，推测该票为此前由第二代刘易斯·弗朗西斯·欧文所订制，供家族传承使用，票面的星座形象则可能与刘易斯或其两个儿子有关。

票面底部浅刻作者（James Taylor，1745—1797）署名，他的父兄和侄辈中有多人从事雕刻插图和书籍事业。他本人最初做瓷器描绘，后在1771年左右随其兄在伦敦从事雕刻。此处所载是他所作纹章结合风景藏书票的一个代表性作品。

1921年爱尔兰从英国独立后，斯莱戈归属爱尔兰。

SPERO
NESCIT OCCASUM
William Chambers.
Surveyor General
of his Majesties Works.

**图42　威廉・钱伯斯**
**William Chambers**

年代：　不早于1782
尺寸：　8.7 × 5.8

票主（1726—1796）出生于哥德堡，父亲是苏格兰裔商人。不过，全家在1728年回到了英格兰，因此他在英国完成基础教育。年少即进入瑞典东印度公司，1740—1749年三次随瑞典商船前往东方，其中1743年和1748年两次到达中国广东，这期间学习了不少数学和中国建筑知识。1749年起先后到巴黎和意大利学习建筑学，1755年与希普里亚尼等人一起回到英国（参见第172页）。1757年，被推荐为威尔士亲王（即后来的乔治三世）讲授建筑学，在此期间还编写了关于中国建筑设计和一般建筑理论的书籍，并因与王室的关系获得了一些重要的建筑设计项目。

所主持的重要皇家项目是在1757—1762年为邱园（1759年正式建园）做规划设计，为这座皇家植物园设计了20多处不同风格、充满浪漫色彩的园林建筑和座椅，包括现已成为其标志性建筑的“中国塔”（The Great Pagoda）。因邱园项目而成了当时最能兼收并蓄的建筑师，并出版了一部《邱园及其建筑之平面、立面、截面和透视图》[1]，扩大了中国园林在欧洲的影响。

1771年，瑞典古斯塔夫三世国王即位；票主呈上一套邱园完工图，国王为此授予他北极星勋章。乔治三世于是也让这位御用建筑师享有英国骑士地位，还先后任其为皇家工程审计师和总测量师。其建筑设计思想源于欧洲大陆传统，再拓展出帕拉第奥风格的新面貌，这类作品有爱丁堡达丁斯顿府（1762—1764）、伦敦萨默塞特宫（1775—1786）、都柏林马里诺赌场（约1776）等。1762年为乔治三世设计制作了黄金马车（希普里亚尼绘制车身），至今仍为王室所使用。1768年，皇家美术院成立，被选为第一任司库，1780年则将院址定于他设计的萨默塞特宫。因哮喘病去世，葬于威斯敏斯特教堂“诗人角”。

该票以北极星勋章为主要题材，颈带上是这枚勋章专用的荷兰文铭文，环读NESCIT OCCASUM，意为“永不陨落”。颈带中间的盾徽、上方的猎鹰羽饰和拉丁文铭文SPERO（意为“我希望”）均为票主家族专属。下方三行文字为票主名号William Chambers/Surveyor General/of his Majesties Works，即“皇家工程总测量师威廉・钱伯斯”；乔治三世于1782年给予他这一任命，故此票年份应不早于此。

票主设计的邱园中国塔仿照南京大报恩寺琉璃塔，高49.7米，工程历时约两年，于1762年建成。南京大报恩寺塔高78.2米，耗19年之功于1431年建成，在其矗立的四百多年间一直是中国最高建筑，也是闻名世界的一大奇迹。不过，票主并未到访过南京，而是参考其他西方人对大报恩寺塔的记述和他在中国积累的建筑资料进行设计。约在同时，乾隆皇帝则在承德避暑山庄永佑寺仿建南京大报恩寺塔，历时10年，于1764年建成，塔高约67米（乾隆《永佑寺舍利塔碑记》称要在北方仿建“金陵报恩”和“武陵六和”二塔，永佑寺塔建成后的塔身形制和琉璃瓦檐等则类同于二塔之前者）。

马戛尔尼（图50）在他的《出使中国行记》[2]中提到过票主对中国园林的描绘。实际上，英使觐见乾隆皇帝的地点就在永佑寺旁边的“大幄”，具体位置在承德避暑山庄万树园北部，现称“蒙古包”。在随团画师所绘从避暑山庄山顶俯瞰小布达拉宫（Potala，即普陀宗乘之庙）的水彩画上，永佑寺塔矗立于一角，可见英使对它的印象。马戛尔尼记述他游览了避暑山庄周围的寺庙，但没有提到进入永佑寺（皇帝家庙），恐怕那时也没有人向他介绍永佑寺塔的来历。在距马戛尔尼到访清廷约30年前，中、英在各自的皇家苑囿分别建成了一座宝塔，而且都是仿照南京大报恩寺塔，堪称巧合，但其中又有多少不同！

---

[1]　原著全名 *Plans, Elevations, Sections, and Perspective Views of the Gardens and Buildings at Kew in Surrey, the Seat of Her Royal Highness, the Princess Dowager of Wales.*

[2]　*An Embassy to China, Being the Journal Kept by Lord Macartney during this Embassy to the Emperor Ch'ien-lung 1793-1794*, London, The Folio Society, 2004.

**图43　格利高里·刘易斯·韦　Gregory Lewis Way**

年代：1780—1790

尺寸：6.2 × 8.9

作者：格利高里·刘易斯·韦（设计）

票主（1756—1799）是一位律师兼作家，家乡在多塞特郡。1774年，不到18岁入读牛津大学。1778年出版小说，1782年出版个人诗集，1796年翻译出版法国中世纪寓言集。1783年买下埃塞克斯郡的斯潘塞农场（Spencer Farm），对其进行园林化改造，并居住于此至去世。

这是票主为自己设计的一款风景藏书票。票面上一位身着铠甲的骑士夜晚坐在流经多塞特郡的韦河（River Way）岸边沉思。波浪起伏，草木婆娑，一轮明月从云中闪现，照亮河面和骑士。骑士手扶一面绘韦氏家族盾徽的盾牌，据说上面的游鱼即是在韦河多见的鲻鱼。头盔上的羽饰为一只手臂举起一柄指挥杖，这也是韦氏家族的传统设计。该票还有设计略同的另一款，主要区别是羽饰采用羽冠，票主姓名采用拉丁文写法Gregorius Ludovicus Way。

值得一提的是，这款藏书票曾被用于1845年出版的一部记述斯潘塞农场的书的封面。票主的兄弟和后辈中有多人都有自己的藏书票传世。他的一位侄孙阿尔伯特·韦（Albert Way，1805—1874）在剑桥大学与达尔文为学友，于1844年创立皇家考古学会。

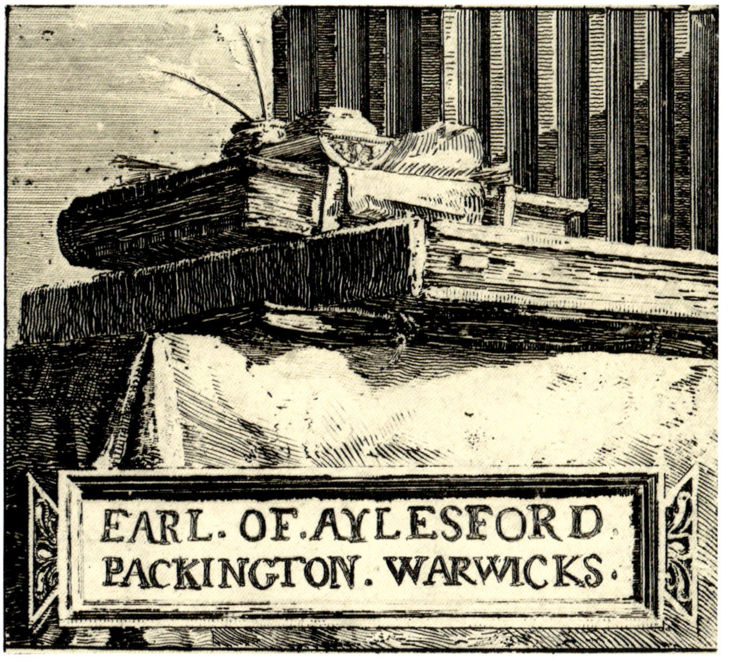


**图44　伊莱斯福德伯爵　Earl of Aylesford（赫尼奇·芬奇　Heneage Finch）**

年代：1780—1790

尺寸：8.5 × 9.7（边缘因揭取有残）

作者：票主本人

票主（1751—1812）自幼即有格恩西勋爵（Lord Guernsey）称号，至1777年袭为伊莱斯福德四世伯爵，地望位于沃里克郡帕金顿，即如票面下部名号所示。在1767年毕业于牛津大学圣体学院，之后曾为议员。

除从政之外，其声名主要缘于艺术家身份。在牛津就学时，跟从来自德国、在牛津颇有名望的马尔恰尔（John Baptist Malchair，约1730—1812）学习了美术。曾参加过皇家美术院的展览，至今在大英博物馆、维多利亚与阿尔伯特博物馆和他的故居帕金顿府都藏有其作品。自己也收藏伦勃朗（Rembrandt Harmenszoon van Rijn，1606—1669）和其他一些前辈艺术家的作品，与沃波尔（参见图47）为友。枢密院委员，皇家学会会员，古物学会会员，晚年为大英博物馆理事。

作有5款藏书票，其中4款是为自己所作，此处所载是其中较为常见的一种。主图为置于桌面的书堆，顶部有插着羽毛笔的墨水瓶。构图视点较低，透视效果突出，光影反差强烈。它的设计脱离了老式传统，在当时可谓别出一格，这也许与作者热爱射击、射箭等户外活动的秉性一致吧。

**图45　约翰·西蒙斯　John Symmons**

年代：约1785

尺寸：8.8×6.1

票主（1745—1831）祖籍威尔士彭布罗克郡。祖上因继承地产而富，父亲曾为议员，他本人21岁时即从牛津大学毕业并获得文科硕士学位。父亲于1764年去世，他作为长子继承财产的同时还接下了父亲欠下的沉重抵押贷款债务。1773年娶了一位比他年长几乎8岁且拥有大笔家族遗产的孀妇安妮（本名Anne Barlow，1737—1782）；在她亡故后，通过变卖财产得以偿清债务，并在伦敦重新购置宅第。此后，又有过三段婚姻。

在解决债务后，票主开始扩展对科学、艺术和图书的广泛兴趣爱好。他参加过多个学会，包括皇家学会、皇家园艺学会、古物学会和研究生物分类学的伦敦林奈学会。在50岁时曾为威廉·艾顿的《邱园植物志》〔William Aiton（1731—1793）：*Hortus Kewensis*，初版于1789年〕作序。之后，他的兴趣似乎从园艺转向藏书，到1828年其门类庞杂的藏书被拍卖时竟有4万部之多。不过，他在用钱方面的慷慨却使他在80多岁高龄时陷入破产境地，为免遭入狱被迫移居法国，收藏也尽数拍卖、流散。他称自己曾坐拥20万英镑，但去世前他能够支配的钱物还不足100英镑。

这款花彩式纹章藏书票约作于他的第一任妻子安妮死后他得以偿清父辈债务之时，其装饰方式或许契合了他当时对植物学的兴趣。中央大盾徽由4个分区组成，依次为西蒙斯家族及祖上姻亲家族的徽章；其上又悬浮一面小型盾徽，属于给票主留下大量财产的前妻安妮所在的巴罗家族。在盾徽周围，用各种花草编结成对称而有层次的优美图案。底部有票主名号John Symmons Esq.，即“约翰·西蒙斯先生”。

**图46　威廉·鲍德勒　William Boteler**

年代：约1790

尺寸：8.4 × 5.8

作者：P. 罗杰斯

鲍德勒是世代居于肯特郡伊斯特里（Eastry，现属多佛区）的一个古老家族。据说其祖先姓宾塞纳（Pincerna），在11世纪时获得“征服者”威廉一世（William I，约1027—1087）赐予这里的封地。到约翰国王（King John，1167—1216，即被迫签署《大宪章》者）时期，这个家族的一位后代托马斯·宾塞纳（Thomas Pincerna）在1210年时做了国王的内务总管（Chief Butler），改以官职为姓（Boteler是Butler的变体，源自Botiller“端酒瓶者”一词）。

票主（1745—1818）在世时为家族首领。在伊斯特里村，他的家族拥有除教会领地外的几乎所有土地。作为此地乡绅，他热衷于考察和研究本地历史，收集伊斯特里和邻近地区的古物，并为他人编写伊斯特里和肯特郡的历史提供资料。他组织进行过伊斯特里教区人口普查，还徒步考察本教区边界并详加记录。

他一生有过两次婚姻，1774年娶萨拉·富勒（Sarah Fuller，1747—1777，因难产而死），1785年娶玛丽·哈维（Mary Harvey，1764—1852）；有六子五女成年，另有五个孩子未及成年而亡。晚年，他迁居到坎特伯雷，在那里去世。

这款古瓮藏书票有黑、红墨色两款。瓮身上环立古代学者形象的人物雕像，百合花环围绕纹章。羽饰是一只振翅雄鹰，盾徽的三个顶角各有一枚鲍德勒家族徽章；在中间的小型盾徽上，第一、四分区为富勒家族徽章，第二、三分区为哈维家族徽章。因此，这款藏书票应作于他的第二次婚姻之后。

底部票主名号是Wm. Boteler, EASTRY, Kent，即“肯特郡伊斯特里之威廉·鲍德勒”。

据大英博物馆著录【36】，作者（P. Rogers）设计并雕刻了这款藏书票，但其行止未详。

ANNA
DAMER
Agnes Berry inv. et del. Londini 1793. Francis Legat sculp.

### 图47　安娜·达梅尔
**Anna Damer**

年代：　1793

尺寸：　11.2 × 8.3（不包括裁切不全的边框外底纹）

作者：　艾格尼丝·柏里设计并绘制
　　　　弗朗西斯·勒加雕刻

署名：　Agnes Berry inv et delt Londini 1793 Francis Legat Sculp（含义同上）

票主（婚前全名Anne Seymour Conway，1748—1828）是雕塑家兼作家，在她的时代是少见的女性艺术天才。她出身名门。父亲亨利·西摩·康威（Henry Seymour Conway，1721—1795）少年从军，多次参加和指挥英军的国内外战争，38岁晋升陆军中将。20岁当选下议院议员，后曾任爱尔兰总督。他在长期的议会生涯中成为影响力很大的政治家，在美国独立战争期间主张停止英军在美洲殖民地的战役。作为辉格党人，他在小皮特执政后退出政坛，晚年获陆军元帅称号。她的母亲则是阿盖尔四世公爵之女（关于阿盖尔公爵，参见图134）。

但对她影响更大的是霍勒斯·沃波尔（Horace Walpole，1717—1797，亦拥有藏书票），即英国政府内阁第一任首相罗伯特·沃波尔（Sir Robert Walpole，1676—1745）之第四子，袭为奥德福德四世伯爵，以哥特式小说《奥特朗托堡》（*The Castle of Otranto*，1764）而成为对后世影响很大的作家，同时又是美术史家和大收藏家。因票主的祖母与罗伯特·沃波尔的妻子为姐妹，并为伦敦城市长约翰·肖特（John Shorter，1625—1688）之女，票主父亲与霍勒斯为表兄弟。霍勒斯十分看重票主（也就是他的表侄女）的艺术天分，在她未满10岁而父母外驻爱尔兰期间，让她到草莓山庄（Strawberry Hill）居住，使她自幼接触到大量艺术品，后来还成为她的监护人。霍勒斯一生未婚，把花费心血建成的草莓山庄留给票主供她终生使用（票主实际居住至1811年）。

由于霍勒斯的关系，票主很早就结识了英格兰的名流艺术家。她向来自意大利的雕塑家朱塞佩·塞拉奇（Giuseppe Ceracchi，1751—1802）和英国雕塑家约翰·培根（John Bacon，1740—1799）学习雕塑，并在威廉·坎伯兰·克鲁克香克（William Cumberland Cruikshank，1745—1800）那里学习了解剖学。1767年她与多切斯特伯爵之子约翰·达梅尔（John Damer，？—1776）结婚。7年后两人离婚；又过两年约翰自杀，还遗留了巨额债务。不过，票主因婚前协议而保有经济独立。她到欧洲大陆游历了一段时间后重回英国，开启艺术事业。

霍勒斯在1780年曾说，她走上了一条比绘画难度更大也更加不同寻常的艺术道路，雕塑史上绝少女性艺术家，更无出众者，而她所作写实人像并不逊于古典精品。除霍勒斯外，她的艺术事业还得到大卫·休谟（David Hume，1711—1776）、乔舒亚·雷诺兹等人的支持。

1784—1818年，票主在皇家美术院展出过32件作品。她的雕塑人像作品有王室人物（包括乔治三世）、军政要人、她的密友和她自己等，还有动物和公共建筑雕像。她精通拉丁文，作有一部浪漫小说《贝尔默》（*Belmour*，1801）。经常前往欧洲大陆旅行。1802年在巴黎受到拿破仑接见，送上自己所作纳尔逊将军（Horatio Nelson，1758—1805，牺牲于英法海战）和福克斯（Charles James Fox，1749—1806，同情法国大革命的辉格党领袖）的雕像；拿破仑回赠她一个刻有自己肖像的金质镶钻鼻烟盒，票主晚年将它捐赠给了大英博物馆。

该藏书票作于票主中年时期，这时她的艺术已日臻成熟。画面上是一座林木掩映下的台座，上面立着一面卷曲式造型的达梅尔家族盾牌。中央悬浮的小型盾徽则是由其祖上Seymour家族的盾徽组合第四分区的Conway家族徽章而成，其祖父因继承Conway家族遗产而取复姓Seymour Conway。盾徽两侧各有一只小狗为扶盾。在台座立面上雕刻着票主姓名和月桂缠绕的一束雕刻工具，一位古装女性半跪于侧，一手向上引示盾徽，一手向下指向那一束雕刻工具，代表票主的家族背景和她的艺术家身份。该票还有票主姓名用Anne Seymour Damer的较晚一款，但较为罕见。在主图底部写着设计者和雕刻师的姓名及创作年份。

票面上的台座好似一座陵墓，这是在18世纪后半期经常出现的设计，与此类似的题材还有古瓮、松柏或金字塔。但它们的意图是表现对古典的崇尚和向往，一般来说并无悲悼之意。

设计者艾格尼丝·柏里（Agnes Berry，1764—1852）是作家玛丽·柏里（Mary Berry，1763—1852，票主终生密友）的妹妹。她的这件设计图稿现仍存世。

雕刻师弗朗西斯·勒加（Francis Legat，1755—1809），曾服务于尚为王储身份的乔治四世。

HONI·SOIT·QUI·MAL·Y·PENSE
VIRTUS VINCIT INVIDIAM
Marquis Cornwallis.

**图48　查尔斯·康沃利斯**
**Charles Cornwallis**

年代：　约1793
尺寸：　9.3 × 8.1

票主（1738—1805）是英国历史上著名的军事将领兼政治家。出身显贵，从剑桥大学毕业后到欧洲大陆参加“七年战争”，成为一名富有经验的军人。1760年当选下议院议员，1762年继承伯爵爵位后转入上议院。1770年进入枢密院，并任伦敦塔守备之职几至终身（王室亲信方可担任此职，后威灵顿公爵亦曾出任）。

他反对英国政府对美洲殖民地采取对立政策，不过这并不妨碍国王对他的信任。1776年，以少将领中将衔被派往美洲参加“平叛”，也即美国独立战争，曾将乔治·华盛顿（George Washington，1732—1799）的部队逐出新泽西。但对英国来说，这场持续8年多的战事远非顺利，且有将帅不和之虞。票主之部与革命军之间互有胜负。1781年10月，他在弗吉尼亚的约克镇遭遇华盛顿军南下和法军从海上的夹击，战败投降。这是独立战争的最后一次重要战役，此后英军再未能挽回局面。票主于1781年底以交换方式被遣返英国，而他的一些部属则到1783年9月双方签订《巴黎和约》、英国承认美国独立后才得以返国。

但票主在国内仍受到尊重。1786年被派任印度总督，赴任前国王授予他嘉德勋章。在任期内进行了一系列法律和行政改革，并征服迈索尔王国，1792年10月由伯爵晋封康沃利斯侯爵，又过一年卸职回国。1798—1801年任爱尔兰总督，任内实现爱尔兰于1801年正式并入英国。1802年代表英国与法国谈判并签订《亚眠和约》。1805年再任印度总督，不久病逝，葬于印度加济普尔。

有多位名画家曾为他画像，包括托马斯·庚斯博罗（1783）。

票面中央是嘉德勋章围绕的康沃利斯家族盾徽，上方为侯爵冠冕，两侧以颈部佩戴月桂花环的雄鹿为扶盾。下部的洛可可式基座上有一条字幅，写拉丁文家族铭文VIRTUS VINCIT INVIDIAM，意为“美德战胜嫉恨”。票主名号Marquis Cornwallis，即“康沃利斯侯爵”。

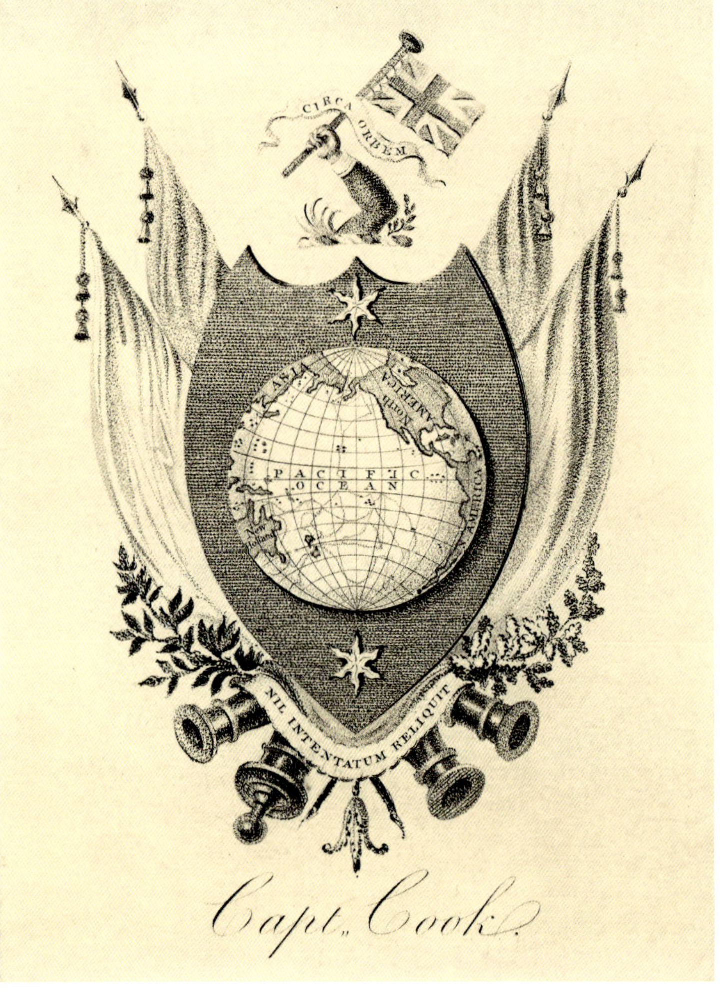
CIRCA ORBEM
PACIFIC OCEAN
NIL INTENTATUM RELIQUIT
Captn Cook

**图49　詹姆斯·库克（库克船长）**
**James Cook (Captain Cook)**

年代：　约1793

尺寸：　12.2 × 8.2（复制品）

这款纹章藏书票的名号是库克船长（Capt. Cook），但实际并非他所用之物。

詹姆斯·库克（James Cook，1728—1779）出身寒微，少时成为商船水手而适应并学习了航海。1755年加入皇家海军，因测绘能力出众而受到重视。1768年，皇家学会和海军联合组织第一次太平洋科学考察，以库克为舰队指挥。1768—1779年三次远征太平洋，精确测绘了太平洋海岸线和众多岛屿，发现澳洲东岸、新西兰和纽芬兰，也是最早发现夏威夷群岛的欧洲人。

1776年7月，他率领决心号（HMS Resolution）和发现号（HMS Discovery）第三次出征太平洋。1779年2月14日，在夏威夷与原住岛民的一场争端中不幸身亡。乔治三世国王本打算在他回到英国后即为其加封贵族爵位，他既已身亡，便给他的遗孀伊丽莎白颁发了一笔年金以养天年。同时，还下令由纹章院设计和授予一款库克船长纹章，供其家人使用。这时，纹章早已非贵族专有，平民也尽可按自己的意愿自行设计。虽然纹章的作用难比从前，但是，由纹章院为库克船长颁授纹章，相当于颁发官方证书，追认他获得贵族地位。

伊丽莎白·拜茨（Elizabeth Batts，1742—1835）于1762年12月21日与库克船长结婚。他们有六个子女，其中三人早夭。长大成人的三个儿子中，长子詹姆斯（James Cook，1763—1794）与父亲同名，1774年入皇家海军学院，1793年被任命为烈火号（HMS Spitfire）舰长；1794年1月24日夜（或25日凌晨），他从普尔港冒着风浪前往他的战舰，因渡船倾覆而牺牲。次子纳撒尼尔（Nathaniel Cook，1764—1780）也加入了海军，1780年10月3日乘雷神号（HMS Thunderer）在西印度群岛遭遇飓风，与全船将士遇难，时未满16岁。幼子休（Hugh Cook，1776—1793）1793年2月入剑桥大学基督学院，同年底因感染猩红热而故。

伊丽莎白在1835年5月13日以93岁高龄去世，她的财产按其遗嘱分别遗赠给库克家族和她自己家族的亲属，以及其他关系密切人员。财产分配后所余遗物则留给遗嘱执行人约翰·利奇·贝内特（John Leach Bennet，1798—1873，其妻子是伊丽莎白舅舅的后代，为伊丽莎白的孙辈），其中包括纹章院授予库克船长纹章的原件（配原盒）、铜版藏书票、一些书籍和纸张。它们后来又传至其子弗雷德里克·贝内特牧师（Canon Frederick Bennett，1822—1903）。伊丽莎白去世时，弗雷德里克13岁，多年后他成了唯一见过伊丽莎白而仍然在世的人。据他所述，伊丽莎白是一位尊贵、庄重的女士，每年在丈夫和三个成年儿子的四个忌日，她都会独处并禁食为祭。

1891年英国藏书票协会成立后，弗雷德里克被选为会员。他向协会提供了伊丽莎白遗物中的藏书票，并说明了它们的来历。这款藏书票仿照库克船长纹章的设计，因此肯定不是库克船长之物，而伊丽莎白并不使用藏书票，所以，推测这些藏书票应是库克船长的长子约在1793年（即其晋升舰长时）根据父亲的纹章所制的一款纪念性质的藏书票，不过他未及使用就已牺牲。弗雷德里克曾将其中一部分贴用于伊丽莎白遗赠的图书和其他与库克船长相关的书籍。他当然不能令这些藏书票进入流通，不过，经他许可，协会在1893年复制这款藏书票以飨会员（即此处所载）。这时，距这款票最初制成已过去了大约100年。

这款藏书票的设计仿照了库克船长纹章，但并不完全相同。其中央是贝壳形的盾徽（纹章设计为海蓝色），地球图案描绘了库克船长在太平洋上的航迹，并标注了环太平洋的地理名称，包括ASIA（亚细亚）、NORTH AMERICA（北美）、S. AMERICA（南美）、NEW HOLLAND（荷兰人最早到达澳洲时称之为"新荷兰"，标注所在的今澳大利亚东岸被库克船长首次发现并宣布属于英国）和PACIFIC OCERN（太平洋）。地球上下方各有一颗极星。

盾徽上面的羽饰是一只着英国海军舰长制服的手臂擎起一面英国国旗（也作为皇家海军军旗），配饰棕榈和月桂。注意这里的国旗仅由白底红色正十字的英格兰旗和蓝底白色斜十字的苏格兰旗组合而成，尚未包括后来并入英国的爱尔兰。在横过旗杖的字幅上有拉丁文铭文CIRCA ORBEM，意为"环行世界"。

盾徽两侧分别配两面旗帜（纹章设计的旗帜上有图案，植物装饰也有所不同）。盾徽下面是舰炮和铅坠，及另一字幅，上写拉丁文铭文NIL INTENTATUM RELIQUIT（大意"千方百计，竭尽所能"）。纹章设计采用的名号是Captain James Cook. RN. FRS.，即"詹姆斯·库克船长，皇家海军，皇家协会会员"，而藏书票只写了"Capt. Cook"。

图50A

**图50（A、B） 乔治·马戛尔尼 George Macartney**

年代：（A）约1780—1790；（B）1795

尺寸：（A）8.4×6.4；（B）8.6×6.5（切角，揭取残损）

票主（1737—1806）出生于一个迁居爱尔兰的苏格兰家族，他的家乡安特里姆郡位于北爱尔兰东部，与苏格兰隔海相望。约1754年，从都柏林三一学院毕业。1757年，到伦敦试图学做律师，但在继承了一笔家族遗产后，放弃律师学业，于1760年开始到欧洲大陆游历。其间，结识贵族政治家亨利·福克斯（Henry Fox，1705—1774，即查尔斯·詹姆斯·福克斯之父，参见图47），被推荐担任驻俄罗斯圣彼得堡特派公使（1764—1767），并在就任前获得骑士封号。回国后，进入爱尔兰议会。1768年结婚。1769—1772年担任地位仅次于总督的爱尔兰首席部长。1775年任加勒比诸岛殖民地总督，次年封男爵（爱尔兰序列）。1780—1786年任印度马德拉斯总督。1792年7月封爱尔兰子爵，随后率领使团前往中国；1794年3月在归国途中晋封爱尔兰伯爵。1796年，封不列颠男爵，随即担任英国刚刚获取的南非好望角殖民地总督。1798年退休。由于子嗣早故，他的爵位因无人继承而终。

令马戛尔尼青史留名的最重要使命是代表英国政府首次出使清廷。他的使团以乔治三世国王名义派遣，而由东印度公司出资。其主要目的是寻求与中国建立外交关系，为英国对华通商争取有利条件，包括开放更多港口和在清廷派驻使节等。马戛尔尼因其丰富且成功的殖民外交经验而被委以率领使团的重任。使团由600多人组成，出发时有三艘舰船，以狮子号皇家战舰为首，途中又有两艘船加入。1792年9月从朴次茅斯港出发。1793年6月抵达澳门，8月到达北京，9月在热河（今承德）避暑山庄觐见乾隆皇帝。但是，这次史无前例的访问却以无果告终。马戛尔尼以两国平等观念寻求发展关系，而乾隆皇帝却视之为番邦小国来朝（当时在《大清一统志》中甚至找不到英国），虽然礼遇有加，但回绝了使团的几乎所有请求。使团归程沿运河南下，游历中国腹地后到达广州；1794年1月从广州启程，9月回到英国。虽然使团未能达成使命，但是对中国有了直接的认识。后来的研究认为，这次接触失败是导致英国发动鸦片战争的一个重要原因。乾隆皇帝当然不会料想到，大清朝的国都将在67年后被英法联军攻破（参见图63）。

图50B

据大英博物馆《弗朗克斯英美藏书票目录》【36】所载，马戛尔尼有6款样式相同但局部屡经修改的藏书票。其中，最早一款应是在1772—1775年所作（1772年5月获颁巴斯勋章之后至封男爵之前）；1776年，获封男爵后，经修改名号、加男爵冠做成第二款。但是，这一修改款可能仍不合用，于是重新委托雕刻了名号相同的另一版；之后，又修改这一版做成第四款。最后两款是继续修改第四款而成，用伯爵称号和伯爵冠。不过，他获封不列颠从男爵后似乎并未重新制作藏书票。

此处所载他的两款藏书票分别是"男爵款"（图50A）和出使清廷回国后所制"伯爵款"（图50B）。二者之间除顶部分别采用男爵冠和伯爵冠，以及底部名号文字不同外，其余部分的设计大同小异。在冠冕之下，是用一袭两角束起的巨大披风围衬的盾徽和扶盾兽等。中央的雄鹿盾徽属于苏格兰马戛尔尼家族，嵌于巴斯勋章中间，其环读的拉丁文铭文是TRIA JUNCTA IN UNO，意为"三种美德合而为一"（三种美德指仁爱、信仰和希望）。在环绕巴斯勋章的两条吊链下悬挂一枚白鹰勋章（1767年8月由波兰国王颁授）和一枚巴斯勋章。D侧扶盾是装饰英格兰玫瑰的骏马，S侧扶盾是装饰爱尔兰三叶草的雄鹿（出自家族盾徽）。在它们上面有左右各四面旗帜，包括一面爱尔兰圣帕特里克红色斜交叉十字旗；旗帜中间是象征法兰西的一朵鸢尾花（1801年前乔治三世尚保有法兰西国王称号）。勋章下的字幅写拉丁文铭文MENS CONSCIA RECTI，大意"悟道之心"，语出蒲柏诗句：

| | |
|---|---|
| One self-approving hour whole years outweighs, | 自省自得一时，胜过长年 |
| Of stupid starers and of loud huzzahs. | 无谓的瞪视和嚣张的吆喝。 |

"男爵款"底部的名号是：The Right Hon.ble Geo Lord Macartney, /Knight of the Order of the White Eagle, /and of the Bath，即"马戛尔尼家族真正尊贵的乔治勋爵，白鹰骑士，和巴斯骑士"。"伯爵款"底部的名号是：George Earl of Macartney, /Knight of the Order of the White Eagle, /and of the Bath，即"马戛尔尼家族的乔治伯爵，白鹰骑士，和巴斯骑士"。

值得一提的是，票主晚年租住于奇斯威克（Chiswick，现伦敦西部，参图283B上）的科尼府。在他去世后，他的夫人继续居住于此，至1828年去世。此物业在两年后被房主售予德文郡六世公爵（William Spenser Cavendish，1790—1858，参见图17），又过两年被拆除。

**图51　斯潘塞·珀西瓦尔　Spencer Perceval**

年代：18世纪末至19世纪初

尺寸：7.2 × 5.0

票主（1762—1812）是英国历史上唯一遭刺杀身亡的首相。他的父亲是埃格蒙特二世伯爵，但是他并不是爵位继承人，而是以律师出道，1796年成为代表北安普敦的下议院议员。属于托利党派，持保守政治倾向，在小皮特政府获得重用。强烈反对查尔斯·詹姆斯·福克斯（参见图47）的政改方案，但支持威廉·威尔伯福斯（图33）的《废奴法案》。1809年10月，他在与乔治·坎宁（参见图4）的竞争中胜出，出任首相，并继续兼任财政大臣。在当时国内陷入经济停滞、国外与拿破仑的战争仍在持续的情况下，政府与反对党陷入严重分歧。他的执政绝非一帆风顺，但他被认为是一位勤勉坚韧、能力出众、有条不紊的政治家。

1812年5月11日，珀西瓦尔在下议院大堂被一个名叫约翰·贝林罕（John Bellingham）的商人为泄私怨开枪刺杀。枪手随即自首，在事发一周内经中央刑事法院审判处以绞刑。珀西瓦尔的遗体被送回唐宁街10号供人凭吊，5月16日入葬圣卢克教堂的家族墓地。下议院于事发次日即投票通过为珀西瓦尔的遗孀简·斯宾塞-威尔逊（Jane Spencer-Wilson，1769—1842，1790年结婚）和子女发放抚恤年金。

这是一款自18世纪末期开始流行的简化形式的纹章藏书票，但具体年份不详。羽饰是一支苏格兰蓟花，为埃格蒙特伯爵（Earl of Egmont）家族专属。盾徽由两个分区组成：D侧为珀西瓦尔家族徽章，但在空白处添加了一只象征“永不言弃”的无足鸟；S侧为票主妻子所属的威尔逊家族徽章。下部为票主名号Hon.ble Spencer Perceval，即“尊贵的斯潘塞·珀西瓦尔”。

**图52　詹姆斯·耶茨　James Yates（约瑟夫·普里斯特利　Joseph Priestley）**

年代：约1800

尺寸：6.0 × 8.7

作者：约西亚·艾伦

署名：Allen, fc.[t] Birming..[m]（伯明翰之艾伦完成）

在一些著录中【65：1982夏】【89】，该票的票主是约瑟夫·普里斯特利（1733—1804），但是这里展示的同款藏书票上的票主姓名却是詹姆斯·耶茨。在原票上仔细观察，可以发现票主姓名是在藏书票印成品上加印上去的，并非原版雕刻文字。

普里斯特利出生于利兹，二十多岁时成为一位独神论牧师。他业余从事气体化学研究，1766年成为皇家学会会员，1774年左右发现氧气，但他仍然用燃素说来解释他的发现，而认定氧气的是法国化学家拉瓦锡（Antoine-Laurent de Lavoisier，1743—1794）。1782年，当选巴黎皇家科学院外国院士。一生著述颇丰，耶茨则是他的文集的编辑出版人。

普里斯特利于1780年移居伯明翰。但是，由于他支持法国大革命，他主持的小教堂和他的居所都遭人破坏。1794年他移民美洲，并加入美国国籍。李指出这张藏书票是由耶茨在普里斯特利前往美洲之后代他订制并寄给他的，即在1794年之后至普利斯特利去世的这十年之间。那么，是否可以认为，耶茨留用了一部分已经印出但尚未加票主姓名的藏书票再加印自己的名号呢?

这是一张以人工构筑物为主体的风景藏书票，吴兴文（1957—2023）描述它象征普里斯特利收集气体的装置【89】。

作者（Josiah Allen）是在伯明翰开业的一位雕刻师。

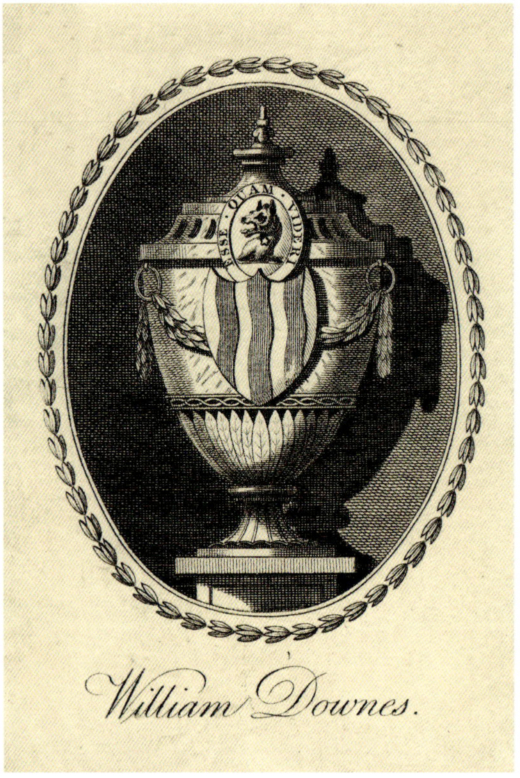


**图53　威廉·唐斯　William Downes**

年代：约1810

尺寸：8.8 × 6.1

票主（1751—1826）的祖父是爱尔兰科克与罗斯教区大主教，父亲因意外早故。他是家里第三个孩子，也是唯一长大成年的儿子。1773年毕业于都柏林三一学院，同年进中殿律师学院，1776年成为律师。1790年当选议员，1792年担任爱尔兰国王律师学院理事（负责授予出庭律师资格），1803年任英国王座法院大法官。以高尚、公正和学识受到尊重，且不苟言笑，在世时被誉为“公认的法律之父”。1806年任都柏林三一学院副校长，随即获名誉法学博士称号。1816年退休，1821年封男爵。终生未婚，去世后爵位由其外甥尤利西斯·德·伯格（Ulysses de Burgh，1788—1864）承袭，后者为英军的一名高级将领。

这款以百合花环组成椭圆形边框的古瓮藏书票有两个雕刻版本，主要区别在于黑白对比度和票主姓名字体的不同，还有采用多色印刷纸张的版别。此处所载为黑白对比较强的一款，票主姓名采用花体字。古瓮的立体效果经光影刻画显得十分突出，瓮耳间穿过一条百合花绶带，瓮身悬挂爱尔兰唐斯家族盾徽。羽饰立于古瓮颈部，在兽头颈部点缀着一颗五角星，为第三子之标识。环绕羽饰的拉丁文铭文是ESSE QUAM VIDERI，意为“实在胜过虚伪”，语出古罗马政治家和历史家萨卢斯特（Sallust，前86—前35）所著《喀提林阴谋》（*Conspiracy of Catiline*）。

藏书票时间和作者不详，推测作于票主任大法官至封爵前这段时期。

**图54　詹姆斯·休斯·布兰斯比　James Hews Bransby**

年代：1820

尺寸：8.0 × 8.0

作者：约翰·斯科特

署名：J. Scott Sculpt（J. 斯科特雕刻）

这款风景藏书票展现了春光明媚之日，农民在田间翻耕土地和撒播种子的情景。画家运用光影对比在方寸之间描绘了壮阔的远山云天和生动的近景细节，令后人领略到19世纪早期的农业生产活动。画面下方的飘带上写着拉丁文铭文BREVE ET IRREPARABILE TEMPUS.，意为“光阴易逝”。在飘带中央下侧的位置浅刻作者署名，下方为票主姓名。

作者（John Scott，1774—1827）出生在泰恩河畔的纽卡斯尔，这时正是托马斯·比维克（参见第178页）在纽卡斯尔学徒期结束之时。12岁从师学习制作蜡烛，但是业余时间主要花在对绘画和雕刻的爱好上，在这方面的老师是波拉德（Robert Pollard，1755/6—1839）。后跟从老师来到伦敦从事雕刻制版。之后为运动方面的杂志画插图，以刻画动物特别是赛马见长。30岁后出版自己的画集，成为动物画名手，继续与多家出版商合作。据著录【26】，他为三位票主作过4款藏书票，其中3款都是动物和风景题材。1821年不幸中风，依靠“画家慈善基金”（他本人是发起人之一）的救助维持生活，至1827年去世。

票主（1783—1847）是一位独神论教派牧师。1805—1828年在达德利地方当牧师期间，他看中约翰·斯科特的才华，委托他设计雕刻了这款藏书票。曾因偷窃癖问题被逐出他的教区，晚年则有宗教史著作出版。

**图55　约翰·皮斯　John Peace**

年代：约1820

尺寸：7.5×6.1（边缘裁切）

作者：亨利·萨金特·斯托尔

署名：H. S. Storer, del. et sculp.（H. S. 斯托尔绘制并雕刻）

布里斯托尔是英格兰西南部的港湾城市，18世纪曾因面向美洲的贸易而兴旺。其最早的市立图书馆建于1613年；1916年市立中心图书馆成立后，老图书馆被废弃。不过，在中心图书馆内特设了一间称作“布里斯托尔图书馆”的藏书室，用于保存与布市历史相关的书籍和古物，以及原来设于老图书馆内的印刷机和壁炉台。这个精雕细刻的壁炉台是英国著名木雕艺术家格里林·吉本斯（Grinling Gibbons，1648—1721）的作品。这款藏书票刻画了老图书馆拱顶藏书室的内景，包括中央的那座壁炉台，以图像记录了这座已经消失的图书馆。

票面右下角写票主名号及Bristol字样。票主（1785—1861）曾是布里斯托尔市立图书馆馆长，也是浪漫主义诗人华兹华斯的朋友。

作者（Henry Sargant Storer，1796—1837）是一位画家兼雕刻师，和他的父亲一起经营图片雕刻，却英年早逝。他在30岁前后曾在剑桥工作和居住过差不多10年时间，这款藏书票则大约作于他在伦敦地区的时期。

（上接第 95 页）

据著录【52】，他有四款共六种版别的藏书票，其设计均由嘉德勋章、皇家纹章、王子冠冕等题材构成。此处所载是内容较多的一款，钢版雕刻。票面中央是以票主所获嘉德勋章和苏格兰蓟花勋章环绕的皇家盾徽（1801—1837年样式，见图245），下悬乔治屠龙雕像吊坠，两侧分别由雄狮和独角兽扶盾，上方为王子冠冕，以阳光为衬。顶部羽饰为立于一小型王子冠冕上的走狮。纹章坐落于涡卷纹装饰的基台上，穿插于涡卷纹之间的字幅上有拉丁文铭文SI DUES PRO NOBIS QUIS CONTRA NOS，意为“有上帝与吾等同在，谁可为敌”。下方隔层内的椭圆形空白框内有手写书籍编号。底部浅刻作者署名。

署名的两位作者并无为其他人所作藏书票作品传世。其中，珀金斯（Angier March Perkins，约1799—1881）是出自美国的一位钢版雕刻师，1821年到英国追随父亲开业。希斯（Charles Heath，1785—1848）是英国本地一位擅长风景和人像的雕刻师，作有不少书籍插图，他也是发展钢版印刷技术的一位重要人物。他们都用更适应大量印刷的钢版雕刻过钞票作品。因此，并不奇怪王室人物会请他们来雕刻藏书票。除本款外，他们至少还为票主作过其他两款藏书票，它们成为钢版雕刻进入藏书票领域之初的代表性作品。

**图56　奥古斯都·弗雷德里克王子　Prince Augustus Frederick**

年代：约1830

尺寸：9.5 × 5.9

署名：Perkins and Heath Patent Hardened Steel Plate 珀金斯和希斯专利硬化钢版

票主（1773—1843）是乔治三世国王的第六个儿子。因患有哮喘病，不适合从军，而被送往气候有利于他的欧洲大陆。1786年6月被授予嘉德勋章，次月入汉诺威哥廷根大学学习。1792年末，在罗马遇到长其5岁的邓莫尔伯爵之女奥古斯塔（Lady Augusta Murray，1768—1830，这是二人秘密结婚时用的假名），二人生日同在1月27日，一见钟情。1793年4月4日，在罗马的一家饭店、在没有证婚人的情况下结婚，在场牧师也宣誓保密。当年底他们回到伦敦后，又秘密举行了一次婚礼。因他们的婚姻不合1772年《王室婚姻法》的规定，次年被国王宣布无效。但二人仍一同生活，有两个子女。

1801年，乔治三世以票主恢复独身为条件给予他苏塞克斯公爵和其他贵族爵位。二人因此分开，奥古斯塔靠一笔年金补偿单独生活。在她去世后，票主于1831年与孀妇赛西莉亚（Cecilia Letitia Underwood，1785—1873，Underwood为其母亲家族姓氏）结婚，但这仍然不合《王室婚姻法》，赛西莉亚也不能获得公爵夫人称号。不过，后来继位的维多利亚女王却十分爱戴她的这位叔父，并在她与阿尔伯特亲王的婚礼上以他为自己的长辈送亲人，后在1840年封赛西莉亚为因弗内斯女公爵，以示补偿。票主夫妇居肯辛顿宫，去世后合葬于一处公墓。

票主自幼对美术、音乐、文学、科学乃至神学有很大兴趣。在乔治三世的15个子女中，唯他承袭了父亲对于图书的热爱。他在肯辛顿宫有5万多部藏书，其中约四分之一是神学典籍，包括版本数以千计的圣经和早期的希伯来语图书与手稿。他把很多时间用于阅读，并喜欢在书页上作记号或批注。虽然他有大量的神学书籍，但从他的批注看，他对一些宗教信条并不苟同。在他去世后，他的图书被出售，这使他的藏书票见于市面。

（下接第 94 页）

**图57　威廉·冈恩　William Gunn**

年代：1830—1840

尺寸：6.8 × 4.5

票主（全名William Alphonsus Gunn，1750—1841）出身于平民家庭，1784年进剑桥大学冈维尔与凯斯学院，同年开始在诺福克郡的教区担任牧师。此后，他一生主要在诺福克郡从事牧师职业。1785年和1792—1793年两次前往欧洲大陆游历，主要在意大利驻留。他在梵蒂冈注意搜集有关英格兰的早期历史资料，后在1803—1831年编辑出版了多部有关著作。1795年，在他做教区牧师达10年之际，被剑桥大学授予神学士学位。他在诺福克郡曾辗转兼任过多个教区的牧师和主教，其中在他的原籍埃尔斯泰德（Irstead）任职最久，直至1829年将这里的牧师职位让给他的儿子，自己则转到另一个教区。最后，以91岁高龄去世于诺福克郡的斯莫尔堡。

在历史上更可为这位牧师留下一笔的是，当奥古斯都·弗雷德里克王子在罗马秘密结婚时，主持仪式的牧师正是这位票主（参见图56）。不过，据说他是在不知内情的情况下参与此事，甚至他可能都不知道新郎和新娘的真实身份。按照英格兰法律规定，他参与这桩违反《王室婚姻法》的婚事可被判有罪，但是在新郎和新娘不能被强迫作证、此事又缺少当事人以外证人的情况下，牧师并未受到追究。

Gunn（冈恩）是源自苏格兰的一个古老家族。但是，这张藏书票并未使用冈恩家族传统的帆船盾徽图案，而是以代表苏格兰的立狮作为盾徽和羽饰。下方的名号是THE REVD WM GUNN, B. D. /SMALLBURGH, NORFOLK，即“威廉·冈恩牧师，神学士/斯莫尔堡，诺福克”，因此推测这款藏书票作于票主晚年。

（上接第 97 页）

据著录版本【41】，在匾牌底部有作者署名Engd by E. Ortner, 3 St James Sc.，即“圣詹姆斯街3号伊万·奥特纳雕刻”（上述著录误作F. Ortner，实应为E. Ortner，即Evan Ortner，其生卒年不详【26】）。他是19世纪中期活跃于伦敦的一位雕刻师。但是，他的这个署名并未见于此处引用的版本。

**图58　托马斯·菲利普·德·格雷　Thomas Philip De Grey**

年代：晚于1833

尺寸：8.9 × 8.0

作者：伊万·奥特纳

肯特一世公爵亨利·格雷（图25）去世时，其第一位夫人所生的唯一男嗣和前四位女儿均已故，他的数个子爵、伯爵和公爵爵位均因无人继承而终，但王室特为他加授了一个格雷侯爵爵位，并由他的孙女杰米玛（Jemima Campbell，1723—1797）继承，她同时还继承了自曾祖母（公爵之母）传下来的卢卡斯男爵。杰米玛嫁哈德维克二世伯爵菲利普·约克（Philip Yorke，1720—1790），她死后其侯爵封号随即终止。他们的长女艾玛贝尔（Amabel Yorke，1751—1833）获德·格雷女伯爵爵位，因无继承人，爵位被传给她的外甥（即票主）；次女玛丽（Mary Jemima Yorke，1757—1830）嫁格兰瑟姆二世男爵托马斯·罗宾逊（Thomas Robinson，1738—1786），票主是他们的长子。

票主（1781—1859）1786年5岁时继承了父亲的格兰瑟姆男爵；1803年改姓威德尔（Weddell）。1833年52岁时继承姨母的格雷伯爵和卢卡斯男爵，和她的莱斯特庄园，为此又改从姨母姓氏。这款藏书票上的名号是Thomas Philip Earl de Grey/WREST PARK，即“托马斯·菲利普伯爵德·格雷，莱斯特庄园”，其时间应在1833年之后。

票主于1801年以文科硕士毕业于剑桥大学圣约翰学院。作为豪门贵胄，他的政治生涯与王室有密切关系。1818年起终身为贝德福德郡治安长官。1841—1844年为爱尔兰总督。1834年为枢密院顾问，1834—1835年任海军大臣，在威廉四世和维多利亚女王时期担任志愿骑兵队中辅佐国王的副官，1844年被授予嘉德骑士勋章。此外，他还在一些重要的非政府组织担任名誉性的职务，如皇家学会和伦敦古物学会的会员；1834年英国皇家建筑师协会成立，他被选为首任会长，任期直至其去世。更值得一提的是，票主之弟弗雷德里克·约翰·罗宾逊（Frederick John Robinson，1782—1859）亦为政府显要人物，曾在1827—1828年接任乔治·坎宁（参见图4）为首相。

这款奇彭代尔式纹章藏书票的顶部为伯爵冠。中央盾徽有6个分区，第一、六分区的徽章属于格雷家族（外高祖，或即其本人所属，因这时他已改姓格雷），第二分区属于罗宾逊家族（父亲），第三分区属于约克家族（外祖父），第四分区属于坎贝尔家族（外曾祖），第五分区属于卢卡斯家族（外高祖之母）。两侧扶盾为双足飞龙。盾徽下的字带上写着罗宾逊家族拉丁文铭文FOY EST TOUT，意为“信仰就是一切”。下面的涡卷纹匾牌内写票主名号。

（下接第96页）

**图59　亨利·比克斯泰思　Henry Bickersteth**

年代：1836—1840

尺寸：7.3 × 6.0（切角）

票主（1783—1851）少时学医，又曾在剑桥大学钻研数学，但最后还是选择了律师职业。1811年，取得律师资格。1824年，成功完成高等法院程序调查案并推动相关改革，由此开启法官事业。1836年，进入枢密院，并被任命为兼管国家档案的上诉法院民事法庭庭长（地位仅次于大法官）。同年获封兰代尔男爵。在司法界拥有很高名望，其主审的一些案件成为范例。

作为国家档案和法律案卷的主管人，他是1838年国家档案局法案的主要推动者，被称为“档案改革之父”。他在任上开始将分散在伦敦塔和威斯敏斯特教堂等处的国家档案向赞善里集中（参见图36）。除了不遗余力推动司法改革之外，他还担任大英博物馆受托人，领导注册登记和转让委员会，并曾出任上议院发言人。晚年积劳成疾，病故于坦布里奇韦尔斯（Tunbridge Wells）。

这款设计简洁但雕刻精致的雅各式藏书票顶端为男爵冠，中央盾徽两侧各有一位女神护持；其中，S侧人物手持一面盘绕着一条蛇的镜子，象征智慧。盾徽下的拉丁文铭文是SUUM CUIQUE，意为“人各有其所有”。下部印票主名号Henry Lord Langdale. M. R. /37 South Street.，即“兰代尔勋爵亨利，上诉法院民事庭长，南街37号”，这是推断此藏书票年份的主要依据。底部框格内有手写的书籍编号。

## 大事表（三） 汉诺威王朝（维多利亚女王）至萨克森-科堡-哥达王朝（1837—1917）

| 年 代 | 事 件 |
|---|---|
| 1837 | 维多利亚女王即位，次年加冕。 |
| 1840 | 第一次鸦片战争爆发。1842年签订《南京条约》，英国占领香港岛。 |
| 1848 | 先拉斐尔派兄弟会组成。 |
| 1851 | 第一届世界博览会在伦敦举行。 |
| 1856 | 第二次鸦片战争爆发。1860年英法联军攻入北京。 |
| 1859 | 菲兹杰拉德译《鲁拜集》初次问世。 |
| 1870 | 查尔斯·狄更斯（1812—1870）去世。 |
| 1876 | 维多利亚女王加冕印度女皇。 |
| 1891 | 英国第一个藏书票协会（The Ex Libris Society）成立。 |
| 1892 | 阿尔弗雷德·丁尼生（1809—1892）去世。 |
| 1896 | 威廉·莫里斯（1834—1896）去世。 |
| 1897 | 奥古斯都·沃拉斯顿·弗朗克斯（1826—1897）去世。 |
| 1898 | 奥伯利·比亚兹莱（1872—1898）去世。 |
| 1900 | 约瑟夫·威廉·辛普森在爱丁堡刊行《藏书票之书》。 |
| 1901 | 维多利亚女王去世。 |
| 1908 | 藏书票协会（The Ex Libris Society）至年底终止。 |
| 1910 | 乔治五世即位。 |
| 1912 | “维多利亚小大师”查尔斯·威廉·舍邦（1831—1912）去世。 |
| 1914 | 第一次世界大战爆发。 |

维多利亚女王时代被认为是大英帝国的巅峰。在文学艺术领域，英国出现了一批具有世界性影响的大家，这是它成为头号强国的标志之一。不过，在大约相当于维多利亚女王在位的早、中期，藏书票艺术似乎徘徊不前，流行千人一面的“制模工”货色。当然，这时仍有马克·兰伯特（参见第181页）、奥兰多·朱维特（Orlando Jewitt，1799—1869）、托马斯·莫林（Thomas Moring，1819—1884）等技艺精湛的雕刻艺术家，狄更斯（图60）、菲兹杰拉德（图61）、丁尼生（参见图74）等文学名家的藏书票亦引人注意，不可一概漠视。

令纹章式藏书票焕发新生者，是舍邦（参见第198页）和伊夫（参见第217页）。舍邦擅长铜版雕刻，而伊夫则较多采用蚀刻。他们以深厚的美术功底和纹章学知识，创设出结构完整、装饰丰富的新式样，令刻板的纹章式设计变得精致、生动，成为19与20世纪之交藏书票艺术发展的一个突出象征。在他们的引领下，藏书票市场重新恢复了对于精细雕刻的需求，票主——特别是王室、贵族和军政界上层人士——对于巧妙构思和精心制作的藏书票的追逐乐此不疲。在舍邦和伊夫之后，更有哈里森（参见第240页）和奥斯蒙德（参见第262页）等一批雕刻能手。他们的作品并不局限于纹章题材；依客户要求，他们可以精细地运用人物、风景、动物、书房等各类题材，影响所及延续到一战之后。

说到哈里森和奥斯蒙德等人，不能不讲到威廉·菲利普·巴雷特（William Phillips Barrett，1861—1938）。巴雷特是伦敦邦珀斯书店（J & E Bumpus）的经理，由于该书店是被王室认可的图书采购商和供应商，可以想象巴雷特与伦敦上流社会来往较多。他借此为许多这样的人物提供了藏书票，据统计，在1896—1928年出现的以WPB为署名作者的藏书票有大约600款，其质量精良，而且有不少名流票主，一时颇受追捧。巴雷特在1900年还出了限量260册的55枚原票集册【6】，用于推广业务。但实际上，巴雷特既不能画，更不会雕刻，他只不过是向他委托的艺术家传达客户授意，作品实际上都是由这些未具名的艺术家们来完成的。其中，贡献了这批作品总量约90%的五位艺术家是维兹（图77、图83）、赛森（图86）、伯德（图87、图89）、哈里森和奥斯蒙德。在20世纪30年代，维纳（图137）已经指出所谓WPB藏书票并非巴雷特之作品；二战后，经哈里森指认，其中大部分作品的作者归属最终真相大白【35】。这里还有一种情况是，委托人将已经绘制好的设计稿交给上述雕刻者完成，例如图4、图77、图83、图154和图155等所示藏书票的设计是出自莫林工作坊的J. 斯科特（J. Scott），虽然这位设计者的更多信息已很难考证，但对比之下，巴雷特在票主和艺术家之间只不过起到“传声筒”的作用罢了。

特拉斯洛夫与汉森公司（Truslove & Hanson，经营文化用品）的一位经理弗兰克·乔治·豪斯（Frank George House，生卒年不详）也从事类似业务，曾聘请哈里森、伊夫、弗兰德（参见第281页）等多位雕刻师为其客户制作藏书票，而且弗兰克本人似乎有能力参与设计。这类现象反映了当时藏书票市场十分兴盛，以致商业机构将其作为一项专门业务。事实上，那时伦敦的藏书票制作人之间有不少业务交叉，一些藏书票实际是由不同作者联合完成，由于记录不全而难于辨清真正的归属。

在精雕细刻的传统风格以外，藏书票的设计随着现代艺术潮流而兴起了新风尚。在19世纪进入工业时代之后，曾出现了社会大众艺术品味下降的情况，这很快引起了艺术家们的注意。先拉斐尔派的年轻画家们对已经僵化的学院派风格表示不满，转而探索艺术的本来面目和应有之义。尽管先拉斐尔派影响深远，但其创立者们在藏书票领域作为并不多，仅米莱（John Everett Millais，1829—1896）有一款作品见于著录【51】【89】；值得注意的倒是他们的追随者所罗门（图64）、斯科特（图65）等人的作品。此外，马克斯（参见第190页）风格平实而品味独特的作品也令人耳目一新。

当先拉斐尔派的艺术理想被更多的艺术家所接受和发展之后，产生了逆工业化的工艺美术运动[1]，其影响从绘画扩大到各种装饰艺术领域，并深入到文学和诗歌艺术。以威廉·莫里斯（图80）

[1] Arts and Crafts Movement本义以美术为宗而运用于各种工艺领域，吴兴文直译“艺术与工艺运动”或“美术工艺运动”【89】。通行译法作“工艺美术运动”，今从之，但不应误解其本义。

为首的一批艺术家试图以复兴古典来提升对艺术品味的追求，同时又以古典风格表达了他们的浪漫理想。工艺美术运动推进了艺术在各种不同媒介的应用；其中，图书艺术是这场运动的一个重要实践领域，包括版式、字体、插图、装帧和藏书票等。

这是英国藏书票历史的黄金时期。在先拉斐尔派和工艺美术运动影响下，图画式藏书票的发展主流是以古典题材和象征手法来满足票主对设计主题的要求，这与欧洲大陆一些国家兴起的新艺术风格（Art Nouveau）有明显区别。虽然克兰（参见第212页）、瑞吉斯（图70）、贝尔（参见第224页）、纳尔逊（图88）等人被认为与新艺术风格有紧密联系，但实际上他们仍然主要属于工艺美术运动或其影响的范畴，而纽（参见第234页）和基厄（图72）等人则更是直接受到莫里斯风格的影响。

在英国，新艺术风格的代表人物是比亚兹莱（图78），向这个方向积极进取的艺术家还有辛普森（参见第275页）、格斯里（图85）等人。他们的表现主义手法是艺术研究的一个重要关注点，不过，他们对藏书票艺术影响的延续性却相对有限。这种情况和欧洲大陆的流行趋势截然不同。

这时的藏书票艺术发展完全是多元化的。罗宾逊（图79）、奥斯波瓦特（图82）创作出华丽的浪漫主义作品，但他们的大尺寸作品恐怕并不适合贴用于一般书籍。一些具有实验性的作品开始出现，它们的风格一直延续到一战之后。19世纪后期崛起的插图画家的作品中不乏藏书票佳作，如毕沙罗（图91）、福特（Henry Justice Ford，1860—1941）和琼斯（Alfred Garth Jones，1872—1955）等。一批设计构思和表现能力出色的女画家成为这个时期藏书票领域突显的一道风景线，其中有格林纳威（图68）、莱维蒂斯（图76）、金（图90）和乔姬·C. 弗朗斯（Georgie Cave France，1866—1934）、玛丽·C. 劳森（Mary Caroline Lawson，1884—1912）等人。

摄影术的发明带来了照相制版技术的突破。到19世纪晚期，藏书票艺术家们似乎可以更加专注于他们的设计，而将后期制版工作交予专业的制版人或公司来完成。这与历史上早已存在的设计与雕刻之间的分工似乎并无二致，但是，由于制版工艺的不同和操作质量的高低，现代制版工艺表现的效果与原设计相比可以是完美再现，但也常常有较大落差。

19世纪也是藏书票开始进入收藏视野的时期，并引发了对藏书票历史的研究。1891年，英国第一个，也是世界最早的藏书票协会成立，成为收藏、交流和研究的一个绝佳平台，尽管它到1908年末戛然而止。此外，辛普森、格斯里等人从提升藏书票艺术的需要出发创办自己的刊物，成为全国性学会之外的补充；他们为此付出很大努力，但可惜不能持久。

这时藏书票收藏活动已从个别人所为扩大成为一个公开的“市场”。1902年，登基不久的爱德华七世国王授权以其称号命名的医院基金会以8个几尼（合8.4镑）一套的价格出售50套其名下的温莎堡皇家图书馆藏书票，用以筹集资金，可资说明这种情况。（他的孙子乔治六世为了给红十字会筹款，也曾通过佳士得拍卖皇家藏书票，此是后话。）

1910年，爱德华七世国王去世，欧洲各国君主前来出席葬礼。这是他们最后一次聚首，似乎预示了一个旧时代的结束。4年后，第一次世界大战爆发。

**图60　查尔斯·狄更斯　Charles Dickens**

年代：1840

尺寸：4.1 × 4.3

作者：约翰·奥弗斯设计

票主（全名查尔斯·约翰·赫法姆·狄更斯，Charles John Huffam Dickens，1812—1870）可能是读者最多的英国小说家。在中国，林纾在清末就翻译了他的作品；进入21世纪后国内出版了他的作品全集，字数总计有1300多万。

这款藏书票虽然属于"制模工"风格，但却是铜版雕刻精细入微之作。采用狄更斯五世祖所获纹章的羽饰，即右前足擎马耳他十字架、卧于双色绞丝花环上的雄狮。有先后两款存世，二者之间区别细小，主要在于雄狮头部和尾部的鬃毛形态、花环外廓切角的方圆等。此处所示是时间相对靠前的一款。另一款曾为伦敦莎乐伦书店（Sotherans，始自1761年）所获并在店内展售。

作者（John Overs，？—1844）在1840年为狄更斯设计了这款藏书票。他是伦敦一位爱好文学的木匠，但不幸患上肺结核。在狄更斯的鼓励和帮助下，他把平时所作诗文汇集成一部《一个工人的夜晚》（*Evenings of a Working Man*），副标题"其忙中偷闲之作"（being the occupation of his scanty leisure），1844年出版，狄更斯作序。这时的狄更斯正处于其创作生涯的前半期，已先后发表《匹克威克外传》《雾都孤儿》《老古玩店》等作品。

狄更斯去世后，他的藏书进入拍卖市场。拍卖行在这些书里加贴标签"From the Library of CHARLES DICKENS, Gadshill Place, June，1870"（Gadshill实应为Gad's Hill），意即"出自查尔斯·狄更斯所藏，盖德山庄，1870年6月"。这些标签被贴在狄更斯的藏书上，标示他最后的居所和去世时间（据上海图书馆著录，还有一款标签注明的书籍出处地点是狄更斯的出生地朴次茅斯【89】）。但它们当然不是狄更斯使用的藏书票，不过却说明狄更斯本人贴用藏书票的书可能并不多。

**图61　爱德华·菲兹杰拉德　Edward FitzGerald**

年代：1842

尺寸：5.9×3.5（复制品）

作者：威廉·梅克比斯·萨克雷

这款藏书票是维多利亚时代小说家萨克雷（William Makepeace Thackeray，1811—1863）为爱德华·菲兹杰拉德（1809—1883）所作。二人是剑桥大学同学，且为密友。萨克雷有绘画天赋，但后来因职业关系成为作家，于1847年初次发表成名作《名利场》。

菲兹杰拉德于1852年开始学习波斯文，并摘译古波斯诗人莪默·伽亚谟的“鲁拜”。他的翻译方式实际上是根据诗意的自由发挥，显示了他的诗才。1859年由伯纳德·夸里奇（Bernard Quaritch，1819—1899）首次以私人出版方式出版和发行了75首的第一版《鲁拜集》，印数250册，但最初却遭到冷遇。1861年，先拉斐尔派的一众艺术家偶然发现这部译作，大加赞赏。菲兹杰拉德此时仍然是一位无名作家，直至1875年夸里奇才披露作者菲兹杰拉德。

据菲兹杰拉德所述，1842年某日萨克雷在伦敦科拉姆街寓所为他设计了这款藏书票，当时二人尚未成名。但是，由于菲兹杰拉德后来声名鹊起，而且这也是萨克雷设计的唯一藏书票，它也就“票以主贵”。

票中的天使形象是以萨克雷的女友简·布鲁克菲尔德（Jane Octavia Brookfield，1821—1896）为模特。当时，萨克雷的妻子已精神失常，萨克雷与之分居两地，受到另一位剑桥密友威廉·布鲁克菲尔德（William Henry Brookfield，1809—1874）的关照。但是，萨克雷却与威廉的妻子简关系密切。这导致他与威廉关系破裂，与简的关系也随之结束，萨克雷陷入一番痛苦之中。天使手捧的盾徽则属于珀塞尔-菲兹杰拉德家族。

作为名作家，菲兹杰拉德藏书颇丰，其中也包括莎士比亚对开本这样的珍本。菲兹杰拉德去世后，他的藏书部分流入市场，也有部分被转赠剑桥大学。但是在这些书里似乎并未发现多少他的藏书票。他的藏书流散了，而这款木刻藏书票似乎也已湮灭。而夸里奇倒是从菲兹杰拉德赠送友人的一本书里发现了这张藏书票，并复制用于出售。目前所见即是这一复制品。

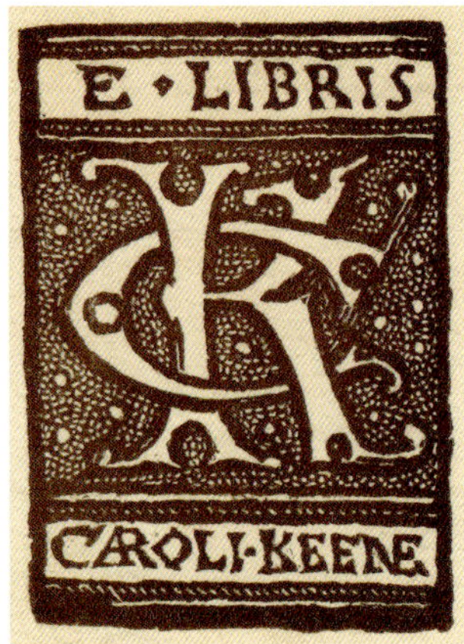


**图62　查尔斯·基恩　Charles Keene**

年代：1860—1870

尺寸：5.3 × 3.8

作者：弗雷德里克·康威·蒙塔古

票主（全名查尔斯·塞缪尔·基恩，Charles Samuel Keene，1823—1891）是维多利亚时代的一位幽默艺术家，自1851年至1890年为《笨拙》杂志（*Punch*，1841—1992）的图片画家，作品以针对中下阶层生活的讽刺题材为主，格调诙谐轻松。此外，他的作品还见于《伦敦新闻画报》（*Illustrated London News*）和《每周刊》（*Once a Week*）。1888年，他为《笨拙》创作的图片结集为《我们的人民》（*Our People*）出版。

票面中央为票主姓名缩写CK组成的花押。上方为藏书票标记，下方为票主姓名CAROLI KEENE（Caroli为Charles的拉丁文写法）。有不同颜色版本。底纹描绘成经锤击的金属版效果，风格粗犷，是当时常见的一种设计。

作者（Frederick Conway Montagu，1805—1891）出自曼彻斯特公爵家族，有藏书票作品不下80款，但他很少在作品上署名。

**图63　罗伯特·科内利斯·纳皮尔　Robert Cornelis Napier**

年代：不早于1868年

尺寸：7.3 × 6.0（揭取残损）

这是一张典型的19世纪英国军人藏书票。中央盾徽第一、四分区徽章属于票主本人的苏格兰纳皮尔家族，第二、三分区徽章属于其第二任妻子玛丽·C. 斯科特（Mary Cecilia Scott，1861年成婚）所在的斯科特家族。其两侧分别以持矛骑士与雄鹰扶盾，上方为男爵冠。盾徽下面有一插着6支矛的塔楼；飘带上写着军事口令READY AY READY，意为“准备就绪”。在奇彭代尔式匾牌上写着This Book belongs to/LORD NAPIER，即“本书属于纳皮尔勋爵”。因此，它应该是在票主于1868年封为男爵之后设计制作的。票面左下角有铅笔手写书号。

票主（1810—1890）出生于科伦坡，当时的斯里兰卡已经在1802年正式成为英国的殖民地。18岁时以土木工程师身份成为英军的下级军官，并到达印度，在十多年的时间里主要从事水利和营地建设等工程。1846—1859年，参加了两次锡克战争（即英军占领旁遮普国从而征服整个印度次大陆的战争）和平定起义等，因在土建工程方面的才干和军事指挥才能屡获升迁至上校，并获巴斯骑士勋章（KCB，1859）。

1860年，奉调指挥中国远征军第二师，参加英法联军发动的第二次鸦片战争。1860年8月，在第三次大沽口战役中，支援英军夺取北塘河和大沽口的行动。在后来向北京进攻的行动中，负责保障通讯和向前线输送补给。9月，到达北京。（那么，他应该到过圆明园吧？）因在这场战争中的表现，在1861年晋升少将。

之后，重返印度军务，还曾到非洲指挥阿比西尼亚远征军。1868年，封男爵。1870年，为印度英军总司令。获最高级别的骑士大司令级印度之星勋章（GCSI）。1874年，升上将。1876年，任直布罗陀总督。1883年，获陆军元帅称号。

与二三十年后舍邦为同级别英军将领所作藏书票（图127）相比，这款军人藏书票的设计和制作显得简单、粗糙。

LABOR
CONTENT AILLEVRS
THEORIA
18 70
SWAIN Sc

**图64　奥斯卡·勃朗宁**
**Oscar Browning**

年代：　1870
尺寸：　11.6 × 7.9
作者：　西蒙·所罗门设计
　　　　约瑟夫·B. 斯温雕刻
署名：　SS（花押）1870和SWAIN Sc.

这是一款匿名藏书票。设计者（Simeon Solomon，1840—1905）是出生于伦敦的画家。曾于1858—1864年在皇家美术院展出宗教题材画作，还有一系列插图作品。后加入但丁·罗塞蒂的艺术圈子，与画家伯恩-琼斯（图80）和诗人斯温伯恩（Algernon Charles Swinburne，1837—1909）等为友，其绘画也转向古典题材，以富于诗意的设计和优美的色彩成为先拉斐尔派的一位成功画家。1870年前后数次到意大利游历，为他创作重要作品带来了灵感。然而，他的生活却变得散漫和放纵，1873年因在公共卫生间对一名男性的不当行为而被捕，引起轩然大波，几乎所有他的朋友都离他而去。他的事业从此一落千丈，陷于穷困，后死于心力衰竭。不过，其艺术成就在他身后仍然受到重视。

票主（1837—1923）毕业于伊顿公学和剑桥大学国王学院，自1859年起终身为国王学院院士，1860—1875年为伊顿公学副校长、舍监，对学生关爱备至，却因与男生过分亲密和所谓不当行为（未经证实）而离职。后回到国王学院教授历史，并大力推动教育改革，但也因其激进和高傲树敌不少。1908年离开剑桥前往罗马，并在那里去世。

票主结交广泛，留有与1万多位通信人的约5万封信件。曾与西蒙·所罗门结伴游历意大利，二人都对所谓希腊爱情观深感兴趣，但在后者发生被捕案件后断交。

该票作于二人同游意大利之后，而且他们就其设计进行过仔细的讨论。据票主自述【17】，藏书票的主题是表现积极行动与沉思默想之间，或努力劳作与静心研究之间的对比，对这些不同生存方式的思考当时令他“十分兴奋”。画面主体是两位古典装束的女子，站立修整树枝者被标以拉丁文LABOR（意为“劳作”），象征票主从事的教育工作；坐读者的标识是THEORIA（意为“理论”），她的书和身旁的灯盏也都属于这个范畴。法文CONTENT AILLEURS为票主据典自创，大意“不可满足”（即不可满足于专擅某一方面）。从底部流过的是泰晤士河，寓意票主曾经在泰晤士河畔的伊顿公学工作，尖塔建筑为河畔景物。在右下角有作为票主标识的双翅羽饰。设计中原有意使用其纹章，但是他未能及时将纹章式样提供给设计者。

这款木刻藏书票有鲜明的先拉斐尔派风格，细腻优美，立意深远，不同寻常。实际上，设计者的藏书票作品仅此一款，而票主也仅有此一款藏书票。票主的大量藏书都捐赠给了剑桥大学国王学院和黑斯廷斯公共图书馆，还有部分则通过苏富比拍卖，因此该票得以见于市面。

雕刻者（Joseph B. Swain，1820—1909）擅长木刻，主要按照客户提供的画稿进行雕刻复制，曾长期为《笨拙》杂志的插图稿制作雕版。他在伦敦拥有自己的工作坊，手下有多名雇员和学徒，是一位成功的经营者。

**图65　约翰·沃伦**
**John Warren**
年代：　1870
尺寸：　8.9 × 8.7
作者：　威廉·贝尔·斯科特
署名：　WBS花押

票面下部的票主名号是The Hon. J. B. Leicester Warren，即“尊贵的J. B. 莱斯特·沃伦”，详见图121（全名John Byrne Leicester Warren）。票主与斯科特同为诗人，由于斯科特的介绍而开始收藏、研究藏书票，写成了这个领域的划时代著作《藏书票研究指南》【86】。

斯科特似乎并未经过与沃伦细商，就采用与他相关的题材创作了这款藏书票。而沃伦对票面内容是十分满意的，据其描述，在这款书房内景藏书票上，前景桌面上摆放着一束悬钩子，在靠下方的纸本上写着Rumex（酸模属）并有这种草本植物的绘图，这是由于沃伦曾仔细研究过这两种植物；靠上方的纸本是诗稿；背景中，左边是书橱，右边是收藏钱币的抽屉柜，在桌面上的悬钩子下还摆着一层抽出的抽屉，而收藏钱币也是票主的一大癖好。柜面上有拉丁文NOMISMA字样，意即“硬币”，而女像柱应是象征艺术与科学的缪斯。

作者（William Bell Scott，1811—1890）出生于爱丁堡的一个艺术之家，年轻时跟随父亲学习雕刻。他喜爱浪漫主义诗人雪莱和济慈，自己也在1834年首次发表诗歌（晚年自称画家诗人）。1837年来到伦敦，以雕刻制版为业，次年结婚，曾在皇家美术院展出历史画作品。1844年，受聘领导纽卡斯尔市新成立的设计学院，在当地很有影响，但同时仍在伦敦展出画作。1864年回到伦敦，从事博物馆装饰和壁画工作。后半生与女画家艾丽丝·博伊德（Alice Boyd，1823—1897，1859年开始向斯科特学画并给他做模特）关系密切，还在她的建议下重拾风景画创作；晚年健康状况恶化，也主要依靠艾丽丝的照顾。

他在伦敦艺术圈结交广泛，与先拉斐尔派的人物关系密切。1847年，年轻的但丁·罗塞蒂（参见图6）写信给斯科特，对他的诗歌表示钦佩。二人由此结识，开启了他与罗塞蒂一家的长期友谊。他与克里斯蒂娜（仍见图6）为密友，以至有关于他们之间浪漫关系的猜测。他受先拉斐尔派的影响，以他们的风格作画，还向他们初创的刊物《萌芽》（*The Germ*）供稿。1854年，首次发表《诗歌集》（*Poems*），被认为是属于先拉斐尔派的第一部诗歌专集。亦与斯温伯恩为友。身后留下的回忆录（1892年出版）是关于先拉斐尔派的重要资料。

斯科特是藏书票领域一个从事收藏兼创作的重要人物。据其自述，他大约在1870年以前已热衷于收集藏书票，曾经收藏颇丰，后重点保留名人藏书票而出让其他藏品（可能包括向票主转让）。作为少数早期的藏书票收藏家之一，他以自己的记述反映了藏书票协会成立（1891年）之前这个领域的一些交流活动。

他创作的藏书票作品不多，仅10款左右，主要为亲友和自己所作，此处所载为其较晚创作的一件作品。在舍邦成名之前他已经不再创作藏书票，但他的图画式藏书票在“制模工”货色仍然盛行的时期不啻为超凡脱俗；虽然较少采用纹章题材，但仍注重体现票主个性，结合其兴趣爱好，十分难得。

**图66　弗雷德里克·麦克米伦　Frederick Macmillan**

年代：1879

尺寸：8.2 × 6.0（边缘裁切）

作者：哈里·索恩

署名：Harry Soane 1879

票主（全名Frederick Orridge Macmillan，1851—1936）是1843年创办麦克米伦出版公司的丹尼尔·麦克米伦（Daniel Macmillan，1813—1857）的长子。丹尼尔早故之后，他的弟弟亚历山大（Alexander Macmillan，1818—1896）接掌公司，并在1870年后将公司业务交由三位子侄管理。票主自1876年起负责总体事务兼美洲业务[1]，和小说、诗歌及艺术类书籍出版。1896年亚历山大去世后，公司改组为有限责任公司，票主为首任董事长。

英国19世纪很多著名作家的作品都是由麦克米伦首先出版，包括女诗人克里斯蒂娜·G. 罗塞蒂（参见图6）在世时为她出版全部诗集。其文学出版传统一直延续，此外还出版《自然》（*Nature*）杂志和多种权威词典。

票主是英国出版界著名人物，其主要角色包括一战前两次担任出版商协会会长、参加制订1911年《版权法》等。1909年封骑士，1928年获颁司令级维多利亚十字勋章（CVO）。他的侄子哈罗德·麦克米伦（Harold Macmillan，1894— 1986）在1957—1963年为保守党首相。

这款藏书票以三星立狮盾徽和双臂高举宝剑羽饰的家族纹章为主题，飘带上的拉丁文铭文MISERIS SUCCURRERE DISCO意为“助贫济困，吾谨记之”。羽饰两边的字母FM为票主姓名缩写，其全名则写在上下方两条字幅上。

作者（Harry Soane，1844—1927）是一位多产的藏书票艺术家，其设计风格以带有线状或点状底纹的票面为特点，但也根据客户要求制作不同样式。事实上，他是伦敦的一位图片业务经营者，藏书票为其业务之一。

[1]　麦克米伦于1869年在美国纽约开设分公司。该纽约公司初期主要从事分销，自1886年开始独立出版，1952年被出售。因此，目前英、美两地的麦克米伦出版公司之间实际并无资本联系。

**图67　H. G. 希曼　H. G. Seaman**

年代：1881

尺寸：9.7 × 7.4

作者：兰多夫·考尔德科特设计，詹姆斯·戴维斯·库伯雕刻

票主出自曼彻斯特附近小城克鲁（Crewe）。关于他的资料不多，但是他对这款藏书票的来历留下了记述。它是由票主密友、画家考尔德科特（Randolph Caldecott，1846—1886）于1881年设计，然后交由库伯（James Davis Cooper，1823—1904）刻版印制。

画面上波塞冬的海马拉着一只小船在波涛中前进，船上一位读书人正在捧读《赞美诗集》（*BOOK OF PSALM*）。船桅上的飘带上有拉丁文铭文VIVE PIUS MORIERE PIUS，大意“生死不渝其志”。前景的海水里有一只小海兽，空中一弯拟人化的月牙正在微笑。画面以缆绳为画框，底部字框内写着票主姓氏，两边是对称的海豚和贝壳图案。画面设计暗合票主姓氏Seaman（意译“海之子”），而海马和弯月船形都借用了票主家族纹章上的海马羽饰和弯月盾徽。

据票主记载，作者考尔德科特作为一名画家曾有志与同道共同研究藏书票艺术，不过，他在繁忙、短暂的一生中并未来得及深入此事，而这款藏书票也是他唯一的藏书票作品。

**图68　弗雷德里克·洛克**
**Frederick Locker**
年代：　1882
尺寸：　8.4 × 6.7
作者：　凯特·格林纳威
署名：　K. G.

票主（1821—1895）出身于海军世家，祖父（William Locker，1731—1800）是英国海军的一位舰长，对其后辈纳尔逊将军（参见图47）颇有影响；父亲是格林尼治皇家海军学院的一位高官。票主本人则是从海军部门成长起来的一位诗人，1857年出版其最重要的作品《伦敦抒情诗集》（*London Lyrics*）。1850年娶第一位夫人夏洛特（Charlotte Bruce，1817—1872），1874年再娶从男爵之女汉娜（Hannah Jane Lampson，1846—1915）。1885年在其姓氏中增加妻姓，改姓Locker Lampson。一生结交广泛，并继承家传，收藏丰富。

作者（Kate Greenaway，1846—1901）出身于贫寒之家。父亲是一位木刻印刷师但遭遇生意失败。但她儿时的想象力并未受到家庭窘境的过多影响。自幼喜爱绘画而不擅文字，12岁进入伦敦芬斯伯里美术学校，显露艺术天赋。19岁进入南肯辛顿的国家美术培训学院（参见第127页脚注），同时还在晚间到男女学生较为平等的斯莱德美术学院进修。借助父亲在木刻领域的客户关系，其画作进入市场并出现在儿童刊物上。也由于父亲的关系，被出版商埃文斯（Edmund Evans，1826—1905）看中；后者请人为作者的画作编配诗歌，1879年出版了她的第一部儿童插画书《窗下》（*Under the Window*），大获成功。自此正式开启儿童图画书艺术生涯，其白描独创自然清新风格，读者吸引力历久不衰。英国图书馆协会于1955年为儿童图画书设立"凯特·格林纳威奖"（Kate Greenaway Medal）。

作者于1880年开始与约翰·拉斯金（John Ruskin，1819—1900）通信，1883年二人首次见面。她与这位著名的艺术史家和批评家的关系终未达成婚嫁，而她遵循拉斯金的教导试图进入水彩画和油画领域的努力也并不成功，反而在一定程度上影响了她本来擅长的插图创作。50岁后罹患癌症，治疗为时已晚。1900年因拉斯金去世又遭受一次打击，次年11月6日在伦敦去世。

票主曾被邀请为作者的儿童图画书配诗，还为她的作品做推广宣传，二人结为密友。在19世纪80年代，票主引荐作者进入上流交际社会，大大提高了她的知名度，使她能够获得与男性插画家同等的报酬。作者一生作有10款藏书票，其中6款是为票主和他的家人所作。票主还曾委托马克斯（参见第190页）和克兰（参见第212页）为他作藏书票，并向作者引见过这两位画家。也正是由于马克斯的关系，作者得以结识拉斯金。

这款藏书票与作者的插图作品一样具有儿童画风格。一对幼童坐在苹果树下，其中一人的腿下压着一本书，半露的书名显示这即是票主所作*London Lyrics*（《伦敦抒情诗集》）。一只猫头鹰立于后面的木围栏上，点出藏书票主题。远景是以圣保罗大教堂为中心的伦敦城天际线，这也是和票主诗作关联的题材。在树上悬挂的盾徽中，从左至右的第一至第三分区分别属于Bruce、Locker和Lampson家族（象征票主和先后两位妻子）。整个画面置于花卉装饰的矩形画框内，上方有洛克家族铭文FEAR GOD & FEAR NOUGHT，意为"敬畏上帝则无所畏惧"。下方为票主姓名。

FIDE
ET
VIRTVTE
WILLIAM
EWART
GLADSTONE
NORTHBOVRNE
d: d:
23 JVLY 1839
23 JVLY 1889

**图69 威廉·尤尔特·格莱斯顿**
**William Ewart Gladstone**

年代： 1889
尺寸： 10.4×7.7
作者： 托马斯·埃拉特·哈里森
署名： T. E. H. 1889（托马斯·埃拉特·哈里森 1889年）

票主（1809—1898）是维多利亚时代著名政治家，曾四度担任首相。1831年毕业于牛津大学，因其政见和辩才受到托利党领袖青睐而于次年被选入议会。但是，他的政治主张却逐渐转向代表工业资产阶级利益的自由贸易派，终于在1859年脱离托利党（后转化为保守党），加入由辉格党演变而来的自由党。1868—1874年任首相，采取政治改革使资产阶级取代土地贵族成为国家政治的主导力量。1880—1885年二度担任首相，但此间英国的对外扩张遭遇一系列挫折和失败，令其声望大损。1886年和1892—1894年又两度任首相，重点转向爱尔兰自治问题。总的来说，他的才华备受称赞，政治改革成就斐然，但是他的执政生涯像大多数政治家一样充满坎坷和争议，反映了大英帝国巅峰期复杂的社会和政治矛盾。

这款藏书票是诺思伯恩二世男爵（Walter Henry James，1846—1923）为票主金婚所订制，这时正是票主因其爱尔兰自治法案遭否决而第三次从首相退任之后。这位男爵于1893年袭封爵位，其父曾是一名保守党议员，他本人则在1874—1893年为自由党议员，显然是票主的一位支持者。

票主于1839年与凯瑟琳·格林（Catherine Glynne，1812—1900）结婚。他的夫人有“慈善家”之誉，在家庭生活中则负责操持家务，抚养8个子女，乃至直接为丈夫的公务担任助手。二人逝世后合葬于威斯敏斯特大教堂。

票面设计采用与票主姓名相关的象征性题材。悬挂于冬青木的盾徽属于苏格兰格莱斯顿家族；头盔面部向前突出，表示票主的平民身份（他没有接受维多利亚女王授予的伯爵爵位）。冬青木从石缝内长出，上方作为羽饰的狮鹫格里芬兽出露于冬青叶之中，其双爪擎住一柄利剑，剑身上套一桂冠。在冬青枝叶中和岩石地面上还有另外三只猛禽。票主祖上是居于苏格兰格雷德斯坦内斯（Gledstanes）的一个古老家族，其姓氏也由此地名演化而成；其中，古英语词glede本意是鹰属猛禽（后又指风筝），stan即stone（石头）。这些都寓于票面设计之中。

在票面上穿插着多条字幅。盾徽D侧写拉丁文铭文FIDE ET VIRTUTE，意为“忠诚与美德”，S侧自上而下为票主姓名。底部小字23 JULY 1839/23 JULY 1889/NORTHBOURNE d: d:，意为“1839年7月23日，1889年7月23日，诺思伯恩（男爵）之礼赠”。其中，两个日期即票主结婚日期和金婚纪念日（实际上这两个日期均应为25日，票面上的日期有误），d: d:为拉丁文dono dedit之缩写，“以礼相赠”之意。

作者（Thomas Erat Harrison，1853—1917）是一位雕塑家和画家，亦能雕版。诺思伯恩二世男爵曾委托他为其庄园设计和绘制彩色玻璃窗。他作有十余款藏书票，擅长以双关寓意进行设计。这款藏书票是由制版公司按照他的设计稿制版印制而成。

1892年藏书票协会经票主许可之后，为会员印制了一批作为赠品，令该票见于流通。不过，在票主的藏书中似乎并未见贴用该票，而是多见他的一款低调的纹章票（仅采用羽饰部分）。

票主之子藏书票见图158。

Ex Libris. GLEESON WHITE

**图70　格利森・怀特**
**Gleeson White**

年代：　1890
尺寸：　8.5 × 8.2
作者：　查尔斯・瑞吉斯
署名：　CR（反写）

票主（全名Joseph William Gleeson White，约1851—1898）是《工作室》杂志（*The Studio*）的创始人兼编辑（1893—1895），正是这个杂志使比亚兹莱（图78）和麦金托什（Charles Rennie Mackintosh，1868—1928）"格拉斯哥四人组"等人的新艺术风格得到了广泛传播。作为一位艺术评论家，他通过写作来讨论和宣传新艺术思想，所涉主题包括艺术设计原理和贺卡、藏书票、书籍装帧、现代绘画、家具、插图等各种艺术形式。1897年出版《19世纪60年代的英格兰插图》（*English Illustration: The 1860s*），研究他称之为"黄金时代"的维多利亚书籍艺术。

作为艺术工作者协会的成员，他也是工艺美术运动中的一位实践者，特别是对书籍封面设计和装帧有重要贡献。他特别强调书籍装帧的原创性，认为装帧要与文本内容相联系但又不是简单直接的呈现，因此他总是采取抽象的图案设计。他在设计思路上曾追随但丁・罗塞蒂，又与威廉・莫里斯相联系，一丝不苟地追求功能和美感两方面的高质量。他设计或参与设计的图书不下50种。

票主编辑的《工作室》杂志与同性恋艺术家和作家有颇多联系。奥斯卡・王尔德（Oscar Wilde，1854—1900）于1895年发生的案件引起社会对同性恋的激烈攻击，票主则因对王尔德的公开支持而被迫辞去编辑职务。但他并未脱离这个杂志的工作，直至1898年因伤寒热病故。

他在藏书票领域有过不少作为。在乔治・贝尔父子出版公司（George Bell & Sons）任职时曾编辑藏书票系列图书，还为自己的女儿设计过一款藏书票。他编辑的最后一期1898—99年冬季号《工作室》杂志是"现代藏书票与其设计者"专刊【87】。此外，1895年出版的《女士藏书票》【39】也是经他编辑成书。

这款木刻藏书票的作者瑞吉斯（全名Charles de Sousy Ricketts，1866—1931）出生于瑞士，1882年来到伦敦学习木刻，与香农（Charles Haslewood Shannon，1863—1937)）为学友，二人友谊终生不渝。瑞吉斯的艺术生涯始于插图，包括为托马斯・哈代（Thomas Hardy，1840—1928）和奥斯卡・王尔德等人的文学作品绘制插图。1896年，与香农合作创办山谷出版社（The Vale Press，1896—1904），其书籍设计以唯美主义著称，是新艺术风格的珍本。票主作为他的同行，称赞他的设计为现代图书装帧建立了"被广为接受的新标准"。山谷出版社在1904年不幸遭遇火灾而停业，此后瑞吉斯逐渐转向油画和雕塑领域，1906年起还从事舞台美术设计。他还是一位艺术品收藏家，1924年起担任加拿大国家美术馆顾问，直至去世。

这款藏书票以北欧神话中的"世界树"为题，是作者年轻时期的一款充满想象力之作。据作者自述其设计，一株大树从一团水与火中长出，火沿着主干升腾，托起一个正在觉醒的人物；侧枝向两边伸展，末端的果实分别孕育着鱼类、昆虫、兽类和鸟类等；穿过树间的彩虹象征大气；下部横贯一袭大披风，两边分别是夜与昼。在悬挂的木匾上写着IGDRASIL字样，意即"世界树"；底部藏书票标记和票主名号的文字之间点缀着阳光雨露下的蘑菇、（鸟的）眼睛和贝壳。而票主对这个设计的解读是，这是一株永恒而需时时浇灌、不断生长的知识之树，它无所不包，正如文学。

**图71　罗伯特·本森和伊芙琳·本森　Robert Benson and Evelyn Benson**
年代：约1890
尺寸：直径6.5（圆形边缘裁切）
作者：劳伦斯·豪斯曼

这是一对收藏家夫妇联名的藏书票。男主（全名Robert Henry Benson，1850—1929）是一位银行家，热衷收藏意大利文艺复兴早期的绘画。他在去世前两年将收藏卖给了有名的贵族画商约瑟夫·德维恩（Joseph Duveen，1869—1939）。女主（本名Eveyln Holford，1856—1943）是富豪兼收藏家罗伯特·斯泰纳·霍尔德福德（Robert Staynor Holdford，1808—1892）的次女，1887年嫁给男主。

票面主图是一浪中小舟。在鼓起的风帆上画着两棵大树，树上的两条飘带上分别写拉丁文ARBOR VITAE和ARBOR SCIENTIAE，意为"生命之树"和"知识之树"。船上坐一捧卷老者，船艏的斯芬克斯被从天而降的天使扼住。边框上缘写拉丁文铭文POUR DYEU ET MA MYE，意为"为了上帝和我的母亲"；下缘写藏书票标记和票主夫妇二人姓名。

作者（Laurence Housman，1865—1959）是画家兼作家。为杂志提供插图，作有数款藏书票，并创作诗歌和剧本。这款藏书票为其早期作品，有画面相似但细节不同的三个版本，印制效果参差不一。

（上接第117页）

在删除这些文字后，加上藏书票标记做成通用藏书票，供使用者填写自己的名号。不过，空白处一角仍保留了原用以补白的两个花式符号。

原图设计者（Charles March Gere，1869—1957）出自伯明翰美术学院，后在此从事教学，为油画家、插图画家和艺术装饰设计家。深受先拉斐尔派的影响。受莫里斯聘请，在凯尔姆斯考特出版社是伯恩-琼斯（图80）和克兰（参见第212页）之外的另一位重要画家。亦与纽（参见第234页）为友，为后者作有藏书票。

原图雕刻者（William Harcourt Hooper，1834—1912）是维多利亚时代一位优秀木刻家，自1891年起受聘于威廉·莫里斯。凯尔姆斯考特更换过多位雕刻师，而他则一直为出版社工作，《乔叟作品集》的木刻版即由他雕刻。

**图72　“《乌有乡纪事》卷首图”通用藏书票**

**Universal exlibris adapted from the frontispiece of *News from Nowhere***

年代：原作设计于1893

尺寸：8.6 × 6.2

作者：查尔斯·马奇·基厄（原图设计）和威廉·哈考特·胡珀（原图木刻）

署名：原图设计者花押CMG

这款藏书票取自凯尔姆斯考特出版社1893年版《乌有乡纪事》（*News from Nowhere*，开本尺寸20.5 × 14.0）的卷首图，是将原图缩小复制而成。原图位于该书扉页的左页，描绘了书中主人公（即作者莫里斯本人）所在的凯尔姆斯考特庄园府邸（Kelmscott Manor），完全用黑色油墨印制。

1871年，莫里斯与但丁·罗塞蒂联合租下这座位于牛津郡泰晤士河畔的伊丽莎白一世时代老宅。三年租期满后，罗塞蒂决定离开，莫里斯则深爱此地，续租直至他去世。此后，莫里斯的妻子简（Jane Burden Morris，1839—1914）继续租住，并在去世前不久为女儿买下此宅。两个女儿詹尼（Jane Alice，昵称Jenny，1861—1935）和梅（Mary，昵称May，1862—1938）在此居住至梅去世。这座受到保护的历史建筑现属伦敦古物学会。

莫里斯把他在伦敦汉默史密斯（参见图80）的住所和出版社均以凯尔姆斯考特命名。

《乌有乡纪事》是威廉·莫里斯为宣传社会主义理想而写的一部浪漫小说，1890年在《公共利益》杂志（*The Commonweal*，参见第212页）连载，同年由里弗斯和特纳出版公司（Reeves and Turner）结集出版。凯尔姆斯考特出版社成立后，莫里斯对该书文字作少量修改后重新制作出版。（中译本由商务印书馆于1981年出版。）

在藏书票主图下方的空白处，原书中用大写黄金字体印制了以下文字：

THIS IS THE PICTURE OF THE OLD HOUSE BY THE THAMES TO WHICH THE PEOPLE OF THE STORY WENT. HEREAFTER FOLLOWS THE BOOK ITSELF WHICH IS CALLED NEWS FROM NOWHERE OR AN EPOCH OF REST & IS WRITTEN BY WILLIAM MORRIS.

（译文）本图所示即小说中人物所居之泰晤士河畔旧宅。下启本书正文，书名曰乌有乡纪事，又曰后继时代，由威廉·莫里斯写作。

（下接第 116 页）

Ernest
Brown
his Book
O for a Booke and a Shadie Nook
eyther in-a-door or out;
with the green leaves whispering overhede
Or the Streete cryes all about.
Where I mai Reade all at my ease
Both of the Newe and Olde:
a jollie goode Booke whereon to looke
better to me than
EX LIBRIS

**图73　欧内斯特·布朗**
**Ernest Brown**

年代：　1894
尺寸：　10.7 × 7.4
作者：　休·汤姆森

这款经缩印而成的钢笔画藏书票是插图画家休·汤姆森（Huge Thomson，1860—1920）的最早藏书票作品。根据《工作室》（*The Studio*）1894年9月刊著录，其完成时间应在1894年，而他一生所作藏书票也不过7款。票主是早期支持汤姆森的版画出版商和艺术品经纪人，1887年曾为他和凯特·格林纳威（图68）举办联展。

票面画一学者正在审视手中的版画，地面、桌上和书橱内满是书卷，地上有一部书的封面上写着EX LIBRIS。墙上挂着两幅画，上面一幅是中世纪读书人，下面一幅似一对母女。一幅长长的纸卷沿墙面空白处展开，上部写Ernest Brown His Book，即“欧内斯特·布朗之书”，下部是被分开成两段的一首小诗（作者佚名），文字如下：

| | |
|---|---|
| O for a Booke and a Shadie Nook, | 独据一隅捧一书， |
| Eyther in-a-door or out; | 不论屋内阶前； |
| With the green leaves whispering over hede, | 任凭绿叶作细语， |
| Or the Streete cryes all about. | 或者街声喧天。 |
| Where I mai Reade all at my ease, | 恰是畅怀饱览处， |
| Both of the Newe and Olde; | 读遍新卷旧籍。 |
| For a jollie goode Booke whereon to looke, | 真正好书经我眼， |
| Is better to me than Golde. | 千金却也难比。 |

作者出生于北爱尔兰，主要依靠自学而成为一名画家，工作初期曾受到维尼康姆（参见第415页）的指导。1883年到伦敦，受聘于《英语画报》（*English Illustrated Magazine*），后来还服务于多家刊物。另一方面，他也展现了在书籍插图艺术方面的才华，画风细腻、传神，不但能画经典作品，也能表现当代作家的作品，一生作有70部插图作品。一战期间他的健康状况变差，但仍然继续工作，1920年因心绞痛发作病故。此后，曾多次举办其纪念展。

其藏书票作品多是为事业伙伴或亲友所作。本款之后，第二款是在1901年为弗雷德里克·麦克米伦（图66）的堂侄、麦克米伦出版业第三代掌门人之一威廉·E. F. 麦克米伦（William Edward Frank MacMillan，1880—1954）所作。

EX
LIBRIS
A
D
RUDYARD KIPLING
18
94
JLK

图74A

EX
LIBRIS
K
RUDYARD KIPLING
19
09

图74B

**图74（A、B）　鲁德亚德·吉卜林**
**Rudyard Kipling**

年代：　（A）1894；（B）1909
尺寸：　（A）8.3×6.3；（B）6.6×5.2
作者：　约翰·洛克伍德·吉卜林
署名：　（A）AD/1894 JLK；（B）JLK/1909

票主（1865—1936）是获得1907年诺贝尔文学奖的英国小说家和诗人。他的藏书票是父亲约翰（John Lockwood Kipling，1837—1911）为其所作。

约翰是一位身兼教授、插图画家和博物馆馆长的艺术家。他的艺术生涯始于1861年为新建的维多利亚与阿尔伯特博物馆（当时称南肯辛顿博物馆）创作建筑装饰雕塑。1865年与艾丽丝（Alice Caroline MacDonald，1837—1910）结婚，随即到印度从事艺术教学，票主在这一年底出生于孟买。1870年约翰夫妇前往拉合尔，约翰先后担任新创立的拉合尔梅奥工业艺术学院（现巴基斯坦国家美术学院）院长和拉合尔博物馆馆长。他为儿子的文学作品创作插图，并为自己、儿子和孙辈作有4款藏书票。

票主母亲艾丽丝本人发表过诗歌，不过她三个妹妹的姻缘所带来的广泛社会关系给票主的潜在影响可能更大。她们分别是：乔治安娜（Georgiana Macdonald，1840—1920），1860年嫁伯恩-琼斯（图80）；艾格尼丝（Agnes Macdonald，1843—1906），1866年嫁波因特（Edward John Poynter，1836—1919），后者为画家，1896年继米莱为皇家美术院院长；路易莎（Louisa Macdonald，1845—1925），1866年嫁阿尔弗雷德·鲍德温（Alfred Baldwin，1841—1908），后者为钢铁企业家，保守党议员，婚礼与姐姐艾格尼丝同时举办，其子斯坦利·鲍德温（Stanley Baldwin，1867—1947），1923—1937年三次与麦克唐纳（图96）交替担任首相。

票主之名取自父母相识所在的鲁德亚德湖。他出生后在孟买度过童年；6岁被带回英国上学，父母很快回印度之后，他被寄养，这样的生活给他的幼年带来了创伤。中学期间开始爱好文学。1882年重返印度做记者和编辑，观察和描写英国统治下的印度。1883年首次出版诗集，之后连续发表小说和诗作。至1889年他再次回到英国时，文名大噪。桂冠诗人丁尼生（Alfred Tennyson，1809—1892）去世后，他被公认为可接替其地位的作家。他以环球旅行经历持续发表作品；虽然再未回过印度，但他的文学很明显带有那里的殖民地生活色彩。1907年，以最后一部关于印度的长篇小说《基姆》（*Kim*）获诺贝尔文学奖，是第一位获此殊荣的英国作家。此后他的写作终生不辍。他的帝国主义情绪曾招致批评，而一战失子之痛则使他的创作发生转折。他的文学体现了大英帝国在衰落时期仍然持续不断的世界性文化影响。

其藏书票首次创作于1894年（即A款），当时票主结婚后正居于美国，完成了《丛林之书》（*Jungle Book*）的第一部。1909年，又设计和制作了形式相仿的第二款（即B款），或因10多年后补充所需。他的父亲在1893年退休回到英国，这个时期主要为文学作品（包括票主的《基姆》等）创作插图，他的几款藏书票也是这个时期所作。

票面设计采用印度题材和风格，有浓厚的殖民地趣味。票主稳居于象背上的鞍座内，上方华盖堂皇。他一手捧读书卷，一手拿水烟管，烟管通到后面侍者手捧的烟具。前面又有一人驾驭大象，象毯上有藏书票标记。一座印度式的拱门作为边框，左右上角分别装饰花鸟。票主姓名写在下面的匾牌内，两边是年份和作者姓名缩写AD/1894 JLK（B款改为JLK/1909）。其成品是用雕刻或蚀刻版复制而并非直接刷印，两款各有不同尺寸和不同墨色版别。

值得一提的是，票主本人也为他人设计过藏书票。

**图75　赫伯特·丹尼森　Herbert Denison**

年代：1894

尺寸：11.1 × 7.4

作者：玛丽安·里德

署名：M Reid. 94.

作者（Marion Reid，约1857—？）是19世纪后期在英国涌现的一批女画家之一，油画和水彩作品都很出色，在19与20世纪之交曾多次在女画家协会（The Society of Lady Artists）和皇家美术院展出作品，但她和她的作品在一百多年后却变得几乎湮没无闻。她曾在《工作室》杂志举办的藏书票设计竞赛中赢得头奖。1895年出版的《女士藏书票》【39】对她大加赞赏，共收入5款她为女性票主所作藏书票，它们的主题人物身着古典式长服，画风受先拉斐尔派的影响十分明显，并配合工艺美术运动以来的装饰手法。其中，为比阿特丽斯·莫雷尔（Beatrice Morrell，生卒年不详）所作即此处所载藏书票的母本；两款票的人物设计和构图形式完全相同，仅配饰物和铭文等有差异，票主姓名当然也不同。

画面主题人物是一位知识女性，她一手握书，一手执笔，笔下写出拉丁文AEQUUM/ET BONUM/EST LEX/LEGUM（意为“公正与良善为法律之准则”）。她的背后是漩涡状图案，鸢尾花在其中奔涌，下有书籍、卷轴、雕版、刻刀等。以照相凹版方法印制。

票主1895年出版《照相凹版艺术论》（*A Treatise on Photogravure*），但其更多信息未详。

值得一提的是，芬彻姆《英美藏书票艺术家和雕刻师》【26】中所录玛丽安·里德的4款藏书票全部引自《女士藏书票》一书，但遗漏了《女士藏书票》收入的比阿特丽斯·莫雷尔藏书票。2024年版《女士藏书票》中译本对原文有所删改，缺失了其中关于用比阿特丽斯·莫雷尔藏书票改制本票的记述。

**图76　爱德华·理查德·泰勒　Edward Richard Taylor**

年代：约1895

尺寸：9.0 × 7.2

作者：西莉亚·安娜·莱维蒂斯

票主（1838—1911）是一位油画家和水彩画家，有肖像画和风景画传世，但其作为美术教育家的影响则更大。他先在林肯美术学院任教，后于1877年到伯明翰美术学院任院长（直至1903年退休）。他推动这所学校的改革，积极响应工艺美术运动潮流，把教育内容从单纯的绘画扩展到多种工艺美术门类，使之成为英国第一个市立美术学院，并成为工艺美术运动的一个中心。1898年，他还成立了一所拉斯金陶瓷艺术学校（以艺术史家拉斯金命名）并自任校长。

作者（Celia Anna Levetus，1874—1936）是票主的一位学生。出生于加拿大，1878年随家人回到英国，约在1887年时全家从伦敦迁至伯明翰。在完成基础教育后进入伯明翰美术学院，成为一位插图画家。1896年，和学校其他画家一起为《黄面志》（参见图78）的第9卷提供了全部插图。由她创作插图的书籍不下5种，其中包括威廉·布雷克（参见图85）的《天真之歌》（*Songs of Innocence*）和《经验之歌》（*Songs of Experience*）。不过，她在1902年结婚后便不再画插图。

她还作有藏书票（近30款）、贺卡等订制作品。其藏书票作品可分为先后两种风格：前期线条较粗重，黑白对比效果较突出；后期线条细腻，自然优美。她为先拉斐尔派创始人之一威廉·霍尔曼·亨特（William Holman Hunt，1827—1910）所作藏书票是一件精致的代表作。不过，其藏书票都是以画稿委托制版公司印制，大部分作品的印刷效果与其原作有一定差距。

该票是作者为老师所作的早期作品。画面中一位古代装束的大师在指导学生作画，远景中有马队通过，象征艺术探索之路。上方有拉丁文铭文ARS LONGA VITA BREVIS，意为“艺术路漫漫，生命则短暂”。字幅上写着Forward/Edward R. Taylor/His Book，即“领路之人爱德华·R. 泰勒，其人之书”。

**图77　西塞莉·卡文迪什·彭廷克　Cicely Cavendish Bentinck**

年代：1896

尺寸：7.5 × 5.8

作者：J. 斯科特设计，乔治·欧内斯特·维兹雕刻

票主（1872—1936，婚前名Cecily Mary Grenfell）1897年嫁查尔斯·卡文迪什·彭廷克勋爵（Lord Charles Cavendish Bentinck，1868—1956）。后者是波特兰六世公爵（图4）的异母兄弟，他们都是伊丽莎白二世女王外祖母的堂兄弟。丈夫是一名英国军人，曾在第二次布尔战争和第一次世界大战中受伤，1916年获“杰出服务勋章”（DSO）。票主本人婚后曾与丈夫同往南非驻扎。她后来获得过用以奖励救护人员贡献的“格雷丝夫人勋章”（Dame of Grace，属于第二等圣约翰勋章）。

藏书票设计显示了票主对文学和艺术的热爱。花草间穿插的缎带上写着MY BOOK AND/FRIEND AND/THIS IS HAPPINESS，意为“吾之书与友，并为吾之福”。中间展开一幅钢琴乐谱，旁边斜倚一把小提琴。下部排列书籍，其中有丁尼生、拉斯金、朗费罗（Henry Wadsworth Longfellow，1807—1882，美国浪漫主义诗人）等人的著作，一盏油灯在一侧点亮。票主姓名写在横穿画幅的缎带上。

雕刻者（George Ernest Vize，1865—1943）作为专业的铜版雕刻师，为巴雷特（参见第100页）完成的藏书票有20余款，其中多为纹章式。

**图78 赫伯特·查尔斯·杰罗姆·波利特**
**Herbert Charles Jerome Pollitt**
年代：1897
尺寸：8.3 × 5.5
作者：奥伯利·比亚兹莱
署名：AB

票主（1871—1942）于1889—1896年在剑桥大学学习，取得学士和硕士学位。他在1897年给自己取名杰罗姆·波利特，并以此名为人所知。他曾参加1883年成立的剑桥大学脚灯剧社（Footlights Dramatic Club），并担任过剧社的主席。虽然剑桥大学为女性提供高等教育的格顿学院已在1869年成立，但这时女性在大学的活动仍受到较多限制，剧社表演中的女性角色常由男性来担任。票主即是擅演女角的一位明星人物。他常常出演的角色是以莉亚娜·德·普齐（Liane de Pougy，1869—1950，本名Anne Marie Chassaigne，时为巴黎知名交际花）为原型的迪亚娜·德·普齐，他到1897年还在表演这个角色。此外，他还能模仿美国舞蹈家洛伊·福勒（Loie Fuller，1862—1928）的丝巾舞。

票主还是一位艺术品收藏家。他是这款藏书票作者比亚兹莱的朋友，并收藏他的画作。他也是伦纳德·史密瑟斯〔Leonard Smithers，1861—1907，出版颓废艺术期刊《萨伏伊》（*The Savoy*，1896），登载过比亚兹莱的重要作品〕的朋友，还在家中展览过詹姆斯·惠斯勒（James Abbott McNeill Whistler，1834—1903）的作品。

作者（Aubrey Beardsley，1872—1898）自幼爱好绘画。1891年拜访伯恩-琼斯（图80）时，蒙其慧眼识珠，给予鼓励和教导，由此踏上艺术之路。其短暂艺术生涯主要从事插图创作。1894—1895年为《黄面志》（*The Yellow Book*，1894—1897）所作插图为其巅峰之作。受奥斯卡·王尔德案件的影响而被《黄面志》解雇后，一度陷入经济困境。1896年转到新杂志《萨伏伊》。自幼受肺病困扰，1898年3月16日病逝，时不满26岁。他追求唯美主义理想，是维多利亚时代晚期颓废艺术的代表人物。

这款藏书票用作者特有的漫画笔触画一位男侍者用托盘给身材硕大的女主人呈上书籍，背景林木茂密，却以强烈的黑白对比表现出一种死寂，整个画面显示颓废主义风格。上方大写英文MR POLLITT'S BOOKPLATE，即“波利特先生之藏书票”。注意这里用Bookplate而不用Book或Exlibris，是不合惯例的。

作为朋友，作者曾向票主许诺为其作一款藏书票，却一直未能实现。由伦纳德·史密瑟斯出版的《奥伯利·比亚兹莱50幅画集》（*A Book of Fifty Drawings*，1897）收入了这款图片，据说原是比亚兹莱为自己设计的藏书票。该画集出版后，比亚兹莱在波利特所获豪华本中的这幅图片上用钢笔绘上文字，即将其作为波利特的藏书票；它可能暗示票主在戏剧中的男扮女装角色。票主后委托他人将该图重新制版印刷。目前，这件作品的原画稿收藏于哈佛大学福格艺术博物馆。普林斯顿大学图书馆藏有当时重新制版印制藏书票的一件试印版，上面写有作者批语“This could be better. A. B.”，即“仍待改进。奥伯利·比亚兹莱”。原属票主本人的那部《奥伯利·比亚兹莱50幅画集》豪华本则收藏于私人之手。【40】

作者的许多黑白插图作品曾被人转制为藏书票。由他亲自设计的藏书票则只有3款，除本款外，另有两款分别作于1893年和1897年。

From among the books of
Fred. W. Brown.
CHARLES JAN. ROBINSON. 97.

**图79　弗雷德里克·威廉·布朗**
**Frederick William Brown**

年代：　1897
尺寸：　20.4 × 7.8
作者：　查尔斯·罗宾逊
署名：　Charles Robinson, Jan ’97

票主（1851—1941）是一位美术教育家。其本人出自国家美术培训学院[1]，26岁时担任威斯敏斯特美术学院的校长（当时这里是一所面向劳动阶层的夜校）。1883—1884年到巴黎朱利安学院学习数月后，回到威斯敏斯特美术学校发起美术教育改革，使之成为伦敦最为进步的美术教育机构。他在这里担任校长至1892年，比亚兹莱（图78）曾是他的学生。1886年曾联合一批从巴黎学习归来的画家组成“新英美术俱乐部”（New English Art Club）。后到伦敦大学学院（UCL）担任美术教授。

作者（Charles Robinson，1870—1937）和他的两位兄弟都是插图画家。他本人擅长铅笔画和钢笔画，其插图作品中不少都是童书。晚年则转向油画和水彩作品。

这款高宽比很大的藏书票作于票主在伦敦大学学院担任美术教授时期，被认为是一件具有新艺术风格的作品。采取立式构图，画面中央是一位缪斯式的女性人物，右手指向画外。她的下方有一位小精灵式的男孩正在扎起画卷。底部的花瓶内立一束百合，中上部画一座好似“理想国”一般的山城。人物周围衬以繁密的羽毛和花草装饰，与人物头像和衣裙处的留白形成对比。上部和下部的字幅上写From among/the books of/Fred. W. Brown，即“出自弗雷德里克·W. 布朗之藏书”。

[1]　最初为1837年成立的“政府设计学校”（The Government School of Design），位于皇家美术院旧址萨默塞特宫。1851年后改称“国家美术培训学院”（The National Art Training School），并迁至南肯辛顿。1896年起改称“皇家美术学院”（The Royal College of Art）。

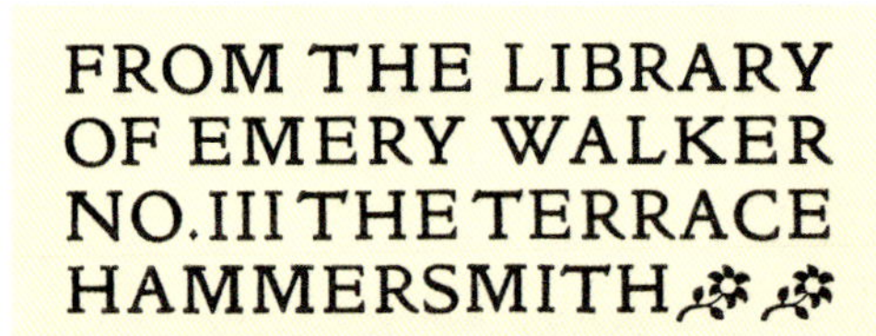


图80A

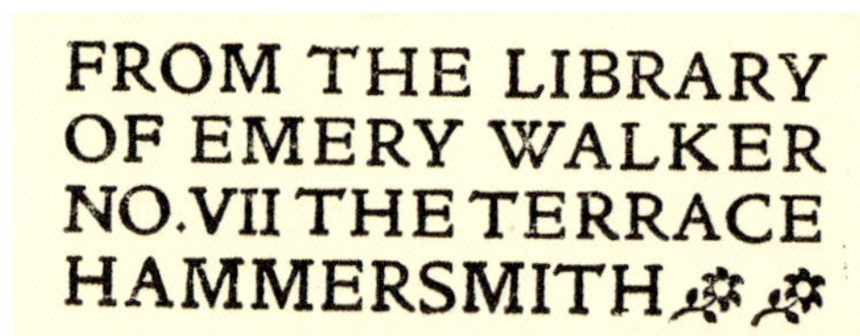


图80B

**图80（A、B）　埃默里·沃克　Emery Walker**

年代：（A）1898；（B）1903

尺寸：（A）2.0×5.7；（B）2.0×5.8

作者：威廉·莫里斯设计字体

1896年10月3日，威廉·莫里斯去世。根据他的遗嘱，他的私人藏书在大约六周后被整体出售（后大部分被这位买家通过拍卖行散出）。莫里斯的遗嘱执行人为此用他设计的黄金字体印制了一个书标（FROM THE LIBRARY OF WILLIAM MORRIS KELMSCOTT HOUSE HAMMERSMITH，即"出自汉默史密斯凯尔姆斯考特府威廉·莫里斯之藏书"），附于这些书籍（部分）中，以示它们曾是莫里斯之物。1898年2月，在处于停业之际的凯尔姆斯考特出版社，爱德华·伯恩-琼斯等同仁为自己和他们的亲友排印了一系列类似款式的黄金字体藏书票，作为一份纪念。

在此之前的1897年，出版社所在的凯尔姆斯考特府已经出售给艺评家兼作家亨利·库里·马里利耶（Henry Currie Marillier，1865—1951）。马里利耶与莫里斯一家相知相熟，他筹款向莫里斯遗孀简收购了莫里斯兼作其伦敦居所和出版社业务场所的凯尔姆斯考特府，包括留在府内的部分莫里斯遗物。次年，他也获得了这一系列字体藏书票中属于自己的一款，文字内容为FROM THE LIBRARY OF H. C. MARILLIER, KELMSCOTT HOUSE, HAMMERSMITH.，即"出自汉默史密斯凯尔姆斯考特府H. C. 马里利耶之藏书"，显示了他这时已成为凯尔姆斯考特府主人的身份。

此处所示A款则是为出版社顾问埃默里·沃克所制，票面文字意为"出自汉默史密斯排屋3号埃默里·沃克之藏书"。末尾补白用的花式符号同样出自莫里斯的设计。

威廉·莫里斯（William Morris，1834—1896）是19世纪后期工艺美术运动的领袖、凯尔姆斯考特出版社创立者。他身兼美术设计、工艺创作、诗人乃至社会主义思想的实践者，从事过绘画、建筑、家具、陶瓷、织物、彩色玻璃、壁纸、书籍制作等多种艺术门类。面对维多利亚时代的大规模工业化生产，他努力追求和重塑手工艺的价值。他的理想是要让艺术进入普通大众生活，却因其与现实的矛盾而难以实现，但是他的影响仍然深远。

埃默里·沃克（1851—1933）是激发莫里斯开启他的工艺美术运动事业最后一个项目——凯尔姆斯考特出版社——的一个关键人物。与莫里斯和伯恩-琼斯不同，沃克出身劳动阶层，在工作谋生中自学成才，但其学识却远超一般正规教育的水平。1873年，加入一家位于奇斯威克的蚀刻印刷公司，学会照相制版技术。1886年，自己创办公司从事照相凹版业务，用当时的尖端技术复制美术作品和照片，为书籍制作带来了突破性的变革，在出版印刷业赢得很高声誉。

沃克帮助莫里斯解决了很多技术问题，凯尔姆斯考特出版社的成功与其贡献密不可分。莫里斯去世后，1900年他与托马斯·科布顿-桑德森（Thomas Cobden-Sanderson，1840—1922）合作创办了鸽子出版社（Doves Press）。虽然这个合作终止于1909年，但沃克还为伦敦的阿辛顿（Ashendene Press）和德国魏玛的克拉纳赫（Cranach Presse）两家私人出版社的字体设计和制作提供了重要帮助。他在1930年获封骑士。

（接下页）

**图81　约翰·威廉·麦凯尔和玛格丽特·麦凯尔**
**John William Mackail and Margaret Mackail**
年代：1898
尺寸：0.9 × 6.8
作者：威廉·莫里斯设计字体

这是1898年2月在凯尔姆斯考特出版社排印的一系列字体藏书票（参见图80）之一，票主是爱德华·伯恩-琼斯的女婿和女儿。票面文字，包括夫妻二人姓名，均用拉丁文写法。

男主（1859—1945）是一位古典学者、文学批评家和诗人。在伯恩-琼斯的引导下，写成两卷本《威廉·莫里斯的生平》（*The Life of William Morris*，Longmans, Green and Co.，1899）。后曾担任牛津大学诗学教授（1906—1911）和不列颠科学院院长（1932—1936，该机构成立于1902年，主要从事人文和社会科学研究）。他与伯恩-琼斯的女儿玛格丽特（1865—1953）于1887年结婚。

爱德华·伯恩-琼斯（全名Edward Coley Burne-Jones，1833—1898，1894年获封从男爵）是先拉斐尔派运动后期的重要画家。他与莫里斯相识于牛津大学的学生时代，从此结下终生友谊。他和莫里斯在凯尔姆斯考特出版社合作设计了一系列经典的私人出版书籍，包括被认为是印刷史上最美书籍之一的《乔叟作品集》（*The Works of Geoffrey Chaucer*，1896）。作为画家，他设计过3款图画式藏书票。

伯恩-琼斯深以美貌女儿为傲，多次为她画像，或在画作中以她为模特，在其1872—1880年所作大型油画《金色旋梯》（The Golden Stairs）中也有玛格丽特的形象。女儿订婚之际，他一度深感失落。在凯尔姆斯考特出版社排印上述系列字体藏书票后不久，他于1898年6月17日去世。

（接上页）

1878年，莫里斯把自己的工作地点搬到位于伦敦泰晤士河畔汉默史密斯的一座18世纪砖房，并把这里称作凯尔姆斯考特府（Kelmscott House）。这座砖房西侧不远即“汉默史密斯排屋”，沃克居于其中的3号。在聆听了沃克关于书籍设计和印刷的一场讲座后，莫里斯在1891年1月正式成立凯尔姆斯考特出版社。它延续了8年时间，共出版53部书籍（其中11部及一些增印版于莫里斯去世后出版）。沃克在经营自己的公司的同时，也作为莫里斯的顾问；由于地点相近，他们可以日日相见，研究讨论各种问题。

凯尔姆斯考特出版社共使用过三种字体。莫里斯于1890年设计了所谓“黄金字体”（Golden Type）；1892年出版的《黄金传说》（Jacobus de Voragine，约1229—1298：*The Golden Legend*）使用了该字体，故以名之。其设计源自出生于法国的印刷商尼古拉斯·詹森（Nicolas Jenson，约1420—1480）于1470年在威尼斯所创罗马式字体，这也是沃克最早向莫里斯讲解过的一种字体。1891年，莫里斯又设计了用于1892年版《特洛伊历史汇编》（William Caxton: *The Recuyell of the Historyes of Troye*，1475）的“特洛伊字体”，后又依此设计了专用于《乔叟作品集》的“乔叟字体”。

汉默史密斯排屋建于18世纪中期，由17个连栋组成，位于泰晤士河北岸。沃克在19世纪70年代后期搬到这里的3号。这处排屋及其附近还住着工艺美术运动的其他一些人物，因此成了他们的一个聚集地。沃克的居所自然也是其中一个重要场所。鸽子出版社创办之初则位于1号。

1903年，沃克从汉默史密斯排屋3号搬到7号（参见图283B上），为此，用照相复制方法制成了采用新地址的书标，即图80B所示。他的鸽子出版社合伙人桑德森此前住在7号，但在1903年迁到了东面不远的滨河府（参见图149）。

对于沃克来说，做此种复制可谓轻而易举。但是照相复制版与原字模印制版相比，笔画的锐度差一些，经放大观察更可看出质量差距。

EX LIBRIS
ARTHUR
GUTHRIE
MUSIQUE AND SWEET POETRIE AGREE
AS THEY MUST NEEDES
DATE
H. Ospovat '98

**图82　亚瑟·格斯里**
**Arthur Guthrie**

年代：　1898
尺寸：　20.4 × 13.5
作者：　亨利·奥斯波瓦特
署名：　H. Ospovat '98

这款大幅面的藏书票除可用于大开本外，并不适于一般图书，而更像是作者为票主所作的一幅美术作品。主图画手执里拉琴、象征音乐的一位女性人物随着展开羽翼的天才诗人从大地升腾而起，在他们两侧写着一句连读的铭文MUSIQUE AND SWEET POETRIE AGREE/AS THEY MUST NEEDES，意为“音乐与优美的诗歌总是相互契合”。边框装饰由枝叶涡卷纹和女性人物组成。顶部中央写藏书票标记和票主名号，下部两侧空白的字幅用于填写日期和书籍编号。底部右侧为作者署名，左侧可能是制版印刷人的花押。整个票面设计体现了工艺美术运动的影响，但是却摆脱了中世纪的沉郁，表现出一种激发想象力的气概。

作者（Henry Ospovat，1877—1909）出生于俄罗斯的一个犹太家庭。童年时期来到英国，1897年入皇家美术学院（参见第127页脚注）学习。与沃尔特·克兰（参见第212页）关系密切，因而受到先拉斐尔派风格的影响。主要从事版画插图，并有多款藏书票传世，却不幸早逝。

除该票外，作者在同年还为同一票主夫妇二人作有一款联名藏书票（Arthur & Jessie Gurthrie）。一些早期公开资料显示[1]，苏格兰一位地毯厂厂主兼剧本作家（1854—1914）与票主同名，其夫人杰西（Jessie Matheson Guthrie，1856—1923）的名字亦与上述夫妇联名票上的女性名字一致，因此推测他很可能即是票主，而且这款藏书票的主题也显示了与他的一些关联。

[1]　由英国藏书票协会理查德·托伦斯先生（Richard Torrance）提供。

MUTARE · SPERNO
GEORGE ALFRED LEFROY, D.D.
BISHOP OF LAHORE.
1899
INV. W.P.B. 1899

**图83　乔治·阿尔弗雷德·勒弗罗伊**
**George Alfred Lefroy**

年代：　1899
尺寸：　10.5 × 7.7
作者：　J. 斯科特设计
　　　　乔治·欧内斯特·维兹雕刻
署名：　INV. W. P. B. 1899.（WPB设计，1899年）

票主（1854—1919）出身于牧师之家，本人亦为牧师。1874年进剑桥大学三一学院，后被派往印度和今巴基斯坦拉合尔地区传教。1885—1889年负责领导在德里的剑桥大学传教团，1899年任拉合尔主教，1913年起任加尔各答主教和印度大主教。终生未婚，拥有剑桥大学神学博士名誉头衔。

这款藏书票是在他结束剑桥大学传教团职务、转任拉合尔主教之际，由他在剑桥的朋友为其订制。票面以古代建筑立柱和顶梁为画框，顶部有一顶主教冠。在立柱与顶梁之间的两个斜撑之间悬挂的条幅上写着其家族拉丁文铭文MUTARE SPERNO，意为“吾不屑于屈就”，这是票主祖上从荷兰移居至英格兰时誓言皈依新教留下的家训。两边立柱上分别缠绕条幅，自上而下、从左至右写着BRING FORTH OUT OF HIS TREASURE THINGS NEW AND OLD，大意“倾其宝库，不吝新旧”。

在主图中，一位缠锡克头巾的饱学之士正端坐于X形书几前阅读一部大书。他的背后是矗立于现新德里南郊、已存在1,500多年的德里铁柱及其背后的拱门。前景中，左柱下的盾徽属于拉合尔主教，右柱下的盾徽属于勒弗罗伊家族。底部的字幅上写着票主名号（其中D. D.为Doctor of Divinity“神学博士”的缩写），以及藏书票年份1899。

关于雕刻者，见图77。

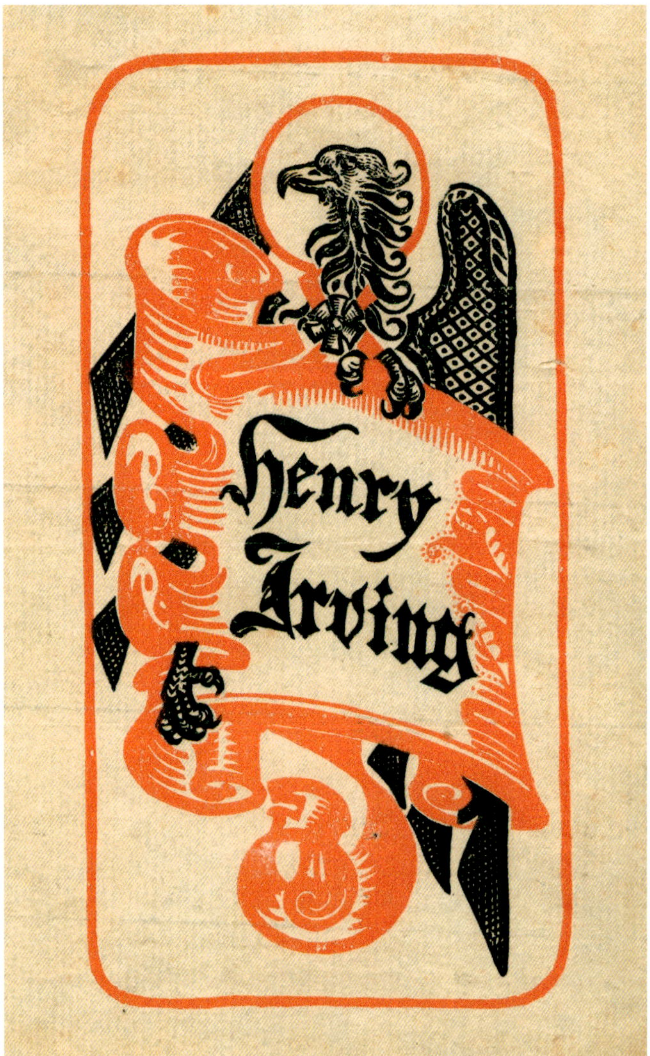
Henry
Irving

**图84　亨利・欧文**
**Henry Irving**

年代：　约1900
尺寸：　12.6 × 6.6
作者：　伯纳德・帕特里奇

票主（原名John Henry Brodribb，1838—1905）是维多利亚时期的名演员和导演。1848年随父母从外乡来到伦敦，中学毕业后曾经商，不过其业余兴趣全在伦敦的戏剧和演员上。1856年，用一位叔父留给他的一小笔遗产购买戏剧道具和服装，自费出演《罗密欧与朱丽叶》（*Romeo and Juliet*）主角，受到欢迎。为避免从艺影响信奉卫斯理宗的家人，他给自己取艺名"欧文"，源出美国作家华盛顿・欧文（Washington Irving，1783—1859）和苏格兰传教士爱德华・欧文（Edward Irving，1792—1834，曾有舞台演出经历）。

其戏剧表演的真正成功开始于19世纪70年代，这时他成为兰心剧院（Lyceum Theatre）的台柱。1875年剧院老板去世后，他仍留在这家剧院，并在1878年成为包租剧院的经理人，使他可以按照自己的意愿来策划和组织演出。他注重细节，聘请最好的设计师和音乐家，不惜成本制作布景和服装，用极致的风格来诠释浪漫的历史题材，收到热烈反响。1878年，他与艾伦・特里（Ellen Terry，1847—1929）开启长达24年的合作，二人成为英国舞台历史上最著名的一对合作伙伴之一，吸引了大批观众，8次美国巡演更使其声名远播。1895年维多利亚女王封其为骑士，这也是英国历史上首次由演员获得骑士称号。

他在舞台上的巨大成功使他对华丽和精致的追求陷入某种盲目，而对萧伯纳（George Bernard Shaw，1856—1950）和易卜生（Henrik Ibsen，1828—1906）的"作家戏剧"却并不重视。他对舞台制作的巨大投入使剧院陷入财务危机，更在1902年遭遇一次火灾损失，之后不得不改组剧院，而他不顾老病仍继续出演。1905年，在一次出演丁尼生的历史剧《贝克特》（*Becket*）后，奄然而逝。

作者（Bernard Partridge，1861—1945）出身于艺术之家。在学习和尝试多种艺术形式后，他在20多岁时开始为几家杂志画漫画，后于1891年首次为《笨拙》杂志提供作品，他在这里先是协助首席漫画师林利・桑伯恩（Linley Sambourne，1844—1910），在其去世后成为杂志最主要的画师。画风准确、生动，大受欢迎，至1925年获封骑士。其作品往往有一种舞台效果，他本人甚至也出演过萧伯纳的剧作，因此并不奇怪他与票主相识。他在1892年和1903年两次给票主画过油画像。根据他与票主的关系和票主藏书票的一些使用信息，他为票主作此藏书票大约是在1898—1900年。

票面采取立式构图，画一只鹰抓住写着票主姓名的字幅，黑红双色印刷，有大小不同两种版式。此票的设计似乎并未经过票主的特别授意，因为票主曾表示他并不清楚构图中黑鹰的含义，或整个设计有何潜在意义。不过，他的确将其贴用于自己的藏书。

实际上，这款藏书票的创意很有可能源自爱尔兰作家布拉姆・斯托克（Bram Stoker，1847—1912）的惊悚小说《吸血鬼德古拉》（*Dracula*，1897）。这位作家与票主相识于1876年，当时他已经写过几篇关于票主的剧评。二人意趣相投，票主在1878年接手兰心剧院后当即聘请他为剧务经理，他结婚10日即从都柏林前往伦敦就任。斯托克之妻是弗洛伦丝（Florence Balcombe，1858—1937），在认识丈夫之前曾与奥斯卡・王尔德恋爱。斯托克与票主的友谊持续终生，作有《我记忆中的亨利・欧文》（*Personal Reminiscences of Henry Irving*，1906）。

EX
LIBRIS
FRED & EMMELINE
PETHICK·LAWRENCE

**图85　弗雷德里克和埃米琳·佩西克–劳伦斯**
**Frederick & Emmeline Pethick-Lawrence**

年代：　1901—1903
尺寸：　11.3 × 5.5
作者：　詹姆斯·格斯里
署名：　JG花押

这是一对政治活动家夫妇的联名藏书票。二人于1901年结婚。男主（1871—1961）受女主的影响而支持其社会主义理想，并加入她后来从事的妇女选举权运动。他婚后在自己的家姓Lawrence前加夫人家姓Pethick而成复姓。女主（1867—1954）青年时期从事宗教志愿服务，转而加入受威廉·莫里斯等人影响的社会主义团体；1906年加入"妇女社会与政治联盟"（WSPU），成为妇女选举权运动的领导人物，因其社会活动数次入狱。男主也曾因参加示威活动遭到逮捕，因多次支付罚金而几乎耗尽个人财产。在一战期间妇女做出重要贡献的背景下，1918年议会通过妇女获得有条件选举权的"人民代表法案"，这场运动终于初尝胜果。此后，女主从事妇女和平运动；而男主成为工党议员，曾任财政副大臣和印缅事务大臣，1945年封男爵。女主晚年因发生事故而瘫痪4年，于1954年去世；男主在给朋友的信中写道："……我好似身处一场没有了小提琴手的小提琴协奏曲"。

这款藏书票约作于二人婚后不久，画一女子打开鸟笼，放出受困的小鸟，刚刚飞出笼外的一只小鸟口衔写着FREEDOM（自由）的字条。她的身后是一道篱笆和结满果实的葡萄藤；下方一股清流和水草围成字框，写藏书票标记和夫妇二人合并的名号。

作者（全名James Joshua Guthrie，1874—1952）是新艺术运动时期的一位重要艺术家。在业余接受美术教育后，1895年21岁时自创《精灵》杂志（*The Elf*），1899年创办梨树出版社（The Pear Tree Press）并一直经营至1951年。他认为威廉·莫里斯依靠财力支撑的书籍艺术并不能成为其他艺术家仿效的方式，而是更加推崇威廉·布雷克（William Blake，1757—1827，版画雕刻家、画家兼浪漫主义诗人）。但他实际也是像莫里斯一样勤恳从事书籍设计和手工印刷，在1920年还收购了莫里斯曾用来印刷《乔叟作品集》的印刷机。他同时也自创诗歌和文字作品，一生设计插图、印刷出版或自己写作的图书总计约150种。他设计的一些图书是将文字和图画组合设计后以雕刻整版的方式完成的，这与藏书票的制作并无二致。

他对于创作藏书票很有热情，据各种著录其时间跨度至少达到40年。他为之尝试各种不同技法，因此票面效果差异很大。署名惯用东方印章式花押，但没有完整的作品目录。他还积极从事藏书票艺术的推广。1903年接手编辑《藏书票之书》（*The Book of Bookplates*）【72】，并加入书籍艺术内容；一战之后，先后编辑出版《藏书票杂志》（*The Bookplate Magazine*）和《藏书票》（*The Bookplate*）等刊物；此外，还利用自己的出版社出版过一些专辑。这些书刊设计和印刷考究，传播了新的藏书票设计理念，在一定程度上弥补了英国第一个藏书票协会停办之后刊物的缺失，尽管由于条件所限它们并未能长期持续（他在20世纪20年代曾试图重建英国的藏书票协会）。

**图86　威廉·希勒·昂斯洛　William Hillier Onslow**

年代：1903

尺寸：11.6 × 7.8

作者：约翰·爱德华·赛森

署名：INV. W. P. B. 1903.（WPB设计，1903年）

票主（1853—1911）于1870年袭为昂斯洛四世伯爵，并继承家族庄园。受家族传统的影响，他很早就在议会事务中取得了不错的发展，1887年未满34岁时就被任命为议会殖民地事务次长，次年又担任了贸易委员会的秘书长。因经济萧条给他维持家族庄园带来的财务压力，他开始寻求有薪酬回报的殖民地官员职位，并在1889—1892年担任新西兰总督。其间，除应对复杂的殖民地政府事务外，积极倡导保护新西兰野生动植物，由著名的鸟类学家布勒（Walter Lawry Buller，1838—1906）草拟了保护黄嘴垂耳鸦（票主之子Huia之名即取自这种鸟）等濒危鸟类栖息地的政府备忘录，并在离任前签署了相关立法。回到英国后，他继续在议会担任要职，至1911年退休。

这款藏书票作于票主从新西兰回国之后，表现了票主在萨里郡克兰顿庄园的书房内景，展示了维多利亚时代的书房家具和陈设。藏书票的整体设计和雕刻也具有明显的时代风格。其上端为具有立体感的昂斯洛家族盾徽，以红嘴山鸦为特征；盾徽下有家族的拉丁文铭文FESTINA LENTE，意为“敏捷而不急躁”，这是古罗马文学家奥卢斯·革利乌斯（Aulus Gellius，公元2世纪人）赞颂罗马帝国第一位皇帝奥古斯都（Augustus，前63—14）之语，用于此处与票主家姓的含义双关。底部写票主名号WILLIAM HILLIER/4TH EARL OF ONSLOW，即“威廉·希勒，昂斯洛四世伯爵”。

作者（John Edward Syson，1856—1929）受巴雷特委托所作藏书票共有约50款。他与哈里森合作雕刻的一件作品见图154。

**图87　埃瑟尔·凯瑟琳·汉娜·杰拉德　Ethel Catherine Hannah Gerard**

年代：1903

尺寸：10.5 × 7.7

作者：查尔斯·布鲁克·伯德

署名：INV. W. P. B. 1903.（WPB设计，1903年）

这是一款十分精美的贵族藏书票。主图中，在飘扬的英格兰圣乔治十字旗下有两位天使居于百合花和野花丛中，一人捧出玫瑰花冠，一人端坐说教。边框由都铎玫瑰排列而成，底部中央的鸢尾花徽章上写着票主的名字（ETHEL）。题材类似于早期的寓言式藏书票，但画风大不相同，受先拉斐尔派的影响十分明显。

票主（1881—1966）是贵族之女。其父威廉（William Cansfield Gerard，1851—1902）是布林的杰拉德二世男爵，英军军官，曾到南非参加第二次布尔战争。这个家族以圣乔治十字为其盾徽图案。票主1904年嫁阿诺德·莫里斯·德·班登（Arnold Maurice de Bendern，1879—1968），他原为奥地利帝国世袭男爵，1900年在英国被确认为不列颠序列男爵。此票订制于票主父亲去世后不久和她本人婚前。

作者（Charles Brooke Bird，1856—1916）是以风景、建筑和人物见长的版画雕刻师，为巴雷特作有约50款藏书票。此外，大英博物馆藏有其直接为客户所作8款藏书票。

EX LIBRIS
MILLAIS ICONOGRAPHY
ANDREAS VESALIUS
BRITISH PORTRAIT PAINTING
THACKERAY
CHARLES KEENE
MAGAZINE OF ART
HISTORY OF PUNCH
BRITISH SCULPTURE
KATE GREENAWAY
CHAUCER
SHAKESPEARE
PUNCH
RUSKIN
M·H·SPIELMANN
F·S·A
HAROLD NELSON

**图88　马里恩·哈里·斯皮尔曼**
**Marion Harry Spielmann**

年代：　约1903
尺寸：　12.6 × 7.1
作者：　哈罗德·E. H. 纳尔逊
署名：　HN和Harold Nelson

作者（Harold Edward Hughes Nelson，1871—1948）曾在伦敦的兰贝斯美术学校和中央工艺美术学院[1]学习，是雕刻和蚀刻版画领域的多产艺术家。有数种插图本作品，包括罗马尼亚国王卡罗尔一世的王后以笔名发表的《一位真正的女王的童话》（Carmen Sylva: *A Real Queen's Fairy Tale*，1901），以及为杂志创作插图和商业广告，同时还是知名的藏书票和邮票设计家。其艺术风格追随当时多变的流派，在20世纪初期偏向工艺美术运动和稍后的新艺术运动风格，30年代转向装饰艺术风格，显示了他以不同手法来表现作品内容的能力。擅用人物题材，包括古代骑士、学者、仕女等，以构图饱满、张力十足为特点。其藏书票作品有100款以上，主要是将画稿经照相制版印制而成，尽管他学习过雕刻。这些作品在作者在世时曾有数次结集出版，但确切创作时间的记录多已缺失。本票最早著录于1904年出版的作者自编藏书票作品集【61】。

票主（1858—1948）是著名的艺术批评家和学者。1887—1904年担任《美术杂志》（*Magazine of Art*）主编，大力宣传当代艺术，支持资历尚浅艺术家的发展，推动艺术家版权保护。此外，还做过《鉴赏家》杂志（*The Connoisseur*）主编，并为多种艺术杂志撰文。他是研究乔叟和莎士比亚画像的专家，出版过2卷本《英国肖像画家》（*British Portrait Painters*，1910）、《莎士比亚肖像》（*The Portraits of Shakespeare*，1907）、《米莱及其作品》（*Millais and His Works*，1898）、《笨拙杂志历史》（*A History of Punch*，1895）以及其他关于拉斯金、瓦茨（George Frederic Watts，1817—1904）、格林纳威等多位艺术家的著作。第10版《不列颠百科全书》艺术条目主编。为研究所需，收藏了大量版画作品和其他艺术品。

票面画一位中世纪装束的学者在窗前阅读。在地面上堆放的书籍中有*Magazine of Art*、*History of Punch*、*Punch*，和*Thackeray*（萨克雷，图61），*Watts RA*（瓦茨，皇家美术院院士）、*Ruskin*和*Henriëtte Ronner-Knip*（亨利埃特·罗纳-克尼普，1821—1909，荷兰女画家），均为票主专著或者主编、发稿的杂志与著作。该票有两个设计基本相同的版本，此处所示为后一版，在票主姓名下增加了F. S. A.字样，应是在票主成为古物学会会员之后进行的修改。

[1]　1896年成立，称“中央工艺美术学院”（The Central School of Arts and Crafts）。1966年改称“中央美术与设计学院”（The Central School of Art and Design）。

**图89　弗朗兹·詹姆斯·曼凯维奇　Franz James Mankiewicz**

年代：1907

尺寸：9.6 × 8.0

作者：查尔斯·布鲁克·伯德

署名：INV. W. P. B. 1907.（WPB设计，1907年）

该票取材于德裔画商兼出版商鲁道夫·阿克曼（Rudolph Ackermann，1764—1834）于1808—1810年出版的三卷本《伦敦缩影》（*Microcosm of London*）。票面为19世纪初期伦敦城特拉法加广场附近街景。近景中有面朝右侧白厅街（Whitehall，聚集政府机构）的查尔斯一世骑马铜像，而正对画面的是横贯伦敦城的斯特兰德大街（Strand）街口（自西向东望）。路南侧有两座钟楼的建筑是始建于1605年的诺森伯兰府；它已在1874年因建设新道路被拆除，现诺森伯兰大道和诺森伯兰街所在地即其旧址。

票面下方摆放着一些关于伦敦的书籍。其中打开的一部即《伦敦缩影》，其左页即本藏书票所用图片。其他书籍有《威斯敏斯特古物》（*Antiquities of Westminster*，1807），小托马斯·马尔顿（Thomas Malton the younger，1748—1804）的《马尔顿伦敦风景画》（*Malton's Views of London*）等。顶部标示年份1814，但其所指不详。

票主（？—1917）住所位于离特拉法加广场不远的白厅公寓。他是波兰移民后裔，在诺森伯兰府被拆除后不久曾委托摄影师亨利·狄克逊（Henry Dixon，1820—1893）拍摄伦敦老街区。这款藏书票显示了对伦敦城历史的怀旧情怀。

关于作者，见图87。

（上接第 143 页）

装饰最为丰富的一款，具有新艺术风格，但又结合了工艺美术运动的装饰。画面主题是一位头带光轮的女圣徒乘一艘古船满帆前进。顶部有旧式拼写英语铭文THAT MAN'S UNWYSE WILLE/SEARCHE FOR ILLE AND MAYE/PREVENT IT SETTINGE STILLE，大意为“其人愚志自寻苦痛而难以止息”。票主姓名写于下方；他是与作者相熟的一位亲友，但更多信息不详。

**图90　查尔斯·D. 爱德华兹　Charles D. Edwards**

年代：1905—1908

尺寸：13.3 x 9.3

作者：杰西·玛丽恩·金

署名：JESSIE M. KING

作者（Jessie Marion King，1875—1949）是著名的苏格兰女画家。1892年入格拉斯哥美术学院，“格拉斯哥四人组”是她的学长。1898年赢得南肯辛顿全国美术竞赛的女王奖，1902年以一等奖毕业，同年获都灵装饰艺术国际展金牌（获奖作品是一件烫金白色犊皮纸封面设计）。后一度在德国从事书籍封面设计。1902—1908年在格拉斯哥美术学院任教，从事服装、织物、室内装饰、石膏板、壁纸、陶瓷、插图和首饰等多种工艺美术设计。1908年与画家泰勒（Ernest Archibald Taylor，1874—1951）结婚。1911年二人前往巴黎开办美术学校，一战爆发时回到苏格兰家乡继续艺术创作，并组织艺术圈子。其艺术事业持续发展，显示了她适应不断变化的艺术潮流和环境的能力。一生主要艺术成就是80余部插图本。她很早就创设出独特的线条画法，画面有一种童话般的意境，正如这款藏书票所示。

据著录【12：2012秋】，作者共设计过30余款藏书票，其中24款完成，其余为设计稿或未完成稿。此处所载是她在格拉斯哥美术学院任教时期的早期作品，当时她作有数款构图和画法类似的海上航行题材藏书票。这是其中幅面较大且

（下接第 142 页）

**图91　哈里·阿尔弗雷德·福勒　Harry Alfred Fowler**

年代：约1913

尺寸：9.5 × 7.9

作者：吕西安·毕沙罗

署名：LP

票主（1889—1959）是美国密苏里州堪萨斯人，是美国藏书票收藏者和设计者协会（American Society of Bookplate Collectors and Designers）的早期领导人物和多种藏书票刊物的编辑。他热衷收藏厄哈格尼出版社（Eragny Press）的珍本书，这款藏书票应该是非常适合贴用于他的这方面藏书。

作者（Lucien Pissarro，1863—1944）为法国印象派画家卡米耶·毕沙罗（Camille Pissarro，1830—1903）之长子。他跟从父亲学画，但父亲鼓励他积极探索各种艺术表现方法，包括木刻。1883年第二次到访英国时，初识后来创办艺术杂志《日晷》（*The Dial*，1889—1897）和山谷出版社的瑞吉斯和香农（均见图70），这对他从事木刻产生很大影响。1886年在印象派的最后一届画展上展出作品。1890年起定居英国（1916年入籍），与木刻家埃丝特（Esther Levi Bensusan，1870—1951）结为生活和事业的终生伴侣。1894年，创办厄哈格尼出版社，至1914年一战爆发停业，出版了30余种以法文经典为主的手工珍本书。其艺术作品主要是木刻和绘画，他接受了英国对古典艺术的崇尚，但作品仍然具有法国印象主义风格。作有藏书票14种，其中多数是为亲属所作。

票面的圆形主图画一头戴花冠的女子手捧一本大书坐在草地上，书上写着ERAGNY PRESS。背后隔河相望的远景是位于英格兰南部海岸的莱伊古镇（Rye）：吕西安与友人于1913年曾来此旅行写生，故该票应作于此后不久。主图上下分别有字幅写着藏书票标记和票主姓名，并用带果实的枝叶装饰。

本票为吕西安设计，埃丝特制版。

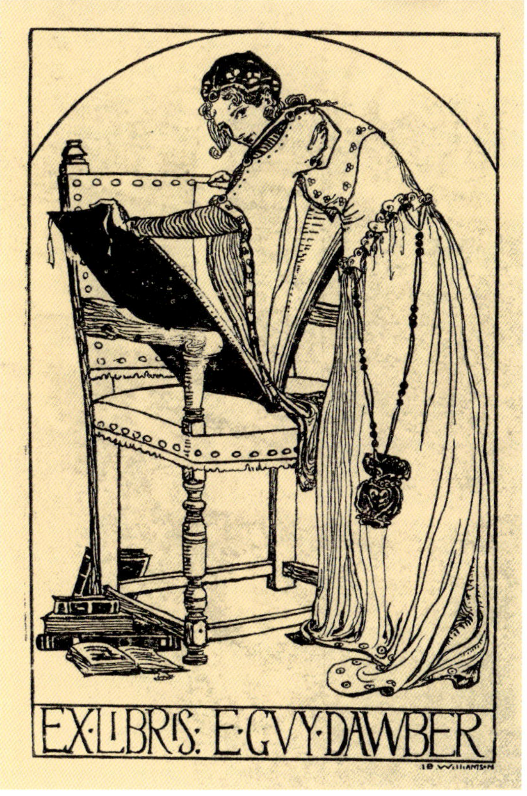


**图92　爱德华·盖伊·道伯　Edward Guy Dawber**

年代：约1914

尺寸：9.8 × 6.3

作者：伊莎贝尔·B. 威廉姆森

署名：I. B. Williamson

票主（1861—1938）是在英国本土成长起来的一位建筑师。年轻时曾在数家建筑师事务所学习和工作，并曾进入皇家美术院附设的美术学院学习，直至1889年获得建筑师执业资格。次年他独立开业，但自1897年起至去世则先后与不同的合伙人合作。1903年当选皇家建筑师学会（RIBA）会员。除从事建筑设计外，还致力于保护英国的乡土建筑和家具，这为他赢得声望。1922—1927年担任皇家建筑师学会主席，1928年获得学会颁发的皇家金质奖章。还曾担任英国乡村保护协会（CPRE，1926年成立）会长。1935年当选皇家美术院院士。1936年被授予骑士称号。

作者（Isabell B. Williamson，生卒年不详）是罗伯特·安宁·贝尔（参见第224页）的一位学生。票面画一古代装束女子在一张皮面扶手椅上打开一部巨大的图册，地面一角还散落着书籍。下部为藏书票标记和票主名号。设计具有维多利亚时代风格，推测作于一战爆发前不久。

《图说英国藏书票历史》【51】以此票作为扉页配图。

# 大事表（四） 温莎王朝
## （1917— ）

| 年代 | 事件 |
|---|---|
| 1917 | 乔治五世宣布改姓温莎，由此开启温莎王朝。 |
| 1918 | 第一次世界大战结束。 |
| 1921 | 爱尔兰自由邦成立。 |
| 1924 | 第一届工党政府执政。 |
| 1929 | 爆发经济大危机。 |
| 1931 | 议会通过英联邦宪章，大英帝国自此名存实亡。 |
| 1936 | 乔治五世去世；爱德华八世逊位；乔治六世继位。 |
| 1939 | 第二次世界大战爆发。 |
| 1940 | 埃里克·吉尔（1882—1940）去世。 |
| 1945 | 第二次世界大战结束。 |
| 1947 | 印度、巴基斯坦和缅甸独立。 |
| 1948 | 爱尔兰脱离英联邦，成立爱尔兰共和国。 |
| 1949 | 北大西洋公约组织成立，英国为创始成员国之一。 |
| 1952 | 乔治六世去世；伊丽莎白二世继位。 |
| 1955 | 斯蒂芬·古登（1892—1955）去世。首个欧洲藏书票大会在奥地利库夫施泰因举行。 |
| 1966 | 国际藏书票协会联合会（FISAE）在汉堡成立。 |
| 1968 | 首个由FISAE举办的国际藏书票大会在意大利科莫举行。 |
| 1972 | 英国第二个藏书票协会（The Bookplate Society）成立。 |
| 1973 | 英国加入欧洲共同体。 |
| 1979 | 雷诺兹·斯通（1909—1979）去世。 |
| 1982 | 第十九届国际藏书票大会（届次自1955年大会起算）在牛津举行。 |
| 1986 | 伊丽莎白二世访问中国。 |
| 1997 | 英国向中国移交香港主权。戴安娜王妃身故。 |
| 2007 | 英国藏书票协会会长布莱恩·诺斯·李（1936—2007）去世。 |
| 2016 | 英国全民投票公决结果决定脱离欧盟。次年伊丽莎白二世批准“脱欧法案”。 |
| 2020 | 因新冠疫情影响，英国未能按计划举办第三十八届国际藏书票大会。 |
| 2022 | 伊丽莎白二世去世，查尔斯三世即位。 |

在20世纪前半期，英国社会和政治经历两次世界大战的动荡而发生了深刻变革，逐渐步入帝国解体、社会重构的时代。藏书票这一看似与国家命运相去甚远的小小领域，也不可避免地受到整个社会变迁的影响。自第一次世界大战以来的英国藏书票历史可以分为两个阶段，即一战至二战之间，和二战之后至今。

经过第一次世界大战的巨大消耗，英国已无力继续维持其全球帝国地位的野心，尽管帝国范围在非洲和中东有所扩张。但是，这场战争并没有导致英国出现政治分裂，国家体制和权威仍然保持着自18世纪以来延续了200多年的相对稳定局面。随着战后经济逐步恢复，文化艺术界重新焕发活力，以百花里文艺圈为代表的新一代文化界的主流兴趣和追求已经和以往大不相同，他们既从传统中走来，但也更加向往个性的深层次表达。

在藏书票领域，尽管一战前的一些老一辈艺术家仍在延续他们的传统，但很明显，华丽豪放、装饰繁复的风格逐渐隐退，这体现了藏书票设计向其本来功能的回归。作为一种普遍情况，艺术家已经很难完全依靠藏书票来维持自己的事业。引领这个时期的主流作品出自一批职业画家或插图艺术家，包括吉尔（参见第288页）、莱特（参见第310页）等人，其他大画家如保罗·纳什（Paul Nash，1889—1946）等也在藏书票领域留下了他们的传世作品。

特别值得一提的是，自20年代由吉宾斯（图100）等人倡导和推动的木刻复兴运动，使这一经典艺术在比维克之后重新主导书籍设计，木刻藏书票在结合传统工艺和现代理念的基础上焕发出新的活力，其影响一直延续到二战之后的很长一段时期。

藏书票设计延续着自20世纪初以来已经出现的简化趋势。随着新的版画工艺应用的成熟，画家们更加自由地进行设计，并把设计与工艺相结合，做出新的表现效果。其中的代表人物有布朗文（Frank Brangwyn，1867—1956）【63】、克莱格【9、21】（参见图100）和弗雷泽（Claud Lovat Fraser，1890—1921）【44】等。

在铜版藏书票领域，格里格斯（Frederick Laudseer Maur Griggs，1876—1838）、哈德罗（Joseph Blake Hadlow，1860—1932）、奥斯蒙德（参见第262页）、弗兰德（参见第281页）等人仍在延续传统和提升成就。成长于一战之后的古登（参见第300页）把古典题材融入其独到的表现风格，成为英国铜版藏书票距当代最近的一座高峰。

第二次世界大战带来了大英帝国的迅速瓦解。一些艺术家在战争中牺牲了生命，例如惠斯勒（参见第320页）、勒维利厄斯（Eric Ravilious，1903—1942）。二战之后，相对于美国的强盛，英国被认为是一个被削弱的国家。与过往的扩张和昌盛相比，这时的英国似乎需要更加集中于解决国内的问题。但至少在文化领域，在经历了几近荒芜的40年代之后，英国的诗歌、音乐、文学、戏剧、广播、电影等迅速恢复活力，并持续扩大国际影响，包括在美国演绎英国本土的文化。

在藏书票领域，有两位艺术家在二战前后起到了承上启下的作用，他们因其成就和影响分别获得大英帝国勋章。虽然由于版权问题，这里未能登载他们的作品，但还是应对他们做一番着重介绍。

琼·哈赛尔（Joan Hassall，1906—1988）出身于艺术之家，曾在皇家美术院所属美术学院学习5年，因个人兴趣而专攻木刻，在30年代成长为以创作插图为主的新一代木刻家。她的作品大都十分小巧，但却十分注重以光影效果营造富于想象和诗意的场景，于方寸之间展现一片宇宙。她一生设计制作了35款藏书票，其中27款作于二战后，有风景、动物、花草等多种题材，其中包括1969年为布莱恩·诺斯·李、1975年为爱德华·希思（Edward Richard George Heath，1916—2005，1970—1974年任首相）所作，件件精品，体现了她的缜密构思和精细刻画能力。另外，还有7款用她的插图作品改制而成的藏书票。【18】

雷诺兹·斯通（Reynolds Stone，1909—1979）亦出自书香之家，自幼接触美术。1930年从剑桥大学莫德林学院毕业后，在剑桥大学出版社成为首个见习毕业生，接受了字体设计和制版印刷方面的专业训练。又因偶然机会结识埃里克·吉尔并去他的工作室见习两周，吉尔十分赞许他的字体雕刻。尽管他并非出自美术专业，却在名师影响下依靠自己的天赋和勤奋成为出色的木刻家。除插图外，他的重要作品包括皇家纹章、威斯敏斯特大教堂丘吉尔首相纪念牌、英镑钞票等，足见官方对其艺术的认可。【75】在藏书票领域，他在学会木刻之初就接受委托为年幼的约克公主（后来的伊丽莎白二世）雕刻藏书票，后还为威尔士亲王查尔斯（现为查尔斯三世国王）作有两款藏书票。在45年艺术生涯中，作有约200款藏书票，其中四分之三作于二战之后【84】。其图画式作品多用风景题材，画面设计和雕刻结合优美的字体，传递浓厚、隽永的诗意；所作大量凹刻字体藏书票结合丰富的曲线设计，韵味独特，在同行中有很大影响力。

与斯通和哈赛尔同时或在他们之后，有数十位木刻家活跃在20世纪后半期以至新世纪的藏书票领域，例如金德斯利（David Kindersley，1915—1995）、马丁（Frank Vernon Martin，1921—2005）、博尔顿（Reg Boulton，1923—2012）、劳伦斯（John Lawrence，1933—2011）、史密斯（Richard Shirley Smith，1935—　）【48】、贝内森（Leslie Beneson，1941—　）、布雷特（Simon Brett，1943—2024）【50】、沃梅尔（Christopher Wormell，1955—　）等人。他们的创作延续了英式木刻传统而结合新的创意，成为这个时期的主流品种。

二战之后，铜版作品减少的趋势十分明显。这首先是由于市场需求逐渐远离费时、昂贵的铜版，院校对这门工艺的教授也变得较少。因此，当代以铜版见长的艺术家也越来越少。上承弗兰德的里斯（Stanley Reece，1932—2010？）是受到王室认可的雕刻师，在从事繁忙教学之余创作藏书票，作品难能可贵。海军绘图员出身的库尼（Roy Cooney，1936—2018，图283B下）以其精细的雕刻技巧创作各种不同题材的藏书票，留下约100款作品。

历史悠久的字体式藏书票，或称“书标”，在战后焕发了新的活力，在这个时期的藏书票领域占据突出地位。其最近的源起可以归于吉尔的影响，后续此类作品较多而受到欢迎的艺术家除斯通之外，还有哈格林（Philip Hagreen，1890—1988）【54】、亚特（图283B中）【47】、卡特尔父子（图263）、伦顿（图6）、史蒂芬森（Jonathan Stephenson，1964—　）等人。其中，亚特属于当代少数铜版（师从弗兰德）和木刻（受斯通影响）兼擅的藏书票艺术家。当然，除文字书标外，他们也创作结合优美字体的图画式或纹章式作品。

20世纪50年代以来，英国的藏书票创作数量总体来说减少了，但仍然是艺术家努力探索的一个领域。这时的图画式设计偏向于小巧、精致，宏大、张扬的叙事方式退出。现当代画家把藏书票作为延伸其创作的一个领域，把他们的新思维带到这个似乎逐渐被人淡忘甚至忽视的艺术领域，例如沃恩（Keith Vaughan，1912—1977）和鲁斯特（Graham Rust，1942—　）。一些画家以铅笔或钢笔画成设计稿再经成像制版印制藏书票，例如发扬比亚兹莱风格的伊根（Beresford Egan，1905—1984）。福特（Peter Ford，1937—　）是一位多次来过中国的版画家，作为受邀艺术家参加了2008年在北京举办的国际藏书票协会联合会（FISAE）第三十二届双年展，并为我国中央工艺美术学院（当时已经并入清华大学）创作了一件以2008年北京奥运会为主题的藏书票。

1972年，英国的藏书票协会得以重建。这似乎是顺应了当时国际上藏书票艺术交流活动日益兴盛的趋势。但实际上，除推介当代艺术之外，英国藏书票协会的活动更加注重历史研究，令古老的藏书票被人重新认识，乃至焕发新的生命。

在当代社会，由于人们对于传统的固有概念和认识方法不再那么感兴趣，坚守藏书票的深厚历史传统似乎变得愈加困难。但实际上，它们并未因时代的更迭而失去价值。一方面，藏书人仍然偏爱使用藏书票，它们作为版画艺术的延伸和艺术交流的媒介也受到欢迎；另一方面，藏书票承载历史文化信息的价值得到认识和重视，对其收藏和研究的兴趣一直未减。

历史不断以新的面貌延续。

W. S. KENNEDY
A
CHACUN
SON
INFINI
TSM

**图93　威廉·斯隆·肯尼迪**
**William Sloane Kennedy**

年代：　1920
尺寸：　10.4 × 9.4
作者：　托马斯·斯特奇·摩尔
署名：　TSM

票主（1850—1929）是美国文学批评家和传记作家，是沃尔特·惠特曼（Walt Whitman，1819—1892）的忠实朋友和拥趸。1880年开始记者和编辑生涯，在费城遇到惠特曼，后一直和这位大诗人保持密切关系，研究和评论他的作品，并在惠特曼去世后出版关于他的资料和回忆著作，其中最重要的是《一本书为世界而战：〈草叶集〉伴读卷》（*The Fight of a Book for the World: A Companion Volume to"Leaves of Grass"*，1926）。另外，还出版过19世纪美国诗人朗费罗（参见图77）、惠蒂尔（John Greenleaf Whittier，1807—1892）和霍尔姆斯（Oliver Wendell Holmes，1809—1894）等人的传记，并自创诗集《来自田野的微风》（*Breezes from the Field*，1886）和《怪异与神秘的诗歌》（*Poems of the Weird and the Mystical*，1926）以及散文集等作品。

作者（Thomas Sturge Moore，1870—1944）是稍晚于票主的一位英国诗人和剧作家，其文学创作高峰期约在19与20世纪之交。此外，还跨界从事木刻、书籍和舞台设计、翻译和艺术批评等多个门类。与瑞吉斯和香农（图70）、毕沙罗（图91）等均有结交，并向瑞吉斯学习木刻，但并不单纯模仿而是追求自己的风格。约在1910年后不久开始创作藏书票，估计作品总数在20款左右。由于文学和艺术交往的关系，他的客户多为同道名人。票主曾到欧洲游历，因此并不奇怪他们有缘结识。

票主名号写在顶部，票面被几道木栅栏分割。上半部明亮处一只雄鹰隔着栅栏欲振翅而起，另一只正在空中翱翔；下半部暗影中一条蛇正沿着一道横梁盘转，内涵神秘。有猜测认为两种动物表现了精神和智力之间的平衡【34】；但它们也可能表现各种生物都在试图破除藩篱，正如中间横梁上的法文铭文A CHACUN SON/INFINI，意为“人皆自有其不可限量之处”。

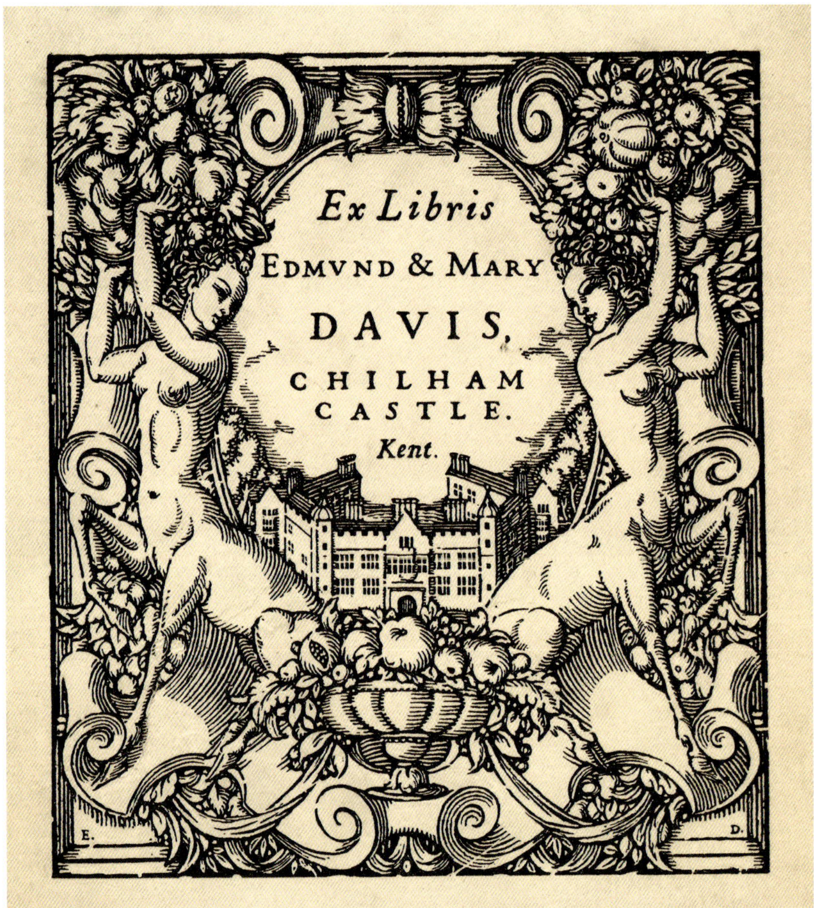
Ex Libris
EDMVND & MARY
DAVIS,
CHILHAM
CASTLE.
Kent.
E.
D.

**图94　埃德蒙德和玛丽·戴维斯**
**Edmund & Mary Davis**

年代：　1924
尺寸：　10.9 × 9.8
作者：　埃德蒙德·杜拉克
署名：　E. D.

作者（Edmund Dulac，1882—1953）出生于法国图卢兹，自幼喜爱美术。虽然奉父母之命拿到法学学位，但在1900年还是进了美术学院而成为一名画家。1904年来到伦敦，开始给杂志和图书画插图。第一个事业巅峰是为霍德和斯托顿出版公司（Hodder and Stoughton）策划的一系列礼品书绘制水彩插图，从1907年一直出到一战期间。一战之后，一度被迫转向黑白作品，后仍然回归水彩。后半生的一个重要业务是为赫斯特（William Randolph Hearst，1863—1951）的《美国人周刊》（*The American Weekly*）画头版。他的插图艺术以完美主义著称，而创作活动实际上还贯穿其他很多领域，包括藏书票、邮票、纸币、海报、年历、菜单、贺卡、纸牌、奖章、硬币、舞台美术、家具、壁纸、室内装潢等；他还精通音乐。为伊丽莎白二世女王加冕所设计的纪念邮票是其最后一件作品，他本人却在距女王加冕典礼还有一周时因心脏病发作去世（1953年5月25日）。

据著录【11：2000-9】，作者的藏书票作品数量约有10款。这显然不是他的重点领域，但是他的设计显示了以创意来表现题材的高超能力，而他的创意又是结合传统和票主个性特点的。

这款夫妻联名藏书票的男主埃德蒙德·戴维斯（Edmund Gabriel Davis，1861—1939）是一位矿业大亨，主要产业位于南非，在42家公司担任董事；1927年封骑士爵位，1930年曾任肯特郡郡长。他又是一位大力支持当代艺术的收藏家，在伦敦拥有一处观光地，并整修附近房屋供画家和音乐家们租住。1902年，瑞吉斯和香农（参见图70）曾为其租客。1912年婚后不久的杜拉克夫妇也在此居住。这里因此成为一个艺术社交圈，杜拉克也正是在这里结识叶芝（William Butler Yeats，1865—1939）。票主曾在1913年邀请杜拉克夫妇乘其游艇游历地中海，一战爆发后女主玛丽（Mary Davis，？—1941）还曾通过亲属为杜拉克夫妇提供轰炸避难所。

票面构图模仿纹章式藏书票的结构，但完全采用了不同的元素。一块椭圆形空白位于相当于盾徽的中央位置，写票主夫妇的名号和他们的府邸CHILHAM/CASTLE./Kent，即“肯特郡奇尔哈姆城堡”。下面画有这座多边形的城堡；票主在1919年买下它时，由瑞吉斯设计了中庭的铸铜喷泉。两边各有一女半人马（相当于扶盾）举起一捆果实，她们立于下方的洛可可式涡卷纹结构上，中间是西式园林中常见的石雕花篮。整体构图饱满，以疏密反差显示张力；但又以模仿古代木刻的效果呈现古意，以适合于这座古堡的藏书。在做成设计图稿之后，杜拉克在委托雕刻、纸墨材料乃至背胶等方面都悉心安排，才完成这样一件精心之作。

除本票外，作者为图书协会所作藏书票见图276。

**图95　卡姆登·莫里斯比　Camden Morrisby**
年代：约1925
尺寸：5.4 × 7.6
作者：费雯·M. 格里布尔

作者（Vivien Massie Gribble，1888—1932）出生于伦敦的一个富商家庭，母亲曾在斯莱德美术学院学习。作者本人最初在慕尼黑学习美术，后来又先后进入斯莱德美术学院和中央工艺美术学院（参见第141页脚注）。在斯莱德她跟从卢克（参见图100）学习木刻，可能与小她1岁的吉宾斯（图100）是同学。她在校时就开始创作木刻插图，这成为她一生的主要事业，其中最著名的或许是由麦克米伦1926年出版的托马斯·哈代的《苔丝》（*Tess of the D' Urbervilles*）。她的木刻艺术在黑白线条运用和空间布局上都十分讲究，有浓厚的田园气息和古典韵味，但绝不呆板。在世时即已成名，但并未加入当时的艺术团体。1920年嫁给一位律师，在完成《苔丝》的插图后健康状况渐差，1932年因癌症不幸早逝，身后声名愈隆。

作者为达克沃斯出版公司（Duckworth & Co.）的三部书创作过插图，这款藏书票取自1923年版济慈《颂诗》（*Odes*）中的《赛吉颂》（*Ode to Psyche*）[1]的一幅插图，刻画诗人梦中所见在花草丛中睡去的心灵之神赛吉。在当时的木刻艺术复兴运动中，用插图转作藏书票是常见做法。这款藏书票是用原木刻版加上票主名号后印制而成。

票主为澳大利亚藏书票收藏家。当时，澳大利亚的藏书票活动主要受英国的影响。1923年，澳大利亚第一个藏书票协会成立，至1939年二战爆发而止。其间，部分会员曾另组了一个新南威尔士藏书票俱乐部（1932—1935），票主在该俱乐部的会刊上发表过研究文章。

[1]　承浙江余姚的慕贤先生提供版本信息。

（上接第155页）

作者（J. A. Adamson）的签名隐于票主姓名字幅上沿处的波涛中，其信息未详。

票主曾在1931年订制过另一款藏书票，用于他首倡成立的内阁图书馆（Cabinet Library），设计采用“唐宁街10号”正门外观。他首先为建立这个图书馆捐赠了自己的图书，并请其他新老阁员也共同捐赠。

**图96　詹姆斯·拉姆齐·麦克唐纳　James Ramsay MacDonald**

年代：约1925

尺寸：9.4 × 6.4

作者：J. A. 亚当森

署名：J. A. ADAMSON

票主（1866—1937）为英国历史上首位工党首相。出身寒微，12岁小学毕业后，依靠半教半学继续上了6年学。之后到布里斯托尔工作，开始接受左翼思想。1886年到伦敦继续半工半读。1894年加入新成立的独立劳工党，但遭遇议会竞选失败。1900年任劳工代表委员会书记，1906年该委员会有29人赢得议会选举并改称工党。1924年当选首相，任期未满一年。其任内英国承认俄罗斯的苏维埃政权，与爱尔兰自由邦达成妥协使其放弃北部六郡，日内瓦安全与裁军议定书也生效实施。

1929年带领工党再次赢得大选而第二次出任首相。为协调各方以应对经济大危机，1931年奉乔治五世之命与保守党及自由党组成联合政府，同年9月英镑放弃金本位。在工党分裂后，创立国民工党，自任党首。1934年后健康状况日下，至1935年辞任首相。身后一度受到特别是来自工党方面的批评，但后来人们逐渐理解他在艰难时刻所作的政治抉择，对他的评价也转向正面。一生有十多部著作，曾获牛津大学等五所大学授予名誉法学博士称号。

画面中间是一艘正在海面上航行的帆船。空中的飘带上写着藏书票标记，下部字幅上是票主姓名J. RAMSAY MACDONALD。李说他所藏一枚有手写的“Dec 1928”字样【51】，故这里推测此票可能作于票主两次担任首相之间的一段时期。设计应是根据票主授意所做，却似乎是其命运的某种暗示：1937年11月，票主在前往南美洲疗养的海上航行途中去世。其子马尔科姆（Malcolm John MacDonald，1901—1981）是亲历大英帝国最终解体的一位殖民地事务高官，也是一位艺术品收藏家。另一子阿利斯特（Alister Gladstone MacDonald，1898—1993）则成为建筑师。

（下接第 154 页）

**图97　乔治·路易斯·拉扎鲁斯**
**George Louis Lazarus**

年代：　约1930
尺寸：　11.5 × 8.8
作者：　亚瑟·赖克姆设计
署名：　Arthur Rackham

票主（1904—1997）1925年从剑桥大学凯斯学院毕业后，加入家族公司，在伦敦证券交易所从事股票经纪业务。他同时爱好收藏，特别是在大学期间就开始藏书。至20世纪50年代中期，已收藏了约30位当代作家的作品。他眼光独到，往往在某位作家成名之前就开始收藏其作品，自30年代开始收藏劳伦斯（David Herbert Lawrence，1885—1930，常称D. H. 劳伦斯）即是如此。他在1934年收购的《白孔雀》（*The White Peacock*，1911）手稿是英国仅有的劳伦斯小说手稿。到50年代后期，因书房空间所限，他开始处理其他作家的作品，重点收藏劳伦斯，一直持续到90年代，其中包括约50部小说和非小说手稿、绝大部分发表作品的初版本及校对稿、信件、照片、各种批评资料等。他慷慨支持对劳伦斯的研究，自50年代后期就开始和诺丁汉大学合作利用他的收藏，包括提供藏品用于展览。1980年诺丁汉大学授予他名誉学位，其劳伦斯收藏也在他去世后捐献给了这所大学。

票主拥有的藏书票不少于两款，此处所载为第二款，画一男孩在脸谱化的森林之神和小精灵注视下伏地读书，票主的名号G L Lazarus穿插于上方的树枝之间。

设计者（Arthur Rackham，1867—1939）是英国20世纪初期著名插画家，也被认为是新艺术运动的一位代表人物。自幼喜爱美术，青年时期业余学习美术和为杂志提供插图。1892年后成为职业插画家，一生有数十部作品，擅以奇幻风格画童书，去世后被赞誉“在孩子们心中占有特殊地位”。

**图98　利顿·斯特雷奇　Lytton Strachey**

年代：约1931

尺寸：2.9×4.0

作者：多拉·凯灵顿

票主（1880—1932）是批评家兼传记作家。1903年从剑桥大学毕业后，投身于文学和艺术研究与批评。在一战后的十多年里创作了一系列传记，一改传统传记文学冗长、堆砌的毛病，提倡删繁就简和突出重点。基于这样的观念，他以高度个人化的视角来洞察和批判传记人物，注重分析人物特质和动机，试图揭示背后的真相。这种写法颠覆了传统，强调对材料加以塑造，为后来的传记作家所仿效；但他在很大程度上依赖二手资料，在选择素材时不免疏漏甚至带有偏颇，而观点也难免囿于个人观察视野的局限性。

其最著名的传记作品是《维多利亚时代的杰出人物》（*Eminent Victorians*，1918），以简短篇幅描写了四位人物，即红衣主教曼宁（Henry Edward Manning，1808—1892）、弗洛伦丝·南丁格尔（Florence Nightingale，1820—1910）、托马斯·阿诺德（Thomas Arnold，1795—1842）和查尔斯·戈登（Charles George Gordon，1833—1885）。其中，查尔斯·戈登即在第二次鸦片战争中参加烧毁圆明园和清漪园、后又在上海指挥“常胜军”击退太平军的“中国戈登”；他离开中国后继续其职业军人生涯，最后死于喀土穆保卫战。

作者（Dora Carrington，1893—1932）是毕业于斯莱德美术学院并在那里获奖的一位女画家。这家美术学院实行男女学生平等，可同样进行人体写生，这使她成为一个优秀的人物画家。她毕业后从事装饰艺术以谋生计，曾为伍尔芙（Adeline Virginia Woolf，1882—1941，女作家、文学批评家和理论家）夫妇1917年初创的荷加斯出版社（The Hogarth Press）作木刻，并因此被引荐到百花里小团体（Bloomsbury Group），在那里结识票主。二人相互吸引，开启了一场持续一生的柏拉图式爱情。作者为票主和他的亲友作有多幅肖像。她在1921年结婚后，票主仍和他们夫妇住在一处，而作者同时还有其他恋情。约在1931年，她为票主创作了这款藏书票。票主罹患胃癌于1932年1月去世，她为之于两个月后自杀。

作者生前从未举办过自己的画展，她的女性身份和复杂私生活也使她难以被广泛接受。不过，对于影响曾波及世界乃至传播到中国的百花里文艺圈来说，这款简单的字体藏书票不啻为一个见证。

**图99　英格兰银行藏书和文学协会　Bank of England Library and Literary Association**

年代：1932

尺寸：9.7 × 6.7

作者：约翰・法利

署名：J. FARLEIGH Sc（J. 法利雕刻）

英格兰银行是英国中央银行。成立于1694年，当时的目的是筹措对法战争资金。1734年迁至伦敦金融城针线街现址，其建筑曾在1925—1939年翻建，但仍保留了1788—1833年约翰・索恩爵士（Sir John Soane，1753—1837）设计的建筑外观。

1850年5月，由英格兰银行董事会和董事个人捐助采购图书，成立了面向员工的“英格兰银行藏书和文学协会”，它是银行内部的一个阅览机构。

这款藏书票即用于该协会藏书，主图人物的造型与罗丹的“思想者”雕塑相似，他背靠英格兰银行大楼正立面、坐于一幢古典建筑的顶部，其膝下竖立若干书籍，其中一册的书脊上雕刻着藏书票作者署名。一册翻开的书本跃然突出于前景，其上方是银行大楼的科林斯式柱头细部，后面还有一架天平。主图另一侧以垂直锁链为边框。画面上部为“英格兰银行”字样，下部为协会名称，均为黑底白色字体。整个画面黑白反差突出，呈现具有节奏感的视觉效果。

作者（John Farleigh，又名Frederick William Charles Farleigh，1900—1965）是20世纪前期英国木刻艺术复兴时期崛起的一位木刻家。他是卢克（参见图100）的学生之一，与克莱尔・莱顿（Clare Leighton，1898—1989）齐名。曾为劳伦斯（参见图97）和萧伯纳（参见图84）的作品创作插图。

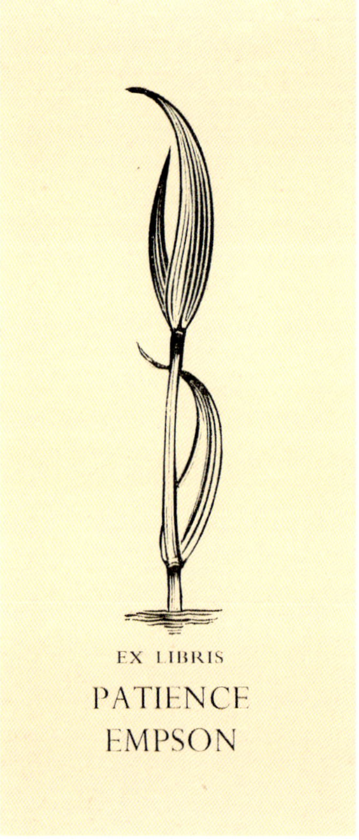
EX LIBRIS
PATIENCE
EMPSON

**图100 佩绅思·恩普森**
**Patience Empson**

年代： 约1942

尺寸： 8.7×2.1

作者： 罗伯特·吉宾斯

作者（全名Robert John Gibbings，1889—1958）是20世纪上半叶英国木刻艺术复兴运动的代表人物之一。出生于爱尔兰科克郡。1911年，在外祖父罗伯特·戴（图126）的支持下，前往伦敦进入斯莱德美术学院。其老师诺埃尔·卢克（Noel Rooke，1881—1953）引导他钻研木刻；接到的第一件委托就是设计一款藏书票（可能与其外祖父的推荐有关系）。一战爆发后入伍，1915年6月在土耳其加利波利战役中受重伤；1918年，因伤以上尉衔退役，决心从事版画。1920年，与另外9名艺术家，其中有克莱格（Edward Gordon Craig，1872—1966）、毕沙罗（图91）、哈格林（Philip Hagreen，1890—1988）、吉尔（参见第288页）、纳什（John Nash，1893—1977）和他的老师卢克等，联合成立了至今仍然活跃的木口木刻家协会（The Society of Wood Engravers）。

1923年，筹款收购金鸡出版社（Golden Cockerel Press）。自1924年1月至1933年8月执掌出版社期间，共出版72种限量版珍本书，其中自创插图者19种，约占金鸡同期插图本的一半，并且另外写作若干种。进入大危机时期后，为偿还债务将出版社出售给桑福德（Christopher Sandford，1902—1983）等人。

此后仍继续创作插图，并增加了自己的写作。1936—1942年，在雷丁大学讲授雕刻和出版设计。二战之前和之后，主要因企鹅图书公司和雷丁大学的项目，游历了太平洋岛国、百慕大群岛和红海等区域，1939年还漂流探索了泰晤士河。写出一系列游记文学，并自创插图出版；其中《可爱的泰晤士河轻轻地流》（*Sweet Thames Run Softly*，1940）在二战期间出版，印数超过14万册。

作者在其学艺之初的1911—1914年，曾每年设计一款铜版藏书票（可能是委托他人雕刻）。后专注于木刻藏书票，其中分为两类：一类是在1916年至20世纪30年代为亲友、出版社客户等创作的定制藏书票，共12种，包括为图书协会所作（图277）；另一类是从20世纪20年代到50年代用自己的木刻插图改制的藏书票，但并无确切记录。他在经营金鸡出版社的后期，曾邀请客户从出版社图书中自选插图，由出版社用原雕刻版加上藏书票标记和票主姓名及其他指定文字印制藏书票，用以补充收入。

作者的艺术事业频频遭遇经济上的挫折，但并未因此放弃自己的理想。由于对家庭疏于照顾，两任妻子都离他而去（共有7个子女）。1958年因癌症去世，墓碑上是作者自己设计的木刻刀和羽毛笔交叉的图案，概括了其一生作为。

票主（1912—2003）是作者第二任妻子（Elisabeth Empson，1909—1989）的妹妹和他最后的生活伴侣。二人关系始于票主帮助作者打印《顺流而下怀伊河》（*Coming Down the Wye*，1942）的书稿。该票即取自该书中作者自创的插图，画一株新生的芦苇。作者在1951年与其姊离婚后，即与票主终生相伴。作者去世后，票主曾编辑出版《罗伯特·吉宾斯的木刻》（*The Wood Engravings of Robert Gibbings*，1959）和参加编录《罗伯特·吉宾斯文献目录》（*Robert Gibbings, a Bibliography*，1962）等；曾审阅英国藏书票协会1995年9月会刊所载《罗伯特·吉宾斯的藏书票》（*John Blatchly: The Bookplates of Robert Gibbings*）【11，1995-9】一文的初稿。

承杰弗里·塞维林授权用于本书
Presented here by courtesy of Geoffrey Severin

**图101 玛丽·丘吉尔**
**Mary Churchill**

年代： 1945
尺寸： 9.2 × 9.9
作者： 马克·塞维林
署名： 作者姓名缩写花押MS（右下角草丛内）

作者（全名Mark Fernand Severin，1906—1987）是一位与英国缘分颇深的比利时艺术家。出生于布鲁塞尔，一战期间随家人到英国度过少年时代。1919年返回比利时，有志做博物学家，却因数学学分不够而转学文科。在拿到其并不感兴趣的博士学位后，又在根特大学艺术与考古学院学习3年，接到不少杂志的插图委托。1931年12月，在布鲁塞尔举办首次个人展，大获成功，在展期末还结识了英国《工作室》杂志主编的女儿尼娜（参见图180）。于是来到伦敦谋业，为公共机构、企业和出版商画海报、广告和插图，并在1935年与尼娜结婚。申请加入英国籍，但需要在英国生活5年后才能获批。二战爆发后失去工作，在尚未取得英国国籍的情况下携妻带子回到比利时。在德国占领期间，正式开始钻研木刻，并创作了较多藏书票。战争结束时返回英国，希望能够很快取得英国国籍，却被要求重新完成在英国生活5年的要求。曾赢得乔治六世邮票设计竞赛，但作品因其非英国国籍身份未获使用。1948年，被比利时皇家美术学院聘为雕版艺术教授，由此其后半生变成了一位比利时艺术家。

作者的艺术活动使他交游广泛。在英国时期他结识了包括票主在内的一众名流人物，与英国和比利时王室也有来往。在图片艺术领域，他是一位承上启下的人物。给其影响的前辈艺术家包括斯图尔特（Victor Stuyvaert，1897—1974）、杜拉克（图94）、吉尔（参见第288页）、莱特（参见第310页）等人，而他在比利时的教学也成就了一批颇有名气的后起之秀。一生有藏书票作品近500款，是二战以来少有的以藏书票作品闻名世界的艺术家。

票主（1922—2014，婚前全名Mary Spencer-Churchill，婚后名Mary Soames）是丘吉尔首相五位子女中最小的女儿。第二次世界大战中，1941年加入由妇女组成的本土支援部队（Auxiliary Territorial Service），并参加地面防空战斗，1945年获大英帝国员佐勋章（MBE）。战后一度随父参加外交活动，后以编撰母亲的传记和出版经其注解的父母通信集而成为一位作家。1947年，与后来成为保守党政治家的索姆斯（Arthur Christopher John Soames，1920—1987）结婚。1980年，获大英帝国骑士司令级勋章（DBE）。2002年，作为丘吉尔首相唯一在世子女出席时任首相布莱尔（Tony Blair，1953—　）举行的伊丽莎白二世女王登基50周年庆典，并与女王共同进餐。2005年，女王向她授予嘉德勋女侍从官称号。丘吉尔首相在1953年获嘉德骑士勋章，父、女获同一国王颁授嘉德勋章应是英国历史上仅见。

该票作于1945年（作品编号第80号），即作者在德国投降后重返英国之际，这时其木刻藏书票艺术已臻成熟。票面上一位青年女子立于一片有小动物出没的山林间，右手揽住一匹独角兽，而狮子画家正在为她画像。独角兽和狮子是英国皇家纹章上的扶盾兽，而立狮也是丘吉尔家族盾徽的元素。上方横楣写藏书票标记和票主姓名，顶端中央横卧一段玫瑰枝，叶间有昆虫活动，阳光从中射出，两端各有一颗红心，还有一片玫瑰叶从一侧飘落。整个画面体现出一种浪漫格调，优美而不失庄重，颇具英式木刻韵味。

* * *

英国藏书票的五百年历史展现了一个五彩斑斓的世界。但行文至此，似应再次提醒读者，不要忽视或忘记藏书票本身的功用和意义。藏书票是书主的标记，声明书籍的归属；在书主之后，则或成为一种历史的记忆。下面这首十四行诗【72，第四卷（1903—1904）第一集】正表达了这样的观点。

| **The Shield** | **盾徽** |
|---|---|
| Platelayers, who on fly-leaves operate, | 那些摆弄书籍衬页的贴票人， |
| Seal to themselves the fame dull writings owe | 藏典籍于名下，或还加署日期， |
| Wynkyn de Worde, Caxton, or a date; | 幸因沃、卡诸公它们免遭蒙尘； |
| But seal themselves to satirists, who show | 贴票人却被化入讽喻的画式。 |
| The proper emblem of fantastic fools | 这些怪癖愚朴之辈自有徽标， |
| To be their chevroned shield, that offers bait | 那可以是他们的人字坡之盾， |
| To Mars in three harts' heads, against a row | 还有诱惑战神的三鹿首鼎立， |
| Of perpendiculars for valour's gules. | 象征勇气的红色用垂纹代表。 |
| | |
| Yet, when the dark makes all my books as none, | 我的藏书终在暗夜尽散天荒， |
| All book-plates merge in one imagined shield, | 那些藏书票或聚作盾徽一块， |
| Whence flashes on mine eyes a truth revealed | 它的光彩闪耀我眼帘，揭开 |
| Never by loud loquacity of sun: | 一个不见于光天化日的情状： |
| I know that souls, whose flesh by stone is sealed, | 我知道灵魂之光会被岩石掩盖， |
| Have this between them and oblivion. | 却因藏书票免得流落遗忘之乡。 |

诗的作者是作家兼文学批评家威尔弗里德·休·切森（Wilfrid Hugh Chesson, 1870—1953）。其写作用意显而易见，但不清楚在一个世纪以前，他是在什么背景下写成了这样一首题咏藏书票的十四行诗。（这里按照其发表时的格式分段，注意其韵式与传统风格有所不同。）

它以贴用藏书票的藏书人入题，把文字作品传世流芳归于印刷之功，而藏书人之名则因藏书票得以留存。原诗以沃、卡两位先驱之名象征印刷业在英国的创立和发展，即生于法国、在英国从事印刷的沃尔德（Wynkyn de Worde，？—1534/1535），和雇用过沃尔德的前辈卡克斯顿（William Caxton，参见第33页）。之后描写了一个印在藏书票上、作为藏书人标记的盾徽。对这种描写难言其具体所指，但它似乎并非全无依据，因为切森家族的盾徽上就有突出的鹿首图案。

诗的后半部分想象一位藏书人身后虽然藏书尽散，其名却因藏书票而不致"黄土埋幽"。百年之后，这样的咏叹仍然令人"感慨系之"。

# 艺术家及其作品选介

# Selected artists and their works

## 选介艺术家汇总表



在英国藏书票五百年的历史上，留下作品的艺术家或雕刻师数以千计。在这样一片星空中，即使只选取灿烂夺目者，也难以尽述，更何况对于艺术的评判并没有统一标准。这里选介20余位艺术家，包括其小传或简介，和力求反映其艺术生涯不同时期乃至不同风格的作品。取舍之间，殊非易事，但求以一些代表性人物进一步展现藏书票艺术的演进。

决定藏书票艺术家地位的首要因素是其设计构思能力。在16—17世纪，藏书票创作主要依据设定的纹章样式，艺术效果往往取决于雕刻乃至印刷质量。自18世纪以来，随着内容和风格的多样化，设计的决定性影响有增无减，创意和技艺兼备的艺术家层出不穷。在19世纪80年代至20世纪中期，藏书票领域深受艺术流派多元化和现代图片技术发展的影响，出现了一批专注于设计的艺术家；另一方面，高超的描绘和雕刻技艺仍然受到重视和推崇。但不论怎样，藏书票需要面向票主进行设计的原则并无变化，进行作品分析仍应着重于此。

# 威廉·荷加斯
## William Hogarth
## 1697—1764

英国文艺复兴的代表人物是诗歌之父乔叟（Geoffrey Chaucer，约1340—1400），更有“人类文学奥林匹斯山上的宙斯”莎士比亚（William Shakespeare，1564—1616）。在他们之后的18世纪，荷加斯成为英国本土绘画艺术的第一道曙光，被称为“英国绘画之父”。

荷加斯于1697年11月10日出生在伦敦附近的小城巴多罗摩。父亲是一位穷困的拉丁文教师，曾因经商欠债而入狱5年。当时，年少的荷加斯也被拘于所谓“债务人拘留所”。这些荷加斯从不愿回顾的经历令他饱尝世态炎凉，也培养了他对事物的敏锐观察力。

因幼有画才，在16岁时父亲送他到伦敦莱斯特广场随雕刻师甘布尔（Ellis Gamble，约1685—1733或之后）学徒，他在此接触到时髦的洛可可风格，对他以后的绘画有很深的影响。后来，他又进入詹姆斯·桑希尔爵士（Sir James Thornhill，1675—1734）在伦敦考文特花园开办的美术学校学习绘画。桑希尔曾为牛顿画像；1729年其女与荷加斯成婚，此为后话。在学艺的同时，荷加斯也见识了蓬勃兴盛却人欲横流的伦敦。

1720年，他不到23岁就作为一名铜版画家在伦敦独立开业。初期主要承接设计和印制纹章、商业票据和书商订制的版画等普通业务。后来，他依据戏剧题材创作版画出售，受到欢迎。

1731年起，他创作了一系列揭露和批判中上层社会虚伪道德观的讽刺画。它们的灵感来自莎士比亚、弥尔顿（参见图12）、斯威夫特（参见图25）等人，最著名的作品有《妓女生涯》（1731—1732）、《浪子生涯》（1733—1735）、《时髦婚姻》（1743—1745）、《一场选举》（1753—1755）等连环组画。这些具有启蒙运动色彩的画作被复制传播，为荷加斯赢得了画名。

荷加斯在完成《妓女生涯》后，自己进行雕刻复制，采取向订户“直销”的方式获得了1,200多镑的收入，但作品同时也遭到版画商仿冒。于是，他联合弗图（图27、图32）、潘（图242）等另外六位版画家向议会呼吁保护他们的版权。1735年，正值荷加斯推出他的《浪子生涯》时，议会通过实施《版画家版权法》，保护具有原创性的版画版权不受侵犯。这对后来的版画创作不啻意义深远。

1740年后，荷加斯接受来自伦敦上流社会的委托画了不少肖像画。这时，他达到了艺术生涯的顶点，经济上也变得富裕自如。于是开始尝试在当时被认为更有意义的历史题材，但这并没有像讽刺画那样为他带来成功。1753年，出版画论《美的分析》（*The Analysis of Beauty*）。

荷加斯名下的藏书票作品有3款，但除此处所载2款外，另一款作者存疑。它们的年代已经漫漶不清，但是推测作于1725—1735年，即荷加斯艺术生涯早期，具有显而易见的洛可可风格。荷加斯与不少文艺名士为友，包括讽刺文学家斯威夫特、小说家菲尔丁（Henry Fielding，1707—1754）和斯摩莱特（Tobias Smollett，1721—1771）等，还有名演员大卫·加里克，但并没有他为这些人所作藏书票传世。他曾为加里克作《理查三世》剧装画像，但似乎没有给他作过藏书票，而加里克却有一款委托他人所作的藏书票（图34）。荷加斯在成名后可能无暇顾及藏书票这样的“小品”了吧？但是，在藏书票基本上仍囿于传统式样的那个时代，他仅有的作品却展现了独有的艺术风采。

荷加斯一生没有子嗣。他在1763年患上癫痫，次年10月26日在伦敦去世，葬于圣尼古拉斯教堂。加里克为他写下了这样的墓志铭：

| | |
|---|---|
| Farewell great Painter of Mankind | 永别了人类的一代巨匠， |
| Who reach'd the noblest point of Art | 他攀上了艺术的峰顶， |
| Whose pictur'd Morals charm the Mind | 他描画的道德讽刺引人忖想， |
| And through the Eye correct the Heart. | 透过眼睛教化了心灵。 |
| If Genius fire thee, Reader, stay, | 如果天赋给你激励，来者，请即驻足， |
| If Nature touch thee, drop a Tear: | 如果自然令你感动，请不要吝惜眼泪： |
| If neither move thee, turn away, | 如果这些都不能打动你，尽可转去， |
| For Hogarth's honour'd dust lies here. | 因为荷加斯高贵的遗体在此长寐。 |

**图102　乔治·兰巴特　George Lambart**
年代：约1725
尺寸：8.6 × 8.2
作者：威廉·荷加斯绘制，A. M. J. 雕刻
署名：W. Hogarth del.t和A. M. J. ft.（含义同上）

票主（1700—1765）是与荷加斯同时代的风景画家，二人有合作之谊。

画面装饰手法充分体现了法国洛可可式风格。中央是票主家族的红底（以垂线纹代表）白水仙盾徽，羽饰是射手座。两侧分别以音乐和绘画女神为扶盾，下部是洛可可风格的穴怪头像。

署名显示这是依据荷加斯的设计而由他人雕刻完成，但雕刻成品效果似与原图稿有一定差距。

**图103　约翰·霍兰德　John Holland**

年代：约1735

尺寸：11.5 × 10.3（边缘裁切）

作者：威廉·荷加斯

这张藏书票由票主手签使用。原刻有四种版本，其中两种被用作藏书票。这里引用的是第一种版本；另一种版本的主要区别是盾牌上的立狮形象较小，且有八朵鸢尾花。

现存实物多数都经过紧贴边框的裁切，仅少量有留白并保留了票主的手写签名，签名后面有书籍编号（此处为No.54）。票主信息十分有限，仅知其为一位纹章画师。

这是一款早期的寓言式藏书票，以罗马神话中的女神密涅瓦（Minerva）为主题；她的名字起源于古意大利的月亮女神，与希腊神话中的雅典娜结合之后，成为智慧、艺术和胜利的象征，也是艺术家和手工艺人的保护神。画面中，她左手持矛，右手持涡卷纹装饰的盾牌；盾牌上的立狮和鸢尾花都是英国贵胄的特征物，可能与票主的职业有关。四个小天使中，一个在帮助女神托举盾牌，另两个在读书；还有一个在窗口处的阴影里捧出一顶贵族冠冕，冠冕上也有一尊立狮。画面场景是在一个悬吊着帷帐的室内，光影效果强烈，人物刻画生动，雕刻技法精悍，显示了荷加斯的高超艺术水准。

# 弗朗西斯科·巴托洛奇
# Francesco Bartolozzi
# 1727—1815

巴托洛奇是一位成长于意大利的雕刻家，但其艺术生涯却主要是在英国度过。因其对英国美术的重要贡献，他成为英国美术史上特别是铜版雕刻领域的重要人物。

巴托洛奇于1727年9月21日出生于佛罗伦萨。父亲从事金银器雕刻，令他从小接触到装饰雕刻。15—18岁时，在佛罗伦萨美术学院〔近代世界最早的美术学院，发端于洛伦佐·德·美第奇（Lorenzo de' Medici，1449—1492）于1491年开办的美术学校〕学习，师从费雷蒂（Giovanni Domenico Ferretti，1692—1768）、哈格福德（Ignazio Enrico Hugford，1703—1778）等人。希普里亚尼（图105）当时也在这里学习绘画，据说这是其与巴托洛奇终生友谊的起点。

1748年，巴托洛奇来到威尼斯，随瓦格纳（Joseph Wagner，1706—1786，雕刻师兼出版商）学习雕刻6年。他很快就超越师父，并开设了自己的工作坊。1762年，他接受委托来到罗马，跟随定居于此的雕刻家皮拉内西（Giovanni Battista Piranesi，1720—1778），并确立了自己在铜版雕刻行业的地位。但他很快又回到威尼斯，且声名日隆。在威尼斯，他结交了英国领事史密斯（图31），这或许正是令他后来前往英国的肇端。

1764年，英王乔治三世的绘画和图书收藏管理人达尔顿（Richard Dalton，1715?—1791，本人也是画家兼雕刻家）出资为巴托洛奇提供300镑的年俸，让他担任国王御用雕刻师。巴托洛奇就此来到伦敦，开启了近40年的英国生涯。而希普里亚尼在建筑师钱伯斯（图42）和雕刻家威尔顿（Joseph Wilton，1722—1803）的促动下，已于1755年来到伦敦。

在伦敦，巴托洛奇遇到约翰·博伊戴尔（John Boydell，1719—1804，因从事雕刻而成为出版商，并曾担任伦敦城市长）并为他工作。1768年，巴托洛奇与达尔顿和希普里亚尼共同创立皇家美术院，他还根据希普里亚尼的设计雕刻制作了该院至今仍在使用的证书。虽然他的专长是雕刻铜版，但仍破例作为画家成为院士。

希普里亚尼除了为王室贵族创作绘画外，他的“商业”作品主要是以版画形式流传的。因此，他的画名在很大程度上依赖于与巴托洛奇的合作。希普里亚尼在1781年离开英国之后，巴托洛奇才正式开始采用自己的设计，并在作品上署名自己为设计者兼雕刻者。

1802年，巴托洛奇离开英国，前往葡萄牙主持里斯本皇家美术院。1815年3月7日，以88岁高龄在里斯本去世。

巴托洛奇擅长线刻、蚀刻等多种铜版画技法，为复制绘画和肖像还发明了点刻和软底蚀刻。他用雕刻方式复制英国王室收藏的意大利名画家和小荷尔拜因等人的作品，成为一代铜版大师。由于有官方资助和包括出版商在内的订单，他的生活优裕。据说他工作室里的助手和学生有时可达50人；他们按他的风格创作，却很少能达到他的水准。

由巴托洛奇雕刻的藏书票数量并不多，经过考证能够确认为其作品的仅十余种。它们的设计底本大都已经难以确认，据推测有些是出自希普里亚尼的画作。然而，出自巴托洛奇之手的这些藏书票作品都具有很高的艺术性，他的雕刻表现技法无疑使这些精心设计的作品增色不少。另外值得一提的是，他来到英国初期所作藏书票并无署名，作品常被仿冒（例如图104）；之后采用简单的署名（图105）；而在1796年底的那件作品上（图279B）则有了正式署名和完整的版本信息，说明随着他名声大噪，他开始注意保护自己的版权。

巴托洛奇之子盖塔诺·斯特凡诺·巴托洛奇（Gaetano Stefano Bartolozzi，1757—1821）也能雕刻，但成就不及其父。

E Libris JOHIS CURRER de Kildwick Arm:

**图104 约翰·柯勒**
**Johis Currer**
年代： 约1765
尺寸： 13.2 × 9.6
作者： 弗朗西斯科·巴托洛奇（雕刻）

图示为这款藏书票的最早版本，属于约克郡基尔德威克的约翰·柯勒。由于它曾在巴托洛奇自留的作品收藏册中被发现，且其背面注有“后改换托马斯·盖奇之纹章”的字样，而盖奇的这张藏书票上有巴托洛奇的雕刻签名，故断定较早这款也是巴托洛奇的作品。该票见于使用是在1765年，而巴托洛奇于1764年甫至英国，所以推定它是在这段时间内完成的。

票主（1721—1784）是理查德·理查德森（Richard Richardson，1663—1741）之子，因继承母系家族而改姓柯勒。理查德是一位植物学家兼古物收藏家。理查德的曾孙弗朗西斯·玛丽·理查德森·柯勒（Frances Mary Richardson Currer，1785—1861），也即票主的侄孙，则是拥有1万5千部藏书的一代藏书家，其收藏包括曾祖遗存的植物学和历史学藏书。在这样一个书香世族，票主的这款藏书票被后人屡次更名使用。

画面以桃金娘花环构成椭圆形画框，一位长袍宽袖的古代女子赤足端坐，捧卷沉思，她的身下放着一柄蛇杖；立于她身前的盾徽有4个分区，由柯勒（一、四）和理查德森（二、三）两个家族的徽章组成；背景是一座金字塔之一角，草野蔓延至天际，并以精细的横纹来表现天空；画框外则有质感不同的精细底纹。据推测，这一设计当是出自希普里亚尼（图105）之手，但并无实据。画面下方的文字E Libris JOHIS CURRER de Kildwick Arm，即“基尔德威克支系约翰·柯勒之藏书”（JOHIS为Johannis之缩写，通John，也即约翰）。

这款藏书票古典韵味十足，雕刻堪称精美绝伦。早在1780—1785年就有人仿刻此票，但质量明显逊于原版。在1765—1920年，曾多次被不同票主改换纹章、配景、规格乃至版式来重新制作和使用。而不同版本的巴托洛奇原作则可分为两个系统：

“柯勒版”，椭圆形。巴托洛奇约在1765年完成，即如图所示。有约翰·柯勒后人替换下方文字而做成的不同版本。其最后一款晚近至1920年，票主为罗伯特·加拉韦·赖斯（Robert Garraway Rice），据推测是用原刻铜版改换纹章而制成。

“盖奇版”，长方形。据署名信息是由巴托洛奇于1805年在里斯本雕刻完成，绘图者则为多明戈斯·安东尼奥·德·西奎拉（Domingos António de Sequeira，1768—1837）。画面设计与“柯勒版”总体相仿，但背景改为树木和草坡，人物细节有差异，纹章当然也经更换。此票完成时间上距“柯勒版”已经过去约40年，巴托洛奇这时已近80岁。盖奇版的精细程度似不如柯勒版，但是由于它的存在才得以推定柯勒版也是由巴托洛奇完成。票主为从男爵托马斯·盖奇（Thomas Gage，1781—1820），英国人，39岁身故于罗马；其收藏在1897年随庄园一同出售，其中包括贴有此票的对开本珍本书和藏书票原刻铜版；收购者为避免藏书票被加印而令原品减值，竟将该铜版毁伤版面后弃入湖中！

**图105　福斯特·坎利夫　Foster Cunliffe**

年代：1795

尺寸：8.8×9.7

作者：弗朗西斯科·巴托洛奇雕刻

署名：F. Bartolozzi fec.（F. 巴托洛奇完成）

据推断这款藏书票是根据希普里亚尼的设计而雕刻（参见图106），完成雕刻时希普里亚尼已经去世十年。票面上，票主的盾徽以3只野兔为标识，扶盾为两个操弄法器的小天使，他们立于云端，身后的披风随风飘动。上方的椭圆形羽饰内是一只猎犬，拉丁文铭文FIDELETER（原文拼写有误）意为“忠诚”。画面下方文字为票主姓名Sir. Foster Cunliffe Bart（从男爵福斯特·坎利夫爵士），其爵位以盾徽上的左手掌标识为记。

乔瓦尼·巴蒂斯塔·希普里亚尼（Giovanni Battista Cipriani，1727—1785）是1755年来到英国的意大利画家，为上流社会作有不少室内壁画，其新古典主义风格给英国画坛带来影响。

票主（1755—1834）的祖父是查尔斯二世的教子，也是利物浦的一位富商，获封从男爵，但并未从政。他本人是第三代从男爵，他的后人也曾采用这张藏书票的设计。它还曾被人仿刻，用于不同票主，但是雕刻效果较差。

**图106　让·托明斯　Jean Tommins**

年代：约1795

尺寸：8.7×9.5

作者：G. B. 希普里亚尼绘制，J. 福特雕刻

署名：Cipriani Del.t和J. Ford Sculp.t（含义同上）

这款藏书票的设计除盾徽和羽饰外，几乎就是图105藏书票的“镜像”。票面上明确署名是由希普里亚尼绘制。由此可知，图105所本是希普里亚尼的这个设计。

署名雕刻师（J. Ford）可能出自巴托洛奇工作坊，他雕刻这款藏书票应是模仿师父之作，此外，他还为同一票主作有另一款题材相仿的藏书票。

票面上部的椭圆形羽饰是口衔一根树枝的鸵鸟，拉丁文铭文VIRTUS PROBATA FLORESCIT意为“美德历经考验而绽放”。中央为票主盾徽。底部文字除作者署名外，有票主姓名Jean Tommins；票主姓名前有法文Je suis à，其意为“属于（出自）……”。

# 拉尔夫·贝尔比和托马斯·比维克工作坊

# The workshop of Ralph Beilby（1744—1817）and Thomas Bewick（1753—1828）

在横贯不列颠岛颈部的哈德良长城东端，是起自防御堡垒的古老城市纽卡斯尔。它位于泰恩河北岸，东临北海，作为堡垒吸引了人口聚居，又依靠羊毛生产和贸易成为英格兰北部的经济中心。在16世纪，这里兴起煤炭开采和运输，成为当地最大产业。到1800年，纽卡斯尔已成为采矿、钢铁、玻璃和造船等产业的中心，还是一个重要的金融中心。纽卡斯尔在1985年与我国行政级别对等的山西省太原市结为友好城市，但大同作为赵秦长城重镇之地和煤炭之都，与纽卡斯尔或有更多相似之处。“To carry coals to Newcastle”（把煤运到纽卡斯尔）和“把煤运到大同”是比喻无用、低效之事的同义语，只不过到了近现代纽卡斯尔的经济重心已经发生很大变化。

在18世纪后期，在产业经济繁荣带来的需求引导下，在纽卡斯尔形成了伦敦以外的一个雕刻印刷业中心。拉尔夫·贝尔比和托马斯·比维克工作坊为其中之佼佼者，特别是比维克的木口木刻使古老的木刻得以复兴，他设计的风景藏书票则引领了这门艺术的新发展。

拉尔夫·贝尔比出生于纽卡斯尔南面不远的达勒姆。其父是一位珠宝和金银器雕刻师，为谋生计举家迁至纽卡斯尔。拉尔夫跟随父亲和两个兄长学习，成为银匠、珠宝艺人和印章雕刻师。此外，针对当时英格兰北部的市场需求，他还掌握了铜版雕刻技术，为出版商提供插图。

伟大的托马斯·比维克于1753年8月12日出生于一个佃户之家，是全家三子五女中的长子。他家所在的农场在纽卡斯尔城以西不远，位于泰恩河南岸；除务农外，他的父亲还承包开采附近一个小煤矿。比维克年幼时就对乡村自然景物产生很大兴趣，这与年少于他而又早逝的苏格兰诗人罗伯特·彭斯（Robert Burns，1759—1796）相似。但另一方面，家庭生活的艰难和教会学校的严格又使他形成自律、隐忍的性格。

通过教母的关系，比维克在1767年14岁时进入拉尔夫·贝尔比在纽卡斯尔的工作坊，以贝尔比为师。二人年龄差距有限，但比维克初入其门时，贝尔比一家对这位乡村少年却颇为轻视。

比维克在7年学徒生涯中学习和钻研雕刻。尽管贝尔比的工作坊主要搞金属雕刻，但是比维克却对木刻更有兴趣，他在木口木刻方面取得的进步令他受到了美术促进协会（Society of the Encouragement of Art）的奖励。他的师父也很快意识到他的才干，让他完成了不少由书商委托的插图。

在学徒期结束后，比维克决定离开贝尔比的工作坊。在自由步行游历了一段时间后，他在1776年夏来到伦敦。他发现在这里开办自己的业务并非难事，但是他实在不喜欢伦敦，9个月后即返回纽卡斯尔。他重新找到原来的师父贝尔比，二人在1777年开始合作雕刻事业，自此持续了20年。由于理念不同，他们的关系远非完美，但是从商业角度来看这种合作又的确是有益的。

他们的工作坊在1790年迁入一个临街铺面，成为一个“前店后厂”式的作坊。楼下临街店面有一柜台用于接待客户和进行交易，后面是印刷间，雕刻工作则位于楼上。比维克经常早早到店，检查印样质量，再到楼上进行自己的工作。

当二人成为合伙人时，贝尔比已另有一个学徒。为与贝尔比抗衡，比维克让弟弟约翰（John Bewick，1760—1795）跟自己学徒。约翰学成雕刻后，在1782年经比维克建议前往伦敦，在那里成了一个成功的儿童书插图画家，并有藏书票作品传世。他积劳成疾，不幸早逝。比维克代他完成了未完成的作品，对这位才华斐然的手足弟兄深为哀惋。

比维克和贝尔比的雕刻工作坊紧张忙碌但收益不错。那时，纽卡斯尔的各种商业都在发展，他们的工作坊接获各种需要雕刻的业务，包括装饰画、财务单据、宣传业务的生意卡、报纸刊头和栏头、广告和包装用图片、各种票证等；当然，还有藏书票。书籍插图则是更加费工费时的“大项目”。

木口木刻技法并非比维克首创，但是，他发现和充分发挥了这种方法的优越性。由于在木材生长的横截面木质更加紧密坚实，在硬度较高的木材横截面上雕刻的难度较大，但比在纵切面上雕刻可以达到更加细腻的效果。比维克在掌握各种雕刻技法的基础上，把铜版雕刻技术运用到木口木刻，还发明了白线表现手法（即凹刻），用比较经济的木材达到了不逊于铜版而别具韵味的效果。

如果说贝尔比擅长雕刻，那么比维克则是才情兼备的艺术家。除了面向客户的应制之作外，比维克还自己创作了不少具有鲜明主题的画作，其中既有针对不端行为的道德批判，也有对“朱门酒肉臭，路有冻死骨”此等世间冷暖的讥刺和同情。他还以自己的作品引导了人们对自然的关注。

比维克自幼热爱自然，但他很不满意当时儿童书中的粗陋描画，觉得自己一定能够做得更好。1785年11月15日，他在父亲的忌日启动这项工作，第一件作品是单峰驼。贝尔比看到比维克的工作后，提出由他来撰写说明文字编成一本书，这也就是1790年首次出版的《四足动物史》（*History of Quadrupeds*）。贝尔比的文字主要是依据各种资料写成；比维克负责图片，为此做了很多写生，在无法见到活物的情况下才会参考资料，而且他的这方面创作主要是在日常工作之外的业余时间进行。此外，他还为贝尔比提供文字参考，修改不妥描述。当地的出版商霍奇森（Solomon Hodgson，1760—1800）也加入这个项目，使该书得以顺利发行。贝尔比曾想在扉页上独署其名，被霍奇森断然否决。

《四足动物史》于1790年首次出版后大获成功，连续再版7次，累计售出14,000部，为比维克赢得很高声誉；每次再版时比维克都会修改补充，以臻完善。这时，比维克又开始创作《英国鸟类史》（*History of British Birds*）的第一卷，即《陆鸟》（*Land Birds*），并为此四处寻找标本实物进行写生。同样，这次仍由贝尔比编写文字部分，但是比维克依靠他的深入研究对文字进行了全面修订。待书稿完成后，贝尔比又打算独署自己为作者，遭到比维克的直接反对，结果是二人均不署名。

《陆鸟》在1797年出版，而贝尔比和比维克的合作也在次年1月结束。贝尔比退出制版雕刻业务，专门从事他认为更赚钱的钟表雕刻。比维克则在向他支付补偿之后，继续工作坊事业。

此后，比维克的创作继续结出果实，其中，《水鸟》（*Water Birds*，1804）和《伊索寓言及其他》（*The Fables of Aesop and Others*，1818）是他的另外两部重要作品。

比维克在双亲病故后，于1786年与伊莎贝拉（Isabella Elliot，1754—1826）成婚，二人育有三女一子，而他们均终生未婚。长女简（Jane Bewick，1787—1881）记录了比维克口述的回忆录，并将其编辑出版（1862）。儿子罗伯特（Robert Elliot Bewick，1788—1849）从父学成雕刻技艺，继承父业。另有次女伊莎贝拉（Isabella Bewick，1790—1883）和三女伊丽莎白（Elizabeth Bewick，1793—1865）。

比维克晚年仍未脱离他的工作坊，直至1828年11月8日去世。他的崇高地位令他在世时就受到人们的敬仰。1825年，纽卡斯尔文学和哲学学会（The Lit and Phil）专门向雕塑家贝里（Edward Hodges Baily，1788—1867）订制了一尊比维克雕像。时至今日，他的作品仍然见于艺术展览、书籍插图、器物装饰、包装图案等。大英博物馆曾在2011年12月至2012年1月举办其版画作品展，并出版了一本普及读物。

1882年，比维克唯一在世的直系后代伊莎贝拉将父亲的一批图稿和初印版作品共四千余件捐赠给了大英博物馆。次年她去世前，又向诺森伯兰全国历史学会捐献了父亲的一大批水彩和铅笔画。这时，她的遗产中还有父亲留下的主要插图作品的木刻版，而她所委托的遗产继承人罗伯特·沃德（Robert Ward，1821—1883，托马斯·比维克夫人的侄孙，1862年帮助简出版了比维克的回忆录）也在当年去世。于是，这批雕刻由沃德家族获得并保存，直至1942年经拍卖由纽约一位书商买下，之后又散入众多私人买家，其中回流英国者寥寥。

据塔特斯菲尔德根据贝尔比和比维克工作坊档案所做的著录【79】，其工作坊的藏书票作品有不下400款，时间跨度近90年，作者包括他们二人和他们的众多徒弟。由于这些藏书票多无作者署名，故往往难以确切断定实际操刀的雕刻人（在坊内有专人进行印刷，而票面文字可以找专门的印章制作人制印以节省雕刻工作）。据说可归于托马斯·比维克的作品约有100款【74】，但是由于他徒弟的不少作品与他风格相近，往往难以确认哪些藏书票确乎出自其手。只有大英博物馆收藏的其自留作品比较容易判定，而流于市面的作品就只能根据资料、年代来做考证或推测。

从技法来看，这些藏书票可以分为铜版雕刻和木刻两大类。而它们的题材则有传统的纹章（以奇彭代尔式和简化的纹章票为主）、寓言、风景等。票主多为纽卡斯尔当地或附近地区（如达勒姆）乃至苏格兰地区的文化人士、企业主、商人、医生等新兴阶层。不少票主并不像伦敦的达官贵族那样拥有自己专属的纹章，但是却看重比维克工作坊书籍插图常用的风景题材设计，这使得比维克式的风景藏书票一时独领风尚。它们在方寸之地描绘远山近水、林木飞禽、古堡教堂，再植入盾徽和名号，韵味悠然，令人游目骋怀。

下文除载入拉尔夫·贝尔比和托马斯·比维克的藏书票样例之外，还收入了比维克三位徒弟的作品，他们是（按出生先后排序）：

卢克·克莱内尔（Luke Clennell，1781—1840）：1797年成为比维克的徒弟。其学徒期7年，正是比维克创作《英国鸟类》（*British Birds*）的时期，他成为比维克完成该书第二卷的主要助手。1804年他前往伦敦继续从事木刻，1810年后改画水彩画。1817年患精神疾病，一直未愈，直至身故。

马克·兰伯特（Mark Lambert，1781—1855）：约在1800年前就已成为比维克的徒弟。他在1807年离开比维克工作坊，开办了自己的业务，主要做金属雕刻。【82】他的现存藏书票作品主要是在其自己的工作坊完成的，但是他的风景藏书票仍可与比维克归为一脉。1838年，其子马克·威廉·兰伯特（Mark William Lambert，？—1893）成为合伙人，后持续经营至约1891年，是英格兰北部一个有名的雕刻工作坊。

罗伯特·艾里奥特·比维克：托马斯·比维克之子，1812年成为工作坊合伙人，帮助父亲创作《伊索寓言》和《英国鱼类史》（*History of British Fishes*，未出版）。父亲去世后接掌工作坊。

图107A

图107B

**图107（A、B）　托马斯·温特沃斯　Thomas Wentworth**

年代：（A）1789；（B）1790—1795

尺寸：（A）8.9×8.5；（B）10.8×8.5（边缘裁切）

作者：约翰·朗兰兹（John Langlands）和约翰·罗伯逊（John Robertson）设计，

拉尔夫·贝尔比雕刻

署名：（A）R. Beilby Sculp[t] N Castle（纽卡斯尔R. 贝尔比雕刻）；（B）无

从票面信息来看，这款藏书票是纽卡斯尔铅矿主托马斯爵士（Sir Thomas Wentworth/Blackett，1725—1792）为庆祝其子托马斯·温特沃斯（Thomas Wentworth，1771—1800）的17岁生日而订制的。画面以森林茂木、飞鸟流云为背景，中央椭圆形盾牌上的字样分为数行，依次为THOS. WENTWORTH（票主姓名简写）/Bretton Hall，YORKSHIRE（约克郡布雷顿府）及藏书编号和年份。盾牌顶部挂着一个月桂花环，上方台面上有插着羽毛笔的墨盒、猫头鹰和小号与圆号；台面下的阴影中隐约可见July 30 1771（1771年7月30日），即票主出生日期；空中飘带上写着EACH THEIR OWN.，大意“各有所好”。

盾牌D侧站立着一手扶盾、一手指点其上文字的缪斯。她的右侧是用书本叠起的一座尖塔，塔尖有一颗明星发出耀眼的光芒，下面的一本书上写着Knowledge（知识）。她站在一幅展开的地图上，地上还有地球仪、调色板和画笔、尺规、书籍和纹章（属于温特沃斯家族，由三狮首盾徽和狮鹫格里芬兽羽饰组成）。

盾牌S侧是坐在一个石座上的智慧女神密涅瓦，石座侧面竖写TW 17字样，即票主姓名缩写及其年岁。她右手扶票主盾牌，左手则拿住她自己的盾牌，身上倚靠着长矛。脚边又有一段飘带，上写Minerva Manufactory（密涅瓦制造工坊）。密涅瓦和猫头鹰同时出现在这张藏书票上，与黑格尔所谓“密涅瓦的猫头鹰在黄昏起飞”应属巧合，后者出自1821年首版《法哲学原理》前言。

据工作坊记录，该票先由他人设计，设计图在1888年票主17岁生日前交付，然后再由贝尔比于次年2月完成雕刻，并印制300枚，此即A款。但年轻的票主在裁切使用此票时，并未注意保留雕刻者的署名，现存票品上贝尔比的落款多已残缺不全。

不久，票主又请人修改此票，做成B款。首先是重新雕刻了椭圆形盾牌上的文字，并将1789替换为17，以便在其后填写不同年份。而更大的变化是在票面上、下方添加了如下韵文（未知其出处），贝尔比的落款则自此完全消失。

| | |
|---|---|
| Knowledge to Wisdom reaches by degrees | 从知识到智慧非积跬步而不逮 |
| As Brooks run to Rivers, Rivers run to Seas | 如溪流入河，河流入海 |
| An alle Head-with an Honest Heart and | 各位——以你们的真诚之心 |
| Let Minerva's arts your ev'ry Action Guide | 让密涅瓦的机智指引你的举止言谈 |
| And more in wisdom than in strength confide | 相信智慧而不要逞强斗悍 |
| If you with virtue and with prudence Arm | 若你为自己备以正直和谨慎 |
| No fraud can reach you & no strength can Harm | 你就不会受骗亦免受伤于人 |
| Safe in yourself your foes you may defy | 不要在内心树敌存恶而不得不去抵挡 |
| And Vice, and folly from your face shall fly. | 你的面目自不会显得愚昧荒唐。 |

该票后来又有第三款，将盾牌上的文字Bretton Hall改为February 14th 1796，YORKSHIRE改为LIVERPOOL，缪斯右手也不再指向盾牌，而是举起一顶写着Liberty（自由）的帽子。这应该是票主离开原来居所前往利物浦后所作的修改。

托马斯爵士出自历史悠久的温特沃斯男爵家族。他的父亲威廉爵士（Sir William Wentworth，1686—1763）因继承妻子叔父遗产的需要而改姓布莱克特（Blackett），从而获得布氏家族的铅矿（当时占英国铅矿出产量的七分之一）。托马斯爵士袭爵后，自1778年起也以布莱克特为姓。他一生未婚而有三女一子。尽管他并非学人，但从他订制这张藏书票的内容来看，至少在当时他对儿子的成长抱有期许。因酗酒和生活放纵，他的身体状况不佳，在儿子尚未成年即立下遗嘱，以他为主要继承人。但是，在去世前不到两个月，他忽然改变遗嘱，把铅矿、房产等主要遗产都留给长女和另外两个女儿，给儿子只留下100镑现金和500镑年金。对个中缘由有各种猜测但并不清楚，可能与他的复杂家庭关系有关。不管怎么说，小托马斯的财运骤然转变。他不能继承爵位，却成为一个共和主义的支持者。

小托马斯自幼居住的布雷顿府坐落于现在的西约克郡韦克菲尔德，由威廉爵士于1720年始建。托马斯爵士死后，由其长女继承而归于其丈夫博蒙特（Beaumont）的家族。小托马斯则在此继续居住一年后离开；根据前述藏书票第三版，他后来前往利物浦，但未满30岁而故。这座大宅至今犹存，在1949—2006年曾是一座美术师范学院（后并入利兹大学），在其所在的庄园还建了一座大型雕塑公园。这些倒像是兑现了托马斯爵士“密涅瓦制造工坊”的期许。

**图108　玛丽·滕斯托尔　Mary Tunstall**

年代：约1792

尺寸：7.3 × 9.4

作者：托马斯·比维克设计，拉尔夫·贝尔比雕刻

票主（约1752—1825）是林肯郡信奉天主教的土地拥有者乔治·马克汉姆（George Markham，生卒年不详）的女儿。父亲早故之后，母亲带领票主及其妹妹在欧洲多地修道院学校学习。票主由此成为一个懂得多国语言的天主教徒，爱好藏书和阅读，且有一手好针线活。在回到英格兰后不久，1766年嫁马默杜克·滕斯托尔（Marmaduke Tunstall，1743—1790，本姓Constable，因继承舅舅遗产而改姓Tunstall）。

这位丈夫在法国杜埃完成学业，同样信奉天主教。他是一个博物学家，1771年出版《不列颠鸟类志》（*Ornithologica Britannica*），同年成为皇家学会会员。他们的家位于英格兰东北部蒂斯河畔的威克利夫（Wycliffe，“水边高崖”之意，位于达勒姆）。马默杜克于1760年继承威克利夫府（The Wycliffe Hall），他在府邸后部增建房子用于他的收藏，成为一座私人博物馆。他们夫妇还把自己的府邸用作一座女修道院，以无私奉献闻于邻里，在此修习者均获善待。

夫妇二人并无子嗣。在丈夫于1790年早故之后，票主有意前往法国本笃会修道院，但因法国大革命爆发而受阻。于是她转而帮助在英国安置逃离法国的宗教组织和人士，包括巴黎本笃会修道院和圣母往见会修女。她从事这一切都是利用从父亲和丈夫处继承的财产。她晚年与辗转来到英格兰的圣母往见会修女共居一处，死后也葬在修道院，至今在她每年的生日仍有纪念活动。

贝尔比和比维克与马默杜克的结识缘于他委托制作版画“奇林汉公牛”（The Chillingham Bull，比维克于1789年完成的著名作品[1]）。比维克在1791年7月造访威克利夫，为他计划中的《英国鸟类史》参观马默杜克私人博物馆中的鸟类标本。马默杜克此时已不在世，威克利夫府已由其侄康斯坦博（Edmund Sheldon Constable，生卒年不详）继承。比维克在这里驻留近两个月，画了大量标本写生；他应当见过馆主遗孀，也即票主，不过他在回忆录中并未提及。

工作坊档案中没有记载这款铜版藏书票。著录称其雕刻是由贝尔比完成，而设计稿应该是出自熟悉此地的比维克之手【79】。画面前景是一棵大树下灌木丛中的盾徽、乐器、地球仪、画具和书卷；在两部打开的书上有鸟类和植物图样；一座石碑上有拉丁文SACRUM SCIENTIA，意为“神圣的科学”。中景是一片草坪，有两个修女从左侧步入画面。远景中，右侧较小的建筑即威克利夫府，左侧是拉文斯沃斯城堡（1808年翻建）。大盾徽由马默杜克父母家族（Tunstall和Constable）的徽章组成，其中央悬浮的小盾徽则属于票主出身的Markham家族。

画面底部为票主姓名和WYCLIFFE字样。

[1] 见吴伟编著《外国黑白插图选》第6页，西泠印社出版社，2021年。

**图109　罗伯特·司各特　Robert Scott**

年代：1798

尺寸：5.0×5.8

作者：托马斯·比维克

票主（1774—1820）家族出自苏格兰南部与英格兰接界的杰德堡（Jedburgh），是苏格兰小说家沃尔特·司各特（Walter Scott，1771—1832）的远亲。他似乎很早就南下英格兰，1794年加入纽卡斯尔文学和哲学学会（1793年成立，现在是伦敦以外英国最大的独立图书馆），定居在达勒姆南边的辛克利夫府（Shincliffe Hall，现为历史遗产建筑）。

该藏书票的设计取自《四足动物史》中的一幅小插画，最早出现在该书的1791年版本中。票面主图是一只行走于林间空地的鹿，在其足下添加了常用于纹章设计的绞丝花环，并在两侧和底部添加枝叶装饰，最后在下面加上了票主姓名Robt. Scott。

**图110　托马斯·舍伍德　Thomas Sherwood**

年代：1801

尺寸：4.6 × 7.2

作者：托马斯·比维克（推测）

这是一款典型的比维克式木刻藏书票。票主盾徽斜立于林泉景致之中，其姓名亦隐于林荫之下。它是比维克独立经营工作坊后不久所出作品，推测为比维克本人所作。

票主（1770—1830）是达勒姆郡盖恩福德一位医术高超的外科医生，以治疗颅脑创伤见长。但是，票主却不幸遭逢一双子女早故，令他伤痛难愈，竟至自沉于水而终。

值得一提的是，票主是达勒姆历史学家和古物收藏家罗伯特·瑟蒂斯（Robert Surtees，1779—1834）的表兄，对后者编写达勒姆地方史提供过很大帮助。这位罗伯特·瑟蒂斯是一位牧师，居于梅因斯福斯府（Mainsforth Hall），沃尔特·司各特（参见图109）曾造访此地。他的后人赫伯特·C. 瑟蒂斯将这座府邸遗赠给了弗吉尼娅·瑟蒂斯（二人均见图6）。府邸已在20世纪60年代拆除。

**图111　马修·安德森　Matthew Anderson**

年代：1803

尺寸：5.5 × 8.4（纸张有褶皱和揭取破损）

作者：卢克·克莱内尔

票主（1754—1834）出身于从事海运的纽卡斯尔富商。在18世纪与19世纪之交，纽卡斯尔通过波罗的海与俄罗斯之间的贸易盛极一时。票主长期驻留圣彼得堡，与纽卡斯尔的弟弟约翰·安德森（John Anderson，1757—1829，也在比维克工作坊订制过藏书票）遥相配合，共同经营，他们的公司曾一时主导纽卡斯尔与俄罗斯的贸易。二人和他们的子弟都曾委托比维克工作坊制作藏书票。

票主在圣彼得堡生活了差不多60年，但是一直与家乡保持着密切联系。他身在异乡，除经营商业之外，也具有某种官方代表身份（他的弟弟曾担任纽卡斯尔的市长和市议员），并且是纽卡斯尔文学和哲学学会的早期会员。

票面所绘是泰恩河和两岸风景。前景树荫下有MATTW ANDERSON/ST PETERSBURG字样，意即“马修·安德森/圣彼得堡”。由于票主（后来还包括其子）的藏书票出现在圣彼得堡，使比维克的雕刻艺术名声远播，尽管这张藏书票实际上出自他的徒弟之手。1816年，俄罗斯尼古拉大公（即后来的尼古拉一世）到访英格兰，曾在纽卡斯尔仔细参观比维克的木刻作品，并大加赞赏，这更加扩大了比维克在俄罗斯的影响。

作者（参见第181页）是比维克工作坊的一位重要徒弟和雕刻师。

**图112　查尔斯·查尔顿　Charles Charleton**

年代：1822

尺寸：4.5 × 9.0

作者：罗伯特·艾里奥特·比维克

票主（1794—1827）出身于泰恩茅斯（Tynemouth，意即泰恩河口）的一个牧师家庭。他是爱丁堡皇家医学院院士，在位于泰恩河口北岸的北希尔兹行医。他本人因健康不佳而早故，成为当地医疗事业的一大损失。他曾有意死后将自己的房产捐出用于医疗用途，但是由于家人反对而最终未成。

票面画泰恩河口处陡立的崖岸和汹涌的海面。这里是纽卡斯尔通过泰恩河输出煤炭的口岸，当时在入海口还没有建防波堤。画面右方一艘运煤船正在海岬附近的海浪中飘摇，离左侧海岸不远则有一只救生艇已经出发。近处海面矗立着一座礁石，其前下角处有一行拉丁文SUCCURRERE DISCO，意为“我学习救人于水火”，引自古罗马诗人维吉尔（Virgil，前70—前19）的《埃涅阿斯纪》（*The Aeneid*）。这里是用海上救难来比拟票主的医生职业。

下方文字Chas. Charleton MD，为票主名号简写，其中MD为医学博士之缩写。

作者（参见第181页）为托马斯·比维克之子。

**图113　约翰·海德兰姆　John Headlam**

年代：约1830

尺寸：6.9 × 6.8

作者：马克·兰伯特

票主（1769—1854）于1786年获牛津大学林肯学院文科硕士学位，1793年成为威克利夫的一位牧师。后来他的活动主要在北约克郡，1826年担任里士满教区执事长（英国圣公会教区主教属下副职），1846年为教区主教在里彭的主要代表人。

他于1799年向比维克工作坊订制了藏书票。到里士满教区任职后，他又向兰伯特工作坊订制了他的第一张藏书票的复刻版，即此处所载版本。票面下方的名号是John Headlam M. A. /Archdeacon of Richmond，即“约翰·海德兰姆，文科硕士，里士满教区执事长”，因此这款票的制作时间约在1830年。

画面上一株大树斜倒在岩体上，虽然主干已残，但侧枝依然蓬勃生长，伸向天空。稍远处露出一座教堂建筑。票主的盾徽倚靠在树身上；一条缎带系于盾徽顶端，再向上悬于树枝，上面写着拉丁文INTELLECTU ET INNOCENTIA，意为“宽容与清白”。

作者（参见第181页）曾在比维克工作坊为徒，在刻制这张藏书票时已独立开业，但它是复刻原出于比维克工作坊的作品。

# 亨利·斯泰西·马克斯

## Henry Stacy Marks

## 1829—1898

作为维多利亚时代颇有名气的画家，亨利·斯泰西·马克斯的画作在当代拍卖市场上仍然有所表现。他出生于伦敦，父亲从事马车制造；他很小就开始在父亲的马车作坊工作，在车身上为客户绘制纹章。后来，他跟随利（James Mathews Leigh，1808—1860）学习绘画。

1851年，他22岁时进入皇家美术院下设的美术学院；1853年开始在此展出画作。1878年，成为莱顿（图142）任皇家美术院院长后第一位当选的院士。1883年，为皇家水彩学会会员。他的早期作品多采用莎士比亚和中世纪人物题材，画风细腻生动，并以幽默趣味著称。后来他转向自然历史题材，如鸟类和鸟类学家，以及海陆风景。

据马克斯自述，他在1864年（或1865年）为自己设计了第一款藏书票。在之后的30年间，他断续设计了40余款藏书票，成品则由他人制版和印制完成，其中主要是依据画稿以照相制版方式印制，因此一款藏书票常有大小不同的版别。

他的藏书票作品以人物题材为主，与他的大型人物画一样刻画生动，而且不乏风趣。他擅长用朴素、写实的手法表现设计主题，形式轻松活泼但绝非简单草率。在藏书票领域仍然盛行传统的纹章设计的时代，他的作品别具一格。不过，马克斯实际并非一般意义上的藏书票专业艺术家，他设计藏书票大多是绘画之余的“副业”，此外也会用他的绘画作品翻制藏书票。

在19世纪晚期藏书票收藏大兴之时，马克斯的作品为人发现并受到追捧。但是，由于他的作品大都完成于较早的时期，一些票主甚至已经离世，所以要收藏他设计的藏书票并非易事。1891年英国藏书票协会成立之后，他向协会提供了自己现有的藏书票作品目录，并称只有他自己还保存着一套完整的作品。当他的藏书票作品初次在协会展出并在会刊上著录时，他已经年过六旬。他在1891—1895年接到了至少10个藏书票订单，这时他开始在作品上标注年份及编号。据本书作者所见，其最晚的一款藏书票编号为45，作于1895年。

**图114　哈顿·维诺莱斯　Hutton Vignoles**

年代：1869

尺寸：7.4×4.3

作者：亨利·斯泰西·马克斯

署名：H. S. M.花押（主图右下角草丛中）

这是马克斯较早期设计的一款藏书票。票主（1824—1889）是一位铁路工程师。幼时在法国生活，曾随父在欧洲大陆、英国本土从事铁路勘测，后还到美洲从事铁路建设。

票面画一正在采摘葡萄的女工，一只鸟儿从远方飞来。在右上角用一幅“画中画”替代了纹章，上面画有装点着玫瑰的一杯葡萄酒。事实上，票主的法语家姓Vignoles即有葡萄园的含义，其家族盾徽图案也是一株葡萄藤。因此，这款藏书票的题材暗喻了票主的家族背景，尽管没有采用纹章设计。票面顶端有一行法文LA VIGNE LA VÉRITÉ，意为“葡萄园，不负人”。

票面下方小字Photo-Litho Whiteman & Bass，即“怀特曼和巴斯照相制版”。

**图115　亨利·查普曼　Henry Chapman**

年代：1870

尺寸：7.7×5.7

作者：亨利·斯泰西·马克斯

署名：H. S. M.花押（主图右下角草丛中）

这是马克斯的另一款较早期设计的藏书票。票主是一位工程师，同时爱好人文经典。

画面前景是一位古希腊神话中的擎天神阿特拉斯形象的赤身铁工，他正在休息饮水，身旁就地放着他的水壶，面前是铁砧和大锤，立置的铁板上画着一个机械部件。远景中，一台“阿特拉斯”蒸汽机车正承载着地球前进，太阳喷薄而出，喻示蒸汽动力运输对世界的影响。自1814年史蒂芬森父子发明和改进蒸汽机车以来，到这时机车的驱动构造和轮系已经有了更大的改进，这款藏书票展现了这一进步。

票面上方有一行拉丁文CRESCIT SUB PONDERE VIRTUS，意为“美德在压迫之中催生”。

据左下方小字标识，此票仍由“怀特曼和巴斯照相制版”。

**图116　罗宾逊·达克沃斯　Robinson Duckworth**

年代：1874

尺寸：9.0×6.8

作者：亨利·斯泰西·马克斯

署名：H. S. M.

票主（1834—1911）是一位与王室关系密切的教会牧师。1857年以优异成绩毕业于牛津大学的大学学院，很快受聘于剑桥大学三一学院，还曾担任马尔伯勒学校副校长。1860—1866年为三一学院导师。1864年任彼得伯勒大主教属下的审查牧师。1866年被聘为维多利亚女王次子利奥波德王子的私人教师。1867—1870年任王室总管；1870年起担任维多利亚女王的常任牧师，直至女王去世。1875年起为威斯敏斯特大教堂牧师，至1895年为副主教。死后葬于威斯敏斯特大教堂。

不过，他更为人所乐道的是，他曾与他的朋友查尔斯·路特维奇·道奇森（Charles Lutwidge Dodgson，笔名Lewis Carroll，刘易斯·卡罗尔，1832—1898）在1862年夏天泛舟于牛津—努内汉—戈德明的河上，正是在那里刘易斯向同行的几个小女孩讲述了后来编写为《爱丽丝梦游仙境》（*Alice's Adventures in Wonderland*，1865）的童话故事。

这款藏书票是马克斯根据他的绘画作品《向鸟儿们布道的圣方济各》设计的。画面中的牧师象征票主本人，水鸟则与他的家族羽饰相关联。如左上角小框内所示，达克沃斯家族的羽饰是一只立于一捆谷物上的野鸭。上方拉丁文铭文PERSEUERANTIA意为“坚定不移”，下部写票主名号。边框采用的花纹设计体现了当时逐渐兴起的装饰风格。

底部小字Whiteman & Bass Photo-Litho to the Queen，即“女王御用照相制版人怀特曼和巴斯”，显示了这家公司数年以来的发展。

**图117　阿尔弗雷德·马克斯　Alfred Marks**

年代：1885

尺寸：9.4 × 7.3

作者：亨利·斯泰西·马克斯

署名：H. S. M. 1885

画面上一位学者样貌的先生正襟危坐于桌前读书，但是桌下他的腿却从袍服下摆暴露出来。桌子上有摊开的书和一个沙漏，地上还有一本书斜靠着椅子，但是他的心绪似乎已经离开书本，眼神从夹鼻眼镜上方瞟向画外。墙上悬挂着一幅画，那是达·芬奇（Leonardo da Vinci，1452—1519）的画作《圣母子、圣安妮和施洗者约翰》（藏于伦敦国家美术馆）。从窗口可见外面伸展的枝叶，落在窗台的一只小鸟正在引颈鸣唱。

票主（1834—1912）是作者的弟弟。他从事银行业，同时也是老伦敦遗迹摄影协会（The Society for Photographing Relics of Old London）的荣誉秘书长。

**图118　亨利·斯泰西·马克斯　Henry Stacy Marks**

年代：1891

尺寸：9.1 × 7.5

作者：亨利·斯泰西·马克斯

署名：H. S. M. 1891

这是作者为自己所制藏书票，主图四角的数字合为年份数字1891。

在圆形画框内，有一小丑装束的死神枯坐荒野，手中展示出有票主姓名缩写花押的盾牌，周边散落着骨骸和刑斧，一只飞鸟从天空一角掠去。上方字幅上写着莎士比亚悲剧《麦克白》（*Macbeth*）中麦克白临近败亡时的一句台词：Life's but a walking shadow，即“人生不过是一个行走的影子”[1]。

值得一提的是，作者在1864年（或1865年）为自己设计的第一款藏书票的主题也是小丑形象的死神，铭文为SEQUERE ME（随我走）。看来这是票主后半生一直萦绕于心的一个主题。

底部小字J. E. WOOD PLYM. S，是普利茅斯一位制版人的署名，又见图281。

[1] 见朱生豪译莎士比亚《麦克白》第五幕第五场，人民文学出版社 11 卷本《莎士比亚全集》第 8 卷，1978 年。

**图119　托马斯·詹姆斯·巴拉特　Thomas James Barratt**

年代：1891

尺寸：13.2 × 8.0

作者：亨利·斯泰西·马克斯

署名：1891 H. S. M.

票主（1841—1914）是肥皂制造商A&F. 皮尔斯公司的主席。1865年，他以公司所有人女婿的身份加入公司。在他的领导下，皮尔斯公司为其肥皂产品开展了一系列广告营销。他策划的广告词“早安，你用过皮尔斯香皂了吗？”成为当时的一个流行语。为了提升产品品牌的影响力，他不惜购买像米莱这样的名画家的作品用于公司广告。他因此成为品牌营销的先行者，被称为“现代广告之父”。除经营公司之外，他还编写伦敦汉普斯特德区的地方史，担任过伦敦金融城的副市长，并且是皇家显微学会和统计学会的会员。

这款藏书票的设计契合票主的身份和志趣。画面上一位绅士端坐于一把扶手椅内，面带微笑沉浸于阅读之中。他的衣着简朴舒适，身后的书橱内摆满了书籍，旁边的桌子上也摆着书，在椅子腿边还斜靠着一本书。在墙壁空白处，用略带写意的笔法画上了票主的纹章，下面的拉丁文铭文UERITAS ET CARITAS意为“坦诚和尊重”。

**图120　詹姆斯·罗伯茨·布朗　James Roberts Brown**

年代：1892

尺寸：10.2 × 7.6

作者：亨利·斯泰西·马克斯

署名：H. S. M. 1892

票主（1838—1905）早年曾参加北极探索，后退而成为古物学家。1885年被选为“珍稀本俱乐部”（The Sette of Odd Volumes）主席，也是皇家地理学会和多个古物、考古学会的会员。

他是英国藏书票协会的创始会员之一，1893—1894年为协会理事长，以其在谱系学和纹章学方面的深厚知识对协会的藏书票研究有很大贡献。积极推动会员交流活动，组织成立“藏书票交换俱乐部”（The Bookplate Exchange Club）。为藏书票大收藏家，去世后被拍卖的藏品达1.6万枚，而其实际收藏很可能还不止此数。

画面上，一位炼金士正在仔细观察和搅拌一只架在火上的坩埚，比喻票主在珍稀本俱乐部曾有绰号“炼金士”。桌旁凳子上立着一部古书，书名是ELIAS ASHMOLE MDCLII，即“伊莱亚斯·阿什莫尔1652”，指这位17世纪古物学家和占星家所编撰的《不列颠炼金术演述》（*Theatrum Chemicum Britanniarum*）；书名下面是珍稀本俱乐部的标志，四角数字组成1885，即票主担任该俱乐部主席的年份。椅背上半露出共济会的标志，显示票主为其成员。右上方悬挂的画幅上是一只戴着项圈的仙鹤；票主家族以仙鹤为纹章羽饰，但是这里并没有采用传统纹章样式，而是去掉了羽饰下常有的花环。左上方字带上有藏书票标记及“JUNE 25 1892”字样（1892年6月25日为票主54岁生日）。

这真是一款内容丰富但布置妥帖、生动写实而寓意奥妙的佳作。

# 查尔斯·威廉·舍邦
# Charles William Sherborn
# 1831—1912

舍邦是英国藏书票黄金时代最负盛名的艺术家，也是少数以创作藏书票为主的艺术家之一。他的生平和作品因其长子（图10）所作传记和维纳（图137）协助编辑的作品目录【70】而得以完整记载。

1831年6月14日舍邦出生于伦敦。他的祖上或为农或为工，而父亲则从事室内装潢。尽管这并不是一个有深厚艺术传统的家族，但舍邦年幼就喜爱画画。在完成基础教育后，他14岁时进入政府在萨默塞特宫（曾是皇家美术院所在地）开办的设计学校（参见第127页脚注），另外还师从一位银匠学习雕刻。1852年，他被伦敦金匠公会接纳为“自由人”，这相当于获得业内承认的初级称号。

随后，他到欧洲大陆进行了4年多的游历和访学。在最初一年先后到巴黎、罗马和意大利其他一些城市进修艺术和学习雕刻。后三年主要在瑞士度过，研习钟表制作，特别是装饰雕刻，这为他回到伦敦后从事雕刻业务打下了基础。

1860年，他与汉娜·辛普森·戴维斯（Hannah Simpson Davis，？—1922）成婚。二人育有四子一女。

自1856年回到伦敦至1872年间，舍邦主要从事各种雕刻加工，包括珠宝、首饰盒、金属标牌、印版、表壳等。此外，他也曾与人合伙经商，却以破产失败告终。总的来说，他不是一个精于计算的生意人，对于金钱收支和时间付出没有严格的概念。在这个时期，他仍然坚持业余到美术院校进修，到国家美术馆临摹，或到大英博物馆的版画馆做研究。家人对他的支持使他在经济不宽裕的条件下仍能继续追求自己的艺术理想。1863年，他首次在皇家美术院展出画作。又过了约10年，他彻底放弃商业，专心从事雕刻创作。他受人委托完成了一系列十分精细的艺术作品，1880年以后更是转向以线刻藏书票为主。

舍邦有记录的最早藏书票作品可追溯至1860年以前。据其作品目录，他一生创作的藏书票作品有440多件，包括少量未完成作品或设计稿；其中，90%以上属于1880年或他50岁以后的作品。特别是在他60—70岁这段时期，平均每年完成的作品在20件以上。这时正是藏书票协会成立之初，舍邦为创始会员，他的声名也得到更快更广的传播。据他的长子记载：“那时的委托真如雪片而至，在他的案头曾同时有三四十件雕刻在进行之中。以他对艺术的执着，他对每件作品总是斟酌再三。如果哪位委托人对他有所催促，他就会把属于那人的作品搁置一旁，先着手其他。他很少会迅即完成一件作品，这主要是由于他的个性使然。”

舍邦精妙的藏书票艺术是基于他深厚的绘画功底和密切结合票主要求的精心构思。虽然他擅长细密的铜版线刻技法，但是他经过长期研习实际上已经掌握了美术的各个分支，包括油画、水彩、版画和金属工艺等，对于版画领域的蚀刻、线刻、美柔汀、飞尘、石版画等各种技法和形式也都有深刻的理解。他到博物馆仔细钻研版画藏品，自己也收藏了一些前辈画家如凡·戴克和伦勃朗的版画，时时加以研究。他对前辈的技法和作品熟稔于心，以此为自己的创作设定新的标准和目标。

他所服务的票主多为名公巨卿、社会贤达乃至文化教育机构，且不乏藏书票收藏家。根据他们的各种要求和背景，他在曾不盈数寸的版面内布置复杂多样的内容，再加以繁复的装饰。其技法之精细堪称无以复加，很多雕刻细节都需要用放大镜才能辨识。

舍邦藏书票的题材多以纹章为中心或主体，董桥评论他的作品“笔力虽佳，到底难脱迂腐之气”【24】，这应是相对于当时已经兴起的新艺术潮流而言。实际上，正是舍邦把传统艺术带到了新的高度和境界，把藏书票以小见大、扶隐发微的旨趣推向极致，而且他的图画式藏书票的精细和生动也丝毫不逊色。与同时期的其他藏书票艺术家相比，舍邦同时具备深厚的绘画功底和精湛的雕刻技艺，被称为维多利亚时代的“小大师”（Little Master）。

舍邦晚年目力下降，无法再如往常一样进行极为精细的雕刻。但是，直至生命的最后他也没有停止创作。1912年2月10日，他在家中平静地去世，而就在10多天前他还为美国同行兼好友霍普森（William Fowler Hopson，1849—1935）的藏书票进行了一些雕刻工作。连同这款藏书票，他有5件未完成作品，在他去世后由他人代为完成。

舍邦自留的藏书票作品，包括雕刻版和中间试印版，大部分都由其本人和去世后由其长子捐赠给博物馆。其中，以大英博物馆收藏他的作品最多，也最为系统。舍邦曾在这里研究馆藏，而他自己的作品最终也入藏于此。

舍邦在世时，他的作品便广受推崇，交换他的藏书票甚至成为收藏界的一种时尚。一百多年后，藏家对于舍邦藏书票的珍重仍然不减，在市面上只能零星寻获。

除本处所载外，本书收录的舍邦其他作品见图2、图10和图280。

TENEBO
The Rt. Hon.ble Sir John Warren
Baron de Tabley of Tabley Co. Chester.
1888.

**图121　约翰·沃伦**
**John Warren**

年代：　1888
尺寸：　9.5 × 7.1
作者：　查尔斯·威廉·舍邦
署名：　C. W. Sherborn In. et Sculpt.（C. W. 舍邦设计和雕刻）

票主（全名John Byrne Leicester Warren，1837—1895）的名号如票面下方所示，为The Rt. Hon.ble Sir John Warren/ Baron de Tabley of Tabley Co, Chester./1888（真正尊贵之约翰·沃伦爵士阁下，塔布莱郡之塔布莱男爵，切斯特县，1888年）。1887年，即此票制成的上一年，票主作为长子继为第三代塔布莱男爵，后在文献中常以塔布莱勋爵来称呼他。

票主在伊顿公学完成中学学业，后入牛津大学基督堂学院学习古典文学、法律和现代史。1856年自牛津毕业后，他有过一段曲折的从政和从军经历。其间，他开始写诗并以化名发表。1866年发表成名之作《菲罗克忒忒斯》（*Philoctetes*），受到诗友丁尼生和勃朗宁（Robert Browning，1812—1889）等人的称赞。后来诗名渐衰，乃至在1877—1893年完全退出诗歌创作。这期间他继承了爵位，但基本过着一种隐居生活，难怪丁尼生曾把他比作“来自森林的牧神般的人物”。至生命晚期，才又有新作面世。他的诗歌属于古典风格，华丽、细致但不免失于雕饰。埃德蒙·戈斯（Edmund Gosse，1849—1928）评论他的诗像猫眼石，色泽深沉而圆润，从特定角度观察却会闪现耀眼的光芒。

他在诗歌领域之外，对钱币学、植物学也都有研究，更是英国最早的藏书票收藏家之一和开创性的研究者。他首创的《藏书票研究指南》【86】至今仍然是关于藏书票历史的经典之作。他晚年曾自嘲在文学、政治、领地管理方面一事无成，“……只剩下那些无足轻重的藏书票！”1977年，藏书票协会的李和平考特曾前往已成为历史保护建筑的塔布莱府考察他的藏书票遗存，其数量约达11,000枚；它们后归藏于曼彻斯特大学。

票面设计为雅各式，中央是沃伦家族盾徽，盾徽中间悬浮男爵左掌徽章；两侧扶盾和男爵冠与头盔之上的羽饰为双足飞龙，也是沃伦家族专属。盾徽下有拉丁文铭文TENEBO，意为“我将紧握”。

**图122　奥古斯都·沃拉斯顿·弗朗克斯　Augusti Wollaston Franks**

年代：1891

尺寸：12.2 × 7.8

作者：查尔斯·威廉·舍邦

署名：C. W. Sherborn Sculpt. London 1891（C. W. 舍邦雕刻，伦敦1891年）

这是弗朗克斯（又见图2）在世时由舍邦为其所作藏书票，大英博物馆《弗朗克斯遗赠大英博物馆英美藏书票目录》【36】以此为卷首图。根据票主意愿，其设计是基于法国的德裔版画家勒布隆（Jacob Christoph Le Blon，1667—1741）设计的一张藏书票，而勒布隆的设计则在一定程度上模仿了丢勒约于1521年所作以"荣耀完全属于上帝"（SOLI DEO GLORIA）为题、绘有约翰·切尔特（Johann Tscherte）盾徽的木刻版画。

票面中央是弗朗克斯本人的纹章，由盾徽、头盔和猎隼羽饰组成。左上角的盾徽属于弗朗克斯家族（FRANKS，这里应当是指票主祖父，其本人盾徽与此一致），左下角的盾徽属于其祖母出身的胡格诺派高森家族（GAUSSEN，票主出生于瑞士），右上角的盾徽属于其外祖父所在的塞布莱特家族（SEBRIGHT），右下角的盾徽则属于其外祖母出身的克劳福特家族（CROFTS）。

顶部拉丁文铭文NUNC MIHI MOX ALIIS意为"暂得于己　倏忽去之"。底部藏书票标记E LIBRIS之后的拉丁文是AUGUSTI WOLLASTON FRANKS/ORD BALN COM LITT DOCT/SOCC REG ET ANT SOCII MDCCCXCI，意为"奥古斯都·沃拉斯顿·弗朗克斯，三级巴斯骑士勋章，文科名誉博士，皇家学会和古物学会会员，1891年"。此处头衔与图2有别。

**图123　巴特西勋爵　Lord Battersea**

年代：1893

尺寸：10.2 × 7.8

作者：查尔斯·威廉·舍邦

署名：C. W. Sherborn fecit 1893（C. W. 舍邦完成于1893年）

票主是商人和自由党政治家，本名西里尔·弗劳尔（Cyril Flower，1843—1907）。舍邦曾于1885年为他和他的妻子制作过采用其本名的藏书票。票主在1892年获巴特西勋爵称号，舍邦在当年为其妻子新制一款藏书票，次年又为票主完成了这款采用其封号的藏书票。

票主的父辈在澳大利亚悉尼从事商业贸易起家，后回到伦敦开发房地产。票主本人也在伦敦从事房地产事业。1880年，进入议会；在格莱斯顿（图69）第三次出任首相期间，曾在1886年短暂担任过财政副大臣。1892年，受格莱斯顿的褒奖而获封巴特西男爵，这个封号与他在伦敦的巴特西庄园地产项目有关。在艺术领域，票主是詹姆斯·A. M. 惠斯勒（James Abbott McNeill Whistler，1834—1903）和塞西尔·G. 劳森（Cecil Gordon Lawson，1849—1882）等画家的赞助人，也收藏先拉斐尔派画家的作品。1893年，也即本票年份，曾获派澳大利亚新南威尔士州为州长，不过因妻子不愿前往作罢。

他的妻子是出自罗斯柴尔德家族的康斯坦丝（Constance de Rothschild，1843—1931），是在伦敦创立罗斯柴尔德家族事业的内森·罗斯柴尔德（参见图195）的孙女。二人并无子嗣。因票主有同性恋倾向，他们的家庭难称美满。

这款华丽藏书票的中央盾徽有两个主要分区，D侧为弗劳尔家族徽章，S侧为罗斯柴尔德家族徽章，它们又分别由4个细分分区组成。两边分别以美人鱼和海马为扶盾。在男爵冠上方的羽饰为一只手擎住一枝玫瑰和一枝百合，亦属于票主家族；下方飘带上的拉丁文铭文是FLORES CURAT DEUS，意为“上帝眷顾花卉”（票主姓氏即花卉之意），这是他获封男爵后所采用的。纹章置于椭圆形画框内，画框外四角装饰物分别是调色板、乐谱、果实和花卉。底部写票主名号。

ΦΙΛΟΚΑΛΟΥΜΕΝ
ΜΑΛΑΚΙΑΣ
ΑΝΕΥ
THE BURLINGTON
FINE ARTS CLUB LIBRARY.
S.S. Joseph D.D.

**图124 伯灵顿美术俱乐部图书馆**
**The Burlington Fine Arts Club Library**

年代： 1893

尺寸： 15.5 × 9.1

作者： 查尔斯・威廉・舍邦

署名： S. S. Joseph, D. D.（S. S. 约瑟夫，神学博士。本票订制人）和
C. W. Sherborn R. P. E. In. & ft. London 1893（皇家画家-蚀刻家协会会员C. W. 舍邦设计并完成，伦敦1893年）

伯灵顿美术俱乐部创办于1866年，主要由热爱艺术的英国上层绅士组成，包括收藏家和艺术家。詹姆斯・A. M. 惠斯勒（参见图123）、约翰・拉斯金（参见图68）、但丁・罗塞蒂和威廉・罗塞蒂兄弟（参见图6）等都曾经是会员。俱乐部交流个人收藏，并定期举办展览；1910年曾举行中国明代及以前的早期瓷器展览。二战后，因会员数量大减，最终于1952年停办。

这是一款尺寸较大且高宽比例较大的藏书票。由俱乐部会员约瑟夫（S. S. Joseph，神学博士）委托舍邦制作并赠给俱乐部使用，因此在票面下方雕刻了他的名号。

票面中央是悬挂于茛苕枝叶中的两个椭圆形像框，上为伦勃朗（Rembrandt Harmenszoon van Rijn，1606—1669）1640年自画像；下为凡・戴克（Anthony Van Dyck，1599—1641）所绘阿伦德尔勋爵（Lord Arundel，Thomas Howard，1585—1646，第二代阿伦德尔伯爵，查尔斯一世时期的政治家和艺术品收藏家）。画像下面的飘带上是出自修昔底德的古希腊语铭文，意为“我们培养美好但不要柔弱”；飘带下有密涅瓦雕像、书籍和阿拉伯式的灯座。作者花押雕刻于密涅瓦雕像旁斜立书籍封面的中心。下部匾牌上的机构名称下留白，供填写藏书信息。

“皇家画家-蚀刻家协会”（The Royal Society of Painter-Etchers），简称RPE或RE，成立于1880年，作者为创始会员。1888年获皇家特许状，其目的是弥补皇家美术院在展示和推广版画方面的不足。1991年改称“皇家画家-版画家协会”（The Royal Society of Painter-Printmakers），但仍以RE为其简称。

**图125 维多利亚·玛丽王妃 Princess Victory Mary**
年代：不早于1893
尺寸：6.7 × 5.3
作者：查尔斯·威廉·舍邦
署名：CW Sherborn Sc.（C. W. 舍邦雕刻）

票主（1867—1953）即后来的乔治五世的玛丽王后。爱德华七世次子乔治王子于1892年封约克公爵，1893年与玛丽结婚，1901年封威尔士亲王，1910年继位为乔治五世国王。这款藏书票上端的约克公爵冠及其下象征约克公爵的白玫瑰显示，在订制这款藏书票时票主已成为玛丽王妃，又称梅王妃（Princess May，May为Mary的昵称）。舍邦作品目录【70】将这款藏书票归于1890年，李指出其误【52】。中央椭圆框内，由VM字母组成花押图案。字框以茛苕叶为装饰，外面再配以开放的山楂花（May是多义词，其中之一指山楂花）。

玛丽王妃是符腾堡泰克公爵和玛丽·阿德莱德公主（乔治三世孙女）之女。与乔治五世育有五子一女，长子和次子先后为爱德华八世和乔治六世。1952年伊丽莎白二世继位后，为太王太后。她是一位强势的王后，在20世纪上半期为稳固王室发挥了不小的影响力；对历史文化有浓厚兴趣，热衷收藏文物和艺术品；喜爱阅读，有多款藏书票。

票主的另两款藏书票分别见图168、图171。

舍邦也分别为玛丽王妃的父亲、母亲作有藏书票。

（上接第 207 页）

底部有两部翻开的书。其中，上面一部左页印头顶王冠的狮首；右页印Exlibris Album，即“藏书票册”，下面有票主名姓缩写RD组成的花押。竖琴旁边的鹈鹕和围绕它的分规是共济会象征物（传说鹈鹕撕裂胸膛，用自己的血喂养饥饿的幼鸟，为后代不惜牺牲生命；分规则被用以代表“和谐与道德”）。其他如凯尔特结、奖章收藏匣等与票主地望和兴趣相关，但并没有票主爱好的摄影所用器材。【85】

本票有黑、红墨色不同版本。同年，舍邦还为票主作有另一款以其羽饰为主题的藏书票，配铭文MAY THE WING OF FRIENDSHIP NEVER MOULT A FEATHER，意为“愿友谊之翼永不掉落一根羽毛”。1907年，舍邦为票主制作了第三款藏书票，以其纹章和府邸为主题，并增加了皇家艺术学会副会长、科克郡郡长（1893）、科克考古学会会长（1902年起）等头衔。

**图126　罗伯特·戴　Robert Day**

年代：1894

尺寸：8.0×6.3

作者：查尔斯·威廉·舍邦

署名：C. W. S. ft. 1894（C. W. 舍邦作于1894年）

票主（1836—1914）是当时仍属于英国的爱尔兰科克人，从事当地历史与考古研究，为爱尔兰皇家古物学会会员。自1894年起终身担任科克历史与考古学会（Cork Historical and Archaeological Society）会长。爱好摄影，留下了不少具有历史意义的科克市老照片。1893年为科克郡郡长。重要的藏书票收藏家和赞助人，1891年英国藏书票协会的副会长。他是罗伯特·吉宾斯（图100）的外祖父。

票面一侧，一位缪斯式的人物右手握羽毛笔，左臂倚于圣台上一卷展开的文稿上，身下立一架竖琴，象征爱尔兰。圣台上有书籍和一盏灯火，它们是票主所加入的共济会的象征物。台面下方镌刻EX LIBRIS。上方穿插于桂叶丛中的飘带上分三段写票主姓名和他的头衔：ROBERT/DAY J. P.（Justice of the Peace，太平绅士）/F. S. A.（Fellow of the Society of Antiquaries，古物学会会员）M. R. I. A.（Member of the Royal Irish Academy，皇家爱尔兰科学院院士）。桂叶与票主居所“桂冈”（Myrtle Hill）相关，并且也出现在下文的《埃涅阿斯纪》中。

圣台下是戴氏家族科克支系的纹章。盾徽上有蓝、金配色的三颗星和新月。羽饰是两只带鸽翅的手握在一起，D翅金色配蓝星，S翅蓝色配金色新月。盾徽下的飘带上写拉丁文铭文SIC ITUR AD ASTRA，出自维吉尔《埃涅阿斯纪》中阿波罗对即将首次踏上战场的埃涅阿斯之子阿斯卡尼乌斯的祝福之语，大意“就这样踏上通往星辰之路”。（值得一提的是，舍邦也以此为座右铭。）

（下接第206页）

**图127　罗斯林·厄斯金·威姆兹　Rosslyn Erskine Wemyss**

年代：1895

尺寸：9.2 × 7.5

作者：查尔斯·威廉·舍邦

署名：CWS花押

票主（1864—1933）出身于苏格兰古老的威姆兹贵族家庭，是英国皇家海军强盛时期的著名将领。他在海军生涯早期数次率领舰艇护送王室成员出巡海外，其中包括后来的乔治五世。1911年为海军少将。第一次世界大战前期指挥巡洋舰警戒英吉利海峡西部；1915年在达达尼尔战役中负责英国海军的部署和装备，并指挥了海丽丝岬（Cape Helles）登陆。1916年获巴斯骑士勋章，擢升海军中将。战争后期任英军在东印度群岛至埃及战区的总司令。1917年为海军大臣。1919年11月以海军元帅衔退役，并加封男爵。著有《达达尼尔战役中的海军》（*The Navy in the Dardanelles Campaign*，1924）。作为英国海军统帅，他反对美国在第一次世界大战后要建设世界第一海军的企图。

这张藏书票作于票主年仅31岁时。远景的海上有一艘战列舰在航行；近景岸边停靠一艘三层渡船，并有锚链、火炮等海军舰船装备。盾徽上的立狮显示威姆兹家族的苏格兰背景，羽饰为家族象征物天鹅，盾徽下的拉丁文铭文JE PENSE意为“我思”，引自“我思故我在”，语出笛卡尔（René Descartes，1596—1650）。票面顶部横幅上的两行文字是：

| | |
|---|---|
| Steer a straight course in deed & in thought | 在行动和思想上保持坚定正直的航线 |
| Let god be your pilot & wisdom your port | 让上帝为你领航，智慧成为你的港湾 |

下方为票主姓名；后加R. N.字样，指皇家海军。

**图128　约翰·胡伯特·沃德　John Hubert Ward**

年代：1897

尺寸：8.9 × 7.1

作者：查尔斯·威廉·舍邦

署名：C. W. Sherborn R. E. 1897（C. W. 舍邦，皇家画家-蚀刻家协会会员，1897年）

票主（1870—1938）出自古老的沃德家族。早年以中尉衔参加在南非的布尔战争。1901年进入陆军部，担任财政部门的助理官员。1902年起，担任过爱德华七世至乔治六世四位国王的侍从武官，先后获皇家维多利亚骑士勋章、圣约翰勋章、法国荣誉军团骑士和意大利、西班牙、丹麦的国家勋章等。

这是一款风景藏书票，但仍然不失严谨、细致的设计和雕刻风格。在一株巨大橡树的掩映下，一条大河从远山奔涌而至，在跌水处形成一排瀑布。在水草丛生的岸边摆放着钓竿，树下有一只鱼篓，还倚放着一支猎枪，地上散落着被击落的水鸟和钓获的鱼类。沃德家族传统的貂尾纹盾徽靠在大树上，其下的飘带上写着法文的家族铭文COMME JE FUS，大意“我心不改”。

**图129　莎士比亚纪念图书馆**
**Shakespeare Memorial Library**
年代：　1899
尺寸：　11.9 × 6.2
作者：　查尔斯・威廉・舍邦
署名：　C. W. Sherborn R. E. fecit 1899
（皇家画家-蚀刻家协会会员
C. W. 舍邦作于1899年）

根据票面主图下部两条飘带上的文字SHAKESPEARE MEMORIAL LIBRARY和STRATFORD UPON AVON，该藏书票是用于“埃文河畔斯特拉福德的莎士比亚纪念图书馆”。此地是莎士比亚（Wiliam Shakespeare，1564—1616）的出生地，在伯明翰东南方向约35千米处。

1879年伯明翰市原有的中央图书馆建筑遭火灾损毁，重建工程由张伯伦（John Henry Chamberlain，1831—1883）负责，他为之于1882年设计了莎士比亚纪念室，专门收容莎士比亚纪念图书馆的馆藏。张伯伦是约翰・拉斯金建筑思想的早期实践者之一，后来还受到工艺美术运动的影响。他设计的这间藏书室富有莎士比亚所处的伊丽莎白一世时代的装饰风格，这款藏书票即用于此。不过，到1906年时它已无法容纳不断增加的馆藏。1971年，伯明翰中央图书馆启动改建工程，这座莎士比亚纪念图书馆也随之被拆除，但其装饰构件均被保留，到1983年在新的伯明翰中央图书馆重新组装恢复。2013年，它又被转移到伯明翰图书馆的顶层，成为一个具有特殊风格的活动场所。

藏书票主图中央是镶嵌在画框内的莎士比亚肖像，取自“第一对开本”卷首的莎士比亚像，其周围以橡树叶、月桂叶和玫瑰花装饰。肖像上面是莎士比亚家族盾徽（银矛斜置于金色盾面），顶部羽饰是一只展翅的猎隼抓住一柄竖立的长矛。这款盾徽是莎士比亚的父亲（John Shakespeare，约 1531—1601）于晚年向伦敦纹章院申请而得，隼（saker）和矛（spear）的组合暗合家族姓氏。在家族盾徽两侧的飘带上有法文铭文NON SANZ DROICT，直译“并非没有权利”。在莎士比亚肖像下面的盾徽则属于斯特拉福德镇。

这款藏书票依主图下方附加的文字不同而有不同版本。此处版本的下方除藏书票标记外，有三行哥特体文字：Registered at Stratford-upon-Avon/as a Contributor to the/Shakespeare Memorial，意为“注册于埃文河畔之斯特拉福德镇，为莎士比亚纪念剧院之贡献者”，说明了这间位于伯明翰市区的图书馆与斯特拉福德镇的紧密关系。

**图130　哈里·阿尔弗雷德·福勒　Harry Alfred Fowler**

年代：1911

尺寸：10.0×6.3

作者：查尔斯·威廉·舍邦

署名：C. W. Sherborn R. E. fecit 1911（皇家画家-蚀刻家协会会员C. W. 舍邦作于1911年）

票主（1889—1959）是美国堪萨斯人，编辑出身，从事出版和有关研究工作。曾主编《版画研究》（*Print Survey*）、《版画韵事》（*The Romance of Fine Prints*）、《版画收藏家纪事》（*The Print Collectors' Chronicle*）、《版画收藏家季刊》（*The Print Collectors' Quarterly*）等多种刊物。作为一位著名出版人，同时也是藏书票收藏家，在20世纪早期组织美国藏书票协会，编辑出版《藏书票年刊》（*The Bookplate Annual*），是美国藏书票收藏者和设计者协会（The American Society of Bookplate Collectors and Designers，1922年成立）的先驱人物。

这是一款"票中有票"的作品。中央为票主姓名缩写HAF组成的花押图案。左上为乔治·华盛顿藏书票（隐约可见其拉丁文铭文EXITUS ACTA PROBAT，意为"结果验证行为"），右上为鸢尾花图案，分别代表美国总统和英国皇家。左下为舍邦像及其1878年所制自用藏书票（即著名的"生与死"主题藏书票），右下为埃德温·戴维斯·弗兰奇（Edwin Davis French，1851—1906）像及其1893年所制自用藏书票。弗兰奇是美国藏书票黄金时期的艺术家，他和当时美国的其他一些藏书票艺术家都与舍邦为友。在一排横卧的书籍下面是写着藏书票标记和票主姓名的字牌，并用罗马数字标记1911年。在主图外右下角处，还设计了一个用票主花押和鸢尾花图案组成的角标图案。

这是舍邦暮年之作，但仍然构思缜密，技法高妙。

# 沃尔特·克兰

## Walter Crane

## 1845—1915

沃尔特·克兰于1845年8月15日出生于利物浦。他的父亲是一位成功的画家，使他自幼对绘画产生兴趣。举家迁到伦敦后，克兰14岁即师从威廉·詹姆斯·林顿（William James Linton，1812—1898，木刻家、诗人兼社会活动家，1866年移居美国）学习版画雕刻。

那时正是先拉斐尔派产生影响的时代，日本浮世绘也被介绍到西方。克兰受到传统版画技艺和当代艺术思想的综合影响，形成了形象刻画生动而装饰意味浓厚的绘画风格。他不到20岁就开始从事儿童插画书的创作，此后30年间成为这一领域的名家。到中年之际，他已经涉足装饰艺术的多个领域，包括绘画、插图、瓷板画等。作为工艺美术运动的主要参与者，他坚持艺术品从设计到制作工艺整体统一的理念，包括字体与图画的完美结合，这在他的藏书票作品中也得到反映。

克兰与工艺美术运动产生联系，并成为其中重要一员，主要是由于他与威廉·莫里斯的紧密关系。他为莫里斯文学作品创作的插图，比他的儿童插画书具有更深远的影响力。二人在艺术思想和政治倾向上紧密关联，共同完成了不少项目。与莫里斯一样，克兰也是一位热情的社会主义支持者，把艺术作为改变社会的一个手段。莫里斯创建社会主义联盟之后，1885年创刊《公共利益》（*The Commonweal*），发表宣传社会主义理想的诗歌、散文和小说等作品，而为刊物版面做装饰的则主要是克兰，以平等、自由、博爱为主题的刊头也由克兰设计。克兰的政治理想对于他的艺术追求是有影响的，尽管这并非能够在这里深入探讨的话题。

克兰在插图领域颇多建树，但是已知他所创作的藏书票作品却只有11款。他的风格属于新古典主义，以完美的构图来表现风雅的主题，人物多身着古代服装，还融入了东方艺术情调。在密切结合票主趣味或要求的同时，又具有大众化的表现。虽然作品数量有限，但是颇受推崇。当然，他在美术界的影响力也使他的藏书票作品受到追捧。他在藏书票上的署名惯用其姓氏字头C与仙鹤（crane）图案组合而成的花押。

克兰在1888—1889年担任美术工作者协会第三任会长（威廉·莫里斯在1892年为第六任会长），也是美术与手工艺展览协会的两任主席。1888年，当选皇家水彩学会会员；1898—1899年，任皇家美术院院长。

克兰晚年遭遇妻子因不明原因撞击铁路列车身亡，使他身心深受打击，不久后在1915年3月14日逝于肯辛顿。

除此处所载藏书票外，克兰所作一款公共图书馆藏书票见图268。

**图131　亚历克斯·H. 特恩布尔　Alex H. Turnbull**
年代：1891
尺寸：8.1×7.0
作者：沃尔特·克兰
署名：C与仙鹤图案组合的花押（主图下中央处）

票主（全名Alexander Horsburgh Turnbull，1868—1918）是有商人背景的藏书家和收藏家。出生于新西兰，父母则来自苏格兰。1875年随父母回到伦敦，1884年加入家族公司从事布匹贸易。1885—1886年两次到新西兰长途旅行，买到他的第一部关于新西兰的书。1888年公司被出售，他变成一个富足、有闲的年轻人，开启自由的社交、旅行和阅读生活，并开始有目标地藏书，重点包括新西兰和太平洋探索、苏格兰历史、英国文学、约翰·拉斯金和美术等领域。伦敦林奈学会、皇家地理学会会员。

1892年重返新西兰加入父亲重新成立的商业公司，开始收藏土著工艺品。1893年，立志集中收藏与新西兰有关的书籍，包括历史、动植物、地理和居民等各个领域。当时其收藏中有约1,500部新西兰题材的书籍。之后，藏书又扩展到航海和海军史、库克船长、澳大利亚殖民地及其南方海岛等专题。1913年，向新西兰疆域博物馆（新西兰蒂帕帕国家博物馆前身）捐赠约500件毛利人和太平洋岛国的手工艺品和服装。爱好高尔夫、帆船运动，终生未婚。1918年在接受一次鼻窦手术后不幸早逝。其约55,000部书籍、刊物和数千件地图、油画、素描、版画和手稿等遗赠给惠灵顿市政府。政府买下他的住宅后，在这里建立了亚历山大·特恩布尔图书馆，于1920年开放，现属于新西兰国家图书馆。

这款藏书票作于其重返新西兰之前。票面画一毛利人用力扳回一头犟牛，暗合票主英文姓氏含义；自上端向左下环绕的条带组成字母T，即票主姓氏首字母。顶部写藏书票标记和经简化的票主名号。底部拉丁文铭文FORTUNA FAUET AUDACL，意为“机遇眷顾勇者”。

图132A

**图132（A、B）　克莱门特·K. 肖特　Clement K. Shorter**

年代：约1895

尺寸：14.5 × 9.9

作者：沃尔特·克兰

署名：C 与仙鹤图案组合的花押（女子座凳支腿处）

票主（全名Clement King Shorter，1857—1926）是多种艺术书刊出版人；拥有多枚藏书票，是藏书票艺术的重要赞助人。1892年成立的伦敦莪默·伽亚谟协会创始人之一。据维多利亚与阿尔伯特博物馆著录，此票作于19世纪90年代。莪默·伽亚谟（1048—1131）为波斯诗人，其所作部分"鲁拜"经菲兹杰拉德（图61）译成英文后在英美获得很大影响，在中国也有多种从菲氏英译本译成汉语的版本。鲁拜是波斯的一种四行诗体，类似于中国唐代以来的绝句诗。

图132B

作者设计过两款取材于《鲁拜集》的藏书票，其中一款自用。另一款即此处所载，用不同墨色印制。画一青年女子手捧书卷坐在玫瑰丛中，书页上有拉丁文BREUIARIUM AMOR（意为“爱之祈祷书”）；上方一支鹅毛笔斜穿画面，一只鸟儿引颈鸣唱；票主姓名写在飘带上，盾徽上则是其姓名缩写CKS组成的花押。设计契合画中鲁拜的诗意，表现出一种好景难驻、芳华易逝的思绪。画中诗为菲兹杰拉德英译《鲁拜集》101首版本（第三版）之第96首，原译及中文转译如下：

Yet Ah, that Spring should vanish with the Rose!
That Youth's sweet-scented manuscript should close!
The nightingale that in the branches sang,
Ah whence, & whither flown again, who knows?
—*Rubáiyát* of Omar Khayyam

花褪残红春意阑，
香笺半掩思华年。
忽闻青鸟枝头唱，
谁解何由去复还？
——莪默·伽亚谟之鲁拜

**图133　埃勒梅尔·恰科　Elemér Czakó**

年代：1900

尺寸：8.0 × 7.0

作者：沃尔特·克兰

署名：C与仙鹤图案组合的花押

票主（1876—1945）是匈牙利的一位艺术批评家和作家。法学博士，会多种语言。1899年起，先后担任匈牙利国家博物馆图书馆馆长、匈牙利应用美术学院院长、宗教与公共教育部参事、大学出版社总经理、匈牙利人种志学会联席主席等。匈牙利著名的藏书票收藏家（同时也是邮票收藏家），曾于1903年在应用美术博物馆举办藏书票展览，并编辑出版图录，成为匈牙利藏书票的一个重要文献。

1900年，作者在欧洲大陆巡展期间受邀来到布达佩斯，为票主创作了这款藏书票。画面主题是一位身着古典裙装的缪斯用笔在一幅卷轴上写出匈牙利文字样SZÀM，意为“号码”，此即填写藏书编号之处。票主姓名下方的匈牙利文KÖNYVE即“图书”之意。画面下部的文字说明了创作此票的缘由，即To my friend Dr Elemér Czakó/from Walter Crane/Budapest（给我的朋友埃勒梅尔·恰科博士，自沃尔特·克兰，布达佩斯），后跟作者花押。

这款藏书票体现了作者后期偏好的简约风格，画面设计与前期那种内容满满的形式大不相同，但是仍具有优美的艺术表现力。当时，他还为邀请他去布达佩斯的另一位年轻的匈牙利画家罗兹尼亚伊（Kálmán V. H. de Rozsnyay，1872—1948）设计了一款藏书票，其构图与本票异曲同工，但更多几分青春气息，可见他在藏书票作品中力求结合不同票主旨趣或特点的匠心。

# 乔治·威廉·伊夫

## George William Eve

## 1855—1914

1914年12月26日伦敦《晨报》（*The Morning Post*）为乔治·威廉·伊夫的去世登载了一篇讣告，称他是自舍邦以来最卓著的藏书票艺术家。以中国人的观念来看，可以说伊夫比舍邦小了差不多一个辈分，但他的去世仅比舍邦晚两年，二人的藏书票创作活跃期基本相同，因此是与舍邦同期的艺术家。与舍邦相似，他的藏书票作品也是以纹章为主要题材。伊夫身后的名气在一定程度上似乎被舍邦所掩盖，但实际上，他在世时就已经在藏书票领域赢得了备受推崇的地位。

伊夫早年进入纹章院学习，他的父亲当时也在这里工作。他曾先后出版了两部权威著作，即《装饰性纹章》（*Decorative Heraldry*，1897）和《纹章的艺术》（*Heraldry as Art*，1907）。作为纹章艺术专家，他在藏书票和邮票设计制作方面成就突出。

他的纹章式藏书票设计建立在他对纹章学的深入研究基础上。作为皇家画家-蚀刻家协会和美术工作者协会的会员，他的作品是艺术展览的常客。据其作品目录【80】，伊夫一生完成的藏书票作品有256款。其中，为维多利亚女王、爱德华七世和乔治五世三代国王所作温莎堡皇家图书馆系列藏书票（图250、图253）堪称其扛鼎之作。

在题材相对单一、构图必须紧凑的纹章式藏书票上，他对各个设计元素之间比例关系的处理十分精妙，并且擅于运用蚀刻技法突出光影对比，增强画面的视觉效果。其艺术特点是手法细致而不失大胆，在均衡中突出主体，于刚性的主题和严格的规范中见出丰富和生动。

由于维纳（图137）等人的捐赠，大英博物馆基本完整收藏了伊夫的藏书票作品。

除本处所载藏书票和国王藏书票外，他为伯肯黑德公共图书馆所作藏书票见图275。

**图134　乔治·约翰·道格拉斯·坎贝尔　George John Douglas Campbell**

年代：1893

尺寸：直径8.9

作者：乔治·威廉·伊夫

署名：Geo. W. Eve '93（隐于边框下缘中央位置）

苏格兰坎贝尔家族的祖先在13世纪获骑士头衔，1701年获封苏格兰阿盖尔公爵，至今已传至第十三代。票主（1823—1900）于1847年继为阿盖尔八世公爵，同时还继承了多个其他贵族封号。他是一位博学多才的人物，在18世纪中期曾发现火山岩中的植物叶片化石；对鸟类学研究也有贡献，是最早提出把鸟类飞行原理应用于人类飞行器的人之一。1851年当选皇家学会会员。1851—1900年为圣安德鲁斯大学校长。1854—1856年为格拉斯哥大学校董。1862年获剑桥大学名誉法学博士，1870年获牛津大学名誉民法博士。大英博物馆受托人之一。

在政界亦资历不凡，曾担任掌玺大臣（1852—1855、1859—1866和1880—1881）、枢密院顾问（1853）、邮政总局局长（1855—1858）、阿盖尔郡总督（1862—1900）、印度国务秘书（1868—1874）等。在政坛上先后属于折衷的皮尔派、由辉格党派生的自由党和自由联盟党，对英国政府的对外政策亦发挥影响。1856年获封蓟花骑士，1883年获封嘉德骑士并同时保有蓟花骑士地位。1892年获封联合王国阿盖尔一世公爵，是少有的同时拥有苏格兰和联合王国公爵爵位的贵族。

在这款圆玺式藏书票上，票主名号GEORGE DOUGLAS/DUKE OF ARGYLL/K. G./K. T. 写于边框内环，即“乔治·道格拉斯，阿盖尔公爵，嘉德骑士，蓟花骑士”。阿盖尔是苏格兰一旧郡，现已拆分。嘉德骑士和蓟花骑士则是分属于英格兰和苏格兰的贵族荣誉称号，二者地位相当。1837年起，票主兼有洛恩侯爵称号，因此盾徽的四个分区分别由坎贝尔陀螺和洛恩古战舰组成。环绕盾徽的是嘉德勋章吊袜带（内）和蓟花勋章领环（外），它们下面悬挂着属于嘉德勋章的圣乔治屠龙吊坠和蓟花勋章的圣安德鲁吊坠。盾徽下方的拉丁文铭文是NE OBLIVISCARIS，意为“勿忘”。

**图135　埃弗拉德·格林　Everard Green**
年代：1895
尺寸：直径6.8
作者：乔治·威廉·伊夫
署名：G. W. E. 1895

票主（1844—1926）19岁加入罗马天主教会，1880年被教皇封为圣西尔韦斯特骑士。1893年，任纹章院胭脂龙纹章随官（Rouge Dragon Pursuivant of Arms，初级纹章官）；1911年升为萨默塞特纹章令官（Somerset Herald of Arms，仅次于最高等的纹章王官），直至去世。他是谱系学家兼古物学会会员，发表过不少纹章和谱系学方面的专论。

这款圆玺式藏书票的中央是属于格林家族的三鹿盾徽，背后由一飞龙护持。盾徽D侧上角有字母EG，即票主姓名缩写；S侧上角有字母RD，即Rouge Dragon（胭脂龙），代表其当时的纹章院随官身份。

**图136　威廉·布鲁斯·班纳曼　William Bruce Bannerman**

年代：1900

尺寸：11.0 × 7.1

作者：乔治·威廉·伊夫

署名：GWE花押及1900字样（上端字幅右侧尾部）

票主（1862—1933）是哈雷安学会（The Harleian Society）古文献学家和秘书长，也是古物学会会员。1898年加入藏书票协会，1904年当选理事长。

票面主图是一位双手各执长剑和旗帜的古代铠士，及有同样旗帜的家族盾徽（票主姓氏Bannerman有“旗手”含义）。上方的拉丁文铭文是PRO PATRIA，意为“为了我的国家”；下方是藏书票标记和票主姓名。

同年，舍邦也为这位票主制成具有类似设计元素的纹章藏书票。伊夫则在1903年为他设计了另外两款藏书票，其中之一还用电铸法复制成不同姓名的版本，供票主的4个儿子使用。

**图137 乔治·希斯·维纳 George Heath Viner**

年代：1905

尺寸：9.8 × 5.8

作者：乔治·威廉·伊夫

署名：G. W. E.花押及1905字样（票主名号下方中央处）

票主（1866—1955）不到30岁时即已成为藏书票收藏家，1892年加入藏书票协会，曾当选理事。在藏书票协会停办后，又参与藏书票交换俱乐部的活动长达44年。他在1915—1948年向大英博物馆提供了很多藏书票和图稿，包括1枚尼古拉斯·培根的藏书票（图11）。1950年，更将所藏逾8千枚藏书票悉数捐赠给大英博物馆。据大英博物馆馆藏编号，他贡献给大英博物馆的藏书票总计不下1万枚，是博物馆藏书票收藏继弗朗克斯捐赠之后获得的最重要一批补充。同时，他对藏书票的研究也十分广泛和深入，李称他可能是有史以来知识最丰富的一位藏书票收藏家。

票面中央是票主盾徽。顶端拉丁文铭文VI NERVISQUE，意为“力量与勇气”，这显然和票主的姓氏有关。此票有不同版次存世。

票主是伊夫的遗嘱执行人，也是伊夫藏书票作品目录【80】的编撰者。他也是舍邦的密友，是少数被允许进入舍邦工作室观摩其创作的人之一；舍邦在1898年和1905年分别为他作有3款藏书票，设计与本票相似。

**图138　乔治・亚伯拉罕・克劳利　George Abraham Crawley**

年代：1906

尺寸：8.1 × 6.3

作者：乔治・威廉・伊夫

署名：G. W. Eve 1906（隐于票主名号下中央阴影内）

票主（1864—1926）是一位艺术家和长于英式风格的设计师。他最出名的设计是美国富豪约翰・谢弗・菲普斯（John Shaffer Phipps，1874—1958）在纽约长岛占地160英亩（约0.65平方千米）的老韦斯特伯里庄园（Old Westbury Gardens），以及其中的宅邸。

菲普斯在苏格兰驻访期间与票主相识，和他讨论当时正在曼哈顿第五大道建设的联排别墅项目。受票主才识的吸引，菲普斯最终委托他来设计为新婚妻子而建的庄园。票主对整个庄园进行了规划，设计了室内装潢，并委托其他英国艺术家进行创作；不过，他并非建筑师，所以设计图纸和建造工程另由阿特伯里（Grosvenor Atterbury，1869—1956）来完成。这座带有传奇色彩的查尔斯二世时期风格建筑现在已经对游客开放。

票面构图把盾徽和头盔、羽饰分置两边，这是伊夫经常采用的一种设计。羽饰和盾徽上都有票主家族的白鹭标志，左上拉丁文铭文ESSE QUAM VIDERI意为“内在重于外表”。下方票主姓名也用拉丁文写法。

**图139　查尔斯·爱德华·埃利斯　Charles Edward Ellis**

年代：1908

尺寸：7.0 × 5.4

作者：F. G. 豪斯（设计），乔治·威廉·伊夫（刻制）

署名：F. G. H. inv./G. W. E. sc.（F. G. H.设计/G. W. E. 刻制）

除纯粹的纹章式藏书票外，伊夫也有少量图画式作品。这款藏书票是伊夫根据F. G. 豪斯的设计完成的雕刻，在一面盾牌内描绘了一艘鼓起风帆的古战舰，帆上有EX LIBRIS字样，盾牌下为票主姓名。

票主（1852—1937）自剑桥毕业后曾短暂从事律师职业，参加编写过有关选举法和铁路票价、交通管理方面的论著。但不久就进入从事冶炼、造船和工程业务的约翰布朗公司，1890年成为该公司在谢菲尔德和克莱德班克两地业务的总经理。第一次世界大战爆发之初，当时担任军需大臣的大卫·劳埃德·乔治（David Lloyd George，1863—1945，1916—1922年为首相）聘请票主进入他设立的中央委员会，管理军工生产和供应。他自1915年7月暂时退出公司业务，全身心投入战时军需保障，成为英军的军械供应总指挥。1917年，因其贡献被授予巴斯骑士勋章，后又加授大英帝国骑士大十字级勋章。战后，重新回归产业，在多家大公司担任董事。

关于F. G. 豪斯，参见第100页。豪斯有若干藏书票设计（特别是图画式题材）是由伊夫刻制完成的。

# 罗伯特·安宁·贝尔

## Robert Anning Bell

## 1863—1933

贝尔是英国工艺美术运动向新艺术运动过渡时期的重要艺术家。与很多同时代艺术家一样，他也从事多种艺术门类，包括插图、雕塑、彩色玻璃等。在藏书票领域，他以88款作品【20】成为19世纪末新潮流的一位领军人物。

贝尔于1863年4月14日出生于伦敦。16岁进入威斯敏斯特美术学院。两年后转入皇家美术院附设的美术学院，在此学习6年，直至1887年；其间，还曾到巴黎朱利安学院和莫洛（Aimé Nicolas Morot，1850—1913）的工作室学习。1891年，到意大利游历，受到贝里尼（Giovanni Bellini，1430—1516）等意大利文艺复兴时期艺术家的影响，同时还研究了威尼斯和佛罗伦萨的早期插图书籍。

贝尔最初进入插图领域是在1889年，初期他不可避免地要按照出版商的要求进行创作。但是，很快他就开始发展自己的风格，并赢得委托人的青睐。值得一提的是，他曾两次为《黄面志》提供过作品，尽管并非专门设计，而是用他的其他作品复制转用于此。他和比亚兹莱（图78）之间互有影响，二人在自己的作品中都有借鉴对方之处，他们的藏书票作品曾同时刊载于《黄面志》。

贝尔在插图领域的成就使他声名鹊起，他绘制的插图书有20多部。但是在入行十余年之后，他逐渐减少了插图创作，转而专注于绘画和其他装饰艺术。他经常在皇家美术院展出作品，还曾为威斯敏斯特大教堂创作马赛克画。他最后的插图作品见于1912年由美第奇协会出版的艾丽丝·梅内尔（即弗朗西斯·梅内尔之母，参见图187）系列散文之《圣母玛利亚》（*Mary The Mother of Jesus*）。

贝尔在其生涯后期主要从事艺术教育。先在利物浦大学建筑学院，后于1911年被格拉斯哥美术学院聘为装饰艺术教授。1918—1924年，为皇家美术学院（参见第127页脚注）设计教授。他也是皇家美术院院士。1933年11月27日，因肺炎和哮喘并发症逝于家中。

贝尔视自己为画家兼装饰艺术家。除绘画外，他还设计建筑装饰的彩色玻璃。他在插图领域的创作活动为他带来了必要的收入，增加了他开拓其他艺术领域的机会。

贝尔在藏书票领域的建树基本上是与插图创作同步的。其藏书票作品始于1893年，至1901年为高峰期，这也正是其插图作品的辉煌期，也是整个藏书票艺术史上的黄金时期。他的全部藏书票作品中有四分之三以上完成于这段时期。

贝尔的藏书票设计完全摆脱了传统程式，以典雅华丽的绘画之美取胜。它们明显反映了古希腊和古罗马艺术的影响，但是又不乏当代艺术的装饰趣味。画面主体多为清新俊秀的女性人物，她们身着宽袍大袖的古希腊式服装，或阅读，或演奏，或沉醉于艺术，或骋怀于自然，给人以积极向上的观感。从这些人物的设计，可以体会到先拉斐尔派的情调，但是绝少莫里斯等人崇尚的中世纪的沉郁。有评论说，贝尔的作品有一种难以言表的甜美，透出意大利文艺复兴式的浪漫和诗意。

他绘制藏书票的手法基本以黑白线条为主，构图大胆运用黑白块面的对比（只在较少情况下采用填色方法），为人物主体创设空灵的背景，这在工艺美术运动风格中是罕见的，显示了他向不同风格的转换。实际上，很难把贝尔的绘画归于某一类风格，他身处传统艺术、新艺术和现代艺术运动交汇的时代，兼容并蓄而独树一帜。虽然他在艺术史上被归入新艺术时期，但应当说他的艺术风格是跨越时代的。

其所作藏书票的票主多为在学术和艺术界有所建树或在社会生活中具有影响的人物，包括美术界和建筑界的领军人物、名作家、议员、高官等，例如1930年为尼娜·塞西莉亚·卡文迪什–彭廷克（Nina Cecilia Cavendish-Bentinck，1862—1938，又称格拉米斯夫人，为伊丽莎白二世女王之外祖母）所作。他以高超的构思和技巧把票主的要求融于他的独立风格之中，显示了可以引导大众审美趣味的突出艺术效果。作为画家，贝尔只专注于完成画稿设计，藏书票成品则委托专业制版人完成。由于有了照相制版方法，他的藏书票往往可见不同规格的版本。

贝尔本人向大英博物馆捐赠了他的藏书票作品。

除此处所载藏书票外，他所作曼德兄弟公司工人图书馆藏书票见图269。

**图140　乔治·拉文斯克罗夫特·丹尼斯　George Ravenscroft Dennis**

年代：1893

尺寸：7.5 × 14.1

作者：罗伯特·安宁·贝尔

署名：R. A. B. delt 1893（罗伯特·安宁·贝尔绘制，1893年）

这是贝尔最早接受委托设计的一款藏书票。票主是一位艺术品收藏家兼作家。他在了解到贝尔的插图之后，马上就委托贝尔为他设计了这款藏书票，后来还撰长文介绍贝尔的插图作品。这也许正是贝尔从插图向其他艺术领域扩展的一个例子。

画面上一位女士在树下阅读，背景是远帆浮动的海面，半入海面的落日放射出光线。树上悬出票主纹章，法文铭文DIEU ET LA MER意为“上帝与海洋”。画家的这款初期藏书票设计显得十分细致谨慎，不似他以后更加大胆豪放的笔法。此票有不同规格，有一个版本的纹章还是由伊夫（参见第217页）重新雕刻的。

**图141　马修·威廉·爱德华·戈塞特　Matthew William Edward Gosset**

年代：1893

尺寸：9.5×6.3

作者：罗伯特·安宁·贝尔

署名：ROBERT ANNING BELL（有的版本另有雕刻者署名C. H. Sc.）

这是贝尔的另一款早期藏书票。票主戈赛特爵士（1839—1909）是一位陆军少将。参加非洲殖民地战争，因军功获巴斯骑士勋章。又擅画风景油画，有作品传世。

票面画一戎装跪姿女子展开一幅纸卷，上面有简写的票主姓名和藏书票年份，hys boke相当于his book，即“其人之书”。纹章的盾徽属于戈赛特家族，拉丁文铭文PROBITAS VERUS HONOS意为“诚实乃真正之荣誉”。边框用花草纹装饰，左侧有剑和矛显示票主的军人身份。

**图142　弗雷德里克·莱顿　Frederic Leighton**

年代：1894

尺寸：9.5 × 7.2

作者：罗伯特·安宁·贝尔

署名：R. A. B.

票主（1830—1896）是19世纪英国最著名的学院派画家，1878—1896年担任皇家美术院院长。1878年获封骑士，1896年逝世前获封男爵，葬于圣保罗大教堂。

据说莱顿在看到贝尔的插图作品后即在1894年委托他设计了第一款藏书票，那是一款带有较多工艺美术运动装饰风格的作品。这里展示的是贝尔于同年为莱顿设计的第二款藏书票，画一位正在专心阅读的强壮男子，画面简洁而颇具张力。

**图143　沃尔特·E. 劳埃德　Walter E. Lloyd**
年代：1894
尺寸：10.0 × 6.5
作者：罗伯特·安宁·贝尔
署名：R. A. BELL 94/XXIII（罗伯特·安宁·贝尔1894年，作品第23号），及钢笔签名R. A. B.

这款藏书票画一身着宽袖长裙女子坐在窗口的高榻上阅读。她的右手放在一摞书上，左手握住长裙一角，地面上有一长颈花瓶。用大块黑色背景衬托主体，又以白色百叶窗作为平衡，边框用枝叶花朵装饰。这是一款艺术性很强、在藏书票书刊被多次著录的著名作品，但票主信息未详。

右下角有雕刻者署名，但难以辨识。

**图144　诺拉·贝雅特里齐·迪克西　Nora Beatrice Dicksee**

年代：1894

尺寸：10.9 × 8.2

作者：罗伯特·安宁·贝尔

署名：B（另有雕刻者署名Hare Sc）

票主（婚前本名Nora Beatrice Plumbe，1873—？）于1894年嫁著名的会计学教授劳伦斯· 罗伯特· 迪克西（Lawrence Robert Dicksee，1864—1932）；本票即作于此时，并用其夫姓。她的丈夫先后在伯明翰大学和伦敦大学任会计学教授，有会计学著作传世。二人有一子，但从军后不幸死于事故，年未满19岁。迪克西教授去世后两年，票主再嫁，那时她已年过60岁。

票面画一位靠坐在园中扶手椅上的长裙女士。她手中有一部书卷，但可能一时倦乏，于是放下书，望向园中景致。她的身旁有一丛盛开的野花，但是草坪和稍远处的林木都没入暗影之中，只有上方显露出树枝的剪影，在简约之中给人以深远的遐想。比亚兹莱也擅用这种简约的黑白对比手法表现风景（图78）。

边框用花草装饰。顶端是藏书票标记，底部字带上有票主名号和作者姓氏缩写字样。

**图145　爱德华·普里奥留·沃伦　Edward Prioleau Warren**

年代：不详（推测1895年前）

尺寸：13.6 × 6.8

作者：罗伯特·安宁·贝尔

署名：R. A. B.（另有雕刻者署名Hare Sc）

票主（1856—1937）是一位建筑师，英国皇家建筑师协会会员、美术学会会员，1913年担任美术工作者协会会长。

画面上一优雅女子坐在一古希腊式的陶瓮旁，她的身边散落着丁字尺、三角尺和图纸，膝上摆着一座建筑模型。纹章位于左上，其铭文为LOVE AND GLORY，意为“爱与荣耀”。其盾徽样式可与约翰·沃伦藏书票（图121）对照。

**图146 沃尔特·罗利**
**Walter Raleigh**

年代： 1896
尺寸： 7.8 × 4.3
作者： 罗伯特·安宁·贝尔
署名： R. A. Bell/XXXVIII/96
（R. A. 贝尔，作品第38号，1896年）
及雕刻者署名C. H. Sc

票主（1861—1922）是一位文学教授兼文艺批评家，曾任利物浦大学现代文学教授、格拉斯哥大学英语教授，1904年成为牛津大学的第一位英语文学教授。他的讲课引人入胜，并作有关于莎士比亚、华兹华斯、弥尔顿、约翰逊等文学人物的著作。1911年封骑士。与贝尔为密友，贝尔曾为他的两部作品绘制插图。

画面上一位女士坐在吊床上，正在阅读由一个小男孩举过头顶的大书。该款设计曾经修改，这里所载即是修改后的版本。

**图147 威廉·兰顿·普赖尔**
**William Renton Prior**

年代： 1899
尺寸： 6.0 × 3.0
作者： 罗伯特·安宁·贝尔
署名： R. AN. BELL/99/LIX
（R. AN. 贝尔，1899年，作品第59号）

画面主体是花园中的两位古装女子，一位在阅读，一位在眺望。她们身后有一座巨大的日晷，空中一团云朵随风飘过，远景中的建筑好似佛罗伦萨的维奇奥宫。

票主是一位画师兼风景画家。其子梅尔顿·普赖尔（Melton Prior，1845—1910）是《伦敦新闻画报》（*Illustrated London News*）的一位图片记者，以报道战争事件和王室出访活动出名。

**图148　莫里斯·谢尔登·阿莫斯和露西·阿莫斯　Maurice Sheldon Amos and Lucy Amos**

年代：1906

尺寸：13.0×9.8

作者：罗伯特·安宁·贝尔

署名：R. An. Bell/06/LXXVII（罗伯特·安宁·贝尔，1906年，作品第77号）

男主（1872—1940）毕业于剑桥大学三一学院，1897年成为内殿出庭律师。1917年，美国对德宣战后，参加贝尔福勋爵（Arthur James Balfour，1848—1930、1902—1905年为首相，1916—1919年为外交大臣）所率访美外交使团。战后，1919—1925年为埃及政府法律顾问，1932—1937年为伦敦的大学学院比较法教授，有多部著作。曾被授予洛桑荣誉法学博士、埃及尼罗河大绶带勋章；1922年获大英帝国骑士司令级勋章（KBE），1932年再获骑士大十字级勋章（GBE）。

1906年，即本票年份，是他与夫人露西结婚之年。他们在此时订制了这款夫妻联名的藏书票。票面画两位古希腊装束男子坐在宽大的石雕座位上展卷观书，在他们周围有5只猫在活动，背景中有林木和远山。两侧以枝叶花草装饰。上端展开的字幅写着阿莫斯家族的拉丁文铭文SAPERE AUDE，意为“勇于思考”。康德（Immanuel Kant，1724—1804）曾以这句拉丁文来定义启蒙思想。下端的字幅上写票主名号和罗马数字年份。

# 埃德蒙德·霍特·纽
## Edmund Hort New
## 1871—1931

埃德蒙德·霍特·纽是活跃在维多利亚时代晚期至第一次世界大战之后动荡时期的一位艺术家。在这个藏书票艺术经历转折的时期，他以自己的方式诠释了传统。但是，他的人生轨迹和身后地位似乎逐渐被人们淡忘，直至李整理出版他的藏书票作品集【46】。

纽氏是英格兰中部伍斯特郡伊夫舍姆镇的一个大家族。埃德蒙德的祖父、父亲和兄弟都曾担任过伊夫舍姆镇的镇长。父亲赫伯特·纽（Herbert New，生卒年不详）是一位律师兼作家，也是当地狄更斯学会（狄更斯本人曾到访）的会长，兼有画才。他与两任妻子共育有十二子二女，埃德蒙德是第二任妻子所生第四子，自幼体弱，但可能是因为父亲的影响而有绘画天赋。

在伊夫舍姆完成基础教育后，他14岁时进入伯明翰美术学院，毕业后在该校任教，直至1895年离开，重回伊夫舍姆。这时纽已经开启了以书籍插图为主的艺术生涯，首先令他成名的是为1897年版《钓客清话》（*The Compleat Angler*）所作插图。一生完成的插图书籍有60余种；此外，还为《英格兰画报》（*The English Illustrated Journal*）、《黄面志》等多种杂志提供插图。他的图片艺术使他成为伯明翰学院派的代表人物。

1895年10月，纽曾因插图事务到凯尔姆斯考特府拜访威廉·莫里斯。这时，莫里斯已届人生暮年，他设计的绝世版本《乔叟作品集》也接近出版，而纽还是一个初出茅庐的年轻艺术家，但是莫里斯一家并未怠慢他。莫里斯评论了巴滕（John Dixon Batten，1860—1932，继承先拉斐尔派风格的唯美主义画家）、加斯金（Arthur J. Gaskin，1862—1928，纽在伯明翰美术学院的老师）、基厄（图72）等一些同时代画家，还讨论了丁尼生。这对纽的艺术思想颇有启发，他专门为这次访问经历做了一份笔记。

1905年，纽来到牛津，从此终生定居于此。除插图外，他还绘制了新洛根系列牛津大学学院图片，由沃克（图80）制版印刷，以艺术手法精确表现了建筑和地物。它们不但具有艺术性，而且还具有记录历史的功用。他付出极大努力去研究所描绘的对象，因此获得很高的声誉。牛津大学授予他名誉文科硕士学位，此外他还是牛津艺术协会、艺术工作者协会和工艺美术展览协会的会员。皇家不列颠建筑师学会也邀他作为名誉会员，并为他的作品举办展览。

在那个时代， 纽这样一位艺术家进入藏书票创作是水到渠成之事。 他最早的藏书票作品见于

1893—1894年，至1898年时已设计了18种。据著录，他一生创作的藏书票不下于110种，大部分完成于牛津时期。因缺乏原始记录，1920年以前的不少作品具体时间不详。票主多为英美学界名流、世家贵胄或文化机构，当然也不乏亲朋故旧。

虽然设计藏书票只是纽大量图片创作之余的工作，但是他对此是非常认真仔细的。自来到牛津之后，他有不少藏书票作品取材于这座古老的城市，设计风格也日趋成熟。

据纽自述，他在设计一款藏书票时，总是努力突出票主的个人特质。他认为一件好的作品应当做到意图统一，表达明确，明暗布置妥当，光线和纹理协调，重复技法要严格符合一定之规。他特别注意甚至是凭直觉做到字体、装饰物和画面或纹章之间的相互协调，这也包括他自己在票面上的细小签名。现在已经很难弄清他究竟是怎样平衡自己的设计思想与票主的要求；他总是能准确达成票主的意愿，而且他设计的藏书票一般可以适用于任何书籍。小他3岁的格斯里（图85）称赞他的藏书票坚守了伯明翰学院派的朴素风格，他也以黑白艺术成为这个流派里最成功和最突出的人物。

作为画家，纽的藏书票作品都是由专业雕刻师根据他的设计稿制作木刻版或铜版，或用照相制版方式印制完成的。

可能是由于家庭环境的关系，纽的性格严谨、持重，但这并不影响他对后辈的关爱。他身体孱弱，晚年健康状况日下。他最晚的藏书票作品截至1928年，即他去世前三年。有一件他自己认为尚未最终完成的设计稿，票主未忍放弃而仍将其印制出来；另外还有数种设计草图则最终未能完成。因维纳（图137）的收藏和捐赠，他的藏书票作品得以入藏大英博物馆。

**图149　理查德·斯坦波·菲尔波特　Richard Stamper Philpott**

年代：1893

尺寸：7.9 × 5.2

作者：埃德蒙德·霍特·纽

署名：EHN

票主（约1827—1894）在剑桥大学取得文科学位，是一位曾在多地教堂任职的牧师。其最后居所位于伦敦西区汉默史密斯的滨河府。它的西侧（图之右侧）紧邻威廉·莫里斯的凯尔姆斯考特府（Kelmscott House）。1903—1909年，鸽子出版社的创始人之一托马斯·詹姆斯·科布顿–桑德森曾住在这座滨河府。（参见图80）

票面所绘即滨河府及其后面的庭院。这是一座18世纪的建筑，院内树木掩映，有鸟儿在觅食，空中也有鸟儿飞翔。上方文字是River House, Hammersmith 1884，即“滨河府，汉默史密斯1884年”，此年份应是票主入住于此的时间。下方文字RICH. ST’ P’ R PHILPOTT, M.A./PREBENDARY OF WELLS，即“理查德·斯坦波·菲尔波特，文科硕士，威尔斯受俸牧师”。

此票有两种版本。这里所示是用纽的设计稿复制的版本，主图右下角有作者署名EHN。另有威廉·哈考特·胡珀（图72）的木刻版，没有纽的署名而只有胡珀姓名缩写花押；其设计不变，仅细节略有差异，印制效果更加细腻和富有层次，但独缺几分原作的浓厚画意。

**图150　查尔斯·爱德华·马修斯　Charles Edward Mathews**

年代：1894

尺寸：9.2×5.8

作者：埃德蒙德·霍特·纽

署名：E. H.（主图左下角）

票主（1834—1905）是伯明翰市的一位著名政治人物，曾担任自由统一党的地方首领，也是另一位政治家约瑟夫·张伯伦（Joseph Chamberlain，1836—1914）的终生密友。约瑟夫·张伯伦之子亚瑟·尼维尔·张伯伦（Arthur Neville Chamberlain，1869—1940）为英国首相。

画面主体是一幢位于坡地上的住宅，下有扶壁式挡土墙支撑基础，周围林木葱茏。这是票主在伯明翰的居所，建筑设计师是威廉·理查德·莱瑟比〔William Richard Lethaby，1857—1931，曾在1889年为建筑协会（Architectural Association）设计过一款藏书票〕。

从左边框至右边框连读的文字是THE HURST FOUR OAKS SUTTON COLDFIELD，直译“萨顿克德菲尔德四橡树山坡居”；下端为藏书票标记和票主姓名。

**图151　赫伯特・巴斯汀・波拉德　Herbert Bastin Pollard**

年代：1897

尺寸：9.0 × 5.1

作者：埃德蒙德・霍特・纽

署名：E. H. NEW

票主（生卒年不详）是伊夫舍姆的一位专门培育果木的园艺师。纽在离开伯明翰美术学院回到伊夫舍姆后，曾与票主居于同一住所，直至1905年前往牛津。

画面主体是立于一片园地中央的一株修剪整齐的树木，背后有一道篱笆。树干上悬挂一面盾牌，上有票主姓名缩写HBP组成的花押。衬托盾牌的字幅上写拉丁文铭文ARBOR SCIENTIAE，意为“知识之树”。画框四角有花木图案装饰，上端为藏书票标记，下端为票主姓名，两侧边框内的文字是GOD ALMIGHTY FIRST PLANTED A GARDEN，意为“万能的上帝首先栽种了一座花园”，语出弗朗西斯・培根。

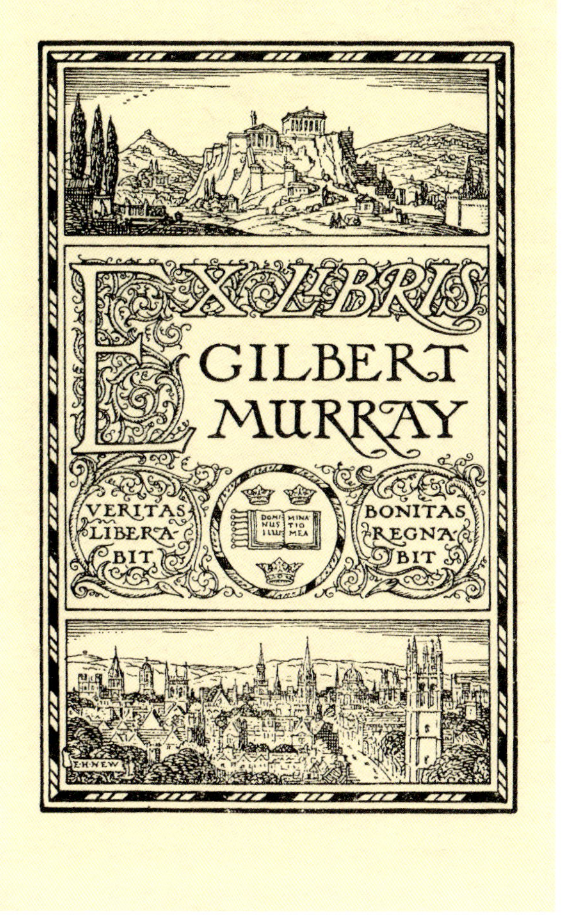


**图152　吉尔伯特·穆雷　Gilbert Murray**

年代：约1920

尺寸：10.2 × 6.4

作者：埃德蒙德·霍特·纽

署名：E. H. NEW

票主（1866—1957）出生在澳大利亚悉尼，父亲曾担任新南威尔士立法委员会主席。他本人自幼在英国接受教育，毕业于牛津大学，后为格拉斯哥大学希腊语教授。1888年，娶第九代卡莱尔伯爵长女为妻。著有《古希腊文学史》（*A History of Ancient Greek Literature*，William Heinemann，1897）。1901年，作为牛津大学新学院董事回到牛津；1908—1936年为牛津大学希腊语钦定讲座教授。由纽绘制图片的《新洛根牛津学院指南》（*The New Loggan Guide to Oxford Colleges*）的前言撰写人正是票主。他们一家人与纽为挚友，给他不少款待和帮助。除这张藏书票外，纽也为票主之子绘制过藏书票。

票面分为上、中、下三部。上部画雅典卫城，下部为牛津，分别在十分有限的画幅内用细腻的笔触展现了宏大的景观，这当然是分别对应于票主的学术专长和事业所在。中部的藏书票标记和票主姓名字体优美而不乏张力；姓名突出于繁复装饰图案中的留白处，有“疏能跑马，密不透风”之妙。

票主姓名下方，中间是牛津大学徽章，徽章内的拉丁文是牛津大学座右铭DOMINUS ILUMINATIO MEA（主即吾之光），出自《圣经》之诗篇第27。两侧为两条拉丁文铭文：VERITAS LIBERABIT，意为“真理令获自由”；BONITAS REGNABIT，意为“虔诚可致尊重”。均为引自《圣经》的校训。

# 约翰·奥古斯都·查尔斯·哈里森
## John Augustus Charles Harrison
## 1872—1955

约翰·奥古斯都·查尔斯·哈里森是舍邦之后又一位杰出的藏书票艺术家，常简称J. A. C. 哈里森。他的设计不失传统，但又吸取了工艺美术运动以来的新气息，技法精湛而富于生动表现，风格清新却不失严肃庄重，是20世纪英国藏书票艺术的一座高峰。

哈里森于1872年8月5日出生。祖居曼彻斯特，祖父是当地的一位画家兼纹章画师，父亲则是版画雕刻师。哈里森四兄弟中有三人都子承父业，从事艺术。他本人在完成基础教育之后，13岁时成为父亲的徒弟，一年后就做出了一件乌龟铜版画，这是他的第一个成功作品。后来他还在伯明翰上了美术进修课程。

1891年5月，他未满19岁时被沃特罗公司（Waterlow）聘为装饰雕刻师。他在这里创作了各种寓言题材的铜版画，主要用于年历和插图等。同时，还开始创作藏书票，其中最早的作品记录是在1893年。

19世纪末，他的父亲带着他的两个艺术家兄弟前往美国开办业务，他则留在英国继续自己的事业。不过，他在沃特罗公司完成的早期藏书票作品上鲜有其署名，那时的雕刻师名录上也未见其名。

他在1899年正式脱离沃特罗公司，成为一个以藏书票为主要领域的独立雕刻师。此前，他在1896年已经开始与邦珀斯书店合作。作为当时伦敦最大的书商和皇家指定的书籍采购商，邦珀斯经常能接到藏书票订制委托，特别是来自上流社会甚至王室成员等重量级人物的订单，并为之物色有能力的艺术家进行设计、雕刻、印刷。哈里森与它的合作从1896年持续到1908年，共提供了约100件藏书票作品，这些精心之作使他成为当时邦珀斯藏书票业务的主要支柱。

当时代表邦珀斯与哈里森接洽的业务经理是巴雷特（参见第100页）。此人并无绘画和设计能力，而是通过向艺术家转述客户意图的方式委托藏书票制作，但是，在完成的作品上他却总是要求署名由他（即WPB）设计，而不署任何与实际作者有关的信息。哈里森愿意接受邦珀斯的委托，但是越来越不能忍受巴雷特的这种署名方式，在1908年终于停止了与邦珀斯的合作。

客观来说，与邦珀斯的合作是哈里森藏书票艺术突飞猛进的时期。这时，伦敦西区其他一些与邦珀斯有竞争的书坊和文具店也与哈里森合作。哈里森结束与邦珀斯的合作之后，仍与特拉斯洛夫与汉森公司的经理豪斯（参见第100页）合作。不过，随着他的作品价格上升，他的作品数量也相对减少。

针对大量署名为WPB的藏书票，英军的一位退役军官邓斯顿（Ambrose Ellis Aspinall Dunston，1895—1975）曾与哈里森进行了长期联系。【35】哈里森为这位藏书票收藏家甄别了他自己和其他几人所作的“WPB”票，并在自己的作品上签名以作为证明。（邓斯顿与奥斯蒙德之间也进行了类似的工作。）这是哈里森签名藏书票的主要出处，其签名方式也比较粗率，显然不是针对票主要求所为。邓斯顿的收藏后大部分转入詹姆斯·威尔逊（参见第422页，及图283B中）之手。

从19世纪末期到20世纪20年代是哈里森藏书票创作的高峰期。之后，他开始忙于设计邮票、纸币和票券等，委托来自皇家邮政和英国造币局，还有其他国家。从事这些工作使他成为少有的凹、凸版皆能的双面手。1930年以后他的藏书票作品明显减少，这时他已届花甲之年。

哈里森一生完成的藏书票作品共有约350款，属于高产的藏书票艺术家。他的作品题材广泛，从纹章、风景、建筑、人物到动物等，无不刻画精细、逼真、生动，在传统模式中融合了多样化题材。他的藏书票作品有很多是为中间商的订单提供的，还有为王室人员提供的作品，他赢得这些订单的能力显示了他在同行中的突出地位。当然，他的重要地位也体现在为官方雕刻邮票、纸币等作品。

哈里森晚年居于温布尔顿，1955年1月25日逝世。他生前向大英博物馆捐赠了其藏书票作品的样票，向利物浦公共图书馆捐赠了包括他为王室人物所作的藏书票样票。他晚年向其子评价自己的藏书票作品“有些不错，有些较差，其余无奇”（Some good, some bad, some indifferent）。这并非只是谦辞，而的确表明了他对自己所追求的高标准的执着。

除本处所载藏书票外，本书收录的他的其他作品见图4、图252、图257。

**图153　约翰·奥古斯都·查尔斯·哈里森　John Augustus Charles Harrison**

年代：1896

尺寸：11.4×8.3

作者：J. A. C. 哈里森

署名：JACH/1896（分别在主图两下角处）

这款藏书票为作者早年创作的自用票，四周以花卉装饰边框，主图画结满果实的苹果树林，树上立着两只长尾雉鸡。文字写法、画法和装饰都显示了工艺美术运动风格。

树下是夏娃面对一条口衔苹果的长蛇。下方字幅的中间部分写ACCEPT MY TEACHING RATH/ER THAN SILVER and KNOWL/EDGE RATHER THAN GOLD，意为“受我所教而非银钱及我所知而非金帑”，化用《圣经》中夏娃的故事而别出新意。左侧空白处上端写No. OF BOOK，即“书籍编号”；右侧空白用于填写日期（DATE）。

**图154　亚历山德拉（王妃）Alexandra (Princess)**

年代：约1898

尺寸：13.2 × 9.6

作者：J. 斯科特设计，J. A. C. 哈里森和约翰 · E. 赛森雕刻

署名：WPB（右下角字幅尾部）

票主（1844—1925）为英国国王爱德华七世（1901—1910年在位）的亚历山德拉王后；但在制作此票时，爱德华尚未继位，因此票主当时的称号还是威尔士王妃。她是丹麦国王克里斯蒂安九世的长女，1863年嫁英国王储。

票面中间的风景为泰晤士河畔的温莎堡（上）和月下的丹麦赫尔辛格（Helsingør）海滨（下）。顶端有古诺作曲的歌剧《罗密欧与朱丽叶》的一段曲谱，这是王妃喜爱的音乐作品。两边以花卉枝叶组成边框。左边在橡树和月桂枝叶中穿插的字带上写着FAITHFUL UNTO DEATH（至死不渝），下面是圣神十字架；右边玫瑰花丛中凸显威尔士亲王冠，背后穿插丹麦国旗，象征王妃的身份和祖国。错落摆放的书籍中的文学作品有莎士比亚、雪莱和肖特豪斯（Joseph Henry Shorthouse，1834—1903）的历史小说《约翰 · 英格桑特》（*John Inglesant*）；音乐作品中，除勃拉姆斯、鲁宾斯坦、舒曼和瓦格纳外，在前侧正中突出位置摆放的是丹麦作曲家加德（Niels Wilhelm Gade，1817—1890）的作品。书籍两侧有三只或蹲或卧的宠物犬，底部字幅上是票主名字。

关于约翰 · E. 赛森，见图86。

**图155　梅·达夫　May Duff**

年代：1899

尺寸：6.8 × 5.3

作者：J. 斯科特设计，J. A. C. 哈里森雕刻

票面围绕花卉图案，呈椭圆形，中央为票主姓名缩写字母MD组成的花押。上方飞翔的小天使举起一条飘带，飘带上写着两段英文：SILENT COMPANIONS OF THE LONELY HOUR（孤独时光无声伴），和FRIENDS WHO CAN NEITHER ALTER NOR FORSAKE（不离不弃唯此友），喻以书为友。

下方的另一条飘带上写票主姓名，飘带下有一篇展开的曲谱。在摊开的书页上写着*SHERIDAN'S PLAYS*，即“《谢立丹戏剧集》”。理查德·布林斯莱·谢立丹（Richard Brinsley Sheridan，1751—1816）是爱尔兰政治家兼剧作家，为票主之高祖。票主婚前本名玛丽·E. B. 谢立丹（Mary Elizabeth Brinsley Sheridan，1871—1935，在用作名字时May通Mary），1894年嫁达夫（Charles Garden Duff，1851—1914），后离婚而于1902年再嫁斯特雷西（Edward Paulet Stracey，1871—1949）。这款藏书票用其第一任丈夫姓，她再嫁后则在同款藏书票上改用第二任丈夫姓。

**图156　挪威莫德王后　Maud Queen of Norway**

年代：1907

尺寸：10.8 × 8.5

作者：J. A. C. 哈里森

署名：INV W. P. B. 1907（WPB设计，1907年）

票主（全名Maud Charlotte Mary Victoria，1869—1938）是英国国王爱德华七世和亚历山德拉王后的第五位后代（第三女），其名也译作“慕德”。1896年嫁丹麦卡尔王子，他是亚历山德拉王后长兄、丹麦弗雷德里克王储（后为丹麦弗雷德里克八世，Frederick VIII，1843—1912）的次子，是小她三岁的表弟，1905年挪威从瑞典独立后为首位挪威国王（即哈康七世，Haakon VII，1872—1957）。婚后，她适应了新的国家和身为王后的职责，但仍热爱英国，每年都会返回英国。1938年病逝于英国，后葬于挪威。

票面的构图元素体现了票主对国家的忠诚和责任，也体现了她个人对于艺术和园艺的爱好。主图是月下的挪威拜多克（Byddoc）峡湾，在伸入海面的一个岬角上挺立着一棵高大的松树。主图左侧是黄水仙装点的挪威国旗，右侧是百合花围护的英国国旗。上方匾牌写票主名号MAUD QUEEN OF NORWAY，匾牌之上为王冠，两边簇拥三色堇。下方台面上错落摆放着书籍和康乃馨。整个设计构思与其母藏书票（图154）有相通之处。

**图157　弗洛伦丝·范·拉尔特**
**Florence van Raalte**

年代：　1907
尺寸：　10.5 × 7.4
作者：　J. A. C. 哈里森
署名：　INV FGH 1907
（F. G. 豪斯设计，1907年）
铅笔签名J. A. C. Harrison fecit（J. A. C. 哈里森完成）

票面主图是白浪岛海滨花草树木掩映之中的城堡。古典纹样装饰成矩形画框，上端有书籍、乐谱、乐器和叶片组成的顶饰，下面错落摆放书籍、乐器和画具。底部是刻有票主姓名和白浪城堡（BROWNSEA CASTLE）字样的基座。此处所示为手工上色版。

城堡所在的白浪岛是英格兰多塞特郡普尔港外的最大岛屿，面积约2.8平方千米，约70%为林地，最早人居记录可上溯至9世纪。亨利八世时期解散修道院后，该岛归王室控制。为防卫进入普尔港的航道，1547年在岛上修建了这座城堡。伊丽莎白一世在1576年将白浪岛赐予其亲信克里斯托弗·哈顿爵士（Sir Christopher Hatton，1540—1591），后该岛屡经转手。1901年，被经商致富后又从政的拉尔特（Elias Charles van Raalte，1857—1908）买下，票主弗洛伦丝即其妻子（本名Florence Clow，1862—1952）。拉尔特故去后，他的遗孀在该岛居住至1925年。1927年，该岛再次被出售。1962年由国家遗产信托组织（National Trust）接收，并重新对外开放。

在拉尔特拥有该岛期间，其密友贝登堡（Robert Stephenson Smyth Baden-Powell，1857—1941，陆军中将）曾到访于此，并在1907年首次在岛上组织青少年训练营地，是为童子军运动之始。

**图158　赫伯特·约翰·格莱斯顿**
**Herbert John Gladstone**
年代：　1907
尺寸：　10.6 × 8.3
作者：　J. A. C. 哈里森
署名：　INV WPB 1907
铅笔签名J. A. C. Harrison fecit
（J. A. C. 哈里森完成）

票主（1854—1930）是格莱斯顿首相与他的夫人凯瑟琳·格林（均见图69）八个子女中最小的儿子。画面人物是正在霍瓦登城堡的书房内伏案的格莱斯顿首相，底本是约翰·麦克卢尔·汉密尔顿（John Maclure Hamilton，1853—1936）在19世纪90年代为晚年的首相所作画像。（约翰·埃弗里特·米莱在1879年也曾为他画像。）

格莱斯顿在1839年与凯瑟琳·格林结婚后，居住在夫人家族拥有的位于北威尔士的霍瓦登城堡庄园，并曾对城堡建筑进行改建。他把自己在这里的书房称为“和平神庙”，其名出自古罗马皇帝韦帕芗（Vespasian，9—79）在罗马广场（Roman Forum）所建的和平神庙（Temple of Peace，遗迹至今尚存）。为了有效利用书房空间，他没有沿墙布置书柜，而是在书房中央布置了一个L型的双面书柜，以存储他的大量藏书。据其日记，格莱斯顿一生读书达2万册。他在晚年自建了一座金属结构的私人图书馆，将其3.2万册藏书转移至此，并亲手摆放到书架上，供人阅读。在他去世后，经募集资金，再加上格莱斯顿家族的投入，建成了长期保存和利用这些图书的格莱斯顿图书馆，馆藏也大大扩充。

票面以橡树枝叶为边框，顶部中央为格莱斯顿首相姓名缩写W. E. C.。主图画他正在案头奋笔疾书；在桌前立置的几部书籍的书脊上有荷马、但丁和巴特勒（Joseph Butler，1692—1752，圣公会主教和神学家）的字样，象征他重点研究的古典文学和神学。

下部是拆分布置的纹章元素，包括擎住一柄宝剑的狮鹫格里芬兽、头盔和盾徽（参见图69）。盾徽分为两个半区：D侧细分为四个小分区，由格莱斯顿家族徽章和格林家族徽章组成，代表票主家族；S侧则是票主夫人所在佩吉特（Paget）家族的徽章。

票主毕业于牛津大学的大学学院，在基布尔学院（Keble College）教历史3年后，当选下议院议员（1880—1910）。曾担任父亲的私人秘书，后在财政、战争、内务等部门任职。1910年获封子爵，担任南非首任总督和高级专员至1904年。一战期间为战争难民委员会司库。1918年出版为父亲所作传记。

1860
1910
THOMAS·PURVIS·REAY
FROM E.K.C. AND E.C.K.
1. 1. 10.

**图159 托马斯·普维斯·雷伊**
**Thomas Purvis Reay**

年代：1910
尺寸：11.0 × 6.8
作者：J. A. C. 哈里森
署名：FH（左下角边框内），JACH花押（右侧两部横卧书籍中上面一部的书脊上）
铅笔签名J. A. C. Harrison Del. et Sc.（J. A. C. 哈里森绘制和雕刻）

票主（1844—1912）是基特森公司（Kitson & Co. Ltd.）的机械设计师。基特森于1835年以锻造开业，1838年制造出它的第一台铁路机车；至1938年因破产而停产，在101年中制造了约5,400台铁路机车，供应除本国和欧洲大陆外，远及美洲、印度和中国。现仍有少量机车保存用于展示。

票主16岁进入这家公司，经6年学习而成为一名制图员。先后从事过各种机械设备的设计，包括铁路机车、有轨电车和水厂发动机、锻造和高炉机械、卷扬机和牵引机、液压起重机等。1875年任总工程师，接着成为公司合伙人和总经理。1911年，前任董事长詹姆斯·基特森爵士（Sir James Kitson，1835—1911，1907年封男爵）去世后，他接任董事长。

根据票面下方的FROM E. K. C. AND E. C. K. 1.1.10字样，它是由基特森爵士的外甥克拉克（Edwin Kitson Clark，1866—1943）和小儿子基特森（Edward Christian Kitson，1873—1922）订制并在1910年元旦赠送给票主。这时，正逢票主在该公司从业50周年。（部分同款藏书票没有这些字样，可能是后来加印的。）根据署名信息，这件作品是由F. G. 豪斯委托哈里森刻制的。

设计融创意于传统式样。顶端有鹰首羽饰。上部所绘机车下注1860，为票主进入公司时的机车产品；下部机车下注1910，是票主在公司服务50年时的机车产品，显示了铁路机车设计在50年间的进化。中央是一位现代装束的女神形象，她背靠机械装置，右手托起机车模型，左手举起火炬。在她的两旁堆放着大部头的专业书籍，右边有一部打开的大书，左边则有一盏灯火闪耀。底部字幅写票主姓名。

PRO PATRIA OMNIA
EX LIBRIS
LEE OF FAREHAM

**图160 亚瑟·汉密尔顿·李**
**Arthur Hamilton Lee**

年代： 1930或之后
尺寸： 10.2 × 8.3
作者： J. A. C. 哈里森
署名： JACH花押及1927

票主（1868—1947）是政治家、慈善捐助人和艺术赞助人。1888年从军，曾被派驻香港；1893—1898年为加拿大皇家军事学院教授；后为驻古巴和华盛顿武官，与后来的美国总统西奥多·罗斯福（Theodore Roosevelt，1858—1919）为友。1900年退役从政，至1918年一直为保守党议员。一战期间，在英国政府的军事、军需部门担任要职，曾负责全国粮食生产组织。一战后，进入枢密院，并先后担任农业和渔业委员会主席、海军部长等，作为英国主要代表参加了战后的华盛顿会议。1918年封男爵，1922年再封子爵。

作为艺术赞助人，他是伦敦科陶德美术学院（Courtauld Institute of Art）的联合创始人之一。且值得一提的是，1933年德国汉堡的瓦尔堡学院（Warburg Institute）因受到纳粹威胁而迁往伦敦，票主是为其在伦敦安置的资助人之一，并一直为其提供资金支持，直至它在1944年并入伦敦大学。瓦尔堡学院曾是艺术史家和现代图像学奠基人潘诺夫斯基（参见第22页）学习和工作的地方；不过，他并未前往英国，而是在1934年移居美国。

该票设计的初版完成于1918年。票主获封男爵后，随即在1919年制作第二版。所示版本标注为1927年，改用子爵冠；但是从下面悬挂的勋章来看，在1927年版上又有增补。羽饰后面的飘带上有拉丁文铭文PRO PATRIA OMNIA，意为“一切为了我的国家”。头盔下为子爵冠和盾徽，两旁的扶盾女子分别采用了票主夫人（右臂抱谷物者）和夫人之妹的形象。盾徽由勋章项链围绕，其下为票主历年所获五枚奖章和勋章，其细小文字均毫发毕现。自左向右依次为（括号内为勋章英文缩写和授予年份）：

第一：大英帝国骑士大十字勋章（GBE，1918）。中央环绕英文FOR GOD AND THE EMPIRE，意为“为了上帝和大英帝国”。

第二：巴斯骑士大十字勋章（GCB，1929）。环绕拉丁文TRIA JUNCTA IN UNO，意为“三德合一”（三德指忠实、希望、仁爱）。（票主在1916年首次获得较低级别的巴斯骑士勋章，票面上没有重复列入。）

第三：印度之星勋章（GCSI，1925）。环绕英文HEAVEN’S LIGHT OUR GUIDE，意为“天堂之光即吾之指引”。

第四：圣约翰骑士勋章（KStJ，1930）。

第五：一九一四之星奖章（1914 Star，1917）。中央飘带上刻“1914”，其上下分别刻“AUG”和“NOV”，表示奖励给一战爆发初期在1914年8月至11月进军比利时和法国的英军军官和士兵；底部有GV字样，代表当时的英国国王乔治五世。

底部为藏书票标志和票主称号LEE OF FAREHAM，即“来自费勒姆的李”。票主在晋封贵族之前一直是代表费勒姆选区的议员。

**图161　赫伯特·沃尔特·普卢斯·哈里森　Herbert Walter Plews Harrison**

年代：1954

尺寸：直径6.2

作者：J. A. C. 哈里森

署名：JACH ft. /54（J. A. C. 哈里森完成，1954年）

票主（1907—2005）是作者次子。16岁进入劳埃德银行；二战期间服役，1945年获颁军功十字勋章。

这是作者的最后一款藏书票作品，完成时他已82岁。圆玺形设计，但颇具立体感。中央为简单的纹章设计，羽饰为鹰首，下有花环和头盔，头盔下悬挂军功十字勋章，背后以卷叶为披风。在环框内，除票主全名拼写外，下部有HAC和RSF缩写字样，分别指票主曾经服役的Honorable Artillery Company（荣誉炮兵连）和Royal Scots Fusiliers（皇家苏格兰火枪团）。有用黑、褐不同墨色印制的版本。

# 亨利·约翰·范肖·巴德利
# Henry John Fanshawe Badeley
# 1874—1951

巴德利勋爵是政府官员而业余创作藏书票，但这并不妨碍他成为一位艺术家。由于他与上层人士关系密切，他的委托人不乏名流贤达，包括王室成员。

巴德利的父亲是一名海军舰长。巴德利在青少年时期先后毕业于拉德利公学和牛津大学三一学院这样的名校，在校期间还是一名优秀的运动员。

大学毕业后，1897年他23岁即进入上议院担任事务官员。1920—1930年担任审判部门的首席书记员和讼费审核员。1930年任上议院副秘书长，1934年升任秘书长（The Clerk），次年被授予巴斯勋章。在议会机构的长期工作中，他成长为熟谙各种错综复杂事务的重要官员。特别是在第二次世界大战期间，他以其知识和能力为保障议会在非常时期的运行发挥了很大作用。1949年退休，次年获男爵封号。

巴德利在工作之余有多方面兴趣。他参加慈善组织活动，高尔夫球也打得不错。对于他具体是从何时和怎样开始创作藏书票的，似乎并无明确记载。就著录资料来看，他在1900年以前已经进入这个领域。为此他曾经跟随版画家弗兰克·肖特（Frank Short，1857—1945）学艺。他的作品很早就受到藏书票协会的关注，1899年协会杂志上刊载了他的作品，次年还登载了关于他的专文【25，1900-11 & 12】。巴德利晚年自认为他在1911年以前的一些藏书票作品“惨不忍睹”。实际上，在这个时期他已经设计了约60款作品，虽然有些作品是由他人代刀，但也足以反映他在这件事情上的勤奋。经过认真研究舍邦、伊夫和唐尼（Alfred J. Downey，1882—1944）的作品，和自己持续的努力，巴德利提升了自己的技法。另外，他对纹章学也做了扎实的研究。

自1911年起，他的藏书票作品开始经常在皇家美术院展出，直至其晚年。此外，他还成为皇家画家-蚀刻家协会会员，且在1911—1921年被该会推举为荣誉干事。1925年11月，他受邀为版画收藏家协会举办了藏书票艺术讲座，其讲座资料在1927年由该会正式出版【5】。

在前后50余年的时间里，巴德利完成了220多款藏书票【88】，其中有一半以上是在1911—1938年完成，其间只在第一次世界大战末期有所停顿。1939—1945年第二次世界大战期间，他几乎完全搁置此事，可见当时战事的严重影响和他工作中的巨大挑战。战后，他又继续创作了30余款，直至1951年去世。

作为一位“兼职”的藏书票艺术家，巴德利专注于传统样式和风格，显示了进入20世纪以后英国藏书票传统的延续。票主多为上层人士，也有一些官方或文化机构。乔治五世国王的玛丽王后与他为友，除自己委托他创作藏书票外，可能还向其他王室成员推荐过他。巴德利去世前的最后作品中有为丹麦王后英格丽德完成的藏书票。这些都反映了他在藏书票领域赢得的名望。马克·塞维林推崇巴德利的艺术，在1947年曾写道：“（巴德利）有不少纹章藏书票作品，包括一些皇家藏书票，它们的技法以柔和细致见称。”【68】

巴德利的人品亦颇受称道。他的藏书票作品润例长期不变，以致被认为大大低于其应有的价值，而他从不吝惜以其所得用于慈善捐助。他本人藏书不少，但他却没有创作自用的藏书票。

除本处所载藏书票外，他为英国上议院图书馆所作藏书票见图9。

**图162　查尔斯·罗伯特·斯潘塞　Charles Robert Spencer**

年代：1911

尺寸：12.0 × 8.5

作者：亨利·J. F. 巴德利

署名：J. F. Badeley 1911

票主（1857—1922）是斯潘塞六世伯爵，曾担任维多利亚女王的侍从官，是后来的戴安娜王妃的曾祖父。1913年获颁嘉德勋章，事在制作此票之后。斯潘塞家族虽然历经沧桑，但仍然保持着显赫地位，特别是与王室关系密切。至票主之孙，即斯潘塞八世伯爵约翰·斯潘塞（John Spencer，1924—1992）、戴安娜之父，仍继续担任乔治六世国王和伊丽莎白二世女王的侍从官。

这是一款气象森严的贵族藏书票。大约是根据票主的要求，采取了非常传统的奇彭代尔式设计。与斯潘塞一世伯爵的藏书票（图35）相比，这款藏书票的设计凸显华贵堂皇，甚至有些夸张；但是除增加羽饰和调整盾徽分区外，票面的基本要素并无变化，包括扶盾兽身上装饰的貂尾。盾徽下仍有同样的拉丁文铭文DIEU DEFEND LE DROIT（上帝保护正义）。

现在人们提起斯潘塞伯爵家族，总是会联想到戴安娜。但是，幼年经历家庭变故的戴安娜在奥尔索普（Althorp）的祖宅面对祖先的画像和遗物时，她的感受可能并不是常人可以理解的。

**图163 约翰·威廉·戴维斯 John Williams Davis**

年代：1921

尺寸：8.2 × 5.5

作者：亨利·J. F. 巴德利

署名：J F Badeley 1921

票主（1873—1955）是美国政治家、外交官兼律师。曾担任美国众议院议员（1911—1913）、首席检察官（1913—1918）以及美国驻英国大使（1918—1921），重视美英友好关系，获颁骑士大十字级大英帝国勋章（GBE）。1922年为美国律师协会主席。1924年总统大选时被提名为民主党候选人，后败选于取得连任的卡尔文·柯立芝（Calvin Coolidge，1872—1933）总统。

该藏书票作于戴维斯担任驻英大使的最后一年。票面上方是作为美国国徽标志的白头鹰，两爪分别握橄榄枝和箭镞，口衔写着拉丁文铭文E PLURIBUS UNUM（合众为一）的飘带，头顶上方排列着十三颗星。白头鹰右翅下为美国国旗，左翅下为英国国旗，其下方中央为票主姓名缩写JWD的花押。整个票面满布装饰和底纹，下半部两个开窗分别描绘立于国会山上的美国国会大厦和位于泰晤士河畔的英国议会大厦。底部字牌写票主姓名。

**图164　斯图尔特·洛夫　Stuart Love**

年代：1929

尺寸：8.7×6.3

作者：亨利·J. F. 巴德利

署名：J. F. Badeley. 29

该票取材于米开朗琪罗所作梵蒂冈西斯廷教堂天顶画《创世纪》之“德尔菲女先知”（DELPHICA），精细再现大师原作，体现了作者雕刻技法的成熟和精湛。该票在原作上方增加了一个古希腊式建筑的三角楣饰，中间安置了一个包含票主姓名缩写SGL花押的牌匾。

票主全名和其背景信息未详。

**图165　伦敦港口管理局　Port of London Authority**

年代：1929

尺寸：10.9 × 8.3

作者：亨利・J. F. 巴德利

署名：J. F. Badeley 1929

为了协调19世纪以来泰晤士河沿岸码头公司之间的竞争，1909年开始由伦敦港口管理局来管理泰晤士河航道。其管辖范围是自泰丁顿至河口的95英里（约152千米）河段，主要目标是保障航运安全，保护环境，促进泰晤士河贸易和旅游事业的发展。自20世纪70年代初以来，沿岸码头数量逐步减少，该管理局的规模也有所缩减，但至今仍在运行。

中央盾徽的图案为泰晤士河畔的伦敦塔，中间立着一位右手持剑、左手握卷的水手，两旁各有鱼身狮首扶盾兽，D侧扶盾兽举英格兰旗，S侧扶盾兽举不列颠旗。羽饰是一艘帆船。盾徽下方拉丁文铭文FLOREAT IMPERII PORTUS意为“繁荣的帝国港口”，伦敦港口管理局的英文名称写在以水流图案为底纹的字牌上。

**图166　牛津大学三一学院　Trinity College, Oxford**

年代：1932

尺寸：10.2 × 8.0

作者：亨利·J. F. 巴德利

署名：J. F. BADELEY 1932，及铅笔签名H. J. F. Badeley

这是巴德利为大学母校所作。

牛津大学三一学院创建于1555年。票面下方字牌内的拉丁文COLL: SS: ET INDIV: TRINITATIS/IN UNIVERSITATE OXON，即校名全称“牛津大学之神圣不可分割三位一体学院”。中央为属于学院创办人托马斯·蒲柏爵士（Sir Thomas Pope，1507？—1559，1537年封骑士）的盾徽，有3个狮鹫兽首和4朵鸢尾花，采取反差对比设计，羽饰为立于一顶冠冕上的两个龙首。

羽饰背后的飘带上是该校的拉丁文铭文QUOD TACITUM VELIS NEMINI DIXERIS，意为“当慎言时须缄口”。

**图167 阿拉斯泰尔·贝尔福 Alastair Balfour**

年代：1934

尺寸：9.9 × 7.0

作者：亨利·J. F. 巴德利

署名：J F B 34，及铅笔签名H. F. Badeley

票主（全名Alexander Norman Balfour，Alexander通Alastair， 1909—1996），来自苏格兰皮布尔斯郡的达威克。第二次世界大战时期曾为英国情报部队中校衔的军官，此外也是一位园艺和造林专家。

票面表现了票主在达威克的家园风景，画面层次丰富而疏朗。近景处为家族盾徽，其上部有长子标志（票主实为独子）。上方以美人鱼为羽饰，其右手握着与盾徽上相同的兽头，左手持发梳。盾徽左下方的飘带上有拉丁文铭文NIL TIMERE，意为“切忌轻率从事”。底部字牌写票主姓名。

**图168　玛丽（王太后）　Mary (Queen Mother)**

年代：1946

尺寸：8.5 × 6.9

作者：亨利 · J. F. 巴德利

署名：H. J. F. Badeley 1946

票主（1867—1953）是乔治五世国王的玛丽王后，与巴德利有私谊。她向巴德利委托这款藏书票时，乔治五世已于1936年去世，所以这时她已成为王太后。

中央盾徽浮于嘉德勋章吊袜带（票主在1910年乔治五世即位时获颁嘉德勋章）之上。盾徽D侧是由四个分区组成的英国皇家徽章，S侧是票主父亲符腾堡泰克公爵的四分区徽章。盾徽上方为王冠，王冠上方的匾框内刻着票主的名字MARY，下面的R字母则为皇家标志。

票主的另两款藏书票分别见图125、图171。

# 罗伯特·奥斯蒙德
## Robert Osmond
## 1874—1959

奥斯蒙德是一位出色的雕刻师。他的艺术创作活动主要是在藏书票领域，且不少委托是经由中间商获得，作品并未署其姓名，导致他的影响竟逐渐湮没于岁月，直至20世纪90年代由李重新整理他的藏书票作品集【49】，他的艺术地位才得以重现光彩。

奥斯蒙德于1874年1月10日出生于伦敦，父亲是一名技术高超的木纹油漆匠。全家有六子五女，男孩们长大后多从事细木工和油漆工。奥斯蒙德是家中最小的孩子。他在伊斯灵顿主日学校上学期间，在那里执教的科克（William R. Corke，生卒年不详）发现了他的绘画天赋。科克是一位长于金银器和钟表制作的雕刻家，奥斯蒙德在刚满14岁时成为他的徒弟，这成了他进入雕刻艺术领域的关键契机。在7年学徒生涯中，他的技艺有了长足发展，而且科克一家对他十分友善。

奥斯蒙德在20岁出头即负责经营科克在伦敦西区的分店，专门从事雕刻。他所负责的业务十分成功，使他能够以自己的技艺立足。

奥斯蒙德的藏书票创作始于他与当时的大书商邦珀斯的合作。根据现存资料显示，他大约是在1907年开始接受邦珀斯书店的委托来设计和制作藏书票。邦珀斯的业务经理巴雷特在1896—1928年先后委托哈里森、奥斯蒙德、赛森、伯德、维兹等人（参见第100页）为他的客户设计、制作藏书票，但是这些作品的作者署名仅见巴雷特本人姓名WPB，而不见原作者。1908年，哈里森退出与邦珀斯的合作。之后，巴雷特转而与奥斯蒙德等四人合作，而以奥斯蒙德为主。在总计约600款“WPB”藏书票中，近50%是由奥斯蒙德完成的。

奥斯蒙德并不介意在巴雷特委托的藏书票上不署其名。相反，由于巴雷特带给他的订单很多，而且不乏名流之需，他似乎对这样的创作活动乐此不疲。由于藏书票业务占用了他很多时间，他在1908年后不得不解除了与师父的合作，但这种分手并未使他们之间发生龃龉。

由于奥斯蒙德在雕刻技艺上已经积累了不少经验，他从事藏书票创作很快取得成功。1909年起巴雷特为他带来一系列王室委托，包括玛丽王后的藏书票。当然，还有其他名士达人之托。他的藏书票作品题材广泛，从纹章到书房内景、风景、建筑、人物等无所不能。这些藏书票作品的原设计稿可能部分出自他人，但现已缺乏记载。就雕刻技艺而言，也许奥斯蒙德在精细生动方面稍逊于哈里森，不过这瑕不掩瑜。

奥斯蒙德一生完成的藏书票作品共有500款出头，其中约270件落款于“WPB”名下。1929年巴雷特离开邦珀斯；之后，奥斯蒙德仍然继续藏书票创作。据他的晚辈亲属回忆，这时的他长发飘飘，好似伦勃朗晚年自画像的形象。

第二次世界大战使奥斯蒙德的藏书票业务骤减，而这时他已年近古稀。战争影响了他的健康，战后妻子过世使他受到更大打击。1959年1月8日，他在85生日到来之前两天去世。

因奥斯蒙德本人及其亲属的捐赠，大英博物馆收藏了他的部分藏书票作品。1960年美国耶鲁大学也收到捐赠的奥斯蒙德藏书票。此后不久，他的作品开始见于民间收藏界。在他去世前后的一段时期，藏书票活动在英国陷入低迷，他的作品成了往昔繁荣时代的一个见证。

DEO ADJUVANTE
SIR DAVID LIONEL
GOLDSMID-STERN-SALOMONS. BART.
OF BROOMHILL. TUNBRIDGE WELLS.

图169A

DEO ADJUVANTE
SIR DAVID LIONEL
GOLDSMID-STERN-SALOMONS. BART.
OF BROOMHILL. TUNBRIDGE WELLS.

图169B

**图169（A、B） 大卫·莱昂内尔·戈德斯密德–斯特恩–萨洛蒙斯**
**David Lionel Goldsmid-Stern-Salomons**

年代： 1908
尺寸： （A）11.0 × 7.7；（B）3.7 × 2.8
作者： 罗伯特·奥斯蒙德
署名： WPB/1908

这是奥斯蒙德初期接受巴雷特委托的作品。根据保留下来的试印版，较大的那一款是在铜版上不同区域分次雕刻而逐步完成的；由于票主方面的意图和要求需通过中间人转达，这个过程恐怕并不简单。从成品的布局和细节处理来看，奥斯蒙德在初期就已经达到了很高的水平。更加不同寻常的是，该票大小两种规格是分别雕刻铜版完成的，而不是用同一雕版缩小复制；小规格的B款堪称"微刻"。

票主（1851—1925）1873年继承从男爵爵位，1899年经皇家批准使用Goldsmid和Stern两个复姓及其纹章。作为一位大律师，他担任过肯特郡郡长（1881）、坦布里奇韦尔斯市市长（1895）、肯特皇家工兵团上校（1908）等，也是一位科普作家。

票面上部有三顶头盔和三个羽饰，中央羽饰背后的飘带上写拉丁文铭文DEO ADJUVANTE，意为"有神相助"。盾徽中央有从男爵标志，后衬莨苕纹披风。下方字牌写票主名号SIR DAVID LIONEL/GOLDSMID-STERN-SALOMONS. BART./OF BROOMHILL, TUNBRIDGE WELLS，即"大卫·莱昂内尔·戈德斯密德–斯特恩–萨洛蒙斯爵士，布鲁姆希尔从男爵，坦布里奇韦尔斯"。这里所示是该票初版。根据票主的修改要求，最终版取消了复姓之间的连字符，封号部分的文字也改为"……肯特布鲁姆希尔，从男爵"（Of Broomhill Kent. Baronet）。

坦布里奇韦尔斯（1909年后为皇家坦布里奇韦尔斯）是肯特郡的一个市；布鲁姆希尔是肯特郡海边的一个古地名，可能与票主祖籍有关。

图170A

**图170（A、B） 阿萨尔斯坦·莱利 Athelstan Riley**

年代：（A）1909；（B）1916

尺寸：10.4 × 8.8

作者：罗伯特·奥斯蒙德

署名：（A）W. P. B. /1909；（B）W. P. B. /1916

票主（1858—1945）是一位教会宗教学家兼古董收藏家。以“欧洲列国通”自居，致力于重新统一东正教教会。他在1909年购买了泽西岛上的三一庄园，之后订制了这款藏书票。因此，在票主姓名下有法语SEIGNEUR DE LA TRINITÉ，意为“三一庄园之主”。

图170B

票面上画一古代骑士行进在泽西岛三一庄园的湖畔，背景即庄园宅邸，湖中有两只野鸭游憩，上方飘带上有拉丁文铭文SI NEMO SEQUITUR SOLUS IBO，意为“无人跟随，不妨独行”。这样的设计体现了票主作为一个尚古之人对古代骑士风范的追慕，两只野鸭则象征三一庄园须在英王莅临时献上一对喙上涂金的野鸭的习俗。

该票有三个版本。这里显示的是前两个版本，其主要差别在于宅第建筑：1909年A版显示票主收购庄园之初的面貌，1916年B版则是经1910—1913年扩建后增加了楼层、坡顶和附属建筑的面貌。第三个版本与1916年版相同，但票主姓名改为John Roland Riley，这应该是票主的一位后辈继承人。

这座古宅的历史可追溯到10—11世纪诺曼底公国时期。据报载，票主之孙在2005年将其以350万英镑售出。

**图171　玛丽（王后）　Mary (Queen Consort)**

年代：1910

尺寸：9.5 × 7.5

作者：罗伯特·奥斯蒙德

署名：W. P. B.

票主（1867—1953）是乔治五世国王的玛丽王后。这款藏书票的设计稿和中间试印版仍收藏在温莎堡皇家图书馆，显示它的设计制作时间是在1910年8—10月。爱德华七世在当年5月去世，乔治五世即位为新国王，尽管次年才举行正式加冕礼。因此，这是玛丽王妃成为王后之后的首款藏书票。

该票设计是基于汉普顿宫钥匙牌的形制，四周采用百合花镶边，四角分别装饰着只露出头部和翅膀的小天使和玫瑰。中央铭牌内用MARY组成花押图案，其上方为王冠，王冠两边各有一个小天使护持；铭牌下的装饰图案则由玫瑰、蓟花和三叶草组成，它们分别象征着英格兰、苏格兰和爱尔兰。

票主的另两款藏书票分别见图125、图168。

**图172　弗兰克·托马斯·保罗　Frank Thomas Paul**

年代：1910

尺寸：8.5 × 6.9

作者：罗伯特·奥斯蒙德

署名：W. P. B. /1910（分别位于主图边框两下角处）

票主（1851—1941）是一位医学教授，曾担任利物浦医学研究院下设的医学系主任和院长。

票面主题是票主在柴郡迪河河口附近的住宅。四周是由连环索组成的边框，顶部中央用绳索组成MCC三个字母，并穿插一把船桨；在左右下角绳索分别连接着一个锚具。MCC是Mercury Canoe Club的缩写，意为“墨丘利皮划艇俱乐部”，这应当是票主在当地参加的一个运动组织。

马克·塞维林在其1949年出版的《制作藏书票》【68】一书中引用此票，但是误以巴雷特为作者，可见当时WPB款的藏书票仍然令人迷惑。

**图173　穆雷·安东尼·波特　Murray Anthony Potter**

年代：1911

尺寸：11.4 × 9.3

作者：罗伯特·奥斯蒙德

署名：W. P. B. /1911

票面画两个中世纪教士在图书室内阅读的场景，壁龛上方墙面上有拉丁文铭文Semper Fidelis（永远忠诚）。可能取材于古画。

票主（1871—1915）在哈佛大学教授罗曼语系（即拉丁语系）的语言和文学，应是通过邦珀斯书店订制了这款藏书票。

**图174　莱拉·米尔班克　Leila Milbanke**
年代：1911
尺寸：11.5 × 7.4
作者：罗伯特·奥斯蒙德
署名：W P B（隐于左下角书籍底部阴影中）

票主（1876—1929）1900年嫁米尔班克爵士（Sir John Peniston Milbanke，1872—1915），但一战爆发后，米尔班克于1915年在欧洲前线战死。1920年，再嫁久经沙场的英军高级将领马洪爵士（Sir Bryan Thomas Mahon，1862—1930）。

画面主题是圣经故事“受胎告知”，描绘天使加百利向正在读书的玛利亚报知她已受圣灵之孕。主题人物在天使的翅膀围护之中，周围再以花丛衬托。上方的飘带上是法文L' Amitie c' est l' amour sans ailes，意为“友谊是没有羽翼的爱”，语出拜伦（George Gordon Byron，1788—1824）诗作《友谊即是爱》（*L' Amitté Est L' Amour*）。下方有乐谱、书籍，其中两册书的书脊上分别有FLOWERS（花卉）和HUNTING（狩猎）字样，这些应该都是票主的兴趣所在。票主姓名之下，HER BOOK表示“她之书”。

该票设计取自莱维蒂斯（图76）为威廉·布雷克（参见图85）《经验之歌》（*Songs of Experience*，Nutt，1902）所作的一幅插图。

**图175 托马斯·霍华德·梅 Thomas Howard May**

年代：1925

尺寸：10.8 × 7.6

作者：罗伯特·奥斯蒙德

署名：W. P. B. /1925

票主（1899—1963）生平不详，但是票面内容显示他应是一位英国军人。作者还为其夫人作有藏书票。

画面展现壮阔的海空景色，海面上有一艘无畏号战列舰（Dreadnought），空中则是著名的索普维斯骆驼战斗机（Sopwith Camel），二者都是一战时期的英军利器。边框呈木质感，左、右两上角处分别是英国皇家海军和空军的徽章，中间拉丁文PER ARDUA AD ASTRA为皇家空军座右铭，意为“自逆境通往荣光”。下边框拉丁文VITA BREVIS ARS LONGA，意为“生命短暂而艺术长存”。台面上摆放书籍和乐谱，自左至右的书籍和乐谱上依次写着：

EMERSON：即拉尔夫·瓦尔多·爱默生（Ralph Waldo Emerson，1803—1882），美国散文作家、思想家、诗人。

EPICTETUS：爱比克泰德（约55—约135），古罗马斯多葛学派哲学家。

MONTAIGNE：即米歇尔·德·蒙田（Michel de Montaigne，1533—1592），文艺复兴时期法国人文主义作家。

CHOPIN：即弗里德里克·弗朗索瓦·肖邦（Fryderyk Franciszek Chopin，1810—1849），波兰作曲家和钢琴家。

LEOPARDI：即贾科莫·莱奥帕尔迪（Giacomo Leopardi，1798—1837），意大利浪漫主义诗人。

SOCRATES：苏格拉底（前469或前470—前399），古希腊哲学家。

OMAR：即莪默·伽亚谟（Omar Khayyam，1048—1131），波斯诗人。

**图176　尼古拉斯・弗雷德里克・布雷迪　Nicholas Frederic Brady**

年代：1929

尺寸：10.9 × 9.7

作者：罗伯特・奥斯蒙德

署名：R. O. 1929/J & E B.

票主（1873—1953）是美国纽约资本大亨，其父辈来自法国。从接手家族的茶叶贸易做起，投资于石料开采、天然气供应和有轨电车公司等，建立了一个商业帝国。1920年在纽约长岛（Long Island）建成一座大宅，称为Inisfada（盖尔语"长岛"之意）。整个庄园最初占地300英亩（约121.4公顷），建筑仿伊丽莎白一世时期风格。这座"布雷迪公馆"庄园后于1937年捐献给了耶稣会。

该票的设计大约就是取材于公馆里一个豪华书房的内景。仔细观察书本上显示的字样，可以看出在前景台面上左右两侧是电气工程方面的书籍，中间摊开的书页上则有R. L. Stevenson的字样，即罗伯特・路易斯・史蒂文森（Robert Louis Stevenson，1850—1894，英国作家）。房内桌面上摊开的书页上写着Mark Twain，即马克・吐温（1835—1910，美国作家），壁炉旁的书橱里还有一部Tom Sawyer，即马克・吐温的《汤姆・索亚历险记》。

署名为奥斯蒙德本人和邦珀斯书店（J & E. B.），表明这时他可能已经结束了与巴雷特的关系。

作者于同年还为票主的夫人制作了另一款藏书票，以公馆内的一个小礼拜堂为题，也是由邦珀斯直接委托。

**图177　弗里德里克·里奇蒙德　Frederick Richmond**

年代：1930

尺寸：9.4×6.0

作者：罗伯特·奥斯蒙德

这应该是奥斯蒙德自己接获订单而设计的一件纹章藏书票，见于他的作品目录【49】。

票主（1873—1953）曾先后担任英国老牌零售企业德本汉姆（Debenhams，1778年创立，2020年关闭）和夏菲尼高（Harvey Nichols，1813年创立）的董事长，亦曾任米德尔塞克斯医院院长。藏书票上的名号显示他是一位从男爵，并且盾徽上也有从男爵的左掌标志。

盾徽下字幅上的拉丁文铭文LABOR VINCIT意为“劳有所获”。在底部条幅上，藏书票标记之下写票主名号SIR. FREDERICK RICHMOND BT，即“弗里德里克·里奇蒙德爵士，从男爵”。

# 约瑟夫·威廉·辛普森
## Joseph William Simpson
## 1879—1939

辛普森是一位在苏格兰成长起来的艺术家。他年纪轻轻即勇于进取，以追求自己的艺术理想为使命。他特别关注藏书票艺术，其影响不仅在于他的藏书票作品，还在于他对当时藏书票收藏和研究的取向提出质疑，倡导新的追求。

不过，关于他的生平却缺乏详尽的资料。他出生于卡莱尔。这是坐落于哈德良长城西端的一座古城，在18世纪后期成为重要的棉纺工业城市。他的艺术成长道路则开始于北方苏格兰境内的格拉斯哥美术学院。在16至26岁这段时间，他在爱丁堡从事书籍插图，为卡莱尔的一个出版商提供设计。他的工作室是一个画家小团体经常聚会的场所，他们戏称自己的团体是SPO，指香肠、土豆和洋葱，这是他们喜欢的食物。

1905年，他来到伦敦，寻求其版画创作在插图和海报设计等领域的更大发展。他的工作室与画家弗朗克·布朗文（参见第147页）为邻，后者鼓励他钻研蚀刻。这时，他的创作还进入了肖像领域，曾为萧伯纳这样的名人画过肖像。此外，他也曾在伦敦美术学院任教。

他的艺术成就主要是在插图和漫画领域。在第一次世界大战期间，他被官方聘为战地画家前往法国，隶属于那里的皇家空军，因其贡献获颁大英帝国司令勋章（CBE）。

目前所见辛普森藏书票作品主要作于19与20世纪之交他在爱丁堡的时期，估计总数不少于30种。其作品特点是激情洋溢而手法多样，大致可分为两种不同风格。稍早一些的作品突显先拉斐尔派乃至工艺美术运动的影响；后来则转向笔触较为写意的漫画风格，神似比亚兹莱的作品。

1900年，他创办了刊物《藏书票之书》（*Book of Book-Plates*）【72】。这时，伦敦藏书票协会发展正盛，但他对当时藏书票收藏和研究追逐稀见品而忽视艺术性的风气不以为然，希望以其杂志来集中展示现代藏书票的艺术美。辛普森认为藏书票的历史经历了从纹章式到图画式的转变，而在他所处的时代，虽仍需要以票主姓名来标示权属，但除此之外，应强调唯美的设计，使之成为更加纯粹的艺术品。

这是他作为艺术家对时代潮流做出的回应。为此，他积极联合进入新艺术时代的画家，以他的杂志为载体推行高度艺术化的藏书票设计。在他的杂志中，不乏当时一些设计名家的作品。他还与欧洲大陆的艺术家交流自己的艺术主张，通过杂志介绍大陆国家如德国和奥地利的藏书票设计。

不过，他的努力似乎并非一帆风顺。这个杂志虽名为季刊，但仅在第一年出版了4期，之后变为不定期（1901年2期，1902年和1903年各3期）。1904年起刊名改为《书籍与藏书票》（*Books and Book-Plates*），在藏书票之外增加了较多插图和装帧设计方面的内容，主编也改由格斯里（图85）担任。藏书票艺术日后在英国的发展演变与辛普森的理想有比较明显的差距，但是他作为青年艺术家对传统发起的挑战，使他成为藏书票历史上一个值得注意的代表性人物。

**图178　克丽丝·奥尔索普　Kris Allsopp**

年代：1897

尺寸：16.0 × 9.9

作者：约瑟夫·威廉·辛普森

署名：97/J. W./SIMP/SON

作者在1897—1898年留下了数款风格相近的藏书票作品，它们都属于其艺术生涯初期的清新典雅之作，包括为这位票主所作两款音乐题材藏书票——此处所载即其中之一，以及为她的一位姐妹（Cissie Allsopp）所作另一款音乐题材藏书票（关于她们的具体信息不详）。虽然作者此时尚不满20岁，但却显示了高超的绘画水平。画面意境可见先拉斐尔派的影响，而笔法与中国画的白描有几分相似，文字装饰则显露工艺美术运动风格。

**图179　菲菲·库恩　Fiffi Kuhn**

年代：1897

尺寸：12.6 × 5.8

作者：约瑟夫·威廉·辛普森

署名：J/W/S

这位来自欧洲大陆德语区的女票主（具体信息不详）拥有多款新艺术风格的藏书票。作者为她所作这款藏书票则富于工艺美术运动的气息，其宽幅边框中的华丽纹饰令人联想到威廉·莫里斯的书页装饰手法。但主题人物的画法却有比亚兹莱式的新艺术风格，她的肩头配饰一朵花，另一朵花已飘落到裙摆，在头发和长裙的黑色块面衬托下，突出了人物的阅读形象。下方的白色块面写票主姓名，同时也造成了整个构图黑白相互映衬的节奏感。

**图180　查尔斯·霍尔姆　Charles Holme**

年代：1898

尺寸：11.4 × 7.6

作者：约瑟夫·威廉·辛普森

署名：J. W. Simpson June 98

票主（1848—1923）是记者兼艺术批评家，其主要成就是创办《工作室》杂志（*The Studio*，1893年4月首刊）。1919年从主编之位退休，由其子查尔斯·杰佛里·霍尔姆（Charles Geoffrey Holme，1887—1954）继任。1924年，其子举家移民美国，并在1948年正式加入美国籍。不过，他的女儿，也即票主的孙女尼娜·霍尔姆（Nina Holme，1916—1990，儿童书插画家）于1935年嫁马克·塞维林（图101），仍留在英国和欧洲大陆。

《工作室》是美术和装饰艺术图片杂志，在艺术界有深远影响。其首任专职主编是格利森·怀特（图70）。1895年票主自任主编后，怀特仍继续供稿，包括编写1898—1899年冬月号藏书票专刊中"英国藏书票"部分（其中收录本票）【87】。二战期间，杂志在伦敦的总部遭到轰炸，资料损失严重。战后在伦敦和纽约两地出版，至1964年刊名改为《工作室国际》（*The Studio International*）。2000年，它成为首先提供网络版的艺术杂志，正如100年前它属于最早采用照相制版技术的艺术刊物。

作者可能是在《工作室》杂志编辑1898—1899年藏书票专刊时因缘与票主结识，并为他创作此票。票面主图画一位诗人正在朗诵，在他的两侧后方，分别是展卷阅读的女士。圆形画框用花卉和藤蔓装饰，其下方中间处有POETRY（诗歌）字样；底部写藏书票标记和票主名号。其设计稿经复制后印刷，细节（包括作者署名）漫漶不清，但仍可体会其创意的优美。

**图181　卡尔·埃米希伯爵　Karl Emich Graf**

年代：1898

尺寸：10.0 × 6.8

作者：约瑟夫·威廉·辛普森

署名：J. W. S.

这款新艺术风格藏书票的主题人物是带光环的基督教殉道者亚历山大的圣凯瑟琳（St. Catherine of Alexandria），她捧书阅读的形象喻指她是哲学家和学者的主保圣人。下方中央是票主纹章，其中央的家族盾徽本为红底、金十字图案，被大十字分割的四个分区内各有5个小型金十字。两边的哥特体文字从左向右连读，第一行为藏书票标记Ex-Libris，第二至第三行是票主名号Karl Emich Graf zu Leiningen-Westerburg（莱宁根–韦斯特堡的卡尔·埃米希伯爵），第四行为年份A. D. 1898。

票主（1856—1906）的完整名号是Karl Emich Philipp Wilhelm Franz zu Leiningen-Westerburg-Neuleiningen，即“莱宁根–韦斯特堡–诺伊莱宁根的卡尔·埃米希·菲利普·威廉·弗朗茨”。因袭爵而为莱宁根伯爵；1873—1890年在军中服役，一直做到骑兵旅副官之职。他又是谱系学和纹章学专家。1882年起为纹章学会令官，自1898年至去世为荣誉会员；同时，还是莱比锡等地纹章组织的会员，1898年起为瑞士纹章学会荣誉会员。德国藏书票协会成立后，被推举为荣誉会员。热衷收藏和研究藏书票，曾为自己和亲属向不少著名艺术家订制藏书票；著有《德国和奥地利藏书票》（*Deutsche und Österreichische Bibliothekszeichen*，Stuttgart，1901），并在纹章学会和藏书票学会的杂志上发表过大量文章。其早逝被认为是藏书票领域的一个巨大损失。

票主曾在1894年写信给英国藏书票协会评述会刊登载德国藏书票的文章【25：1984-2】，并称赞会刊质量，这款藏书票也说明了他与英国艺术家的交往，这些都反映了当时国际藏书票交流的情况。

# 乔治·泰勒·弗兰德
## George Taylor Friend
## 1881—1969

弗兰德是一位技艺高超的金属版和珠宝雕刻师，并长期从事雕刻专业的教学，在生前即已获得很高荣誉，在藏书票领域也有很大影响。

1881年8月26日弗兰德出生于伦敦百花里。父亲业余爱好木刻，这对他幼时艺术兴趣的培养应该是有一定作用的。在完成基础教育后，他14岁进入金银器雕刻家詹姆斯·法拉第·巴纳德（James Faraday Barnard，1837—1909）的公司，成为其学徒。他在此工作了十多年，一直到一战爆发前的1912年独立开业，并在此时结婚（一生有三子一女，不过他们都没有从事艺术）。一战时应征入伍，在法国服役，主要工作是绘制军用地图。

1896年15岁时，他还进了伦敦摄政街的一所新学校学习雕刻，这里也正是后来迁到南安普敦街的中央工艺美术学院（参见第141页脚注）。他学习了一段时间后成为这里的夜校教师，后来一直做到雕刻系主任。他在这所学院的工作持续了62年，直至1958年退休。

在长期的雕刻艺术生涯中，他成了纹章学和字体艺术专家。除专注于自己的业务之外，还花费时间投入教学。1929年，被伦敦金匠公会选为会员，彰显了其在金属雕刻艺术领域的地位。1952年，因对雕刻艺术的贡献获颁大英帝国官佐勋章（OBE）。

作为一位专业雕刻师，弗兰德有大量藏书票作品。据其作品目录所载【7】，其藏书票约有400款。但是，由于一些早期作品是受中间商委托所作，还有一些则是由别的艺术家设计、由他完成雕刻的作品，而这类作品很少有他的署名（也有相反的情况，即他所雕刻作品的原创艺术家不详），再考虑到二战期间的损失，他的藏书票作品总量实际上应不少于500款。

有不少委托人在委托画家进行设计之后，将设计稿交由弗兰德完成雕刻制作。在这些原创艺术家中，有吉尔兄弟（参见第288页）、惠斯勒（参见第320页）、多林（Edward Earle Dorling，1863—1943）、格雷（George Kruger Gray，1880—1943）、韦恩（Allan Wyon，1843—1907）和托马斯（Cecil Thomas，1885—1976），以及纹章院的艺术家等，可见他的雕刻艺术受到广泛和高度认可。

但这并不是说弗兰德缺少自己的原创作品。相反，他毕生有很多自己设计、自己雕刻完成的作品。因此，他是一位以雕刻为专长的真正的艺术家。

他早期的工作室位于格雷律师学院的对面，使他接到不少来自律师的订单，律师学院图书馆也委托他制作藏书票。此外，他的客户中也不乏贵族人士、印度王子、名医、美国富豪等各路显贵，以及著名机构、协会和院校的图书馆。

弗兰德去世后，塞西尔·托马斯在1969年8月8日《泰晤士报》（*The Times*）的讣闻中写道："他并不是一个追求名誉或地位的人，他的生活遁于世外，专注于令其兴之所至、心之所安的那类斯文艺术，即设计和雕刻铜版或钢版藏书票。"

弗兰德的藏书票作品在他生前经常在皇家美术院展出，身后则主要收藏于利物浦公共图书馆；此外，也有部分收藏于大英博物馆和维多利亚与阿尔伯特博物馆。

**图182　弗朗西斯·惠勒 ·胡德　Francis Wheler Hood**

年代：1909

尺寸：12.4 × 9.4

作者：乔治·泰勒·弗兰德

署名：右上角GTF花押

票面主图是胡德家族纹章，但设计风格颇有风雷激荡的动感。如下方文字Sir Francis Wheler Hood/Viscount Hood of Whitley, Warwick所示，票主（1838—1907）是沃里克郡惠特利的第四代胡德子爵。中央的盾徽属于胡德子爵家族，其第一代塞缪尔·胡德（Samuel Hood，1724—1816）曾为英国海军上将。盾徽两边由人鱼扶盾，男性人鱼握刃，女性人鱼持镜。头盔上方的羽饰为立于船锚上的康沃尔山鸦，它面对的飘带上写BARTON SEAGRAVE LIBRARY，即“巴顿西格雷夫图书馆”；其背后飘带写拉丁文铭文VENTIS SECUNDIS，这是胡德家族铭文，大意“一帆风顺”。

票主袭爵而具有贵族身份，为沃里克郡地方军事长官助理，所获最高军衔是英国近卫步兵第一团中校，还被委任为“太平绅士”。在票面上，其姓名上方有1909年份字样，而票主此时已故世两年；实际上，这是以票主名义向巴顿西格雷夫图书馆捐赠而使用的藏书票。巴顿西格雷夫是北安普敦郡凯特琳区的一个古老村镇，票主次子、英国皇家海军少将霍勒斯·胡德爵士（Sir Horace Lambert Alexander Hood，1870—1916，战死于日德兰海战）曾居住于此。

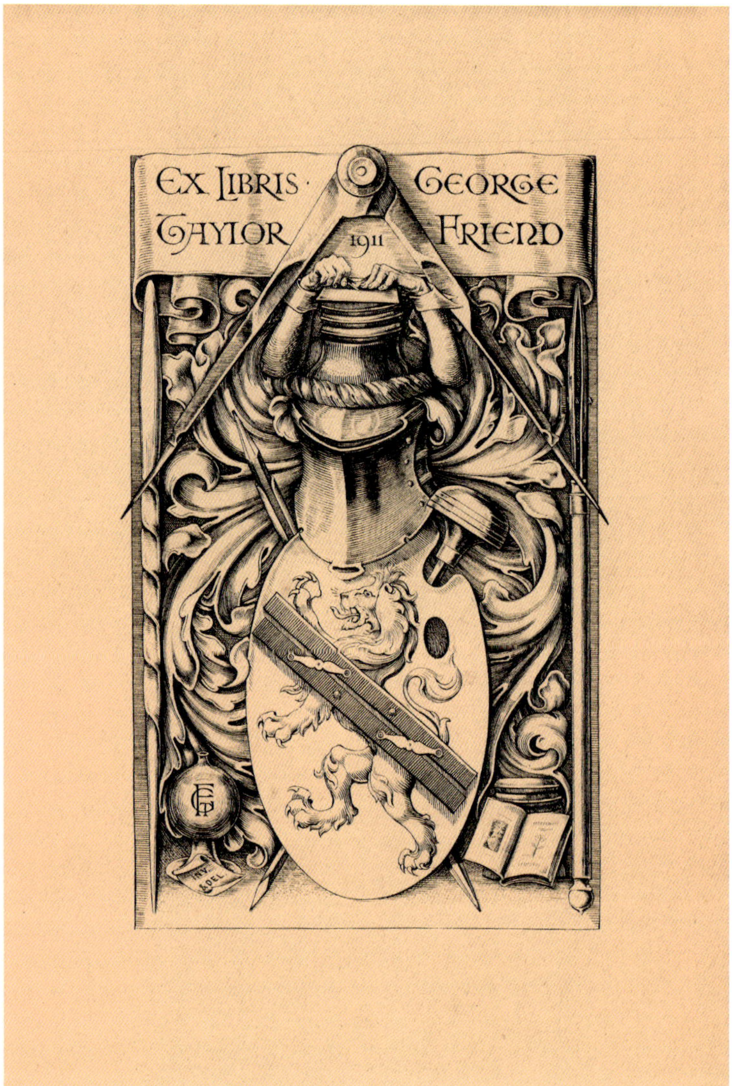


**图183　乔治·泰勒·弗兰德　George Taylor Friend**

年代：1911

尺寸：10.4 × 6.6

作者：乔治·泰勒·弗兰德

署名：GTF（花押）/INV & DEL（乔治·泰勒·弗兰德设计并绘制）

这是作者为自己所作藏书票，是其作品目录中所载唯一自用票。创作此票时，作者刚满30岁，不久后开办了自己的雕刻事业，而他因对雕刻艺术的贡献获颁大英帝国官佐勋章（OBE）已是40余年之后的1952年。

票面取纹章式。盾徽设计成调色板样式，在立狮图案上悬浮着一个画具箱。盾徽背后交叉着铅笔和刻刀，两侧立置着锥子、镊子，这些都是作者的工具。两下角分别有一尊高足细口玻璃瓶（印GTF花押）和一部看似与纹章学有关的书籍。头盔上方花环上的羽饰是一双手正在工作台上进行雕刻。上端是写着藏书票标记、票主姓名和年份的横幅，分规表明作者的共济会会员身份。

**图184　爱德华·博伊尔　Edward Boyle**

年代：1921

尺寸：8.6 × 5.7

作者：乔治·泰勒·弗兰德

署名：GF（花押）/1921

苏塞克斯郡奥卡姆的博伊尔从男爵家族的爵位传承至今。从第一代老爱德华·博伊尔（1848—1909）开始，连续三代从政，且不乏著述。

票主（1878—1945）是1909年袭爵的第二代博伊尔从男爵。他自伊顿公学和牛津大学毕业后，1902年进入伦敦内殿律师学院，希望做一名出庭律师。但是第一次世界大战改变了他的使命。1914年，担任巴尔干委员会主席，负责管理塞尔维亚救济基金；1915年，为英国派驻塞尔维亚的专员；1916年，负责管理科西嘉岛上的塞尔维亚难民营。因其在巴尔干地区的贡献，被当地国家授予多项荣誉。1927年，为苏塞克斯郡郡长和太平绅士。1939年，获保加利亚索菲亚大学法学博士学位。皇家地理学会会员。

票面为纹章式设计。羽饰两边的文字连读为GOD'S PROVIDENCE IS MY INHERITANCE，意为“造物者所赐即吾之所适”。

**图185 哈博戴斯阿斯克公会**
**The Worshipful Company of Haberdashers**
年代： 1935
尺寸： 12.0×8.1
作者： 乔治·泰勒·弗兰德

哈博戴斯阿斯克是服饰商的音译。据说Haberdasher可能源于12世纪的一个单词“hapertas”，意指穿在盔甲里面的厚布，后来用它代指从事帽子、钱包等服饰用品的工匠和商人。在公会名称之前加敬语Worshipful，强调其权威性，在简称时可以省去。

这家服饰商公会成立的最早文书记录是在1371年。1448年，获亨利六世颁发特许状。到17世纪中叶，由于伦敦人口持续增加，公会已无法继续控制服饰行业；于是，它开始转向兴办教育和慈善捐助，逐渐脱离了传统的服饰业。

该藏书票依公会纹章设计，雕刻效果颇有立体感。这家公会自1446年开始启用纹章，使当时很多不识字的人可以辨识。目前的设计则源自16世纪的改版。盾徽的底纹是六道蓝、白交错的曲折条带，其上斜向贯穿一个走狮图案，象征公会受皇家保护的权威性。盾徽D侧是圣乔治十字盾牌，象征英格兰；S侧是凯瑟琳轮，象征公会守护神圣凯瑟琳（源自公会最早的纹章图案，圣凯瑟琳又见于图181）。羽饰是从花环围绕的云朵中伸出两只手臂举起一顶桂冠。羽饰两侧边框外各装饰一朵都铎玫瑰，象征公会发起的时代。两侧扶盾为印度山羊，可能因为它们是细羊毛的来源。

盾徽下方有公会使用的铭文SERVE AND OBEY，意为“服务和服从”。底部是公会全称。

哈博戴斯阿斯克公会是伦敦城十二个古老的行业公会之一。作者所在的伦敦金匠公会的正式成立时间更早，为1300年；不过，他的作品目录并没有他为金匠公会提供的藏书票。

票面原有作者署名“G. T. F. 1935”，但后被抹去。

**图186　国家海事博物馆　The National Maritime Museum**
年代：1937或其后
尺寸：9.8 × 8.1
作者：乔治·泰勒·弗兰德

英国国家海事博物馆位于伦敦东南方向，在格林尼治公园泰晤士河畔。1934年由议会立法设立，1937年正式在格林尼治皇家医院学校旧址上建立。其主要建筑是1635年建成的王后宫，与皇家天文台和卡提沙克号（Cutty Sark）古船共同组成格林尼治皇家博物馆。

这座海事博物馆的收藏有17世纪以来的船模和海图，有史前时期以来（特别是19世纪以来）的船艇，还有导航和天文观测仪器（古时航海定位依赖于天文观测）。此外，博物馆还收藏着一批荷兰和英国的航海艺术作品。英国皇家海军史上的名人皮普斯（图279C）、库克船长（图49）、霍雷肖·纳尔逊将军（参见图47）等人的事迹或画像也在这里呈现。

票面采用纹章式对称设计，椭圆形盾徽中间是三具船锚，环绕的文字即NATIONAL MARITIME MUSEUM（国家海事博物馆）。顶部以缆扣为羽饰，两边各有一个神话式的海兽；盾徽两侧以两个海螺为扶盾，缆索的两端会合于底部的贝壳。

该票应该是用于海事博物馆的文献档案等。

# 埃里克·吉尔
## Eric Gill
## 1882—1940

吉尔，全名亚瑟·埃里克·罗顿·吉尔（Arthur Eric Rowton Gill），是英国20世纪的重要艺术家，身兼雕塑家、图片和字体设计家，木刻、铜版皆擅，又是一位作家。他的各种版画作品有1,000多件，藏书票是其中的一个重要组成部分。

1882年2月22日吉尔生于英国苏塞克斯郡的布莱顿，父亲是一位牧师，母亲曾是轻歌剧女歌手。他在全家13个孩子中排行第二。他的姐姐埃妮德（图7）是一位女诗人，最大的弟弟麦克唐纳德（Leslie Macdonald Gill，1884—1947）是一位平面艺术家。

1897年全家搬到奇切斯特，吉尔进了当地的工艺美术学校。1900年来到伦敦，跟随卡罗（William Douglas Caröe，1857—1938）学习建筑设计。同时，业余到威斯敏斯特工艺学院学习石刻，到中央工艺美术学院（参见第141页脚注）向爱德华·约翰斯顿（Edward Johnston，1872—1944）学习字体设计。约翰斯顿当时的徒弟还有后来成为吉宾斯老师的卢克（参见图100）。卢克和吉尔受约翰斯顿的影响，先后开始研习木刻。1920年木口木刻家协会成立时，二人都是创始会员。

吉尔自1903年开始以字体设计和字模雕刻为业，兼作墓碑雕刻。1907年起定居苏塞克斯郡的迪奇灵。在这里，他为出版社设计字体（他一生创设了10种字体），并带徒从事雕刻。他在雕刻方面喜欢在石料上直接雕刻而不用黏土模型，在版画方面则要求直接用雕版印制而不用其他中间方法（如照相制版），这些都反映了工艺美术运动对他的影响。

他在1910年开始做石像雕刻，作品杂糅中世纪宗教、埃及、希腊和印度艺术以及法国后印象派的风格。1912年在苏塞克斯成功进入公共雕塑领域。一战期间，主要从事伦敦威斯敏斯特十字车站的雕塑；战后应约完成了一系列战争纪念雕塑。后来，还为伦敦英国广播公司大楼（1932）、耶路撒冷巴勒斯坦考古博物馆（1934）、日内瓦国联大厦（1938）等多处公共建筑创作雕塑作品。

吉尔在1913年皈依罗马天主教，这对他此后作品（包括藏书票）的性质和内容都有很大影响。一战后他回到迪奇灵，和一群艺术家组成了一个半宗教性质的圣约瑟和圣多明我公会。从这时起他写了一些有关宗教与艺术关系的著作。吉尔的艺术兼有宗教色彩和情色内容，看似十分矛盾；对此，可以用他的这样一种观点来理解，即“艺术是上帝与艺术家合作的结晶”，即他认为艺术家的任务乃是表现上帝之创造物。

1924年，吉尔举家迁到威尔士与英格兰交界处的Capel-y-ffin（地名意为“边界上的小教堂”）。此后，他的雕塑作品逐渐减少，而版画作品大量增加。特别是在吉宾斯邀请下为金鸡出版社创作插图本，至1940年先后完成十余种，其中包括《坎特伯雷故事集》（*The Canterbury Tales*，1929）这样的多卷本，和金鸡出版社自认为其代表性出版物的《四福音书》（*The Four Gospels*，1931）。此外，他的字体和插图艺术也吸引了德国克拉纳赫出版社（Cranach-Presse）和美国限量版俱乐部（The Limited Editions Club）。

1928年，他最后迁居至白金汉郡的皮格茨。在这里，他和女婿丹尼斯（Denis Tegetmeier，1895—1987）一起开办了自己的手工出版珍本书业务。吉尔于1936年被皇家艺术学会授予皇家工业设计师称号，为英国设计师最高荣誉。同年还成为皇家工业设计师学院的创始院士。1937年，当选皇家美术院院士，还设计了发行使用15年之久的乔治五世普通邮票。

1940年11月17日，吉尔因肺癌去世，年仅58岁。他在去世前最后一周完成了金鸡出版社译本《醒世恒言》五幅插图的设计稿（英文书名*Glue and Lacquer*，即“如胶似漆”，收入四部故事），后由女婿雕刻铜版付印。

根据1986年出版的目录【73】，吉尔一生创作了56款订制藏书票。票主中，除亲友外，多为艺术家、科学家或其他文化人士。在其逾千件版画作品中，藏书票所占比例不大，但是创作时间从1908年到1940年，贯穿其整个艺术生涯，可分为以下几个时期：

1908—1920年，从初创到形成其独特的黑白对比风格。票主多为亲友，包括他在艺术事业中的伙伴；

1922—1928年，以一系列宗教题材藏书票作品为特点；

1925—1937年，题材和技法更加多样化，一个突出特点是在木刻作品中采用浮雕表现方式；

1937年及以后，在艺术生涯晚期，藏书票作品以字体形式为主。

吉尔的藏书票作品主要是木刻，铜版仅有4款。而木刻又可分为白线和黑线两种刻画方法，且以白线为主，或交叉运用二者。有观点认为白线方法有利于忙碌的吉尔节省创作时间，但其白线技法所达到的高超艺术效果却并非可以轻易复制。吉尔在藏书票作品中很少采用纹章题材，尽管有时会利用类似纹章的构图形式。但总的来说，他的藏书票作品风格是严谨和节制的，具有宗教艺术气息，用独特的手法来表现构思。他所创立的新典范对于同时期和后来的一些艺术家都有影响。

吉尔的版画作品，包括藏书票，主要收藏于维多利亚与阿尔伯特博物馆。

1989年，传记作家菲奥娜·麦卡锡（Fiona MacCarthy，1940—2020）出版了根据传主日记编写的《埃里克·吉尔》（*Eric Gill,* Faber and Faber），书中披露了吉尔私生活中有悖人伦的一面。这引起对吉尔的争议，他为英国广播公司大楼所作雕塑甚至因此遭人破坏。但吉尔有一句话也引人注意，即“理想比道德更重要”（Ideals are more important than morals）。这成为艺术史家必须面对的问题，即如何评价一个艺术家的行为对其艺术的影响，以及这如何影响大众对其艺术的理解。

**图187　弗朗西斯·梅内尔　Francis Meynell**
年代：1914
尺寸：5.5×4.4
作者：埃里克·吉尔

票主弗朗西斯·梅瑞狄斯·威尔弗里德·梅内尔（Francis Meredith Wilfrid Meynell，1891—1975），是记者兼出版家威尔弗里德·梅内尔（Wilfrid Meynell，1852—1948）和女诗人艾丽丝·克里斯蒂娜·格特鲁德·梅内尔（Alice Christiana Gertrude Meynell，1847—1922）之幼子。票主本人也是诗人兼出版家和社会活动家，1916年依靠资助创办鹈鹕出版社（The Pelican Press），后于1922年在伦敦与人合作创办绝无仅有出版社（The Nonesuch Press）[1]。1946年获封骑士。不过，在吉尔为其制作这款藏书票时，票主还只是乔治·兰斯伯里（George Lansbury，1859—1940）领导下的《每日先驱报》（*The Daily Herald*）的一名经理。

这是标志吉尔藏书票形成其风格的作品，以黑白对比方式刻画古希腊神话中长着双翼的飞马珀伽索斯。传说它飞上赫利孔山，用蹄子捣出了给缪斯带来灵感的希波克里特神泉。这里显然是以此来寓意票主的诗人身份。1945年绝无仅有出版社出版弗朗西斯·梅内尔的《十七首诗》（*17 Poems*），其封面采用了该藏书票的设计。

绝无仅有出版社是一家私人出版机构。正如其名，其宗旨是出版尚未面世或版本未足的书籍，不过它并未出版过吉尔的作品。

[1]　“绝无仅有”出自王强之译，见其《书蠹牛津消夏记》（香港 Oxford University Press，2016年）。

**图188　查尔斯·兰伯特·路德斯顿　Charles Lambert Rutherston**

年代：1916

尺寸：5.7 × 8.0

作者：埃里克·吉尔

署名：EG（反刻）

票主（1866—1927）是吉尔艺术事业上的朋友，也是一位重要的艺术品收藏家。以继承父辈羊毛贸易起家，其全部艺术收藏都在生前捐赠给曼彻斯特美术馆。值得一提的是，他的弟弟威廉·罗森斯坦因爵士（Sir William Rothenstein，1872—1945）是英国名画家兼美术教育家。威廉的长子约翰（John Knewstub Maurice Rothenstein，1901—1992），即票主之侄，是美术史家，长期担任泰特美术馆馆长，曾为1954年出版的吉尔*First Nude*一书作序，吉尔也为他作有一款藏书票。

票主在一战期间改换了属于德国血统的姓，以Rutherston为姓。票面边框环绕字样EX COLLECTIONE CHARLES LAMBERT RUTHERSTON，意为“出自查尔斯·兰伯特·路德斯顿之藏”。中央主图是在海面上航行的一艘双桅帆船，顶部左右两角各有一个太阳照耀，左下角还有一条鱼跃出水面，有一种蓬勃、积极的精神气象。

**图189　伊万·吉尔　Evan Gill**

年代：1920

尺寸：4.3 × 5.9

作者：埃里克·吉尔

署名：EG（反刻）

票主（全名Evan Robertson Gill，1892—1968）是作者的弟弟之一。编有《埃里克·吉尔书目》（*Bibliography of Eric Gill*，1953），其艺术家兄长生前对他的工作给予肯定。

画面以一座山丘象征兄弟二人的故乡苏塞克斯的白垩丘陵地貌。在他们的出生地布莱顿北侧的山上，矗立着一座俯瞰这座城市的风车。风车的转叶设计成卍徽章，寓意票主对英国作家和诗人鲁德亚德·吉卜林（见图74，其早期出版作品封面常使用卍或卐字符号）的喜好。风车一侧是一片枫叶，象征加拿大（票主在一战期间曾在加拿大陆军的炮兵部队服役）；另一侧的兰开夏玫瑰则应是象征英格兰。

**图190　阿南达·库马拉斯瓦米　Ananda Coomaraswamy**

年代：1920

尺寸：6.1 × 6.3

作者：埃里克·吉尔

票主（1877—1947）出生于锡兰（1972年后为斯里兰卡），父亲是锡兰人，母亲是英国人。2岁来到英格兰，1900年毕业于伦敦的大学学院，获地质学和植物学学位。1902—1906年回到锡兰从事地质调查并取得博士学位，还组建了锡兰矿业调查所。其间，他和摄影家妻子合作完成了《中世纪僧伽罗艺术》（*Medieval Sinhalese Art*，1908）一书；此后他的兴趣彻底转变，立志向西方推广锡兰和印度艺术，但这并非易事。他在1908年曾写道："迄今只有考古学家在研究印度艺术……但应当是由艺术家而不是考古学家来评判艺术作品的价值。"他与吉尔结识于1909年，引导吉尔在其雕刻作品中融入印度风格。

票主后半生成为哲学家和艺术史家。1917年后，曾在波士顿美术馆先后负责印度艺术部；又曾帮助弗利尔美术馆购藏波斯艺术品。他以形而上学的观点对东西方艺术进行比较研究，认为艺术传统属于客观本质，其分析需要透过符号、文本等记忆的表象。

票面所绘是印度古代梵语叙事诗《罗摩衍那》（*Rāmāyaṇa*）中的悉多与金鹿，具有明显的东方壁画风格。用黑白对比方法在金鹿和丛林背景中凸显人物，构思精妙，技法细腻，是吉尔木刻艺术进入成熟期之作。

**图191 詹姆斯·康普莱·麦考伊**
**James Comply McCoy**

年代： 1923
尺寸： 9.0 × 6.0
作者： 埃里克·吉尔
署名： 铅笔签名Eric G

这是作者在20世纪20年代所作一系列宗教题材藏书票之一，主题是众人围观之中的耶稣殉道者。画中IHS是Iesus Hominum Salvator的缩写，意为“耶稣，人类的救世主”。

票主（生卒年不详）可能是吉尔当时的一位教友。他委托吉尔制作这款藏书票，用于他与耶稣会有关的藏书。

**图192 玛丽·吉尔**
**Mary Gill**

年代： 1926
尺寸： 5.5 × 2.9
作者： 埃里克·吉尔

票主（本名Ethel Hester Moore，1878—1961）是作者之妻，1904年与吉尔结婚，二人有三个女儿和一个养子。吉尔皈依罗马天主教后，票主也随之改奉天主教，并改名Mary。1952年，她将吉尔自藏的版画作品档案捐献给维多利亚与阿尔伯特博物馆；再加上克莱弗顿（Douglas Cleverdon，1903—1987，1929年出版第一部吉尔版画作品集）的捐赠，该博物馆基本收齐了吉尔的逾千件版画作品。

票面画抱着一块字牌的一位女子，字牌顶端画有十字架，中间是藏书票标记和票主名号，下部有T. O. S. D.字样，说明票主为圣多明我会的世俗成员（见图194）。这是吉尔4件铜版藏书票作品之一。

**图193 伊丽莎白·福斯特·凯里和阿瑟·格雷厄姆·凯里**
**Elisabeth Foster and Arthur Graham Carey**

年代： 1928

尺寸： 9.1 × 5.2

作者： 埃里克·吉尔

票主为一对美国夫妇，丈夫（Arthur Graham Carey，1892—1984）是一位画家。妻子（本名Elizabeth Foster Millett，1889—1955）与他在1920年结婚。他们在20世纪20年代曾旅居英国，与吉尔为友。

这是吉尔的最后一款宗教题材藏书票，主图中庄严的天使形象取材于拜占庭镶嵌画，雕刻十分精细。四面边框由藏书票标记（上）、夫人名字（左）、丈夫名字（右）和他们的姓（下）组成，四角用玫瑰花装饰。

**图194 埃里克·吉尔**
**Eric Gill**

年代： 1928

尺寸： 6.6 × 3.5

作者： 埃里克·吉尔

这是作者设计的一款自用票。票面上一只手掌的掌心发出光芒，照亮一本打开的书，书页上的拉丁文LIBER EST CAUSA SUI是双关语：当LIBER取自由人之意时，其含义是“自由人自可对自己负责”；当LIBER取书本之意时，其含义是“一本书自可对自己评断”。

上部为藏书票标记和票主姓名。下部有T. O. S. D.字样，是Tertiary of the Order of St. Dominic的缩写，意为“圣多明我会第三会”，即以世俗身份加入这一天主教派的成员。吉尔在1913年皈依天主教。1921年他发起了一个天主教性质的艺术团体，称为“圣约瑟和圣多明我公会”；同年，他成为圣多明我会的世俗成员。

**图195　米里亚姆·罗斯柴尔德　Miriam Rothschild**
年代：1932
尺寸：7.1×6.5
作者：埃里克·吉尔
署名：EG（反刻）

票主（全名Miriam Louisa Rothschild，1908—2005）出身于金融世家罗斯柴尔德家族。她的高祖内森·罗斯柴尔德（Nathan Mayer Rothschild，1777—1836）是老罗斯柴尔德之第三子，于1798年来到伦敦创立了家族的英国产业。父亲纳撒尼尔·查尔斯·罗斯柴尔德（Nathaniel Charles Rothschild，1877—1923）是银行家兼昆虫学家。票主因家庭影响而自幼喜爱生物，又因其所继承的财富，无需资助即可选择自己感兴趣的研究领域，从而成为昆虫学和植物学专家。20世纪60年代为牛津大学遗传学院院士，并捐助研究机构。1985年当选英国皇家学会会员，1973年当选美国艺术与科学院的外籍名誉院士，拥有牛津、剑桥等八所大学的名誉博士学位。2000年被授予大英帝国骑士司令级勋章（DBE），为女爵士。

吉尔完成这款藏书票时，票主正在其学术生涯初期，在普利茅斯海洋生物所研究海洋生物。票面所绘是在丛林中奔跑的两只鹿，应该是根据票主意图而确定的设计。这是吉尔在木刻中采用浮雕表现手法的一款代表作。

**图196 戴斯蒙德·弗劳尔**
**Desmond Flower**

年代： 1932
尺寸： 7.6 × 5.6
作者： 埃里克·吉尔
署名： EG

票主（1905—1995） 为艾什布鲁克十世子爵（Viscount Ashbrook），爱尔兰贵族和军人。1927年牛津大学贝利奥尔学院文科毕业。在取得这款藏书票时为一名特许会计师。1936年袭爵。二战爆发前加入皇家炮兵第79重型防空团，战争结束时为少校，获大英帝国员佐勋章（MBE）。战后从政，曾任太平绅士、副郡长等职，1977年退休时获授皇家维多利亚骑士司令级勋章（KCVO）。

票面主图为口衔铭文字幅的狮首，字幅围绕狮首成D形，象征票主之名首字母。字幅上的拉丁文SOLA DEUS SALUS出自《圣经》，意为“惟上帝可拯救”。

**图197 雅各布·韦斯**
**Jacob Weiss**

年代： 1935
尺寸： 10.3 × 6.8
作者： 埃里克·吉尔

画面主题是圣经故事中的夏娃。背景是一棵结出果实的苹果树；一条蛇从夏娃腿间穿过，回首仰视，吐出蛇信，显出诱惑之意。吉尔在这个时期创作过不少女性裸体版画，而这款藏书票的不同之处在于以强烈的黑白反差来突出主体人物，她的体态、发式和眼神也不似其他同类题材绘画中初识人事的夏娃形象。

据大英博物馆著录信息，票主被认为是一位历史学家，但更多信息未详。

**图198　奥斯汀·圣巴伯·哈里森　Austen St. Barbe Harrison**

年代：1935

尺寸：6.7 × 5.7

作者：埃里克·吉尔

票主（本名Austen Harrison，1891—1976）的名字取自其祖辈中的名作家简· 奥斯汀（Jane Austen，1775—1817），而St. Barbe则是后来添加的圣者之名。

作为一位建筑师，他与吉尔的关系缘起于他在20世纪30年代设计巴勒斯坦考古博物馆（又称洛克菲勒博物馆）。它位于东耶路撒冷，融汇东西方建筑元素，主要收藏在巴勒斯坦地区发掘的大量史前遗物，1938年开馆。票主邀请吉尔为这座博物馆创作建筑装饰，包括入口处以东西方交汇为主题的匾牌、10块展示不同文化的浮雕和内庭喷泉。此外，吉尔还设计了采用英文、希伯来文和阿拉伯文三种文字的石刻指示牌。二人因此而成为朋友。

票面以黑色字幅围成B字母边框，字幅上写票主姓名。中间画正在摆布建筑模型的丘比特，象征设计灵感。

**图199　塞缪尔·卡恩　Samuel Kahn**

年代：1936

尺寸：9.8 × 7.5

作者：埃里克·吉尔

署名：EG及铅笔签名Eric G

票面画一在丛林中拨开蕨类植物探寻前路的女子，构图绵密而富于张力。
票主可能是一位藏书家，但具体信息未详。

# 斯蒂芬·古登
# Stephen Gooden
# 1892—1955

第一次世界大战结束后，雕刻艺术在英国逐步复兴，其中，古登是少数专注于铜版的艺术家之一。他的版画艺术从16—17世纪德国、意大利和荷兰画家的作品中汲取了营养，具有文艺复兴时期的古典风格，而在设计构思上则有浪漫主义色彩，生前就赢得了很高评价，身后仍然一直受到推崇。他的藏书票作品也和他的插图一样构思精巧，刻画精细，表现出雕塑般的美感，是受到英国王室认可的一代名家。

古登，全名斯蒂芬·弗雷德里克·古登（Stephen Frederick Gooden），1892年10月9日出生于伦敦。他的父亲是一位画商，更高的祖辈中则有林顿（参见第212页）这样的雕刻家。

古登在拉格比公学完成中学学业。之后，经雷恩爵士（Sir Huge Percy Lane，1875—1915，艺术收藏家兼批评家，1909年获骑士封号，晚年任爱尔兰国家美术馆馆长）建议，他于1909年进入斯莱德美术学院，在那里学习至1913年。

一战爆发之际，他参加了皇家工程兵部队，在法国前线服役三年，直至1917年。

战后，他继续钻研木刻和金属蚀刻版画。1923年，他转而尝试线刻，后来一生基本都采用这种雕刻技法。这时，他已年过30，但对自己以艺术为业仍然信心不足。同年，哈特给他提供了第一个委托，请他做一款藏书票（图200），才使他坚持下来。

在这一年，他还为绝无仅有出版社的《阿那克里翁诗集》（*Anacreon*）创作了插图，并进行美术设计。此后，他与这家私人出版社的合作一直持续到1929年。他在1924—1926年为其四卷本《圣经》创作的插图使他名震一时。绝无仅有出版社这个时期的标志也是由古登设计的。

1927—1928年为乔治·摩尔（George Moore，1852—1933）的《凯里斯溪》（*The Brook Kerith*，1929）创作插图，赢得这位著名作家的赞许；后来，他在出版《傻子佩罗尼克》（*Peronnik the Fool*，1933）时继续委托古登创作插图。1931年，伦敦海尼曼公司（Heinemann）与纽约兰登书屋（Random House）联合出版《拉·封丹寓言》（*The Fables of La Fontaine*），也由古登创作插图。这些作品为他在插图领域赢得了很高地位。

自1923年创作第一件藏书票开始，古登一生共有43件藏书票作品，其中一多半是二战在欧洲爆发前的15年间所作。票主除亲朋之外，还包括出版界人士和公共机构。1936—1953年为温莎堡皇家图书馆创作爱德华八世、乔治六世和伊丽莎白二世三位国王名下的藏书票（图260、图262），1942年为乔治六世的伊丽莎白王后、1946年为伊丽莎白公主和玛格丽特公主创作藏书票，标志着其藏书票艺术的高峰。他的设计基本都是采用古典题材，表现效果神似丢勒，有文艺复兴的传统韵味而多几分机巧和灵动。从数量上来看，进入20世纪30年代后其藏书票作品逐渐减少，但件件精品。

古登在1933年当选皇家画家-蚀刻家协会会员。1937年以雕刻家身份成为皇家美术院的准院士，1946年当选院士。1942年，因其对王室的贡献，获颁大英帝国司令勋章（CBE）。

1955年9月21日，古登因肠癌不治去世。利物浦中心图书馆下属的霍恩比艺术图书馆在1951年曾为他举办作品展，古登的藏书票作品主要收藏于此。此外，大英博物馆、维多利亚与阿尔伯特博物馆和海内外其他一些博物馆也收藏他的作品。

**图200　约翰·奈达立·哈特　John Napthali Hart**

年代：1923

尺寸：8.0 × 5.4

作者：斯蒂芬·古登

署名：SG

票主（1881—1963）因其在恩菲尔德的政绩而于1955年获颁大英帝国司令勋章（CBE）。同时，还有园艺和收藏等多方面个人爱好。1923年，成为第一个委托古登制作藏书票的人，即此处所载，以后又成为收藏古登作品最多的藏家之一。其收藏中还有中国宫廷器物，曾经伦敦苏富比拍卖。

票面画一座拱门下背靠一头雄鹿的裸身女子。Hart之意即雄鹿，因此这里以雄鹿的形象隐喻票主。

**图201　斯蒂芬·刘易斯·科陶德　Stephen Lewis Courtauld**

年代：1925

尺寸：11.0 × 8.0

作者：斯蒂芬·古登

署名：铅笔签名Stephen Gooden 1925

票主（1883—1967）出自生产人造丝的纺织业巨头科陶德家族，但他并未直接参与家族产业，而是依靠其财力周游世界，支持文化和慈善事业。1920年进入皇家地理学会，资助了1930—1931年的英国北极航线探险，1944—1946年为副会长。曾捐助伊灵电影公司、皇家歌剧院、剑桥大学菲茨威廉艺术与考古博物馆，为罗马英国学院（BSR）的雕刻艺术专业提供奖学金。20世纪30年代出资翻修伦敦埃尔特姆宫，并在此居住至1944年。1951年移居南罗德西亚（现津巴布韦），捐资促进当地文化事业和种族平等。1958年获封骑士。1967年故于索尔兹伯里。他的兄长塞缪尔·科陶德（Samuel Courtauld，1876—1947）从事家族实业和文化收藏，1932年与亚瑟·汉密尔顿·李（图160）联合创立了伦敦科陶德美术学院。

票面主题形象是拨奏里拉琴的古希腊神话人物阿波罗，背景是云天之下的山峦和海湾，山顶耸立着神庙，海滨有古希腊式的殿堂和灯塔，港口停泊着帆船。上方匾牌上的希腊文是“阿波罗”，下方是藏书票标记和票主名号。在古希腊神话中，手执弓箭的阿波罗是人类的保护神，向人们发出预言和传达神谕，佑护迁徙和航海；拨奏里拉琴的阿波罗则成为奥林匹斯山司掌文艺之神。

古登在1931年为票主的堂弟乔治·科陶德（George Courtaud，1903—1980）另作有一款以乔治屠龙为主题的藏书票。

**图202 莫娜·古登**
**Mona Gooden**

年代：1926
尺寸：4.7 × 6.0
作者：斯蒂芬·古登

票主（本名Mona Steele Price，1894—1958），1925年嫁给作者。她本人是一位诗人，1946年编辑出版了一部诗集《诗人的猫》（*The Poet's Cat*），由古登作插图。她在古登去世三年后因肺癌病故。

该票设计仿纹章票形式，中间是写着票主姓名的椭圆形盾牌，两边由弹奏拨弦乐器的神话人物护持，并以花草纹装饰。

**图203 安托瓦妮特·布雷特**
**Antoinette Brett**

年代：1928
尺寸：8.2 × 5.7
作者：斯蒂芬·古登

票主（本名Antoinette Heckscher，1887—1965）的父亲是德裔美国慈善家奥古斯都·赫克谢尔（August Heckscher，1848—1941）。1912年嫁英国人布雷特（Oliver Sylvain Baliol Brett，1881—1963），改随夫姓。本票即使用其婚后姓名。其丈夫于1930年继承爵位，成为第三代埃舍尔子爵，她又随之改名，用Esher取代Brett；因原刻铜版遗失，以Antoinette Esher为名的新版是由票主委托另一位雕刻师肯尼斯·霍布森（Kenneth Hobson，1897—1973）按古登这件作品复刻的。

票面画一正在对着乐谱拨弦吟唱的小天使，背景是云天映照下的山峦和水面，草岸上长出一株芭蕉，另一角则有一尊插满鲜花的大花瓶。整个画面充满浪漫、活泼的情调。

**图204　帝国防务学院图书馆　Imperial Defence College Library**

年代：1932

尺寸：12.2 × 5.4

作者：斯蒂芬·古登

1922年，由时任殖民地事务大臣的温斯顿·丘吉尔领导下的一个内阁委员会提议，成立帝国防务学院，为大英帝国培训高级军官。该学院于1927年正式成立，当时位于伦敦白金汉门大街9号。该藏书票即制作于这个时期，用于其藏书。二战后，该学院于1946年迁至贝尔格莱维亚广场的西福德宫重新开学，并开始接收美军学员。1970年，鉴于大英帝国实际上已经解体，该学院去掉帝国称号，改称“皇家防务研究学院”（Royal College of Defence Studies）。它是英国防务科学院所属历史最悠久的机构。

票面设计了一个挂在悬出横梁上的铭牌，上写Imperial Defence College Library（帝国防务学院图书馆）。横梁上踞坐狮身鹰翅的格里芬兽，左前肢扶一柄三叉戟，形象威猛，发出怒吼。

**图205　芝加哥湖畔出版社图书馆　The Lakeside Press Library, Chicago**

年代：1932—1933

尺寸：直径7.5

作者：斯蒂芬·古登

湖畔出版社以出版高质量图书出名，其建筑物现已成为芝加哥的一个历史地标。

圆形票面画一危坐执弓的印第安酋长，其身后是密歇根湖的广阔水面，湖畔一角坐落着一座坡顶小木屋，象征这家出版社所处的地望。

**图206　约翰·雷蒙德·丹森　John Raymond Danson**

年代：1934

尺寸：10.2 × 6.1

作者：斯蒂芬·古登

票主（1893—1975）所在家族拥有企业F. C. Danson & Co.，票主为股东之一。票主曾先后在两次世界大战中服役，是收藏家和艺术赞助人。

票面画希腊神话中威严的海神波塞冬。他手持三叉戟坐于港湾，眺望风云。在他所坐的护岸石堰上有票主纹章，悬挂于锚链的字带上有拉丁文铭文MELIORA SEQUERE，意为“不断向善”。

**图207　埃塞尔·卢斯-克劳森　Ethel Luce-Clausen**

年代：1940

尺寸：8.9 × 5.9

作者：斯蒂芬·古登

署名：铅笔签名Stephen Gooden 1940

票主（全名Ethel Marjorie Luce-Clausen，1887—1966）毕业于都柏林三一学院，获博士学位。在订制这款藏书票时，她是纽约罗切斯特大学艺术与科学学院生物实验室的生物学家。她的丈夫也是一位博士。

票面以非常写实的手法画出一只立在一部大书书脊上的猫头鹰，它目光炯炯，身上的羽毛也闪现着光彩，钩喙叼着一只已经死去的老鼠。台面下写藏书票标记和票主姓名。虽然题材简单，但是画面显得非常饱满，毫无单调之感。

据票主回忆，她请古登作一款以动物为题的藏书票，但是要求不要用老鼠，因为她的研究工作总是离不开实验鼠，对它们已经感到厌倦。但是，当古登把设计草图提供给她时，却解释说“我没留神老鼠就已经出现了”。显然，票主对这个设计是满意的，认为它是典型的古登式作品。

**图208 阿什维尔裁缝公会学校 Ashwell Merchant Taylors' School**

年代：1942

尺寸：10.5 × 7.2

作者：斯蒂芬·古登

这是用于向学生奖励书籍所用的藏书票。中央字牌上写校名，校名下写"赠予____"字样，并留出由校长（Headmaster）签署的位置。该校是由裁缝公会（Merchant Taylors Company）兴办和管理的慈善学校。裁缝公会的历史可追溯至14世纪初，是英国最古老的行业公会之一；但是到17世纪末，由于行业变迁，它与裁缝业已经没有多少关系，而变成存在至今的一个慈善组织。阿什维尔裁缝公会学校位于赫特福德郡，由该公会利用一位公证人的遗赠在1681年兴建，并由其管理至1902年。

票面设计仿效传统纹章的结构，在中央字牌两旁分别有一名学生背身立于基座上，男生正展卷阅读，女生则掩卷思索。上方一捧缠绕缎带的鲜花簇拥着另一块字牌，上写JOHN BERESFORD/1888—1940。其人全名约翰·鲍德温·贝雷斯福德（John Baldwyn Beresford），是英国陆军服务团的一名军官，在1940年10月伦敦遭受大轰炸初期，在消防值班岗位上牺牲于倒塌的防空洞中。他应该是毕业于这所学校的一名校友，故学校在二战期间订制的这款颁奖藏书票上印上他的名字和生卒年以示纪念。在下方基座处的字牌上印有约翰·弥尔顿（参见图12）于1637年所作悼亡诗《利西达斯》（*Lycidas*）的末句：

Tomorrow to fresh woods, and pastures new. 明朝森林新生，草野复荣。

尽管该校在1902年后改换了管理人，但是校名至订制这款藏书票时一直未变。后来，校名改为阿什维尔县立小学（Ashwell County Primary School），为此又委托他人更改票面文字，做成一个新的版本。

# 约翰·巴克兰·莱特
# John Buckland Wright
# 1897—1954

莱特（复姓巴克兰·莱特，其妻、子均从此复姓）是20世纪30—50年代英国版画领域的杰出艺术家。他一生为大约70部图书创作了具有高度艺术性的插图500余幅，这是他最突出的成就。在他的整个艺术事业中，藏书票作品显然并不占重要地位，但仍然展现了其艺术发展的过程和特点。

莱特于1897年12月3日生于新西兰。5岁时，父亲因意外事故去世；3年后全家离开新西兰。他先在瑞士进预备学校学习了法语，不久后到英国上学。母亲再婚后，他跟随祖父母长大。13岁时开始习画。

一战爆发时，他刚17岁即报名参军，虽然因当时有口吃症而被英军退回，但在1916年他还是加入了一个支援法军的苏格兰救护队，因在凡尔登前线的出色表现被法国政府授予战争十字奖章。

1918年11月停战后，莱特进入牛津大学莫德林学院并获历史学位。在这里的两年间，他常在阿什莫林博物馆画人体雕塑，醉心于浪漫古典主义，对此终生不渝。

他后来经人建议进了伦敦大学巴特莱特建筑学院，在27岁时还有过一段在建筑事务所工作的经历。由于巴特莱特与斯莱德美术学院相邻，莱特接触到不少艺术家，开始对建筑制图产生厌倦。这时，他从祖辈遗产中继承了一笔钱，使他有能力离开建筑领域，转而投身美术。

莱特依靠自学成为艺术家，不能不说是由于他的绘画天赋。1926年起他定居布鲁塞尔，以水彩和油画作品加入艺术家组织。他格外关注绘画技法和技术问题，包括纸张、墨水和颜料。他对于木刻的兴趣则始于克莱格（参见图100）的影响。为了克服建筑绘图方式的影响，他从基础重新学习绘画，掌握用渲染或线条表现人体的技法，同时也仔细研究木刻。

1927年起他开始在比利时参加木刻艺术展览。这时他的作品仍处于试验性和探索性的阶段，但是在1929年引起荷兰作家扬·格雷绍夫（Jan Greshoff，1888—1971）的注意，并把他推荐给成立不久的哈尔西恩出版社（Halcyon Press）的经理斯托尔斯（Alexander Alphonse Marius Stols，1900—1973），由此莱特获得了为《约翰·济慈十四行诗集》（*The Collected Sonnets of John Keats*，1930）创作插图的委托。这是他首次正式出版插图作品，显示了他用插图表现原著意蕴和传递情感的才华。自此到1935年，这家荷兰出版社和斯托尔斯本人以私人出版方式出版了约20部由莱特插图的图书。

1929年底，莱特与玛丽在巴黎结婚，并自此定居巴黎。他来到斯坦利·威廉·海特（Stanley

William Hayter，1901—1988）的“17号工作室”，成为这位著名版画家的助手，后来甚至成了合作者。他在这里度过了10年的快乐时光，结交了20世纪30年代活跃在巴黎的许多艺术家，包括马蒂斯（Henri Matisse，1869—1954）、布朗库西（Constantin Brancusi，1876—1957）、毕加索（Pablo Picasso，1881—1973）、格罗斯（Anthony Gross，1905—1984）等。他继续研究各种版画技法，完成了从木刻向铜版的发展。他高度专注，学会熟练运用不同媒介和形式，从而高效产出作品。

1936年起，金鸡出版社开始委托莱特创作插图。桑福德（参见图100）作为出版人对莱特的艺术有很好的理解，专门为莱特策划插图本选题。自1936年开始直至去世，莱特在18年间为金鸡的17部插图本创作了200多幅木刻和铜版插图，其中包括戈蒂埃《毛萍小姐》（*Mademoiselle de Maupin*，1938）、菲兹杰拉德译《鲁拜集》（*The Golden Cockerel Rubáiyát of Omar Khayám*，1938）、济慈《恩底弥翁》（*Endymion of John Keats, A Poetic Romance by John Keats*，1947）、牟西阿斯《海洛和利安德》（*Hero and Leander*，1949）等。这是莱特插图创作的高峰期，金鸡插图本也因他而在吉宾斯、吉尔等人之后继续达到新的高度。

1939年二战爆发使他的艺术生涯又发生一次转折。他和妻子辗转渡海来到伦敦。这时百业萧条，二人分别在军、政部门谋得工作，才得以度过困难时期。

但是莱特并未停止创作。他完成了不少战争题材的版画作品；“业余”则仍然用自己喜爱的题材进行创作。在整个战争期间，金鸡只出版了一本由莱特插图的书，即斯温伯恩的《普罗瑟派恩赞美诗》（*Hymn to Proserpine*，1944），而此时他也在为《恩底弥翁》创作插图。

战后，金鸡继续出版了10种由莱特创作的插图本。1947年，对开本书社（The Folio Society）成立，其目标是以较为经济的方式出版世界文学经典。桑福德作为创始合伙人之一继续邀请莱特为这家新成立的出版社创作了6种插图本，包括荷马史诗《奥德赛》（*The Odyssey*，1948）和《伊利亚特》（*The Iliad*，1950）以及薄伽丘《十日谈》（*The Decameron*，1954）。但是，这类迁就成本因素的版本并不能令他满意。

莱特在1948年进入坎伯韦尔美术学院任教，1952年转至斯莱德美术学院。1953年，出版《蚀刻与雕刻：技法与现代趋势》（*Etching and Engraving, Techniques and the Modern Trend*, The Studio Publications），这样一部书由莱特来完成真是再合适不过。

莱特的藏书票作品目录【65：1976秋】收录了他的30款订制作品，时间跨度为1927—1954年，即从其艺术生涯之初直至终年（二战期间中断）。这些作品从技法上显示了从粗放木刻到精细铜版的转变，但都不乏其作品固有的一种诗意和他一直不断追求的创意。票主除他本人外，多为亲朋故旧和图书出版界人士，但其早期作品的相关信息往往缺乏记载。

除了上述订制作品之外，另有3款藏书票是用其插图改制。其中有美国藏书票收藏家戴蒙德夫妇（Elizabeth Watson和Jack Edouard Diamond）用其两幅《鲁拜集》插图加上姓名做成的一对夫妻票，另一件是钱伯斯（参见第417页）用莱特给金鸡第二本书目的扉页所作题图改成。

1954年9月，莱特因病毒感染引起败血症，竟不治而于当月27日病故，时未满57岁！莱特身后受到艺术界持久的纪念。1960年比利时版画协会（Graphia）出版了他在1929年为比利时诗人吉尔金（Iwan Gilkin，1858—1924）的《斯芬克斯》（*Le Sphinx*）所作、但原未出版的14幅木刻插图。1990年10—12月，阿什莫林博物馆（莱特曾在此画人体雕塑）为他举办了回顾展，同期出版了其子克里斯多弗编写的《约翰·巴克兰·莱特的版画》（*The Engravings of John Buckland Wright*, Scolar Press，1990）。

**图209 玛丽·巴克兰·莱特**
**Mary Buckland Wright**

年代：1930
尺寸：6.2 × 2.7
作者：约翰·巴克兰·莱特

这是莱特在婚后不久为夫人所作。票主（1907—1976）拥有加拿大和英国国籍，二人于1929年底结婚。

票面主图是正在弹奏里拉古琴的一位女子，其上为票主姓名，下有藏书票标记。

**图210 J. C. 范·桑迪克**
**J. C. van Sandick**

年代：1931
尺寸：7.6 × 5.7
作者：约翰·巴克兰·莱特
署名：JBW

画面采取对称式构图，下方一本打开的书两边是写着票主姓名的字带；一团火焰从书中间升腾而起，火焰上方站立着一个半裸女子，似在聆听，又似沉浸于意念；两侧是书卷与机械装置，顶部星光闪耀。

这是作者早期木刻作品。票主是荷兰的一位实业家兼藏书家。

**图211　M. B. B. 尼奇科克**
**M. B. B. Nijkerk**

年代：　1932
尺寸：　5.8 × 3.8
作者：　约翰·巴克兰·莱特

票面画一青年在一座书柜前用放大镜仔细研究一本书的内容，阳光从窗外洒入，窗下立着一支硕大的羽毛笔。

票主是荷兰的一位藏书家，当时居于布鲁塞尔，委托正在巴黎的莱特制作了这件木刻藏书票。作者向票主提供的账单显示，就该票的设计和雕刻，票主应向作者支付300法郎并获得其雕刻版和印制权，作者则仅保留10张样品用于展示目的。

**图212　威廉·亨德里克·埃米尔**
**Willem Hendrik Emile**

年代：　约1932
尺寸：　7.8 × 2.9
作者：　约翰·巴克兰·莱特

票主（1910—1943）是一位荷兰贵族，也是莱特的赞助人之一。莱特于1933年为诗人斯温伯恩的《多洛雷丝》（*Dolores*）和1932年为法国诗人兰波（Jean Nicolas Arthur Rimbaud，1854—1891）的《两首诗》（*Deux Poèmes*）所作插图即出自他的委托，均由斯托尔斯出版。票主在第二次世界大战中从事抵抗纳粹的秘密情报工作，不幸被捕后死于纳粹枪杀。

票面上部是票主的盾徽，由三只渡鸦组成，这个标志也用于票主委托莱特创作的两个插图本；下部为票主姓名缩写和他的贵族称号，即“范·德·博赫·范·维尔沃尔德男爵”。

**图213 小C. J. 阿塞尔伯格斯**
**Jr. C. J. Asselbergs**

年代： 1932
尺寸： 7.6 × 5.7
作者： 约翰・巴克兰・莱特
署名： JBW

票主是荷兰独角兽手工书出版社（Unicorn Hand Press）的老板，1951年曾出版限量90册的《独角兽画集》，采用了包括莱特、塞维林等5位艺术家的5幅原版作品。

票面画一身处化学器皿和机械装置包围之中的读书女子。与图210藏书票相似，表现了传统理想在工业时代所处的境地。同年，莱特还为同一票主作有另一款构图相似的藏书票，但雕刻效果逊于此票。

**图214 莉莉・阿塞尔伯格斯**
**Lily Asselbergs**

年代： 1939
尺寸： 直径5.1
作者： 约翰・巴克兰・莱特
署名： JBW

票主为独角兽手工书出版社老板阿塞尔伯格斯（图213）的夫人。与7年前莱特为其丈夫所作木刻作品相比，这款藏书票显示了他这时已十分成熟的铜版艺术。

圆形构图中间是象征双鱼座的图案，并用曲线构成LA两个字母，即票主姓名缩写。上、下部的荷兰文意为“莉莉・阿塞尔伯格斯之书”。

**图215　G. M. 范 · 韦斯　G. M. van Wees**

年代：1939

尺寸：8.5 × 6.6

作者：约翰 · 巴克兰 · 莱特

署名：JBW

票主是荷兰爱书人学会（De Roos）的秘书。票主姓名前的字样Verzameling为荷兰文“收藏”之意，在此作为藏书票标记。

票面画一采珠人下海拾贝，寓意探求，其周围有各种海底生物，显示了作者以从容不迫的笔触刻画复杂场景的高超能力。

**图216　马克·塞维林　Mark Severin**

年代：1946

尺寸：8.0×4.5

作者：约翰·巴克兰·莱特

署名：JBW

这款藏书票的设计与中国人首蛇身的伏羲氏与女娲相交的图像颇有相似之处。被认为是莱特最出色的藏书票作品，在此处所载初版之后曾加印过多次。

MS即票主姓名的缩写，他与莱特相交甚笃。塞维林在其《制作藏书票》一书【68】中引用了莱特的两款藏书票作品为范例，还曾为莱特修改过一款藏书票的设计，由二人联合署名。

关于票主，参见图101。

**图217　安东尼·里德　Anthony Reid（之一）**

年代：1953

尺寸：7.9 × 10.2

作者：约翰·巴克兰·莱特

署名：JBW

莱特的最后两款藏书票作品均是为好友里德（生卒年不详）所作，题材相似，这是其中第一款。票主在莱特去世后编写了《约翰·巴克兰·莱特插图作品目录》（*A Check-List of the Book Illustrations of John Buckland Wright, Private Libraries Association*，1968）一书，这是研究莱特作品的一部主要参考书。此外，票主还和塞维林合作编著了《欧洲雕刻藏书票1950—70》【69】。

票面画古希腊奥运会上两个青年正在海畔传递火炬，他们的接力跑路线蜿蜒通往远处的一座神庙。左下角岩坡上的希腊文取自古希腊陶器上出现的赞美铭文，意为“这个男孩是美丽的”。右下角石碑侧面写着藏书票标记和票主姓名，以及作者姓名缩写。

**图218　安东尼·里德　Anthony Reid（之二）**
年代：1954
尺寸：7.6×5.1
作者：约翰·巴克兰·莱特
署名：JBW

这是莱特为里德（见图217）所作的另一款藏书票，画古希腊奥运会上一个青年人手举火炬在奔跑，他两侧的岩坡上分别有和图217相同的赞美铭文，以及作者姓名缩写。

# 雷克斯·惠斯勒
## Rex Whistler
## 1905—1944

惠斯勒是活跃于两次世界大战之间的艺术家。他很早就取得了多方面的艺术成就，却不幸殁于二战。虽然英年早逝，但是他的影响至今不衰，被认为是能够反映英国在二战前辉煌时期的一位名家，而他的藏书票艺术也受到高度重视。

他的全名是雷吉纳德·约翰·惠斯勒（Reginald John Whistler），以雷克斯·惠斯勒行世。1905年6月24日生于伦敦的埃尔瑟姆（Eltham，现属于格林尼治皇家自治区）。父亲是一位建筑师兼地产经纪人；母亲是一位牧师的女儿，她的母系祖辈中有为王室供应金银器的手工艺人保罗·斯托尔（Paul Storr，1770—1844）。

1919—1922年，惠斯勒在黑利伯瑞学校接受基础教育期间就已经展现出艺术天赋。中学毕业后，他首先进了皇家美术院附设的美术学院，很快又转到斯莱德美术学院。他在斯莱德学习了4年（1922—1926），是具有传奇色彩的严师亨利·汤克斯（Henry Tonks，1862—1937）的弟子之一。

惠斯勒在此很快成长为才华突出的青年画家。他从斯莱德毕业之前，就接到了为泰特美术馆餐厅绘制壁画的委托。一年后，他为之完成了具有幽默意味的“追寻珍馐美味的远征”（The Expedition in Pursuit of Rare Meats）。这时他只有22岁，而这幅壁画在此后近一个世纪一直装点着这家餐厅（因壁画涉及现在十分敏感的种族问题，最近已经计划进行调整）。

此后，他又陆续接到多个豪门贵族为其宅邸绘制壁画的委托，包括后来请他作藏书票的库珀夫人（图221）。他的最大壁画作品位于威尔士安格尔西岛的纽伊斯府邸，长达17米，完成于1936—1938年。这些壁画作品主要采用古典或自然题材，以丰富多彩的内容造成恢弘的气势。除大型壁画外，他还涉足剧院舞台布景和服装设计。

作为绘画领域的青年才俊，惠斯勒广泛结交社会名流，他也属于20世纪20年代伦敦的“狂放的年轻人”（The Bright Young Things，是一个不愿循规蹈矩、通过各种自发活动来宣示和交流的非正式团体，有不少后来的政界和文化界名人参与）。这使他的艺术灵感得到激发，也给他带来更多的创作机会。除了大型壁画和舞美设计之外，他画了不下50件肖像作品和不少风景画。

他还服务于产业界和杂志媒体。在广告画里，他运用了不少漫画手法，壳牌石油曾是他的最大客户。他还为韦奇伍德的瓷器设计过图案。大英博物馆藏有他设计的春、夏、秋、冬四幅版画（用于1929年年历）。

他在书籍插图领域也颇有建树。除经典文学如《格列佛游记》（1930）和《安徒生童话》（1935）之外，他为弟弟劳伦斯·惠斯勒（Alan Charles Laurence Whistler，1912—2000）的诗集和梅森（Alfred Edward Woodley Mason，1865—1948）、奥利弗（Edith Oliver，1872—1948）、哈科特-史密斯（Simon Harcourt-Smith，1906—1982）等人的文学作品都创作过插图。

二战爆发后，他并不在立即征召之册，但仍积极报名参战。1940年6月，他年届35岁，以少尉军衔被编入威尔士近卫团的装甲部队，在战场担任殡葬官。他所在的装甲车上要带20个十字架；同时，他并未因战事而放弃绘画，为此在装甲车上还挂了一个篮子以携带画具。

也许与他担任的职务有关，惠斯勒对自己的死亡似乎早有准备。1944年7月18日，当他在诺曼底行动的战场上离开装甲车去支援其他人时，被一发迫击炮弹击中而牺牲，这时他刚满39岁不久。据说，泰晤士报因他的死讯收到了比其他阵亡者都多的悼念信。他的遗体葬于法国的巴纳维尔拉康帕尼战争公墓，距离他的牺牲地点不远。

惠斯勒有18款完成的藏书票作品（最后一款实际由他的弟弟劳伦斯最终完成）。此外，还有一些未完成或未使用的藏书票设计稿。这些作品基本作于1925—1941年这16年间。除一款自用外，主要是惠斯勒为他的朋友所作，而这成为惠斯勒藏书票作品的重要特征，即它们都是针对票主的要求和意趣的高度个性化之作。由于惠斯勒与票主关系密切，他能够运用他的设计为票主把握各种细节，通过与票主的沟通来实现令其满意的效果。从这一点上来说，惠斯勒发扬了藏书票设计的重要传统。

另一方面，惠斯勒又是以画家身份涉足藏书票领域，他的“图画式”设计在他所处的时代已不多见。与同时期其他雕刻艺术家的风格相比，他完全是用绘画的方式来设计藏书票，用细致的渲染来表现丰富的层次，甚至运用色彩。他的大部分藏书票设计都有多重的外框线，形成具有立体感的画框来烘托主图，好似可以悬挂于墙面的大画幅效果，这也体现了其藏书票的绘画式风格。

但是，惠斯勒自认对于复刻技术并不在行。他为票主提供的设计稿需要经过其他雕刻家进行复刻或采用照相制版技术来印制成品。经过复制处理后，成品不可避免地会在某种程度上偏离原设计稿的画意，尽管采用珂罗版方式可以实现“下真迹一等”的效果。惠斯勒对于他无法控制最终印制效果也感到无奈，特别是在由票主自己决定制作方式的情况下（参见图225）。

本书载入惠斯勒设计的9种藏书票。这些作品都是想象力丰富和画艺高超之作，它们的设计思路是非常个性化的，但效果又是符合一般审美趣味的。他的藏书票作品虽然总体数量不多，但对于这一小型而有深厚传统的图片艺术来说却有着非常重要的贡献。

另外，惠斯勒在赠送友人的一些书籍上作有手绘，其中有的标示出书籍主人从而具有藏书票的作用（欧洲早期就有在书籍上用手绘标示主人的做法）。这些也是值得专门研究的，但是难度较大。

1973年，新的英国藏书票协会成立不久，即首先出版了由李编撰的《雷克斯·惠斯勒的藏书票设计》【45】。这时，不少票主仍然健在，他们或他们的亲属积极为此书提供素材，希望以此来继续保存与这位不幸早逝的艺术家的亲密关系和对他的深切怀念。当然，艺术家的弟弟劳伦斯对此书亦有不可或缺的贡献。

劳伦斯·惠斯勒很早就开始发表诗作，1935年成为首位接受国王颁发诗歌金质奖章的诗人。后来他逐渐转向玻璃雕刻艺术，1975年为英国玻璃雕刻家协会首任会长。他作有两部关于兄长的回忆录：《雷克斯·惠斯勒，其生平与绘画》（*Rex Whistler, His Life and His Drawings*，1948）；《笑声与古瓮：雷克斯·惠斯勒的生平》（*The Laughter and the Urn: The Life of Rex Whistler*，1985）。《鉴赏家》杂志（*The Connoisseur*）曾在1959年刊出其关于惠斯勒藏书票的专文。在索尔兹伯里大教堂，安放着他在1985年为纪念兄长所作的棱镜式雕刻作品。

2013年，索尔兹伯里和南威尔特博物馆征集到由劳伦斯·惠斯勒整理的雷克斯·惠斯勒档案，包括数千件画作、插图、舞台和壁画设计稿等。另外，惠斯勒的作品也见于大英博物馆和维多利亚与阿尔伯特博物馆的收藏。

除本处所载藏书票外，惠斯勒为图书协会所作藏书票见图278。

**图219 罗纳德·福勒**
**Ronald Fuller**
年代： 1925
尺寸： 13.6 × 10.0
作者： 雷克斯·惠斯勒设计
署名： R. J. W.

这是惠斯勒设计的第一款藏书票，用照相凸版印制。这件作品仍带有实验性质，却颇有视觉冲击力。画面中心是骷髅死神，他身着带风帽的长袍，一手持剑，一手持天平。死神背后，潘神（Pan，希腊神话中半人半兽的牧神，也是惊悚的形象）从其右肩露出阴险狡黠的面容，另一边则是面色冷酷的蛇发女妖美杜莎（Medusa）。画面左侧有一株结着苹果、梨、菠萝和葡萄等各色果实的"百果树"，右侧是一座临河的古代城市，远景是云天笼罩下的山脉。死神两侧各有一小童，一个手拿一支百合，另一个手扶一杆旗帜，旗上写着Merton College Oxford（票主当时在"牛津大学默顿学院"学习）。二童合持一条有藏书票标记的飘带，下面字牌上写票主姓名。

票主（1904—1974）和惠斯勒是黑利伯瑞学校（Haileybury College）的同学。他们在校时热衷于爱伦·坡（Edgar Allan Poe，1809—1849）的恐怖小说，因此惠斯勒为他设计了这样一款荒诞恐怖的藏书票。在设计此票3年后他才看到印制出来的成品，觉得十分不满意，有意弃之而另作一款，不过票主恐怕并未这么想。

票主曾与惠斯勒的弟弟劳伦斯·惠斯勒合编了一部《雷克斯·惠斯勒作品目录》（*The Work of Rex Whistler*，1960）。

**图 220　露莉亚·威斯敏斯特　Loelia Westminster**

年代：1930

尺寸：8.5 × 6.2

作者：雷克斯·惠斯勒设计，罗伯特·奥斯蒙德雕刻

这是一款关联到多位贵族人物的藏书票。它是由英国议会政治家维克多·卡扎勒特（Victor Alexander Cazalet，1896—1943）为票主订制的结婚礼物。票面体现了洛可可风格，上方由两个小天使拥护的字牌上写着票主婚后的姓名，下方的字牌上是藏书票标记。画框由花草组成，主图是伦敦圣詹姆斯宫的钟楼。

票主（本名Loelia Mary Ponsonby，1902—1993）是赛森比一世男爵之女。她的父亲庞森比（Frederick Edward Grey Ponsonby，1st Baron Sysonby，1867—1935）自维多利亚女王至乔治五世时期长期担任王室司库，作为王室亲信而居于圣詹姆斯宫。1930年，票主正是从这里出嫁，成为富有的威斯敏斯特二世公爵休·理查德·亚瑟·格罗夫纳（Hugh Richard Arthur Grosvenor，1879—1953）的第三任妻子。不过，二人无嗣而于1947年正式离婚。

惠斯勒的设计原稿为彩色，图中的马车实物本应是皇家专用配色（特许票主家使用），但在设计稿中改成了威斯敏斯特公爵家族的黑、黄配色。主图效果近乎惠斯勒约在两年前为《格列佛游记》所作插图。至于它在订制时是否就是打算用作藏书票，却并不能肯定，因为在设计稿的上下字牌处并未使用票主姓名和藏书票字样。但是，这样一款设计被用作藏书票还是十分合适的，正如由罗伯特·奥斯蒙德（参见第262页）完成雕刻制作之后的效果。不过，雕刻印制的藏书票尺寸缩小，且为单色作品，与原设计的艺术效果有一定差距。

**图221 戴安娜·达夫·库珀**
**Diana Duff Cooper**

年代：1931

尺寸：11.2×7.6

作者：雷克斯·惠斯勒设计
罗伯特·奥斯蒙德雕刻

票主（又名Diana Olivia Winifred Maud Cooper，1892—1986）是拉特兰八世公爵的女儿，但又有传闻说她的生父是一位作家。不过，这并未妨碍她作为一位容貌出众的年轻贵族女子成为上流社会的名媛。一战时期，志愿参加救护工作。1919年，嫁阿尔弗雷德·达夫·库珀（Alfred Duff Cooper，1890—1954）。1918年开始出演电影，几年后又投身舞台表演。1926年2月，美国《时代周刊》（*TIME*）以她为封面人物。票主与惠斯勒都是"狂放的年轻人"的成员，她和丈夫还委托惠斯勒为他们的宅邸绘制了壁画。

票主的丈夫是英国保守党政治家和外交家。在两次世界大战之间的这段时期，两度进入英国议会，又先后任陆军大臣和海军大臣。丘吉尔在1940年担任首相后，任命他为情报部部长；后担任英国驻戴高乐自由法国抵抗组织的代表，1944—1948年则为英国驻法大使。1952年，因在军政界的贡献获封诺维奇子爵，但票主并不喜欢被称作"诺维奇夫人"。票主的社会影响对于丈夫在政界的地位是有积极作用的，不过她的丈夫却另有私生子。这位丈夫有三个姐姐，其中之一的后代中有2010—2016年担任英国首相的大卫·卡梅伦（David William Donald Cameron，1966—　）。

这款藏书票具有明显的洛可可风格，设计题材主要由票主指定。中央字牌用涡卷纹装饰；其形状并不似奇彭代尔式那般扭曲，以利于布置各种设计元素。字牌上用花体写出票主的夫姓；其上方是票主的胸像，在基座上刻着她的名字DIANA。胸像佩弯月头饰，前后斜挎弓和箭，将票主比拟为罗马神话中的狩猎女神狄安娜。胸像的上面是一顶华盖，两边装衬着布艺垂饰和葡萄藤蔓。票面下部摆放着香槟、卷轴和提箱。在外围画框的衬托之中，整个画面显得高贵、华丽。不过，经雕刻印制出来的成品因损失层次而较原稿缺乏几分生动。

惠斯勒为设计此票索价20英镑。这是他第二次为藏书票设计索取这样的"高价"，为此还特请票主理解他的苦衷。此后他的藏书票设计费用大致如此，并没有"节节上涨"。

**图222　克丽丝特布尔和亨利·迈凯伦　Christabel and Henry McLaren**

年代：1932

尺寸：8.9×6.5

作者：雷克斯·惠斯勒

署名：Rex Whistler 1932

这是惠斯勒为一对贵族夫妇（也是他的密友）所作，用珂罗版印制。亨利·迈凯伦（全名Henry Duncan McLaren，1879—1953）曾是议员，获颁大英帝国司令勋章（CBE）。1934年，继为阿伯康威二世男爵。拥有并经营多个家族产业，还是一个有名的园艺学家。妻子克丽丝特布尔（本名Christabel Mary Melville Macnaghten，1890—1974）是伦敦警察局负责刑事案件的副局长的女儿。二人有五个子女。

票面呈现了一个浪漫的书房内景，有各种体现票主意趣的设计元素，但都布置得有条不紊。中央拱门左右两侧是书橱，书橱上分别有票主夫妇的胸像，底座上各有代表他们的名字的字母C和H。拱门上方有乐谱、各种乐器和书写工具，显示了夫人的爱好。一个背负箭袋的小天使正在拉开门帷，露出门廊另一侧壁龛内的雕塑。拱门通往一个庭院，在花草树木掩映之中的一个喷水池中，有仙女和海马围绕海神尼普顿嬉戏的雕塑，这些庭院景致应是对应于丈夫的趣味。下方的洛可可风格字牌上用花体写出票主夫妇的姓名。

票主夫妇对这款藏书票十分喜爱。对此，夫人曾记载当惠斯勒来向他们展示这款藏书票时，他们无限欣喜。

**图223　阿德莱德·利文斯通　Adelaide Livingstone**

年代：1933

尺寸：11.8×7.6

作者：雷克斯·惠斯勒

署名：Rex Whistler 1933

票主（1881—1970）出生于美国马萨诸塞，在美国和欧洲大陆多国接受教育。一战爆发时来到英国，组织遣返德国和其他轴心国的妇幼人员。后英国政府看到她在敌我双方之间的特殊作用，任用她从事保障英国战俘在敌方待遇的工作。1918年，她被授予大英帝国骑士司令级勋章（DBE）。1915年，与一位英国军官利文斯通（William Henry Darley Livingstone，1876—1929）结婚。20世纪30年代，组织民间和平反战运动，后为英国的联合国协会副主席。

在这款以珂罗版印制的藏书票上，主体是一座摆放在窗台上的希腊古瓮，这也是惠斯勒作品中经常出现的题材。古瓮中飘出烟火，象征票主曾经投身于与战争牺牲者或战俘有关的援助工作。窗外远景中是在海面上航行的船只，象征票主来自大西洋彼岸的美国。在古瓮两边有书籍、猎手号角和花束，这些都与票主在一战前的兴趣有关。

票面下方有一行浅刻字样Emery Walker Ltd. ph. sc.，意为“埃默里·沃克有限公司照相刻版”。关于埃默里·沃克，见图80；这件作品是沃克去世那年在他的公司印制的。

**图224　特伦斯·帕特里克·劳伦斯　Terence Patrick Lawrence**

年代：1934

尺寸：12.0×9.3

作者：雷克斯·惠斯勒

署名：Rex Whistler 1934

票主（1910—1989）是一位板球运动员。在票面下方，用草叶包边的字牌上写着票主姓名。字牌上方堆放着板球运动的各种球具，旁边并列摆放着书籍；在它们上方有一尊塑像，表现沉思中的密涅瓦。

窗外远景中是票主居住之所，在庭院中有一场板球比赛正在进行。不过，大概惠斯勒对这项起源于英国的运动并不在行，票主指出原设计稿中击球手应左腿而不是右腿在前，他手中的击球板也应处于低位，这些在终稿上都已修正。

该票以珂罗版印制。

（上接第329页）

惠斯勒向票主提供设计稿时，附信建议他务必找一位雕刻高手来做复刻，尽可能保留原设计的丰富层次；他也提议可以采取照相制版方法再现原作效果，但是又担心这可能失去手工雕刻的韵味。不过，从弗兰德（参见第281页）受票主委托完成的雕刻来看，成品效果相当不错，可称精品。

这可能是惠斯勒完成设计的最后一款藏书票。

**图225　威洛比·诺曼　Willoughby Norman**

年代：1941

尺寸：11.9 × 9.6

作者：雷克斯·惠斯勒设计，乔治·泰勒·弗兰德雕刻

署名：Rex Whistler 1941

票主（全名Willoughby Rollo Norman，1909—1997）出身于名流家庭。他的父亲亨利·诺曼（Henry Norman，1858—1939）是记者和自由党政治家，1915年封从男爵。母亲诺曼夫人（本名Florence Priscilla McLaren，1883—1964）为第二代阿伯康威男爵亨利·迈凯伦（图222）之妹；一战爆发之初，她在法国帮助运营了一座战地医院，因此获得1914之星奖章，并获颁大英帝国司令勋章（CBE）；战后，她积极推动对于妇女在战争期间所做贡献的记录，且由此成为帝国战争博物馆的受托人。

票主本人先后在伊顿公学和牛津大学莫德林学院就学。曾担任莱斯特郡的郡长，并先后在多家企业担任领导职务，业余爱好包括射击、钓鱼和园艺。他与惠斯勒在二战初期结识并成为朋友后，请后者设计一款藏书票。

于是，惠斯勒在战区部队驻地设计了这款充满安宁祥和气氛的藏书票。其前景是写着票主姓名的洛可可式字牌，周边饰以花草；字牌背后有一把清理园地用的长柄耙子，它的旁边还有一把只露出手柄的铲子。画面左侧有一座残缺的古代拱门，较远处是一座建在高台上的古罗马神殿建筑，其周围林木葱茏。整个设计体现了票主的趣味。

（下接第 328 页）

**图226　艾琳·福布斯·亚当　Irene Forbes Adam**

年代：1945后

尺寸：9.2 × 7.0

作者：雷克斯·惠斯勒和劳伦斯·惠斯勒

票主（1889—1976）出身于男爵贵族，丈夫是曾获颁印度之星勋章的殖民地行政官员。

该票推测完成于二战结束之后。由劳伦斯·惠斯勒根据雷克斯·惠斯勒的铅笔设计稿完成最终设计，因此被认为是兄弟二人合作。根据兄长的原设计草图，并参考他的其他藏书票设计，劳伦斯做成了最终设计，并以照相凸版印制。在这款藏书票上，可以看到类似于图书协会藏书票（图278）的椭圆形叶饰边框，中央插花的古瓮和书籍则有阿德莱德·利文斯通藏书票（图223）的影子。主图下方是写着票主姓名的横幅，左右上角的字母F和A为票主夫姓的缩写。

# 霍尔家族藏书票

# Bookplates of the Hoare family

从票主方面来对藏书票作分类，是藏书票研究的一个重要方向。例如，可以按照票主的特征或职业来收集、整理，形成如名人藏书票、仕女藏书票、律师藏书票或医学藏书票等系列品种。而难度较大一些的收藏类别是家族藏书票，因为其收藏范围的限定性更强，而时间跨度又可能很长。不过，如果一个家族在其长期延续中一直保持使用藏书票的传统，而这些藏书票又能够被汇集起来，那么就会形成一段具有特殊意义的历史记录，它们不但留住人物记忆和承载家族传统，也可从一个特殊侧面展现藏书票的历史。

本书在历史回顾和艺术家选介部分，已经列举如卡文迪什、斯潘塞、彭迪克等贵族世家人物的藏书票，这些家族的历代人物都有使用藏书票的传统；后文还将专门列叙英国国王藏书票。在这里，则将专注于霍尔家族藏书票。

霍尔（Hoare，也作Hoar）家族的若干支系都有使用藏书票的传统。李曾专就其斯托海德一支的系列藏书票研究和撰文【13：1978-6】，并认为这一系列最为引人瞩目。其特色在于，它们前后跨越达百年以上，而且一直保持了较高的设计质量，其中尤以寓言式设计为特色，显示出精致的古典美。下文即依据他的研究介绍这一系列的藏书票，并因本书需要适当补充信息和说明。

这一支霍尔家族的先祖是理查德·霍尔（1648—1718）。他出身于马匹商人之家，本人从师学习金银器手艺，1672年被伦敦金匠公会接纳为“自由人”。之后，他独立开业，后与一位同业的堂兄弟在伦敦齐普赛合开了一家金银珠宝店。另一方面，自1672年他开始为一些客户办理存储和提现业务，这被认为是后来崛起的霍尔银行之始。1690年，他把业务搬到舰队街37号，自那时至今，霍尔银行一直位于这里。他本人在1702年获骑士封号，1710年当选议员，1712—1714年为伦敦金融城的市长。

老理查德去世后，银行业务主要由他的儿子亨利·霍尔（图228）继承和接手管理。他在1720年买下了位于威尔特郡的斯托顿城堡及其附属土地，改称之为“斯托海德”，作为家族庄园，因此成为霍尔家族斯托海德支系的第一代。亨利吸收他的一位兄弟本杰明·霍尔（1693—1750）成为银行合伙人；不过，他的哥哥理查德·霍尔（1673—1720）则另谋商业，至其孙辈才加入银行合伙。

第二代亨利·霍尔（1705—1785）除继续经营和发展家族银行业务外，对斯托海德庄园（Stourhead Garden）进行了重新规划和建设，使它成为一座充满古典趣味的自然园林，至今已有约280年的历史，现归于国家遗产信托组织的管理之下。由于亨利之子早故，在他之后，家族银行归于他的弟弟理查德·霍尔爵士（1709—1754）的后代和他的堂弟兼外甥女婿威廉·霍尔（图230）的后代为主的合伙人。

作为一个家族企业，霍尔银行至今已传承至第十二代，是英国唯一一家自17世纪以来存续至今的私人银行。纵观其350余年的历史，它经历了三次工业革命、两次世界大战、经济大危机和全球金融危机等一系列考验，但一直奉行以“小规模”和“安全”为宗旨的永续经营之道，看似发展缓慢，实则稳健可靠。

这里列举了自斯托海德第一代亨利·霍尔至第四代传人的部分藏书票，其时间跨度为自1704年至19世纪初期的100余年。可以看到，其中的家族直系继承人主要使用纹章式藏书票，而在其他亲属中则多见艺术性很高的寓言式藏书票，体现了他们不俗的趣味和追求。

需要指出的是，除这里所列藏书票之外，霍尔家族的其他支系也不乏拥有藏书票者，而且这个传统延续不断，至20世纪仍有其传人的藏书票出现。不过，这些藏书票中的大部分仍有待进一步考证。

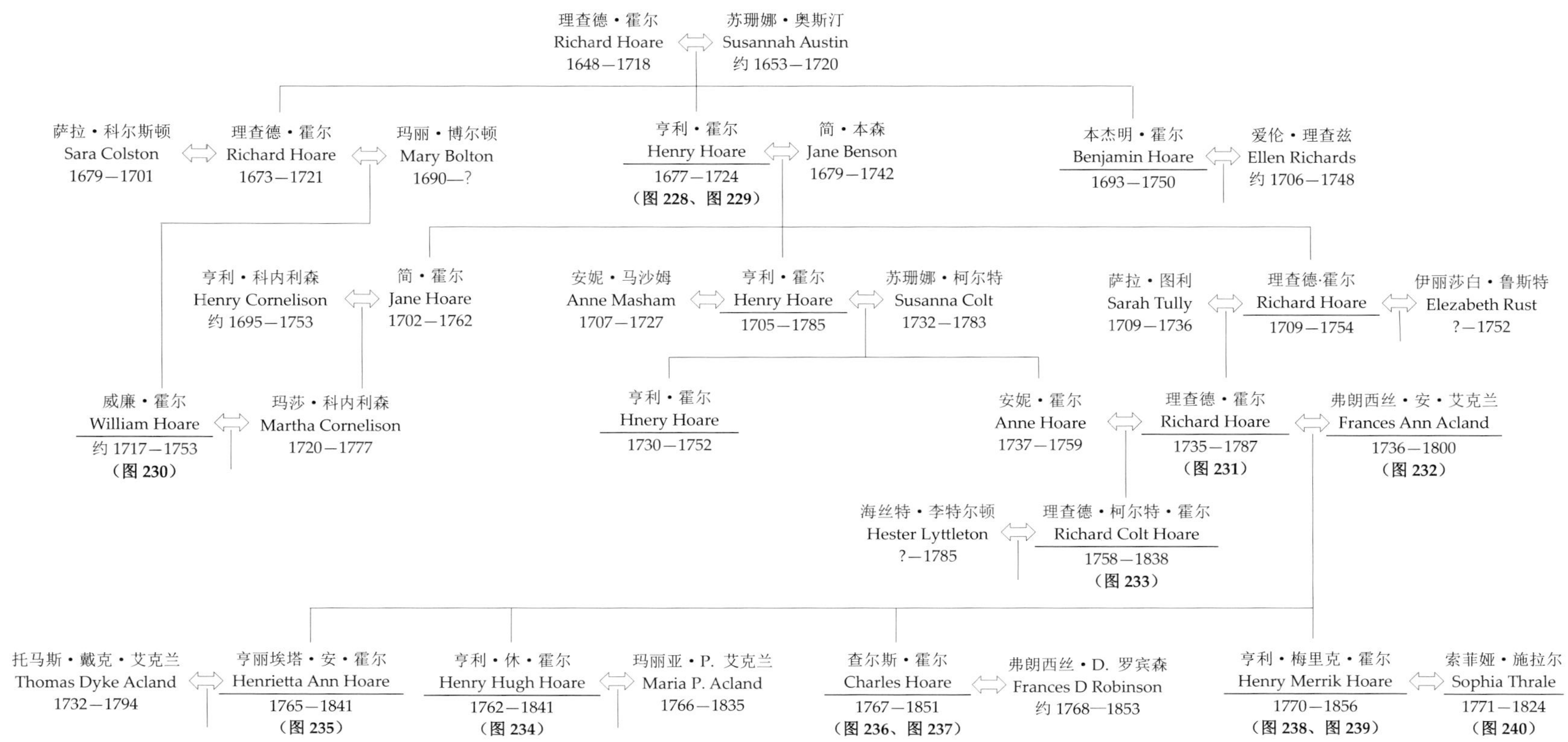


**图227　霍尔家族（斯托海德系为主）藏书票人物关系简图（参考【13：1978-6】）**

说明：⟺表示婚姻关系，夫人取婚前姓（注意与有关票主名对比）。直线连接表示父母与子女关系。婚姻关系下未连接到人物的垂线表示有后代但未列出，没有垂线表示没有后代。为简明计，略去了没有或不能确认有无藏书票的兄弟姊妹。英文人名带下划线表示已知此人拥有名下藏书票，并注明本书载入藏书票的图号。

**图228　亨利·霍尔　Henry Hoare（之一）**

年代：1704

尺寸：7.6 × 5.8

票主（1677—1724）是霍尔银行创业人理查德·霍尔第五子，也是霍尔家族斯托海德一系的第一代。因此，这款藏书票也是这一系的最早一款，年份如票面所示，为1704年。

这是一款结合了洛可可装饰元素的雅各式设计。中央的双头鹰盾徽为霍尔家族专属。在立于下部横梁上的两个边柱顶端，分别托起一个鹰首和一个鹿首羽饰。其中，鹰首属于票主开山的斯托海德系；鹿首属于德文郡利兹福德的霍尔家族，是斯托海德系的祖先。搭在横梁上的一幅挂毯上写着票主姓名，底部字幅写Goldsmith in London 1704，意为“伦敦金匠1704”，指明他的职业和从业地点。票主在1702年成为父亲的合伙人。

票主在1720年收购了斯托顿城堡及其庄园领地，并将其改名为斯托海德（Stourhead），因此成为霍尔家族斯托海德系第一代。

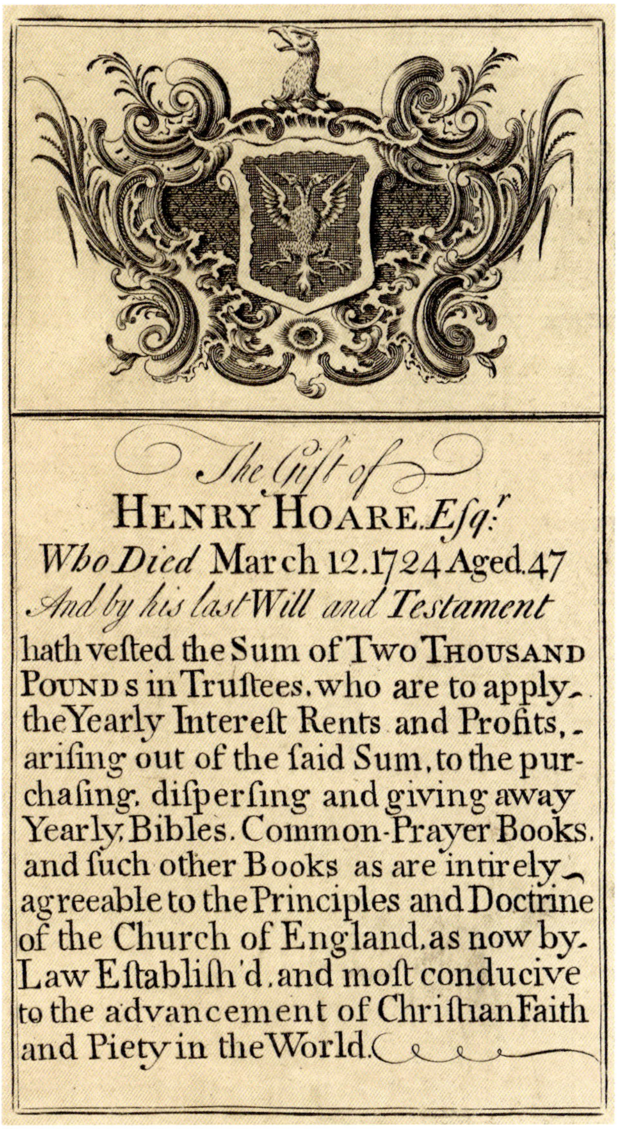


**图229　亨利·霍尔**
**Henry Hoare（之二）**

年代：　1724或之后
尺寸：　14.5 × 8.1
作者：　本杰明·柯尔

票主同前图，在世时有“仁者亨利”（Henry the Good）之誉，为人颇受称道。在银行业之外，热衷于社会事业。1719年，和另外三人共同出资成立威斯敏斯特医院（1993年扩改为“切尔西和威斯敏斯特医院”）。在当地斯托顿教堂内他的纪念牌位上，他的妻子留下了这样的怀念之词：“他的品格之伟大难以言表，其高尚亦无可掩饰。他对于上帝和人类的爱如此炽热，令他不惜一切机会景仰上帝，乐善好施……”

这款藏书票用于他以遗产收入捐赠的宗教书籍，有相互间略有差异的多种版式，应该是经年累月大量使用、不断翻刻的结果。票面分为上下两部分，上部为票主纹章，下部文字译文如下：

亨利·霍尔先生之赠予
其人逝于1724年3月12日，享年47岁

按其临终遗嘱，他已将总计2千镑交付于受托人，受托人将以该笔资本每年产生的利息、租金和利润用于每年购买、分发和赠送《圣经》《公祷书》以及其他有关书籍，只要它们完全符合英格兰教会现已依法确立的原则和教义，并对于在世界上增进基督教信仰和虔诚有莫大助益。

根据英格兰银行公布的指标估算，这笔2千镑本金的购买力在300年后为37万镑左右。

作者（Benjamin Cole，1667—1729）的署名“B. Cole”出现在这款藏书票的众多版本之一，那是唯一留有作者署名且可能是最早的版本。

*　　　*　　　*

票主有多位子女，其中地位突出并拥有藏书票的有两人。其一是他的主要遗产继承人亨利·霍尔（1705—1785），他在1726年加入家族银行；1745—1761年对父亲买下的斯托海德庄园进行了重新规划和建设，使之成为如今所见的一座散落着帕拉提奥式建筑的园林。作为一位显赫的银行家，号称“伟大的亨利”（Henry the Magnificent）。拥有奇彭代尔式的家族纹章藏书票。

另一位是他的弟弟理查德·霍尔（1709—1754），1740年担任伦敦城司法长官，1745年为市长。在担任市长期间，因组织阻止苏格兰叛军的行动获封骑士，称为“理查德爵士”。有一款卡洛琳式的家族纹章藏书票。

**图230 威廉·霍尔**
**William Hoare**

年代： 约1750
尺寸： 9.2×7.7

票主（约1717—1753）是亨利·霍尔（图228）的长兄理查德·霍尔之子，母亲则来自博尔顿家族。他于1746年娶叔叔亨利·霍尔的一位外孙女、他的堂妹之女玛莎（Martha Cornelison，1720—1777）为妻。

这款藏书票的基本结构仍然是雅各式。但是，中央盾徽的装饰风格是奇彭代尔式的，它由四个分区组成，交错布置的徽章分别属于斯托海德的霍尔家族和票主母亲所在的博尔顿家族。盾徽下方是洛可可式的贝壳和穴怪装饰，上方羽饰属于霍尔家族斯托海德系。盾徽背靠一个弧形建筑，两侧壁龛内各立一位仙女式的人物作为扶盾，上方各有洛可可式的装饰物。

票主的父亲并未加入霍尔银行，而是在伦敦从事商业。票主本人继承父业，但他的儿子则进入霍尔银行成为合伙人。

**图231 理查德·霍尔**
**Richard Hoare**

年代： 约1760
尺寸： 7.2×6.4

票主（1735—1787）是理查德爵士（参见图229附注）之子，1786年获封贵族，成为巴恩埃尔姆斯的第一代从男爵。他和父亲都是霍尔银行的合伙人。

其藏书票是典型的奇彭代尔式，并以精细的底纹衬托出优美的立体感。中央盾徽分为4个分区，交错布置霍尔家族徽章和他母亲所属的图利家族（Tully）徽章。卷曲木雕上的鱼鳞纹饰有雅各式的余韵，而周围花饰又夺后来兴起的花彩式设计的先声。

票主在1756年娶叔父亨利·霍尔（参见图229附注）的女儿、即其堂妹安妮（Anne Hoare，1737—1759）为妻，有子理查德·柯尔特·霍尔（图233）。安妮早逝后，续娶艾克兰家族的弗朗西丝·安（图232），又育有四子二女（参见图234至图239），四子均为霍尔银行的合伙人。

**图232　弗朗西丝·安·霍尔　Frances Ann Hoare**

年代：约1770

尺寸：9.2×6.3

作者：安吉莉卡·考夫曼（疑）

理查德一世从男爵（图231）在前妻病故两年后，于1761年续娶弗朗西丝·安·艾克兰（Frances Ann Acland，1736—1800），即本票票主，其名号用夫姓。

票面画一妩媚女士坐在一圆形台面前，左手翻开台面上的一部书，但她的眼神却正与一座古罗马式的人物雕像对视。沿台面侧沿雕刻着她的名号FRA.S ANN HOARE。这位女士无疑即象征票主本人，但是，尚无法确定其形象究竟是否符合票主本人；虽然票主有弗朗西斯·柯特斯（Francis Cotes，1726—1770）为其所作正面画像传世，但是却难以与这里的侧面像作充分的对比，为此，哈迪认为这张美丽的藏书票恐怕还不能算是一件"肖像藏书票"【33】。

而那座雕像也是耐人寻味的。李认为那就是票主本人的雕像，而且可能仍然保存在斯托海德庄园【13：1978-6】。

关于该票设计者，有推测是安吉莉卡·考夫曼（Angelica Kauffman，1741—1807）。据票主之子理查德·柯尔特·霍尔（图233）所记，这位在1766—1781年居于英国的瑞士女画家曾为他的继母（即票主）画像。就这款藏书票而言，它的确体现了考夫曼的传神笔触，但究竟是否为其所作尚无实证。

STOURHEAD LIBRARY.

**图233 斯托海德图书馆**
**Stourhead Library**

年代： 约1800
尺寸： 14.0 × 8.0
作者： 理查德·柯尔特·霍尔

这是用于霍尔家族在斯托海德的图书馆的藏书票，被推定是第二代从男爵理查德·柯尔特·霍尔（Richard Colt Hoare，1758—1838）所为。他是家族第一代理查德从男爵（图231）与第一任妻子安妮唯一成年的孩子，年纪轻轻就加入了家族银行，他的外祖父（即“伟大的亨利”，参见图229附注）在他21岁时就让他继承了斯托海德庄园，因此他很早就在经济上获得独立。他在1783年成婚，但是妻子在两年后去世。为排解忧伤，他决定出游。塞缪尔·伍德福德（Samuel Woodforde，1763—1817，1785年去世的亨利·霍尔曾对他十分赏识，因此在斯托海德庄园收藏着他的不少早期作品）为他所作的一幅画像描绘了他带领幼子在野外行进考察的情景。

他是一位涉足历史、地理和考古等多方面的学者，针对斯托海德所在的威尔特郡的历史地理编写了若干专著。他的游历令他对爱尔兰、意大利等地的人文地理也颇有研究。他以学术成就成为皇家学会和伦敦古物学会的会员。此外，他还是一位业余画家，曾受教于水彩风景画家和插图画家约翰·沃里克·史密斯（John Warwick Smith，1749—1831），这使他有能力设计这款家族图书馆藏书票，并委托雕刻制作。

该票有两种版本。第一种只有中间画面部分。第二种，即此处所载，在画面上下方分别添加了字框以及下方字框内的文字，曾被用作票主编写的《威尔特郡斯托海德等地霍尔图书馆目录》（*Catalogue of the Hoare Library at Stourhead, Co. Wilts., etc.*，1840）的卷首图。

画面上的文艺女神手执书卷，地上放着一把古希腊式的里拉琴，远景中有一座好似斯托海德花园里仿古罗马万神殿的建筑。她的目光被引向石碑上的纹章，其中有标志从男爵的左掌徽记浮于盾徽之上。盾徽分区与票主父亲的藏书票相同，即由霍尔家族徽章和他祖母图利家族徽章组成。有人因此推测这是他父亲的藏书票，但事实并非如此。因为他的外祖父亨利在1776年对家族徽章制订了标准样式并注册，其特点是在鹰首羽饰和双鹰图案设计上增加了一个代表高贵的貂尾装饰，而亨利的这位外孙兼侄孙对这种设计并不以为然。这款藏书票上的霍尔徽章正体现了他的这种观点，因此被确认是出自其手。

但是，后文他的异母兄弟藏书票上的鹰徽都带有那个貂尾装饰。

**图234　亨利·休·霍尔　Henry Huge Hoare**

年代：约1800

尺寸：7.7×5.5

票主（1762—1841）是家族第一代从男爵理查德（图231）和第二任妻子（图232）所生的长子。其异母兄理查德·柯尔特·霍尔（图233）于1838年去世后，袭为家族第三代从男爵。1784年成婚，娶其表妹（Maria Palmer Acland，1766—1835，也来自艾克兰家族）。他袭爵仅3年即去世，由其长子休·理查德·霍尔（Hugh Richard Hoare，1787—1857）继为第四代从男爵。

该票采用霍尔家族的传统纹章构成，但貂尾装饰仅出现于双头鹰盾徽上。盾徽上的新月标记表明他在所有兄弟中排行第二。票主姓名下方有缩写字样F. R. S，说明他是皇家学会会员。盾徽上没有从男爵的左掌标记，因此该票应作于他继承爵位之前。

**图235　亨丽埃塔·安·艾克兰　Henrietta Ann Acland**

年代：约1790

尺寸：7.2 × 5.5

票主（约1763—1841）是第一代从男爵理查德（图231）与弗朗西丝·安（图232）的长女。1785年，嫁给艾克兰家族第九代从男爵托马斯·戴克·艾克兰（Thomas Dyke Acland，1752—1794）。由于托马斯·戴克于1794年去世，票主在次年改嫁，故从票主姓名的写法判断，该票应作于1785—1795年。值得一提的是，她与托马斯·戴克的长子，即第十代从男爵托马斯·戴克，于1808年娶威廉· 霍尔（图230）的孙女，也即他的远房姑姑（又是表妹）莉迪娅·伊丽莎白·霍尔（Lydia Elizabeth Hoare，1786—1856）为妻。

该藏书票画古希腊神话中的智慧女神雅典娜（也可以是罗马神话中的密涅瓦）立于云端，俯视人世，她的盾牌上有票主姓名简写H. A. Acland。依矩形底纹有无边框分为两款（本款无边框），但主图完全相同。

**图236 查尔斯·霍尔 Charles Hoare（之一）**
年代：约1800
尺寸：7.4 × 5.5

票主（1767—1851）为第三代从男爵（图234）之弟。共拥有五款藏书票。前三款的设计与其兄长的藏书票相似，均依家族盾徽设计。其中，依时间排列，此处所示为第一款，盾徽两侧带有花彩装饰，下方以棕榈叶衬托，盾徽上的五星标记表明他排行第三子；第二款没有花彩枝叶装饰，与兄长藏书票更为接近；另一款则进一步去掉了羽饰甚至姓名标识，完全类似于所谓“制模工”货色了。这种变化反映了那个时期的纹章藏书票设计变得越来越“不讲究”的趋势。

在双头鹰盾徽和鹰首羽饰部位均有貂尾装饰。

票主的另两款图画式藏书票见图237及其说明。

**图237　查尔斯·霍尔　Charles Hoare（之二）**

年代：约1790

尺寸：11.0×9.4

作者：托马斯·霍洛威雕刻

署名：T Holloway Sculp.t

除前图所述3款纹章式藏书票外，票主还有2款图画藏书票，其中之一是与他人共用的一款设计，另一款如图所示。该票的年代应早于其纹章式藏书票，但有著录认定其年代约为1780年【8】则恐怕过早。从19世纪晚期藏书票收藏兴起以来，该票一直受到关注。

画面中，手执书卷的史诗缪斯卡利俄佩（Calliope），或者也可能是历史缪斯克里俄（Clio），凝视着台座上古希腊诗人荷马的雕像；不过，她的目光好像也同时指向沿台面边沿雕刻的拉丁文铭文TENDIT IN ARDUA VIRTUS，大意“美德不避艰险”，以及下方的纹章。在缪斯和石碑之间，远隔山川，显露一座金字塔。缪斯脚边也摊放着一些书卷，其中一部的书脊上写着票主名号CHA. HOARE。

雕刻师（Thomas Holloway，1748—1827）出自皇家美术院下设的美术学院，绘画和雕刻皆擅，主要成就在插图领域。最重要的作品是拉瓦特（Johann Caspar Lavater，1741—1801，Caspar又作Kaspar）的五卷本《面相论》（*Essays on Physiognomy*，1789—1798）。该书有约800幅插图，由霍洛威主持设计并亲自完成其中约300幅，其他参与雕刻插图的艺术家有弗朗西斯科·巴托洛奇（参见第172页）和威廉·布雷克（参见图85）等。针对这款藏书票的设计者，有猜测认为是设计安娜·达梅尔藏书票（图47）的艾格尼丝·柏里，虽然这两款票的构图、立意和风格确有相似之处，但并无实证。

**图238 亨利·梅里克·霍尔(之一)**
**Henry Merrik Hoare**

年代: 约1810

尺寸: 6.2 × 4.8

票主(1770—1856)是亨利·休·霍尔(图234)的另一位兄弟。拥有两款藏书票。此处所载为其中之纹章式,双线边框。其简化的设计反映了进入19世纪以来纹章藏书票变得简单朴素、个性特征减弱的趋势。盾徽下方字幅上有拉丁文铭文IN ARDUA,大意"道阻且长"(该票另有一款未具铭文)。

在双头鹰盾徽和鹰首羽饰部位均有貂尾装饰。

**图239 亨利·梅里克·霍尔(之二)**
**Henry Merrik Hoare**

年代: 约1810

尺寸: 11.2 × 6.7(边缘裁切)

作者: 安德鲁·毕雷尔

署名: Birrell(在所示票面已被裁去)

票主的这款图画藏书票颇具美感,它的制作与票主的纹章藏书票约在同期或甚至更早一些。画面主体是一位古典样貌的女子手执书本端坐于参天古树下,左臂倚放在一座纪念碑的基座上,左手自然下垂,指向基座上的纹章,台座上方的碑身上雕刻票主姓名缩写HMH。背景中的景物虽然简单,但是利用明暗和透视效果增强了画面纵深感。

值得注意的是,纹章的双头鹰盾徽和鹰首羽饰上均有貂尾装饰,而在双头鹰盾徽顶部中央位置隐约可见的无足鸟标记表示票主为第四子。

这枚藏书票的四周边缘已经完全裁切,因此位于底部中央位置的雕刻者姓氏Birrell已不可见。作者(Andrew Birrell,约1770—约1820)出生于爱丁堡,并在那里从师学习雕刻;他至迟在1785年来到伦敦,并留在这里谋事,有较多历史题材插图作品。

**图240　索菲娅·梅里克·霍尔　Sophia Merrik Hoare**

年代：约1810

尺寸：6.2×4.8

票主（1771—1824）于1807年与亨利·梅里克·霍尔（图238、图239）成婚，二人无子。该票主题是书房内的两个小精灵，一个从书架上取书，另一个则正在用羽毛笔在写字板上写出票主的姓名Sophia Merrik Hoare，说明订制这张藏书票的时间是在她结婚之后。

对于作者，有人根据其风格推测是弗朗西斯科·巴托洛奇。不过，巴托洛奇在票主结婚那年已经80岁，而且在5年前就已经离开英国。它也许出自巴托洛奇的学生之手。

**图241　《霍尔银行实录1673—1932》赠书藏书票**

年代：约1932

尺寸：11.5 × 8.6

作者：A. E. T.

署名：A. E. T

1932年，坐落于伦敦金融城的霍尔银行在伦敦西区开办了第一家分行，并在同年编写出版了一部《霍尔银行实录1673—1932》（*Hoare's Bank, A Record 1673-1932*，私人出版，1932），首次以实录形式展现了这个家族产业250余年的历史，以作纪念。这时，公司的八位合伙经理人（managing partners）是自创始人理查德·霍尔（1648—1718）以来的第八代以及第九代传人，他们都是其长子理查德·霍尔（1673—1721）和第三子亨利·霍尔（1677—1725，即仁者亨利，图228和图229）的后代。

约在该书出版同时，出版人为其专门订制了一款藏书票，用于将此书分赠给图书馆等。该藏书票画霍尔家族标志双头鹰立于一只皮袋上。当年，理查德·霍尔在伦敦齐普赛开设金银珠宝店时，还没有街道门牌系统，他正是用一只刷金的皮袋挂在窗口作为自己店铺的标志。

按照本处所载这枚藏书票上手书所示，它所在的这本书被赠予托特里奇图书馆（Totteridge Library）。托特里奇位于伦敦北面的赫特福德郡。

# 国王藏书票

# Bookplates of Kings and Queens

英国王室应是世界上使用藏书票传统最为悠久的家族。虽然英国君主已不再担当具体的政治和行政角色，但是在数百年来的君主立宪体制下，仍然承担着宪法赋予的国家代表职责，这种地位从中世纪绵延至今而几乎从未中断。使用藏书票只是其在近代史上的一个片段，但至今已延续了250年以上，这恐怕是任何家族都难以比拟的。

以君主为首的王室家族包括国王和他（她）的亲眷。这些亲眷与国王的关系往往超出一般家庭关系的意义，绝不应被忽视。李所著《英国皇家藏书票及王室亲眷藏书票》【52】收录了至乔治六世止的200余款藏书票。限于篇幅，本书仅集中于国王（或其作为王位继承人身份时）的藏书票，因此以“国王藏书票”为题。在“历史回顾”和“艺术家及其作品选介”中则已选载少量王后和王子、公主的藏书票。从以藏书票见证历史的角度出发，这里还收入了与乔治五世为近亲的德国皇帝威廉二世和俄国沙皇尼古拉二世的藏书票。又依李的著作所立惯例，出于对在世国王的尊重，不应披露作为其个人专属物的藏书票，因此，这里所载国王藏书票截至伊丽莎白二世为止。

虽然国王地位显赫且对其不乏历史记载，但是，由于各种历史变故的影响和王室藏书几经聚散，要追溯国王藏书票的早期历史却并非易事。在温莎堡皇家图书馆现存的一部1618年版《塞尔登论什一税》（*Selden on Tithes*）上，贴有一枚查尔斯一世作为威尔士亲王身份的纹章，这是可见的最早英国王室藏书票。不过，这个纹章可能也被用于书籍以外的其他用途；而且，直至约150年后的乔治三世之前，这是唯一的王室自用藏书票实物。如果以此作为英国王室藏书票历史的起点，则未免失于武断。

英国王室老图书馆的历史始于1485年。虽然王室对其藏书一般都会进行专门的装帧并使用压印纹章或戳记，但就使用藏书票来说，直至汉诺威王朝前期并未有明确的做法或成例。

进入汉诺威王朝后，剑桥大学以乔治一世之名订制了用于国王赐书的藏书票，这成为国王名下藏书票之肇端。不过，因乔治一世不通英文，乔治二世虽通英文却不弄文墨，那时王室自有的藏书实际是被弃于一隅。1757年，乔治二世把这批收于威斯敏斯特公学旧舍内的印刷书籍和手稿都赠给了成立不久的大英博物馆。

乔治三世是汉诺威王朝首个在英国出生、讲纯正英语的国王。他花费重金开启了王室藏书的重建，并成为首位为自己订制藏书票的国王。以他作为首个使用藏书票的英国国王并不为过；之后250多年以来，历代国王都有自己名下的藏书票。

乔治四世在继承王位之前居于卡尔顿府，他在这里曾拥有一批藏书。这座王府在1826年被拆除后，其中的藏书在转移过程中有部分流散，所贴用的藏书票也见于民间。他即位后，认为皇家藏书是一个巨大负担，在1823年将乔治三世的大批藏书都赠给国家，大英博物馆为此专门建了一座国王图书室用以收藏。因此，虽然乔治四世即位后订制了精致的藏书票，但实际使用不多，市面也难得一见。

威廉四世在位时间不长，却并非轻慢图书之人。他即位后蓦然发现自己竟是欧洲各国唯一没有图书馆的君主，于是将剩余无多的乔治三世图书和出自乔治四世卡尔顿府的藏书搜集起来，再另加添置，到1834年很快恢复了皇家图书馆，并遗嘱这些皇家藏书必须完整传承，不得有失。它们因而成为目前温莎堡皇家图书馆最早的一批藏书。

自维多利亚女王时代起，皇家图书馆正式按照乔治四世的成例为每位国王都订制一套三款的藏书票，用于不同开本的馆藏图书。这可以被认为是国王藏书票的“官方”系列，是历代国王的象征。在维多利亚女王名下曾订制两套。爱德华八世因即位不久又退位，实际仅完成了“三件套”中的一件，而且它恐怕并未投入实际使用。伊丽莎白二世承继了乔治六世官方藏书票的基本设计。而查尔斯三世即位后，至今尚未见其官方藏书票面世。

除温莎堡皇家图书馆藏书票外，这个“官方”系列还包括一些由王室出面为国王亲眷订制的藏书票，例如由古登为乔治六世的伊丽莎白王后和他的两位公主所作。

除“官方”系列之外，国王可能还或多或少拥有其个人自用的藏书票。它们大多为礼赠之物，设计也往往摆脱定式，可用于国王自有或自用的图书。

国王在继承王位之前身份可能发生一系列变化，而即位前后则更是一次身份的大转换，因此他（她）一生可能会拥有体现其不同身份的藏书票。它们可以体现王室制度，更可见证一段历史变迁。

国王藏书票作为一个长期延续的系列，从一个重要方面展现了藏书票的历史，而且由于国王的特殊地位，它们往往与“大历史”有更加广泛和重大的关联，值得给予特别重视。

后文载入的国王藏书票既包括在位国王，也包括一些尚未即位的王位继承人。为便于参照和理解，下面首先列出一张乔治一世以来历代国王基本信息表，并汇总这里收入的相关藏书票。在后文具体描述藏书票时，则不再重复这些基本信息。

## 汉诺威王朝以来历代国王及本书收录其藏书票汇总表

| 王朝 | 称号 | 出生日期 | 即位日期 | 加冕日期 | 去世日期 | 藏书票图号 |
|---|---|---|---|---|---|---|
| 汉诺威王朝 The House of Hanover | 乔治一世 George I | 1660-5-28 | 1714-8-1 | 1714-10-20 | 1727-6-11 | 242 |
| | 乔治二世 George II | 1683-11-9 | 1727-6-11 | 1727-10-11 | 1760-10-25 | 无确证藏书票 |
| | 乔治三世 George III | 1738-6-4 | 1760-10-25 | 1761-9-22 | 1820-1-29 | 243 |
| | 乔治四世 George IV | 1762-8-12 | 1820-1-29<br>1811-2-5起摄政 | 1821-7-19 | 1830-6-26 | 244—245 |
| | 威廉四世 William IV | 1765-8-21 | 1830-6-26 | 1831-9-8 | 1837-6-20 | 246 |
| | 维多利亚 Victoria | 1819-5-24 | 1837-6-20 | 1838-6-28 | 1901-1-22 | 247—250 |
| 萨克森-科堡-哥达王朝 The House of Saxe-Coburg and Gotha | 爱德华七世 Edward VII | 1841-11-9 | 1901-1-22 | 1902-8-9 | 1910-5-6 | 251 |
| 温莎王朝 The House of Windsor | 乔治五世 George V | 1865-6-3 | 1910-5-6 | 1911-6-22 | 1936-1-20 | 252—254 |
| | 爱德华八世 Edward VIII | 1894-6-23 | 1936-1-20 | （1936-12-11退位） | 1972-5-28 | 257—258 |
| | 乔治六世 George VI | 1895-12-14 | 1936-12-11 | 1937-5-12 | 1952-2-6 | 259—261 |
| | 伊丽莎白二世 Elisabeth II | 1926-4-21 | 1952-2-6 | 1953-6-2 | 2022-9-8 | 261—263 |
| | 查尔斯三世 Charles III | 1948-11-14 | 2022-9-8 | 2023-5-6 | | — |

注：日期标注方式为“年-月-日”。不同文献对个别国王的出生日期记录有微小差别，本表日期均出自Mike Ashley：*A Brief History of British Kings & Queens*，Running Press，2008。

REGIA . 1715
MVNIFICENTIA
GEORGIVS D. G. MAG. BR. FR. ET HIB. REX F. D.
J. Pine sculp

图242A

图242B

**图242（A、B、C、D） 乔治一世 George I**

年代：1736—1737

尺寸：（A）21.3 × 18.0；（B）12.6 × 10.8；（C）8.0 × 6.9；（D）5.3 × 4.4

作者：约翰·潘

署名：（A、D）J. Pine Sculp；（B、C）J. P. Sc.（约翰·潘雕刻）

乔治一世即位之初，于1714年以6,000镑购得伊莱主教约翰·摩尔（John Moore，1646—1714）死后遗存的28,965部图书和1,790部手稿。经内阁大臣查尔斯·汤森（Charles Townshend，1675—1738）建议，于1715年赐予拥护其继承王位的剑桥大学，以示褒扬。

剑桥大学在收到这批赐书后，到1734年才将它们收至专门的图书室。这时，应是由1731—1734年担任剑桥大学圣约翰学院图书馆馆长的约翰·泰勒（John Taylor，1704—1766）为它们订制了这4款不同规格的藏书票。因此，这些藏书票实际上是由受赠图书的剑桥大学来订制的，约在1736—1737年交付，这时乔治一世已故去差不多10年了。受托制作这批藏书票的是当时颇有名气的雕刻师约翰·潘（John Pine，1690—1756，另见第168页），在藏书票下部刻有其署名。

图242C

又过了40多年，在对部分赐书作重新整理装订时，由另一位雕刻师鲍德里（Joshua Kirby Baldrey，1754—1828）复刻新印了一批藏书票用于替换，因此在B、C款上又可见署名为“J. B.”的版本。也许正是因此才会有初版藏书票流入个人收藏。

这里所载4款都是初版，它们显然是为适应不同开本的图书而设计的。基本构图都是以奇彭代尔式的剑桥大学盾徽立于雅各式的基座之上，两侧堆放书卷，这样的设计结合了当时的两种主流风格。剑桥大学在1573年获颁盾徽，其主图是用貂尾装饰的十字架，十字架中心是一部《圣经》，在四个分区里各有一举足侧首的狮子。在票面下部的基座中央是乔治一世侧面像，椭圆形像框内环绕的缩写拉丁文是他的称号GEORGIUS D. G.，MAG. BR. FR. ET HIB. REX. F. D.，即“奉主承恩之乔治，大不列颠、法兰西和爱尔兰国王暨信仰捍卫者”（原文中没有逗号；根据沃伦的释文【86】，在D. G. 后增加一个逗号以便于释读）。在国王头像顶部有一条飘带穿过，上有拉丁文“MUNIFICENTIA REGIA”，意为“君主之赐”，并标明赐书年份1715。

幅面较大的3款（A、B、C）设计相似。围绕剑桥盾徽的是卷曲纹装饰边框。两侧以神话人物为扶盾：D侧是一手持古琴、一手托桂冠的阿波罗，在他身后阳光四射；S侧是一手持长矛、一手扶盾牌的密涅瓦，在她身后流云涌动。盾徽背后耸立石砌的金字塔。最小款（D）因幅面限制而简化，取消了两侧扶盾，上方羽饰是佩戴桂冠的阿波罗头像。在4款设计中，国王头像均置于下部，但由于透视设计采取的视点位置关系，看上去头像位置与观者平齐，这个效果在幅面最大的A款上尤其明显。

另外，此处C款顶部留有一位威廉·柯尔（William Cole）残缺不全的钢笔字迹，记述他于1745年4月26日从某公共图书馆获得这枚复品。

根据初版雕刻和印制费用的账单记载，这批藏书票的总印量为28,200枚，不知因何略少于赐书的总数量，可能在从赐书到订制藏书票这段时间里，这批图书的情况已经发生了一些变化。尽管这批藏书票是用硬度较低的铜版印制，但据所见样品，在如此之大的印量下它们仍然保持了清晰的质量。

当时订制这批藏书票的总费用是37镑17先令6便士（或即37.875镑），其中雕刻费12镑12先令，印制费25镑5先令6便士。董桥记述，“乔治一世赠书剑桥所刻的那张藏书票就以二英镑五十便士买得”【24】，也即2.5镑；这是20世纪70年代后期的事，不管其所购具体是哪一款，可见这些藏书票在240年后的增值（当然还有通货膨胀因素）。

图242D

虽然这批藏书票制成并进入使用时，乔治一世已经离世多年，但是与它们紧密关联的国王赐书事件则从一个侧面真实反映了这位汉诺威选侯即英王之位后的处境。

1688年“光荣革命”之后，笃信天主教的詹姆斯二世国王被驱逐，议会奉其信仰新教的女儿玛丽二世和女婿威廉三世同为英王。为排除此后任何天主教信奉者继承王位的可能性，议会在1701年制订《王位继承法》，规定王位须由玛丽的后嗣继承，如玛丽无后则由其妹妹安妮继位；如安妮去世后仍无嗣，则由索菲和她信仰新教的后代继位。索菲是詹姆斯一世（詹姆斯二世的祖父）的外孙女，嫁汉诺威选侯欧内斯特·奥古斯都。

后来的实际情况证明了《王位继承法》的先见之明。玛丽二世和威廉三世去世后，安妮继位。1714年安妮女王亦无嗣而终，而比她年长35岁的索菲也已于6个月前去世。于是，索菲的长子、已经继位汉诺威选侯的乔治·路德维格被迎至英国继承王位，他也就是开启汉诺威王朝的乔治一世。

乔治一世来到英国，非常倚重议会中全力支持他的辉格党人，而对仍与詹姆斯二世党人瓜葛不断的托利党人则心存戒备，疏远冷落。他在辉格党人的建议下向拥戴他的剑桥大学赐书，不久又派骑兵到同情托利党人的牛津大学巡逻以宣示威权，这成为一个历史典故。不过，这位不通英语的国王一直未能真正主导英国政治，这是君主立宪体制下内阁执政地位提升的时代。

话说剑桥大学获得国王赐书后，牛津大学的约瑟夫·特拉普博士（Dr. Joseph Trapp，1679—1747，诗人，牛津首位诗学教授）作诗酸讽剑桥获书而不知书：

King George, observing with judicious eyes,　　慧眼明察乔治王，
The state of both his Universities,　　两家学府事纷纭。
To one he sends a regiment – For why?　　发兵到此欲何彰？
That learned body wanted loyalty;　　学富须知报主君。
To th'other books he gave, as well discerning　　书赐彼方亦了了，
How much that loyal body wanted learning.　　愚忠欠学知多少。

对此，剑桥大学的物理学家威廉·布朗尼爵士（Sir William Browne，1692—1774）作诗回讽牛津大学的托利立场：

The King to Oxford sent his troop of horse,　　国王兵马踏牛津，
For Tories own no argument but force;　　托利识武不通文。
With equal care, to Cambridge books he sent,　　书赐剑桥同知遇，
For Whigs allow no force but argument.　　辉格能文不用武。

（以上二诗原文见于【1】、【25：1894-1】、【33】、【52】。）

**图243　乔治三世　George III**

年代：约1762—1770

尺寸：7.4 × 6.4

乔治三世是乔治二世之孙，因老王储早故而得以继位。他是汉诺威王朝第一位出生在英国的国王，其英语表达也不再带有德语口音。即位之初，他开始重建王室藏书，曾花费2万镑收购英国驻威尼斯领事约瑟夫·史密斯（图31）的藏品，其中包括拉丁语、意大利语和法语作家的珍本。他的图书馆馆长达尔顿为皇家图书馆积累的藏书有约6万5千部，还有约1万9千件手稿和册页。乔治三世实为首位拥有专属藏书票并贴用于王室藏书的英国国王，而且他的夏洛特王后也爱好藏书并拥有藏书票。

乔治三世身为王储时，曾有一款以威尔士亲王名义用于赠书的藏书票。即位后，则有两款以乔治三世为名的藏书票。它们的主体设计相似但大小不同，用于不同开本的书籍。其中，较大的一款装饰较为丰富。较小的一款，即此处所载，相对简单，以一袭满布貂尾纹的披风围衬皇家盾徽，环绕盾徽的是嘉德勋章吊袜带，其上环绕的法文是HONI SOIT QUI MAL Y PENSE（心怀邪念者蒙羞）。上方为王冠，顶部有G III R三个字符，即拉丁文George III Rex（乔治三世国王）之缩写。

此处的皇家盾徽为汉诺威王朝所启用。其自左至右、自上而下依次为：第一分区，英格兰三狮和苏格兰立狮对分；第二分区，象征法兰西的鸢尾花；第三分区，象征爱尔兰的竖琴；第四分区，汉诺威选侯徽章，由人字形三等分图案组成，分别是布伦瑞克双狮、吕内堡红心与立狮和汉诺威奔马（汉诺威选侯出自神圣罗马帝国皇帝对布伦瑞克-吕内堡公爵的任命），悬于其中心的是象征神圣罗马帝国的查理曼大帝王冠。这些纹章图案的原始设计都有专门的配色，在藏书票上则以不同黑白纹样表示。

乔治三世在位60年，这是英帝国开始在世界范围大举扩张的时期。其间，虽然因美国独立战争失利而丧失北美殖民地，但是在东方则把印度纳入殖民地，并正式开启了与古老中国清王朝的接触（参见图50）。国王本人则爱好广泛，包括务农（“乔治”之名本身就有农夫之意）。不过，他在位的后半期陷入精神疾病反复发作的困扰，终至1811年2月5日被宣布不能适任国王而由其长子摄政，此后他一直未能康复。

**图244　卡尔顿王府图书馆　Carleton House Library（乔治四世 George IV之一）**

年代：1781—1810

尺寸：10.8 × 4.7（揭取残损）

乔治三世与夏洛特王后育有九子六女。大概是由于父母的影响，他们之中多人都拥有自己的藏书票。作为长子并最终继位的乔治四世于此自然不遑多让。（第六子奥古斯都·弗雷德里克王子的藏书票见图56。）

乔治四世的藏书票可分为四个阶段。在少年基础教育期间，他就已经和他最大的弟弟拥有共同的专属藏书票，可能是用于他们的学习教材。在1781年乔治三世将父亲收购的卡尔顿府给了长子作为王府之后，这位威尔士亲王拥有了正式属于自己的藏书票，即此处所载卡尔顿王府图书馆藏书票。1811年他成为摄政王之后，新制一套三款卡尔顿王府图书馆藏书票，如后文所示。1820年即位英王后，又有了一套国王名义的藏书票。

在这款标记为CARLETON HOUSE LIBRARY（卡尔顿王府图书馆）的藏书票上，中央是插在王冠上的威尔士亲王羽饰，飘带上有威尔士亲王专属拉丁文铭文ICH DIEN，意为"我效忠"（指忠于英格兰王室）。环绕羽饰的是嘉德勋章挂链，下悬圣乔治屠龙雕像徽章。顶部为威尔士亲王冠。

乔治四世并非喜文弄墨之人，他的藏书恐怕也主要是作为他的王府的陪衬。不过，他之拥有一系列藏书票，说明拥有和使用藏书票在当时已经成为王室的一个成例。

图245A

**图245（A、B、C） 卡尔顿王府图书馆 Carleton House Library（乔治四世 George IV之二）**

年代：1811—1820

尺寸：（A）10.6×7.4；（B）9.0×6.3；（C）7.3×5.0

作者：理查德·威廉·西尔韦斯特

因乔治三世精神疾患加重，尚为王储的乔治四世于1811年被推举为摄政王。此后他拥有了新的一套三款彰显其王权的卡尔顿王府图书馆藏书票，用于不同开本的书籍。

它们的设计除大小规格不同之外，大同小异。以最大的A款为例，其中央是嘉德勋章吊袜带围护的皇家盾徽，两边分别以头戴王冠的雄狮（象征英格兰）和独角兽（象征苏格兰）为扶盾。在盾徽之上有两个羽饰，分别是立于绞丝花环的狮子（象征国王）和插在王冠上的羽饰（象征威尔士亲王）。嘉德勋章配文和下方的威尔士亲王铭文一如前文所述。整个纹章衬以用貂尾纹装饰的华丽披风，并系穗饰。顶部为威尔士亲王冠。

图245B

图245C

这里的皇家盾徽是1801—1837年款。由于法国大革命的原因，乔治三世于1801年放弃了名义上的法兰西国王称号，因此也更改了皇家盾徽，其自左至右、自上而下依次为第一和第四分区英格兰三狮，第二分区苏格兰立狮，第三分区爱尔兰竖琴，中央悬浮汉诺威选侯徽章（参见图243）。

在大英博物馆的收藏中，这套王府图书馆藏书票和乔治四世正式即位后以国王为名义的一套三款皇家图书馆藏书票的中间试印版保存在一处，后者有雕刻师落款R. Silvester。鉴于它们的样式相似，且收藏在一处，因此认为前者——即此处所载三款——与后者为同一人所制。这位雕刻师（全名Richard William Silvester，约1771—1842）在伦敦经营业务，在雕刻这款藏书票前后他对外称自己是"皇家公务机关印章和铜版雕刻师兼印刷师"，他雕刻过不少钞票作品，署名的藏书票作品则估计有不下百款。

乔治四世即位后，在1823年将乔治三世的藏书都赠给了大英博物馆（后转入大英图书馆）。另一方面，他原来居住的卡尔顿王府在1826年被拆除，藏书亦有所损失。因此，在乔治四世治下，皇家藏书实际上又大部散去了，他名下的国王藏书票恐怕也并无多少"用武之地"。

自乔治四世代替乔治三世摄政以后，主要由于政府的作为，英国国势继续上升。在他摄政期间，豪奢装潢、华丽服饰、名流社交乃至宫廷韵事风行一时，以"摄政风格"闻于后世，其中或许还可以包括自他那时创设的皇家图书馆藏书票一套三款的定制。乔治四世与他不喜欢的王后仅育有一女，即夏洛特公主；此女因难产而死，导致他并无合法直系继承人，风流倜傥一世却终归孤独寂寞。

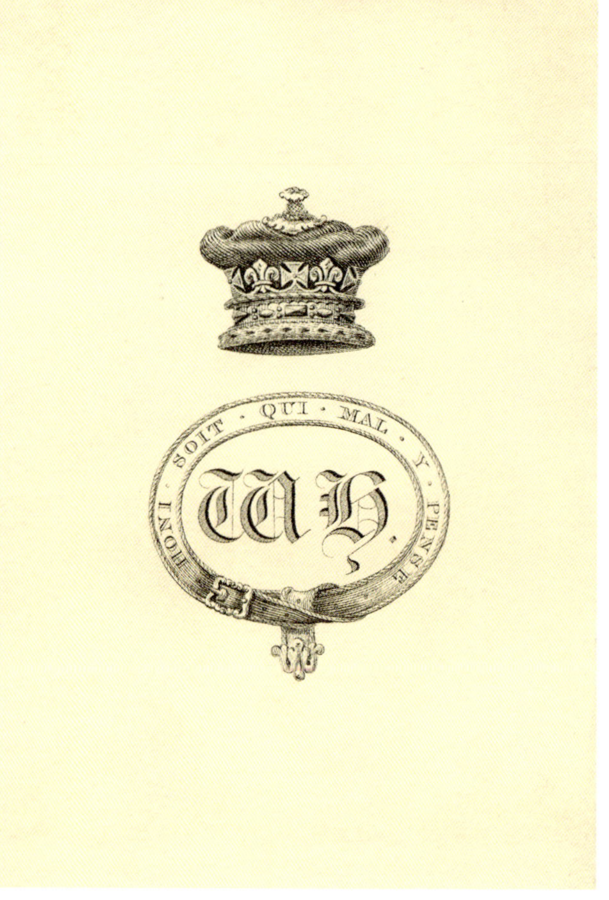


**图 246　威廉·亨利王子　Prince William Henry（威廉四世 William IV）**

年代：约1820

尺寸：6.6 × 4.1

威廉·亨利是乔治三世第三子，因长兄乔治四世没有合法直系继承人、二兄又早故而得以继承王位。他身为王子时使用的这款藏书票相对简约，除彰显身份的嘉德勋章和国王子女冠冕之外，别无装饰。票面上嘉德勋章中央的哥特式字母为WH，即William Henry之缩写。他即位之后使用的藏书票也采用与此相似的简单设计，没有配饰。

票主在1779年年仅14岁时加入皇家海军，在西印度群岛期间曾跟随纳尔逊将军。1788年升少将，指挥“勇敢号”军舰。1789年封为克拉伦斯公爵，此后进入上议院。1811年其长兄摄政后，成为海军上将。1817年摄政王的女儿夏洛特公主死后，他为取得王位继承地位而放弃了相处20多年的情人（他们育有10个孩子，均以“菲茨克拉伦斯”为姓，其意为克拉伦斯之后），娶萨克森–迈宁根的乔治公爵之女阿德莱德公主为妻，但不幸他们的孩子都年幼而亡。至1830年继位时，他已经65岁，有“水手国王”之号。

这款藏书票的简约设计与票主行事低调的风格相吻合，可能也受到当时藏书票设计普遍趋向简化的影响。但他却是令王室藏书再度恢复之人，而且自他以后，温莎堡皇家图书馆的藏书也再无遗散。不过，到维多利亚女王时代皇家图书馆才正式开始执行为每位国王名下藏书订制“三件套”藏书票的成例。

**图247　维多利亚女王　Queen Victoria（之一）**

年代：约1840

尺寸：9.9×5.6

维多利亚女王是乔治三世第四子之女。乔治四世在女儿早故后成为无后之君，于是他的众位兄弟迅即明媒正娶，诞生儿女，以寻求王位，这也包括维多利亚的父亲肯特公爵。威廉四世的一双婚生女儿都早殁，而肯特公爵也在1820年亡故。维多利亚在出生时为第五顺位王位继承人，而经过这一系列的曲折变故后成了王位的指定继承人。她在刚满18岁成年之后不到一个月登基，但当时可能无人料及这将是坐拥王位达64年、经历大英帝国全盛期的一代女王。

这款藏书票是在女王登基后的早期所制。其后，还用这款设计加框并标明白金汉宫（Buckingham Palace）或怀特岛奥斯本王宫（Osborne）等用于女王不同驻跸之地的款式。由于奥斯本庄园是在1851年建成，故该票应在此前已经存在。不过，它并未被用于温莎堡皇家图书馆。

其设计与威廉四世简约风格的国王藏书票十分相似，可能出自同一来源。王冠坐落于绞丝花环上，下面紧贴嘉德勋章，在保持图案紧凑的同时增大了高宽比，这是它的构图特点。在嘉德勋章中间的两个字母V R是拉丁文Victoria Regina（维多利亚女王）的缩写，两个字母之间用一情人结缠连。

图248A

**图248（A、B、C） 维多利亚女王 Queen Victoria（之二）**

年代：1861

尺寸：（A）10.9×8.9；（B）8.6×6.8；（C）5.7×4.3

作者：詹姆斯·韦斯特等

署名：（A）J WEST/MARY BYFIELD Sc；（B）和（C）J WEST/C A FERRIER Sc

据记载，皇家图书馆订制这一系列藏书票的时间是在1860年12月3日，因此推测其完成交付应是在次年。它们可分别用于对开本、四开本和八开本图书。

图248B

图248C

在乔治四世摄政时首创一套三款的皇家藏书票定制之后，这是温莎堡皇家图书馆之名首次出现在藏书票上。它们的设计相同，中央是悬浮于嘉德勋章之上的皇家盾徽，上方是王冠，王冠两边分别有字母V和R，即维多利亚女王称号的拉丁文缩写。嘉德勋章下方是英格兰玫瑰、苏格兰蓟花和爱尔兰三叶草。在矩形边框内自左至右环绕的拉丁文是EX BIBLIOTHEC REG IN CASTEL WINDESOR，意即“温莎堡皇家图书馆之属”。边框内以淡红色图案为底衬。

此处所用皇家盾徽是1837年维多利亚女王即位后新启用的，一直沿用至今。由于汉诺威王国实行萨利克法典的影响，维多利亚作为女性不能继承汉诺威王位，自乔治一世以来英国国王一直兼领汉诺威王权的地位至此终止。因此，英国的皇家盾徽设计也相应变更，去掉汉诺威选侯徽章，保留自上至下、自左至右的第一、四分区英格兰三狮，第二分区苏格兰立狮和第三分区爱尔兰竖琴。

这三款藏书票都是基于詹姆斯·韦斯特（James West，生卒年不详）的设计，另由两位雕刻师完成：

玛丽·拜菲尔德（Mary Byfield，1795—1871），出自木刻世家，另有为女王丈夫阿尔伯特亲王所作两款藏书票；

查尔斯·安德森·费里尔（Charles Anderson Ferrier，1829—1908），主要活跃于19世纪下半期的伦敦木刻家，另有一款为女王的次女爱丽丝（Alice Maud Mary，1843—1878）所作藏书票。

**图 249　维多利亚女王　Queen Victoria（之三）**

年代：1877后

尺寸：5.9 × 9.3

维多利亚女王的这款菱形边框藏书票中央用V R I组成花押，即拉丁文Victoria Regina Imperatrix之缩写，意为“维多利亚女王和女皇”，其中，女皇是她自1877年正式加冕印度皇帝之后所加的称号。因此，这款藏书票的制作是在1877年或以后。不过，她之后的英国国王并未继续在藏书票上加皇帝称号，直至乔治六世在1948年最终放弃印度皇帝称号。

花押之上为王冠，下面大写的BALMORAL指巴尔莫勒尔堡，因此这张藏书票应是用于这座国王私有庄园的藏书。巴尔莫勒尔堡由女王的丈夫阿尔伯特于1852年为女王收购，并经扩建，成为王室在凉爽宜人的苏格兰的避暑地。阿尔伯特亲王（Prince Albert，1819—1861）与维多利亚同岁，是比她小三个月的表弟，二人于1840年结婚，育有九个子女。他在1861年英年早逝，令女王忧伤不已。

维多利亚女王还有另一款小型的“巴尔莫勒尔堡图书馆”藏书票。

后来在位时间更长的伊丽莎白二世女王于2022年在巴尔莫勒尔堡去世。

图250A

**图250（A、B、C）　维多利亚女王　Queen Victoria（之四）**

年代：1898

尺寸：（A）12.5×9.0；（B）9.2×6.4；（C）6.9×5.5

作者：乔治·威廉·伊夫

署名：（A）1898 GWE

1897年，在维多利亚女王即位60周年之际，温莎堡皇家图书馆向伊夫（参见第217页）订制了第二组“三件套”藏书票，用以替换已经使用37年的第一组。

图250B

图250C

它们的设计元素相同。最大的A款内容最为丰富。其中央是嘉德勋章吊袜带围绕的皇家盾徽，两边分别以头戴王冠的雄狮（象征英格兰）和独角兽（象征苏格兰）为扶盾。盾徽上是王冠，王冠两边的字母V R I是维多利亚女王和女皇称号的拉丁文缩写。王冠之上，以头戴王冠的侧首卷尾走狮为羽饰。羽饰一侧是圣乔治十字徽章，另一侧为亨利七世采用的都铎玫瑰徽章，二者均围以嘉德勋章吊袜带，并衬以爱德华三世的日光徽章。上面的两行大写拉丁文连读EX BIBLIOTHECA REGIA IN/CASTEL. DE/WINDESOR，意即“温莎堡皇家图书馆之属”。嘉德勋章和扶盾兽足下的两段飘带上印有君主铭文（法文）DIEU ET MON DROIT，意为“上帝和我的权力”。其下又有一条橡树叶和月桂叶交错排列的条带，中央是一朵都铎玫瑰。整个票面围以矩形边框。

B款的设计去掉了羽饰、扶盾兽和君主铭文。王冠两边为女王称号V R I。嘉德勋章两下角处都用都铎玫瑰、蓟花、三叶草装饰，分别象征英格兰、苏格兰和爱尔兰。上下两行英文连读为ROYAL LIBRARY/WINDSOR CASTLE，即“温莎堡皇家图书馆”。

C款主要由王冠和走狮羽饰组成，羽饰两边为女王称号V R I，下方横幅上为英文标识ROYAL LIBRARY/WINDSOR CASTLE，即“温莎堡皇家图书馆”。

这套藏书票设计细节精致，蚀刻技法效果强烈。它们做成后不到三年，维多利亚女王以82岁高龄去世。

图251A

图251B

**图251（A、B） 爱德华七世 Edward VII**

年代：1901—1910

尺寸：（A）10.9×8.0；（B）8.8×6.4

爱德华七世是维多利亚女王和阿尔伯特亲王的长子。他在继位前即拥有一款威尔士亲王图书馆藏书票。继位之初，温莎堡皇家图书馆订制了一组三款E R（爱德华国王）之名的藏书票，由乔治·威廉·伊夫制成，其设计完全仿照维多利亚女王的第二组温莎堡皇家图书馆藏书票。

这里展示的是爱德华七世在桑德林厄姆庄园的藏书所使用的两款藏书票。它们的构图基本相同，但是细节有差异，是用不同的雕版印制的，用于不同开本的书籍。中央是嘉德勋章吊袜带围护的皇家盾徽，下悬都铎玫瑰，两侧以狮子和独角兽为扶盾。盾徽上依次是头盔、王冠和作为羽饰的走狮，王冠两侧为爱德华七世称号的缩写E VII。头盔带格栅并以正面示人，为国王纹章专用设计。下部飘带上是君主铭文（法文）DIEU ET MON DROIT，意为“上帝和我的权力”。票面外围是矩形边框，内部以淡红色的鱼鳞纹为底衬。票面下方有SANDRINGHAM.字样，即“桑德林厄姆”。

桑德林厄姆庄园位于诺福克郡，由爱德华七世于1862年购得并加以扩建，当时他的身份还是作为王储的威尔士亲王。这里从此成为英国王室的两处私产之一（另一处即他的父亲所购置的巴尔莫勒尔堡），是国王退居田园的理想之地。爱德华七世的亚历山德拉王后以及他们的儿子乔治五世和孙子乔治六世都去世于此。

爱德华七世年轻时学业欠佳，个人生活也不免失于检点。不过，他在近60岁时继位后，却成为一位受人爱戴的国王。他在1910年去世。欧洲各国君主出现在他的葬礼上，这是他们在大战前的最后一次聚首。

其第三女即挪威莫德王后（图156）。

THE LIBRARY OF
ICH
DIEN
GEORGE FREDERICK ERNEST ALBERT
PRINCE OF WALES
Photogravure from original by Allen & Co

**图 252 威尔士亲王乔治·弗雷德里克·欧内斯特·阿尔伯特**
**George Frederick Ernest Albert Prince of Wales（乔治五世 George V　之一）**

年代：　1904
尺寸：　11.2 × 8.8（复制品）
作者：　J. A. C. 哈里森
署名：　INV W P B 1904（右下角边缘处）

乔治五世是爱德华七世的次子，早年曾加入英国海军服役，并且成为舰长，好似威廉四世早年的作为。当爱德华七世尚未继位，而其长子于1892年早故之后，他被封为约克公爵，这时他拥有了一款“约克公爵图书馆”藏书票。他与玛丽成婚后，还由约翰·莱顿（参见第409页）设计了二人共用的一组两款藏书票（仅大小不同）。

玛丽王后作为威尔士王妃、王后和王太后的自用藏书票分别见图125、图171和图168。

爱德华七世于1901年继位后，乔治作为王位继承人而获封威尔士亲王。不久之后，通过巴雷特（参见第100页）获得了此处所载威尔士亲王藏书票，实则为J. A. C. 哈里森（参见第240页）所制。

票面中央是皇家盾徽，中央悬浮威尔士亲王徽章，背后是嘉德勋章吊袜带。值得注意的是，在中央盾徽和两边的扶盾上分别添加了作为长子标志的三垂饰横带，以彰显票主作为王位继承人的身份。盾徽上方为头盔和威尔士亲王冠，亲王冠上方再加皇家羽饰，两边配威尔士亲王羽饰和威尔士龙图案。左右两顶角分别饰以约克玫瑰。盾徽下部的飘带上有威尔士亲王拉丁文铭文ICH DIEN，意为“我效忠”（指忠于英格兰王室）。票面顶部和底部字牌上的文字连读为THE LIBRARY OF/GEORGE FREDERICK ERNEST ALBERT/PRINCE OF WALES，意即“威尔士亲王乔治·弗雷德里克·欧内斯特·阿尔伯特之藏书”。根据票主授意，底部PRINCE OF WALES字样两侧分别配船锚图案装饰。

在藏书票主图下方有一行小字“Photogravure from original by Allen & Co.”，意为“由爱伦公司用原版以照相凹版复制”。因此，本处所示是1905年由藏书票协会委托制作的复制品。

图253A

**图253（A、B、C）　乔治五世　George V（之二）**

年代：1911

尺寸：（A）13.4 × 9.0；（B）9.4 × 6.6；（C）7.3 × 5.6

作者：乔治·威廉·伊夫

署名：GWE/1911

乔治五世即位之后，决定设计制作一套新的温莎堡皇家图书馆藏书票。这项工作自然委托给了伊夫（参见第217页）。伊夫曾为维多利亚女王和爱德华七世制作了两组相似设计的温莎堡皇家图书馆藏书票，这次则根据新国王的要求重新进行了设计。与前两组相比，这一组的设计有所简化，显示了更加现代的风格。这组设计依然包括三款大小不同的藏书票，适用于不同开本的图书；自大至小三款设计元素相仿，但由繁至简。

图253B

图253C

最大的A款内容最为丰富。其中央是嘉德勋章吊袜带围绕的皇家盾徽，两侧以头戴王冠的雄狮和独角兽为扶盾，盾徽上面是王冠和皇家羽饰。两边的字母G V 和R连读为乔治五世国王称号的拉丁文缩写，其中字母V卧于G内部，在G R两字母上方分别又有一顶王冠。勋章下悬圣乔治屠龙徽章；其两边的飘带上印有君主铭文（法文）DIEU ET MON DROIT，意为“上帝和我的权力”。票面下部大写的拉丁文是EX BIBLIOTHECA REGIA/IN CASTEL. DE WINDESOR，意即“温莎堡皇家图书馆之属”。

B款的设计去掉了羽饰、扶盾和君主铭文。王冠两边为国王称号G V R。嘉德勋章左、右下角都用都铎玫瑰、蓟花、三叶草装饰，分别象征英格兰、苏格兰和爱尔兰。下部拉丁文为EX BIBLIOTHECA REG. /IN CASTEL. WINDESOR，即“温莎堡皇家图书馆之属”。

C款主要由王冠和皇家羽饰组成，羽饰两边为国王称号G V R。下部文字同B款。

图254A

图254B

**图254（A、B、C） 乔治五世 George V（之三）**

年代：1911

尺寸：（A）6.7×4.1；（B）7.5×5.4；（C）6.7×5.0

作者：乔治·威廉·伊夫设计，海因里希·西吉斯蒙德·乌尔里希雕刻

这组自乔治五世首创的藏书票的基本设计是用国王称号G V R组成花押式的文字图案，其上覆一顶王冠。其中，A款是空心带装饰线文字、无底纹设计。B款采用空心文字和点阵底纹。A、B款均用于皇家图书馆。C款为无底纹设计，采用实心粗体字，字体尺寸较大，用于国王私人藏书。雕刻者（Heinrich Sigismund Ulrich，1846—1937）是一位德裔木刻家。

图254C

乔治五世于1911年6月举行登基典礼；半年后，他又在印度德里即印度皇帝位（德里由此成为印度首都）。这是英国国王唯一一次到印度即皇帝位，旧世界的辉煌到此已经临近终点。一战的爆发令欧洲旧秩序分崩离析。乔治五世曾不遗余力试图阻止战争，但是英国仍不免对德宣战，他在视察法国前线时曾严重摔伤。1917年，他宣布放弃德国姓氏，改姓“温莎”，英国由此进入温莎王朝。

战后，英国仍然面临在战前未能解决的爱尔兰问题，终至1921年爱尔兰南部二十六郡成立“自由邦”，英国国王的头衔自此改为“大不列颠及北爱尔兰和英属海外自治领国王”。此后，乔治五世又面临国内政坛更替，在“大危机”时期则率先减俸。乔治五世以国王身份虽不直接参与政治，但在世变大局中积极作为，显示了中流砥柱的作用，成为受人爱戴的一代君主。

* * *

乔治五世的两位君主近亲，德国皇帝威廉二世（图255）和俄国沙皇尼古拉二世（图256），则经历了大不相同的命运。虽然他们的藏书票并不属于英国范畴，但它们却是一段历史的共同见证，因此一并收录于此。

**图255　德国皇帝威廉二世　Kaiser Wilhelm II**

年代：1896

尺寸：11.8 × 9.1

作者：艾米尔 · 多普勒

署名：E. D. d. s. 96（艾米尔 · 多普勒绘制并雕刻，1896年）

票主（1859—1941）是乔治五世的姑表兄，其母维多利亚与爱德华七世同为维多利亚女王所生之姐弟。1888—1918年为德国皇帝。1910年爱德华七世病故后亲赴其葬礼，四年之后却与英国开战。他在一战结束之际退位，流亡荷兰，1941年病故于荷兰多伦。

绶带上写拉丁文EX LIBRIS/WILHELMI · II/IMPERATORIS/REGIS，意为“（德意志）帝国皇帝威廉二世之藏书”。

作者（Emil Doeppler，约1855—1922）是一位多产的德国版画家。

**图256　俄国沙皇尼古拉二世　Czar Nicholas II**

年代：1907

尺寸：6.9 × 5.5

作者：阿明 · 尤金 · 冯 · 弗勒克森

票主（1868—1918）是乔治五世的姨表弟，其母亚历山大三世皇后是乔治五世之母（爱德华七世的亚历山德拉王后）的亲妹妹。1894—1917年为俄国沙皇。与乔治五世曾于1913年到柏林参加威廉二世女儿的婚礼，三位堂、表兄弟国王相聚。仅一年之后，一战爆发。1917年俄国发生二月革命，尼古拉二世被迫退位，后于1918年与家人一起遭处决。

票面中心的俄文花押字Н II即尼古拉二世的缩写。下方打开书本上的俄文是Библиотека Зимний дворец собственная его Величества. Николая 2，意为“冬宫图书馆 尼古拉二世陛下专属”[1]。

作者（Armin Eugene von Föelkersam，1861—1917）是出自德国而服务于俄国皇室的画家，获封男爵。

[1]　承俄罗斯版画和藏书票收藏家杨嘉冰先生释读。

图257A

图257B

**图257（A、B） 爱德华王子 Prince Edward（爱德华八世 Edward VIII 之一）**

年代：1904

尺寸：（A）6.7×4.8；（B）6.7×4.9

作者：J. A. C. 哈里森

署名：INV. W. P. B. 1904（W. P. 巴雷特设计，1904年）

1904年，邦珀斯书店受托为乔治五世（当时尚为王储）的长子和次子制作藏书票。虽然署名由W. P. 巴雷特设计，但实际由J. A. C. 哈里森（参见第240页）完成。

乔治五世长子即后来继位的爱德华八世。在订制这款藏书票时，爱德华七世仍然在位，票主作为其孙辈为爱德华王子。这款藏书票中央的大写花体字母“E”即指其称号，椭圆形边框装饰着分别象征英格兰、苏格兰和爱尔兰的玫瑰、蓟花和三叶草图案。

不过，票面顶部的冠冕在初次设计时却出现了错误，即A款所示顶部为四个十字章和四朵百合花的冠冕，这仅适用于君主直系子女，而不能用于其孙辈。这款错用冠冕的藏书票又有两个版本，除此处展示者之外，还有一款中央部分的字母E较大，且部分做阴影处理（已知仅印制3枚）。之后，经修正做成了合乎规制的B款，其冠冕顶部由两个十字章、两片草莓叶和四朵百合花组成，适用于君主继承人的子女。

**图258** 威尔士亲王爱德华
**Edward Prince of Wales**
（爱德华八世 Edward VIII 之二）
年代：1934
尺寸：9.5 × 7.0
作者：阿德里安·芬特
署名：A/F及铅笔签名Adrian Feint

乔治五世于1910年继位英王后，以其长子爱德华为王位继承人，封其为威尔士亲王。这位威尔士亲王有两款藏书票：一由菲利普·阿姆斯特朗·蒂尔登（Philip Amstrong Tilden，1887—1956）于1921年设计；一由芬特于1934年设计并完成木刻，即此处所示，它的作者（Adrian Feint，1894—1971）是一位澳大利亚艺术家，以书籍插图和钢笔画见长，并有不少藏书票作品。

票面中央为插在冠冕（注意此处采用君主子女样式）上的威尔士亲王羽饰，下部飘带上有威尔士亲王拉丁文铭文ICH DIEN，意为"我效忠"（指忠于英格兰王室）。披风围衬，顶部有藏书票标记字样。下端用另一块雕版印制票主名号EDWARD PRINCE OF WALES，即"威尔士亲王爱德华"。（另有一款还加上了H. R. H. 字样，即His Royal Highness，"殿下"之意，不过未获票主使用。）

爱德华亲王虽贵为王位继承人，但对政治事务和皇家典礼都缺乏兴趣。他与父亲乔治五世比较疏远，常被派往海外领地做亲善巡访，并受到社会气氛相对自由活泼的美国的吸引。1931年他首次结识辛普森夫人（Wallis Simpson，1896—1986），至1935年时决定与这位已有过两次婚姻的美国女性结婚。1936年1月20日他即位英王，11月通知政府他将与辛普森夫人结婚。但是，由于英国国教教义不接受离婚和再婚，他作为英国教会领袖欲与辛普森夫人结婚的想法遭到英国政府和一些英联邦自治领政府的反对。但他仍然坚持自己的想法，不惜在12月11日宣布退位，在位仅不到一年。这件事在当时一度引起宪政危机，但他之为爱而不惜放弃王位也为人们长久记忆。

爱德华八世即位之初，就由古登（参见第300页）开始制作新的皇家图书馆系列藏书票。不过，这位新国王名下的皇家图书馆藏书票尚未及使用，他就已经退位。这时，该系列藏书票仅完成了规格居中的一款，并印制了50枚样张，其中极少量随乔治六世为红十字会筹款而拍卖部分皇家藏书票流入市场。

**图259　约克公爵　Duke of York（乔治六世 George VI　之一）**

年代：1927

尺寸：10.0×7.3

作者：阿德里安·芬特

署名：Adrian Feint及其铅笔签名

作为英属殖民地，澳大利亚各州各有其议会。1901年成立联邦之后，参照英国议会模式组成了澳大利亚联邦议会，使用位于墨尔本的维多利亚州议会大厦，称墨尔本议会大厦。1927年，在首都堪培拉建成了新古典主义风格的临时国会大厦，将联邦议会从墨尔本迁至此，规划暂驻50年以待建成永久性国会大厦。1927年5月9日，议会首次在堪培拉临时国会大厦举行会议，乔治五世次子约克公爵（即后来的乔治六世）代表国王出席。

当时成立不久的澳大利亚藏书票协会委托芬特（参见图258）设计此票，作为礼物赠送给约克公爵。票面以临时国会大厦为主图，下方写票主名号ALBERT FREDERICK/ARTHUR GEORGE/DUKE OF YORK，即“阿尔伯特·弗雷德里克·亚瑟·乔治，约克公爵”。此外，还由同一位作者制作了一款花卉藏书票赠送给约克公爵夫人（即后来的伊丽莎白王后和王太后）。

票主于1920年被封为约克公爵。他出生时维多利亚女王仍然在位，他的出生日期也是其曾祖父阿尔伯特亲王的忌日，他的父母给他取名阿尔伯特即有纪念之意。1904年，王室委托邦珀斯书店为这位阿尔伯特王子和他的兄长爱德华王子（后为爱德华八世）各制作一款藏书票，实际均由J. A. C. 哈里森完成。兄弟二人的藏书票设计相仿，主要区别在于兄之藏书票中央为字母“E”（Edward），弟之藏书票中央为字母“A”（Albert）。他们的这两款藏书票都各有正、误两个版别（参见图257）。

1988年，澳大利亚联邦议会如期迁入堪培拉的新国会大厦。这款票面上的临时国会大厦遂改为澳大利亚民主博物馆（Museum of Australian Democracy）。

图260A

**图260（A、B、C）　乔治六世　George VI（之二）**

年代：1936—1937

尺寸：（A）15.3×8.9；（B）13.0×8.0；（C）5.6×4.6

作者：斯蒂芬·古登

由于爱德华八世名下的皇家图书馆藏书票还未及使用他就已经退位，因此，在乔治六世于1936年12月即位后，由斯蒂芬·古登（参见第300页）重新制作新的皇家图书馆系列藏书票。其中，已为爱德华八世完成的乔治屠龙主题藏书票在改换票面国王称号后使用，即此处B款。1937年继续完成A、C款后，组成了新的一套皇家图书馆藏书票，与旧款相比，它们的设计和雕刻表现了更加复杂、生动的立体层次。

图260B

其中，最大的A款采用壁龛样式。中央是背靠嘉德勋章吊袜带的皇家盾徽，两边由戴王冠的立狮和独角兽扶盾。盾徽上方是王冠，王冠两边有G VI和R字样，意即“乔治六世国王”；王冠顶部又有一头戴王冠的走狮作为羽饰。盾徽下方陈设玫瑰、蓟花和三叶草，分别象征英格兰、苏格兰和爱尔兰；其间穿插一条缎带，写君主铭文（法文）DIEU ET MON DROIT，意为“上帝和我的权力”。底部悬挂一块六边形牌匾，写ROYAL LIBRARY/WINDSOR CASTLE，即“皇家图书馆，温莎堡”。

B款以嘉德勋章吊袜带围成椭圆形画框，中间画英格兰守护神圣乔治手持长矛、跃马刺杀恶龙，画面形象在黑底色的衬托下十分突出，有一种舞台效果。画面下部匾牌上写ROYAL LIBRARY/WINDSOR CASTLE字样。顶部用G VI R组成花押图案，再加一顶王冠，相当于纹章的羽饰。

图260C

最小的C款以佩戴王冠的狮面为主题，对狮子的面相进行了拟人化的刻画，表现出一种庄严、慈悯的神态。票面环绕文字是G VI R/ROYAL LIBRARY/WINDSOR CASTLE。

乔治六世本非第一王位继承人而“意外”成为国王，这与他的父亲乔治五世相似。他即位之始就要应对希特勒德国的挑战。他曾支持张伯伦首相的绥靖政策，以尽可能避免再次发生大战；但是二战终于爆发之后，他并未退缩，而是积极支持丘吉尔首相，在伦敦遭受大轰炸期间他也没有离开，频繁视察工厂、军队，包括1943年到北非视察英军。在1941—1944年圣诞节，还以国王和王后的名义向德国战俘营中的英军战俘赠送图书，书中附有文字藏书票载以问候之语。这些都增强了王室在最困难时期支撑国家希望和军民士气的中心地位。

二战之后，乔治六世继续面临挑战。随着印度和巴基斯坦独立，大英帝国进一步解体。到1947年，他不再是印度皇帝，而成为第一位英联邦元首。虽然他本来不会作为国王来接受这一系列的考验，甚至因此导致健康受损，但是，他作为国王所表现出的勇气和责任感赢得了人民的爱戴，也成为他的女儿伊丽莎白二世女王的榜样。

除其名下的皇家图书馆藏书票外，乔治六世也拥有私属藏书票，其设计与乔治五世私属藏书票（图254C）相仿，称号则改为G VI R。

**图261　约克公主伊丽莎白　Princess Elizabeth of York（伊丽莎白二世 Elizabeth II　之一）**

年代：1934

尺寸：9.8×7.3

作者：乔治·大卫·佩罗泰

署名：GDP

乔治六世和他的伊丽莎白王后有两位女儿，即伊丽莎白公主和玛格丽特公主。这款麻胶版彩色藏书票的票主是伊丽莎白公主，主图画威尔士人民在她6岁生日时赠送给她的一座小茅屋。它被建于距离温莎堡约3英里（约4.8千米）处的"皇家别墅"（The Royal Lodge）园区内，当时这里是约克公爵（即后来的乔治六世）一家的屏居之地，而这座茅草屋则成为小公主的游憩之所。

在主图底部有一行威尔士语Y BETHWYN BACH TO GWELLT字样，意为"茅草覆顶小屋"。顶部一行英文为THIS BOOK BELONGS TO（本书属于），下部大字为票主名号PRINCESS ELIZABETH of YORK（约克的伊丽莎白公主）。因此，该票的意图是用于这座小茅屋内的书籍。

作者（George David Perrottet，1890—1971）是澳大利亚版画家，擅木刻和麻胶版。其藏书票作品多用套色，配色典雅，效果优美；此外，还从事写作。这款藏书票是受澳大利亚藏书票协会委托而作。澳大利亚藏书票收藏家巴内特（Percy Neville Barnett，1881—1953）所编《澳大利亚藏书票和澳大利亚相关藏书票》【2】中收入本票原票一枚，并有藏书票作者的铅笔签名；不过，这个签名可能只是针对此书所为。

约在同年，雷诺兹·斯通（参见第148页）用木刻为约克的伊丽莎白公主（Elizabeth of York）创作了与此题材类似的一款藏书票，风格细腻，与本票充满童趣的韵味有所不同。

这款藏书票做成两年后，约克公爵即位为乔治六世，他的长女、年方10岁的伊丽莎白公主随之成为第一王位继承人。

**图 262　伊丽莎白二世　Elizabeth II（之二）**

年代：1953

尺寸：6.0 × 5.5

作者：斯蒂芬·古登

伊丽莎白公主年幼即开始接受作为王位继承人的培养和教育。二战期间，她于1942年满16岁时登记参加战争服务；1944年满18岁时要求加入本土支援部队（参见图101），次年2月正式加入，并在接受培训后很快成为一名汽车机械师和司机。她是英国王室有史以来唯一曾在军中服役的女性，在70多年后又曾是世界上最后一位曾在二战中服役的在世国家元首。当然，她也是英国迄今在位时间最长的君主。

1952年初，在乔治六世的健康情况一度好转的情况下，伊丽莎白公主代表王室出巡，但当她在2月到达肯尼亚时，却突然收到父亲去世的噩耗。她由此继位为伊丽莎白二世女王，至次年6月正式加冕。

皇家图书馆也同时筹划女王名下的“三件套”系列藏书票，仍然委托古登（参见第300页）设计和雕刻。其中，较大的两款分别与乔治六世皇家图书馆藏书票的A、B款相同，仅去掉了A款的G VI R字样和B款顶部的“羽饰”。最小的一款，即此处所载，则为重新设计和雕刻；它的题材与乔治六世皇家图书馆藏书票的C款相似，但尺寸略大，也更接近圆形；狮口大张且有雌狮面相。特别需要指出的是，这款藏书票的王冠图案改为前后左右“四段拱式”，不同于图260C的“双段拱新月式”。

这套藏书票虽然仍保留温莎堡皇家图书馆的标识，但均无国王称号，相当于“匿名”。有推测认为古登此时病弱，难以再重新设计并操刀完成三件系列作品，故不得已而为之。从这里所载的最小款来看，虽然它的设计与乔治六世的C款相似，但并未保留刻写女王称号的位置。因此，这个新系列在筹划之时可能就已经决定统一采取匿名方式，不知这是否出于女王的授意。不管怎样，这些设计特征表达了新一代女王对自己地位的宣示，也体现了她对父辈传统的继承。

此前，古登在1946年为伊丽莎白和玛格丽特两位公主各作有一款以王室纹章为主题的“官方”藏书票，分别标示票主名号“ELIZABETH”和“MARGARET”。

在位70年的伊丽莎白二世女王经历了二战以来世界风云和社会潮流的巨大变化。她努力维系英联邦国家的团结共进；同时，还要应对王室内部发生的各种变故，保持王室地位的尊严和稳固。她一生创下许多无人可及的纪录，包括在1986年成为第一位、迄今也是唯一一位访问过中国的英国在位君主。

图263A

图263B

承塞巴斯蒂安·卡特尔授权用于本书
Presented here by courtesy of Sebastian Carter

**图 263（A、B） 伊丽莎白二世 Elizabeth II（之三）**
年代：约1958
尺寸：4.8 × 3.8（切角）
作者：威尔·卡特尔

约在1958年，皇家图书馆馆长欧文·弗雷德里克·莫斯海德（Owen Frederick Morshead，1893—1977）为伊丽莎白二世女王订制了这款私属藏书票。莫斯海德“文武双全”，先后参加过一战和二战，并屡获荣勋。一战之后，他回到剑桥大学莫德林学院完成现代语言学学业，毕业后留在那里担任皮普斯图书馆（参见图279C）馆长。1926年起任温莎堡皇家图书馆馆长，二战期间又曾任伯克郡国民军指挥官。1958年退休。作有《温沙堡》（*Windsor Castle*，Phaidon，1951/1957）一书。1953年和1958年分别被授予巴斯勋章和维多利亚大十字勋章。退休后为皇家图书馆荣誉馆长，直至去世。这款藏书票是他在退休之际为女王订制的礼物。

这款椭圆形字体藏书票的设计一改王室藏书票“森严”“刻板”的传统风格，并有多种墨色的版本，这里载入两例。票面文字含义为“女王之书”，用于女王私人藏书。

作者（Will Carter，1912—2001）是从事印刷的一位字体艺术家，也是当代字体藏书票的一位代表人物。他的工艺是先绘制图稿，然后用图稿缩制印刷版进行印制。雷诺兹·斯通（参见第148页）是他的表兄。他在剑桥与其子塞巴斯蒂安·卡特尔（Sebastian Carter，1941— ）拥有一家立狮出版社（The Rampant Lions Press），是二战结束后的一家重要私人出版社，专门设计和制作精品图书，也从事字体设计和印刷；2008年停业。

伊丽莎白女王一生拥有的藏书票不少于10种，除王室方面订制的“官方”品种外，多来自礼赠，它们的设计也变化多样。从她的藏书票可以看到人们对她的崇敬和爱戴，也令人体会到英国王室在她的时代变得更加亲和、开放的一面。

# 公共图书馆和图书协会

# Public libraries and the Book Society

英语Library一词既指被收藏、整理的图书，也指藏书之所，或收藏、管理图书的机构或组织。这里所称图书馆即指此类组织或机构，它们也对自己的藏书使用专门设计的藏书票。

从历史上出现的先后来看，英国的图书馆有教会图书馆、大学图书馆、专门机构图书馆和普通公共图书馆等，本书此前已经展示过一些专门机构图书馆的藏书票，此处再举数例教会图书馆、大学图书馆特别是公共图书馆的藏书票。

另外，英国存在俱乐部性质的图书协会，它们也为自己的会员订制藏书票。

这些图书馆或图书协会名下的藏书票被用于一定范围内的书籍。就可能使用它们的书籍种类或使用人来说，每款票的使用范围一般大于个人专属藏书票，但与印刷商或书店订制的无名款通用藏书票相比又是相对有限的，因此可按其属性称为“半通用藏书票”。

自19世纪以来，随着图书的普及和大众化，和图书业各部门的专业化，各种图书机构和组织也日益发展。它们所使用的藏书票见证了它们自身的产生与成长，也反映了图书馆事业作为一个整体（包括图书服务）的发展历史，和图书服务的一些特色。这些具有一定公共属性的藏书票中不乏美学价值较高的作品，还有一些是艺术名家之作。

与图书馆密切关联的人物自然也会与藏书票颇有渊源。例如，伦敦莱姆豪斯公共图书馆（1901—2003）曾经的馆长麦考尔（George Henry MaCall，1873—1954）本人兼为藏书票艺术家。本书前文中已经出现过图书馆馆长（图55）和向图书馆捐赠图书人士（图11、图242等）的藏书票。把这样一些人物的藏书票和与他们关联的图书馆的藏书票并列对比，也是饶有兴味的，例如图271与图272，图273与图274。

当读者从图书馆借出一本书，当他翻开封面而有一张精美的藏书票跃然于眼前，可以想见它可能给读者带来的惊喜和愉悦，图书馆也会因此给人以不凡的印象，也许它提醒读者适时还书的作用倒在其次了。

**图264 奇切斯特大教堂图书馆 Chichester Cathedral Library**

年代：约1740

尺寸：7.8 × 7.2

在这款有奇彭代尔装饰风格的藏书票的顶部字幅上写着拉丁文DECAN ET CAP CICEST，意为“奇切斯特主任牧师和长老”。中央是奇切斯特教区的盾徽，画端坐于宝座上的教主一手捧经书，口中吐出宝剑（典出《圣经》之《马太福音》，耶稣称其所言为双刃剑）。下部字幅上又有拉丁文LIBER MONUMENTI CORAM EO，意为“他面前的典章”。因此，这张藏书票应是用于教堂牧师等神职人员诵读之书。左上角手写字样或为书籍编号。

奇切斯特大教堂位于英格兰南部西萨塞克斯郡的奇切斯特市，是一座始建于11世纪的古老教堂。它的图书馆在一处密室内，收藏珠宝和书籍。所收书籍除《圣经》、祈祷书和神学、教会历史方面的典籍外，还有音乐、考古学、建筑学、地方历史和地理等方面的书籍，据闻有早至12世纪晚期的古本。

**图265　牛津大学林肯学院图书馆　Lincoln College Library Oxford**

年代：18世纪

尺寸：12.9 × 8.1

林肯学院位于牛津市中心，是一座规模较小但历史十分悠久的学院。如这款藏书票上所示，它成立于1427年。其创始人是林肯主教理查德·弗莱明（Richard Fleming，约1360—1431）。

这款颇有几分中世纪风格的藏书票以林肯学院校舍（双层，底层隐于画面不可见部分）为背景。其上方是一面巨大的林肯学院盾徽，有三个分区：第一分区徽章由六个银、蓝相间的横条组成，顶部有三个菱形图案，中间有一颗中央穿孔的五星，属于弗莱明主教；中间的第二分区代表林肯主教的教区；第三分区的三只金鹿徽章属于托马斯·罗塞汉主教（Thomas Rotherham，1423—1500）。

这位托马斯·罗塞汉主教是一个地位更加显赫的人物，曾任爱德华四世的掌玺大臣，1472年为林肯主教，1480年为约克大主教。曾向林肯学院、剑桥大学图书馆等教育机构捐献。他曾以约克大主教的角色出现在莎士比亚《理查三世》剧中；事实上，在理查三世即位后，他的确因效忠前国王而短暂入狱。

盾徽上方为林肯主教的冠冕，两旁标注1427字样。顶部写图书馆名称。

图266A

**图266（A、B、C） 斯陶尔布里奇图书馆 Stourbridge Library**

年代：1790

尺寸：11.2 × 6.1

作者：詹姆斯·豪（推测）

署名：Howe Sc.t（豪雕刻）

斯陶尔布里奇图书馆始建于1790年，位于英格兰中部西米德兰兹郡的达德利。

票面画罗马神话里的智慧女神密涅瓦在书斋内阅读，她的头盔、盾牌和长矛放在地上的一摞书上，地上还有三件古乐器；桌上除书卷外，有一架天球仪；她的背后有书橱，柱身上刻有拉丁文Otii Oblectationem Hane Honeftissinam Esse Judico，大意“吾以此纯真之愉悦为最可尊崇”，表达对阅读乐趣的向往。在揭起的帷幕下是一座拱门，门外有石雕的阶梯护栏，远处山丘上有一座古罗马神殿。它可能是蒲柏（参见图32）笔下缅怀历史人物的“功名之殿”（The Temple of Fame），其彰显先贤的意义大概相当于中国汉代的“麒麟阁”或唐代的“凌烟阁”。

图266B

图266C

主图下方写STOURBRIDGE LIBRARY/Instituted 1790/No.____，即“斯陶尔布里奇图书馆，1790年建立，编号____”。用黑、棕、蓝三种墨色印制，其中：黑色A款下方有手书“4 days”字样，指借阅4日为限；棕色B款和蓝色C款分别用于限借10天和14天的图书，如票面顶部戳记所示。

作者可能是在伯明翰开业的雕刻师詹姆斯·豪（James Howe，？—1806）。在1780—1790年，他还作有数款私人藏书票。

**图267　利物浦皮特街图书馆　Pitt Street Library, Liverpool**

年代：约1798或稍后

尺寸：11.2×6.1

作者：塞缪尔·耶茨

署名：Design'd & Engd. by S. Yates Lord St. Lpool（利物浦洛德街S. 耶茨设计并雕刻）

票面画智慧女神密涅瓦向一18世纪装束的男子传授代表知识和智慧的书籍，他们身处一个摆设着书桌和天球仪的书斋内，背后有书橱，透过拱门可见远山上立着一座古罗马神殿。密涅瓦一手拿书，一手执长矛和盾牌，盾牌上有No.字样，供填写书籍编号。她站立的台座上刻有PIT STREET/Library/LIVERPOOL（其中Pit应为Pitt之别称），即“利物浦皮特街图书馆”。与图39立意相近，构图则与图266相似。

底部是关于借阅期限制的文字：Allowed for Reading 12 Days/Forfeiture ____ Per Day，意即“可借阅12天/（逾期）每日罚金 ____ ”，其中“12”为手书。

作者（Samuel Yates，1757—1825）是1798年来到利物浦开业的一位雕刻师，他所在的犹太家族在利物浦地位显赫。

**图268　白教堂免费公共图书馆和博物馆　The Whitechapel Free Public Library and Museum**

年代：约1890

尺寸：直径8.9

作者：沃尔特·克兰

白教堂是伦敦东部的一个街区，其历史可追溯到14世纪在这里成立的教区。在16—17世纪，这里成为伦敦人需要但又避之不及的皮革、酿造、屠宰和铸造等行业的聚集地，塞缪尔·皮普斯（图279C）的舅舅即是此地一个屠户。19世纪，这里聚居了大量犹太和爱尔兰移民以及从外地来伦敦寻找工作的人，逐渐变成一个混乱、落后的贫民窟地带。

在19世纪后期至20世纪初期，一些社会工作者和慈善家进入白教堂地区，为穷困阶层提供帮助和服务。这款藏书票所属的公共图书馆即建于这个时期。这里还是革命者和无政府主义者活跃的区域，萧伯纳曾在这里组织费边社（Fabian Society）的活动，流亡期间的列宁（Vladimir Ilyich Ulyanov，别名Lenin，1870—1924）也在白教堂举行过集会。不过，此地社会面貌的真正改善已是二战以后的事。

约在1873年，巴内特牧师和他的夫人（Samuel Augustus Barnett，1844—1913，和Henrietta Octavia Weston Barnett，1851—1936，在威斯敏斯特大教堂有夫妇二人的纪念牌位）在白教堂的一个教区学校里设立了一个小型图书馆。1884年他们建成了社区服务中心性质的汤因比馆（Toynbee Hall），其命名是为了纪念1883年去世的牛津大学学者和社会改革活动家阿诺德·汤因比（Arnold Toynbee，1852—1883，他的一个侄子即历史学家阿诺德·J. 汤因比，1889—1975），并在1889年将图书馆搬迁到这里。1889年，巴内特开始动员和组织社会力量新建一座免费公共图书馆，至1891年筹集到近5千镑；他又请慈善家约翰·帕斯莫尔·爱德华兹（John Passmore Edwards，1823—1911）捐助了6,454镑，凑足了建设新馆的费用。1892年新馆正式开馆，其中还为少儿开辟了一个小型的自然博物馆，因此才有了票面所示机构名称。1897年这里被重新命名为帕斯莫尔·爱德华兹图书馆（它是这位慈善家在伦敦捐助的多家公共图书馆中的第一座）。2005年，其馆舍并入相邻的白教堂美术馆（The Whitechapel Gallery）。

票面画一双翼天使向一位工人和一位母亲递送书籍，两本打开的书上都有一个灯火图案，并且都印有MORE LIGHT字样，意即“更多的光明”。天使的背后有苹果树，她脚下的字牌上写着1890。这个年份是委托人筹建新馆的时间，所以这款藏书票也可能作于开馆以后，但不会晚于1897年。作者（参见第212页）是费边社成员，坚持社会主义理想，坚信教育能够改变社会，穷人也应接触艺术。他所作表达社会主义理想的作品中，常采用天使形象来象征对社会底层人民的拯救，这款藏书票的设计也是如此。

**图269　曼德兄弟公司工人图书馆　Workpeople's Library, Mander Brothers**

年代：1894

尺寸：13.5×11.0（揭取破损）

作者：罗伯特·安宁·贝尔设计，黑尔雕刻

署名：R. AN. BELL和HARE Sc

这款由罗伯特·安宁·贝尔（参见第224页）设计的曼德兄弟公司工人图书馆藏书票用该公司出品的四色油墨（深红、琥珀棕、亮褐和深绿）印制，主图是一位沉浸于阅读之中的女子，背景中有厂房和空中飘舞的花卉。上部文字意为“本书为曼德兄弟公司之财产，属于其工人图书馆”；下部文字意为“由本公司雇佣的各工厂工人均可自由借阅图书，每次限借一册并可在一定合理时间内持有，但不论何时在图书馆馆长提出要求时须立即归还”。画面色彩浓艳，字体遒劲，装饰效果强烈。

曼德兄弟的祖辈起家于18世纪中期，最初从事烘焙产品和啤酒，至18世纪末家族第三代开始投入生产油漆和金属制品。1845年正式成立曼德兄弟公司，并集中于油漆、印刷油墨和颜料等化工产品，业务遍及欧、美、澳。1894年，也即订制这款藏书票时，在温斯菲尔德建成新的油墨工厂。1931年首次在英国引入每日8小时工作制。二战之后，曾进行商业地产开发并经历多次业务出售和收购。1998年出售印刷油墨业务，从此退出英国本土化工业。

**图270　帕斯莫尔·爱德华兹社区中心格林图书馆　Passmore Edwards Settlement Green Library**

年代：约1897

尺寸：8.3 × 7.6

作者：西里尔·戈尔迪

署名：CYRIL GOLDIE

这款藏书票所属的格林图书馆位于由约翰·帕斯莫尔·爱德华兹（参见图268）捐助建成的一个社区中心。这个社区中心仿效汤因比馆（参见图268），为青年学人和律师提供住所，作为回报，他们为附近地区的穷苦人及其子女提供教育和培训课程。最初提出这个计划的是女作家玛丽·奥古斯塔·沃德（Mary Augusta Ward，1851—1920，随夫姓又被称为汉弗莱·沃德夫人），她为《泰晤士报》撰文，并写小说。她的小说《罗伯特·埃尔斯米尔》（*Robert Elsmere*，1888）获得成功后，产生了发展社区教育的想法，目的既为宗教传播也为社会服务，于是与人合作先后租用两处地点开办社区中心。1895年，约翰·帕斯莫尔·爱德华兹提出由他提供1万镑为其建造专门的建筑，并为之在伦敦百花里征得一块土地，而建筑设计则由两位曾在社区中心居住过的年轻建筑师担当。它在1897年建成开放，拥有儿童活动中心和适合残疾儿童的正规教室，当然还有图书馆，其建筑被誉为伦敦新艺术时期的代表性作品。

该处设施即被命名为“帕斯莫尔·爱德华兹社区中心”，玛丽·沃德为其荣誉秘书长。这位女作家兼社会活动家去世后，1921年它重新被命名为“玛丽·沃德中心”，后成为“全国社会工作中心”。1982年以后，其教育培训业务转迁至女王广场。

票面画一位女神式的人物手持砍刀开辟通往泉水的道路，两个字框内分别写社区中心和图书馆的名称。图书馆名称取自托马斯·希尔·格林（Thomas Hill Green，1836—1882），这是一位哲学家和教育家，在玛丽·沃德的小说《罗伯特·埃尔斯米尔》中有以他为原型的人物。藏书票制作时间应是在新建成的社区中心开放后不久。该票后来的一个版本是将票面上的社区中心名称改为Mary Ward Settlement，图书馆名称也改用格林的全名而为T. H. Green Library。

作者（Cyril Goldie，1872—1942）是利物浦的一位版画家，曾在中央工艺美术学院（参见第141页脚注）教授蚀刻艺术。他的藏书票作品具有构图饱满、线条效果突出的特点。

**图271 普利茅斯免费公共图书馆 Plymouth Free Public Library**

年代：1894

尺寸：11.5 × 8.7

作者：威尔·H. 福斯特

署名：W. H. FOSTER 1894 DEL ET SCULP.（威尔·H. 福斯特1894年绘制并雕刻）

普利茅斯是英格兰德文郡南部一座历史悠久的港湾城市。1588年击败西班牙无敌舰队的英国舰队即首先在此集结，1620年载清教徒前往美洲的“五月花号”自此启航，1831年达尔文前往加拉帕戈斯群岛进行物种考察也从此地出发。

1810年，普利茅斯公共图书馆建立，当时仅面向支付年费的读者，这也是那时英国图书馆的主要运作方式。1850年实施《公共图书馆法案》后，市镇政府可依法用税收兴办免费图书馆。不过，普利茅斯免费公共图书馆至1876年8月才正式开放，此处所载藏书票即属于该图书馆。原来的公共图书馆在1881年改称“普利茅斯专属图书馆”（The Plymouth Proprietary Library，更名前、后也各有一款藏书票）。这座免费公共图书馆后来与普利茅斯博物馆和美术馆合并。

藏书票以普利茅斯市纹章为主题，其中盾徽图案由圣安德鲁十字和四座塔楼（古代防御建筑）组成，扶盾为两头狮子；上有一公爵冠冕，冠冕之上原以一头狮子为羽饰，此处以一盏灯火替代；下面的拉丁文铭文TURRIS FORTISSIMA EST NOMEN JEHOVA意为“主之名即吾之牢不可破之堡垒”，语出《圣经》，并呼应塔楼图案。纹章以两条枝叶围绕，两旁有摆满书籍的书橱；纹章下有PRESENTED BY（意为由某某所献）字样，空白处供填写献书者名号。矩形边框以底纹装饰，两下角处分别有船锚与背衬火炮、枪刺和利剑的地球仪，沿框写PLYMOUTH FREE PUBLIC LIBRARY，即“普利茅斯免费公共图书馆”。底部用涡卷纹装饰的字牌供填写书籍编号。

作者又见图272。

**图272　威廉·亨利·基尔利·怀特**
**William Henry Kearley Wright**

年代：1897
尺寸：11.5 × 8.8
作者：威尔·福斯特
署名：Will Foster del. et scul.
（威尔·福斯特绘制并雕刻）

票主（1844—1915）自普利茅斯免费公共图书馆创立之始担任馆长，直至1914年，长达多半生。他是普利茅斯本地人，曾就职于银行和铁路部门，管理服务于劳工的图书馆，积累了图书馆工作经验。在成立普利茅斯免费公共图书馆时，从近30位候选人中被选中担任馆长。为建设图书馆新馆，向安德鲁·卡内基（Andrew Carnegie，1835—1919，出生于苏格兰的美国钢铁大亨）募得1.5万镑。有歌唱、写作、朗诵和讲演等多方面素养，周末在图书馆举办深受欢迎的讲座。积极参与和组织图书馆、藏书票（另见图281）等领域的协会，也是皇家历史学会、德文郡协会、萨默塞特郡考古学会的会员。多种专业杂志撰稿人和编辑，并有诗歌作品。主要由于其倡议，1884年在普利茅斯建立了弗朗西斯·德雷克（Francis Drake，1540—1596，英国环球航海家和击败西班牙无敌舰队的海军将领）的雕像；还积极组织了1888年纪念击败西班牙无敌舰队300周年的活动。

该票采用当时较多见的建筑式设计构图。中央画框内是票主侧面肖像。肖像立于书堆之上，书堆中露出一张乐谱；书堆前斜立两块卷曲纹挂牌，分别画一座建筑和票主姓名缩写花押；那座建筑上有LIBRARY（图书馆）字样，是普利茅斯免费公共图书馆所在的老建筑（新馆于1907年奠基）。肖像上方亦有成排的书籍，两条组成圆拱的字带上写着英文铭文，意为“穿旧衣，买新书”。下部基座上展开的字幅写Ex Libris/XV. IX. MDCCCXCVII（1897年9月15日，为票主生日）；空白处雕刻了票主手书的名号W. H. K. Wright，其下有Hon. Sec./Ex Libris Society字样，即“荣誉秘书长/藏书票协会”。

这款肖像藏书票收录于票主在《藏书票协会杂志》1904年2月至3月号连载的《英美肖像藏书票》一文【25：1904-3】。

票主还有一款订制于1893年的藏书票；在那张票上，其头衔是“皇家历史学会会员”。他的这两款藏书票的作者都是普利茅斯雕刻师威尔·福斯特（也作威尔·H. 福斯特，生卒年不详）。普利茅斯免费公共图书馆藏书票（图271）同样由这位雕刻师完成，可能也是出于票主的委托吧。

**图273 切尔滕纳姆公共图书馆 Cheltenham Public Library**

年代：1897
尺寸：10.1 × 5.9
作者：詹姆斯・伊迪・里德
署名：J. EADIE REID 1897

这是一款工艺美术运动设计风格的藏书票。以繁复的枝叶装饰为背景，上半部为切尔滕纳姆市于1877年获颁的纹章，中央盾徽由打开的书籍、十字、两只鸽子、垂纹人字坡和下面象征切市为著名花城的橡树组成。不过，此处盾徽上部一部书位于中央、两个十字位于两旁的设计并不符合该市纹章；原设计为中间一个十字，象征曾拥有切市大片土地的英格兰国王“忏悔者”爱德华（Edward the Confessor，约1005—1066），两边各有一部书象征切市设立的男校和女校。顶部羽饰是立于水波纹上方的一只鸽子，象征切市因使鸽子健康成长而被发现的泉水。纹章的拉丁文铭文是SALUBRITAS ET ERUDITIO，意为“健康与学识”。

下半部是一对背身而坐、相互回望的男女青年。男子位于SALUBRITAS之下，手执蛇杖（即阿斯克勒庇俄斯之杖），象征“健康”；女子位于ERUDITIO之下，手扶一本书，象征“学识”。在他们身下，又有鸽子在水面上飞舞。底部写英文“切尔滕纳姆公共图书馆”。

切尔滕纳姆位于英格兰西南部的格洛斯特郡。其市立免费公共图书馆于1889年正式开放，阅览室可容纳不少于250人。老的付费图书馆于1908年关闭后，其藏书交付到免费图书馆，令其藏书达到25,000册。

作者（James Eadie Reid，1868—1928）是在苏格兰成长起来的一位装饰艺术家。1890年加入查尔斯・罗伯特・阿什比（Charles Robert Ashbee，1863—1942）领导的工艺美术行会（附设手工艺学校）；一年后退出，转而与支持阿什比的威廉・布雷克・里奇蒙德（William Blake Richmond，1842—1921）合作并向后者学习。在这些工艺美术运动倡导者的影响下，他这时的艺术创作风格明显属于他们的流派。本款藏书票正是作于这个时期，可能是在他作为艺术家到切尔滕纳姆的美术院校访学时所作。进入20世纪以后，他逐渐转向宗教艺术，为教堂创作彩色玻璃花窗，并加入盖茨黑德彩色玻璃公司。1928年因癌症去世。

**图274 理查德·伊德·马歇尔**
**Richard Eede Marshall**

年代： 1908

尺寸： 12.8 × 5.6

作者： 海伦·玛妮·斯通曼

署名： HELEN MARNIE STONEMAN DEL
（海伦·玛妮·斯通曼绘制）

这是一款“票中票”式的藏书票，用于票主向切尔滕纳姆公共图书馆（图273）遗赠的图书。其设计具有明显的工艺美术运动装饰风格。

中央内部的矩形边框内显示原书主的藏书票，画一立于地球上的古装捧读女子，环绕她的缎带上有EX LIBRIS R. EEDE MARSHALL字样。下方环绕地球的飘带上有基督教拉丁文铭文MUTUABITUR PEC CATOR ET NON SOLVET，意为“罪者赎罪，不得逃避”。票主（生卒年不详）在切尔滕纳姆本地从事装饰金属工艺，也是市议员兼市公共图书馆委员会主席。

外框内采用绵密的花鸟装饰。顶部的字样是This book formed part of the Library of RICHARD EEDE MARSHALL./ Bequeathed to the CHELTENHAM/PUBLIC LIBRARY MARCH 1908，意为“本书曾属于理查德·伊德·马歇尔之藏。兹遗赠于切尔滕纳姆公共图书馆，1908年3月”。下部有切尔滕纳姆市的纹章，注意此处纹章上部为中间一个十字，两边各一部书（参见图273）。

绘制者姓名刻于左下角的枝叶内。在右下角边框外有制版者名号，但难以辨识。

**图275　伯肯黑德公共图书馆　Birkenhead Public Library**

年代：1901

尺寸：12.0 × 6.8

作者：乔治・威廉・伊夫

署名：GWE花押/1901 和铅笔签名Geo. W. Eve

伯肯黑德现属以利物浦为首府的默西塞德都市郡（Merseyside），与利物浦市隔默西河相望。伯肯黑德作为一个行政区是在1877年由伯肯黑德、克劳顿–克姆–格兰奇（Claughton-cum-Grange）、奥克斯顿（Oxton）和特兰米尔（Tranmere）合并而成，次年获颁本区的纹章。1974年，它又被并入更大的威勒尔都市区（Wirral）。

伯肯黑德在1856年12月建立了第一个公共图书馆，在建区之后继续使用。1909年，由安德鲁・卡内基出资建成新馆。不过，这座新馆后因建设默西河隧道而被拆除，并在1933年另建成第三座区图书馆。次年乔治五世国王出席揭幕典礼，现在已成为受保护的历史建筑。

因此，这款藏书票是在伯肯黑德行政区成立后为其第一座公共图书馆向纹章院的伊夫（参见第217页）订制的。它的设计基于行政区纹章。中央盾徽四个分区的徽章分别属于被合并的4个地区；它们被十字形条带分开，十字中央立着一柄主教权杖，两边各有一个新月图案。上方羽饰是右前足放在一只船锚上的狮子，它的侧面也有一柄权杖。纹章的拉丁文铭文是UBI FIDES IBI LUX ET ROBUR，意为“有信仰即有光明和力量”。纹章上方写BIRKENHEAD PUBLIC LIBRARY，即“伯肯黑德公共图书馆”；下方写REFERENCE DEPARTMENT，即“阅览室”。

* * *

以下收入3款由1929年成立的“图书协会”订制的藏书票。

1921年，作家休·沃波尔（Hugh Seymour Walpole，1884—1941）发起成立了一个“书人协会”（The Society of Bookmen）。它聚集书籍行业内的各方面人士，包括出版商、印刷商、作家、装帧和销售人员等，意图通过推动行业不同分支的合作来促进文学的发展。其活动形式是举办论坛（餐会形式），会员可自由发表意见，指出书籍行业的问题，提出建议等。这个组织一直存在至今，已有100多年的历史。不过，考虑到女性会员不断增加，它已在1972年正式改名为“图书协会”（The Book Society）。

但实际上，早在1929年，在英国就已经成立了一个叫作“图书协会”的组织。它同样是由休·沃波尔组织成立的，并由他担任主席，直至他去世。它模仿美国月度图书俱乐部（American Book-of-the-Month Club）的模式，每月由具有较高权威性的遴选委员会向会员推荐一部新书，而会员则承诺每月以全价购买。这个俱乐部性质的图书协会存续至1969年，累计有数以万计、来自30多个国家的会员，这反映了它在引导阅读兴趣和促进图书消费方面的巨大影响。由于它是一个能大幅提升一本优秀图书的销量的组织，因而受到一些重要出版社的重视和支持。由于组织人和活动内容方面的联系，它与同时期的书人协会有天然的关系；当它停办之后，书人协会取用其名也似顺理成章。

**图276　图书协会　The Book Society（之一）**

年代：1929

尺寸：8.0 × 5.7

作者：埃德蒙德·杜拉克设计

署名：E. D.

1929年4月，图书协会向其会员推出了第一部月度上榜书籍——女作家海伦·布可勒克（Helen Beauclerk，1892—1969）的小说《无邪天使之爱》（*The Love of the Foolish Angel*，W. Collins Sons and Co. Ltd，1929）。这部书的内文装饰（包括卷首图和各章开篇首字母图案等）和装帧设计均由杜拉克（图94）负责完成；他还设计了这款藏书票，用于该书通过图书协会销售的版本。杜拉克于1924年结束其第二次婚姻之后，便与海伦共同生活，直至他在1953年去世。

票面中心的椭圆形画框内为一手擎火炬的女性半人马剪影，十二星座标志环框排列。票面顶部和底部分别是图书协会名称和藏书票标记，下部留白供书主填写名号。

半人马（Centaur）是杜拉克自1916年为美国小说家纳撒尼尔·霍桑（Nathaniel Hawthorne，1804—1864）的《坦格伍德故事集》（*Tanglewood Tales*，Hodder & Stoughton，1918）绘制插图时开始采用的题材，在之后的20多年里一直反复采用，反映了他对更加现代的表现方式的探索。叶芝曾以杜拉克所绘黑白半人马为题作诗一首，发表于诗集《塔楼》（*The Tower*，Macmillan and Co.，1928）；此票则作于叶芝的诗正式发表之后。

**图277　图书协会　The Book Society（之二）**

年代：1932

尺寸：10.5 × 8.5

作者：罗伯特·吉宾斯

署名：ROBERT GIBBINGS

票面上翻开书籍上的文字"DESIGNED FOR/THE BOOK/SOCIETY/BY/ROBERT/GIBBINGS"（罗伯特·吉宾斯为图书协会设计）说明了该票的来历。吉宾斯（图100）是金鸡出版社的掌门人，他与图书协会主席休·沃波尔关系密切。

这款藏书票作于大危机之后吉宾斯正在苦苦支撑金鸡出版社之时（次年出售），其设计却通过强烈的光影效果展现了一种洒脱、恢弘之气。画面上，近侧为案头器物，有一本打开的书和一把裁刀，还有一排立置、用书挡倚住的书籍，一管羽毛笔斜穿几乎整个画面。上方的一面镜子映照出用字模组成的藏书票标记EX LIBRIS，注意这些字母是反刻在字模上而在镜中映出正像。中间飘起一条宽大的空白字带，供书主填写自己的名号。

**图278　图书协会　The Book Society（之三）**

年代：1936

尺寸：9.9 × 6.3

作者：雷克斯·惠斯勒

署名：Rex Whistler

这款图书协会藏书票具有惠斯勒（参见第320页）偏爱的洛可可风格。主图表现一位18世纪装束的读书人坐在扶手椅中伏案阅读，桌上有烛灯，雕像则似为爱德华·吉本（Edward Gibbon，1737—1794）。高大的书橱内排满书籍，地上也摆放着不少书籍，还有一架地球仪象征彼时学界对周游世界和写作游记的爱好。阳光从大窗洒入，照亮主体人物。月桂枝叶围成椭圆形画框；上方的飘带上写着The Book Society（图书协会），下方是藏书票标记和供书主填写名号的留白。

这款藏书票采用网目版印制，印量可能达到数千，不过它的印制效果并不尽如人意。

# 收藏家与藏书票协会

# Collectors and bookplate societies

除使用者（票主）和设计制作者外，收藏家和研究者是藏书票领域的另一个重要群体。当然，这些收藏家和研究者之中也不乏票主乃至设计、制作者。他们的爱好、收藏和所从事的整理、研究工作对于分析和总结藏书票历史至关重要，而且他们本身也构成了这段历史的一部分。

## 早期的收藏和编纂工作

当藏书票在英国出现300年之后，它们开始进入收藏家的视野。现有记录的最早收藏者是巴斯的詹金斯小姐（Miss Jenkins，生卒年不详），她的收藏活动可追溯到1820年，但却没有留下关于她的更多信息；其藏品后被霍华德博士（Dr. Joseph Jackson Howard，1827—1902，参见图11）收购。作为古物学会会员，霍华德博士还与当时为数不多的收藏者开展交换活动；他去世当年，全部藏品被拍卖。

丹尼尔·帕森斯（Daniel Parsons，约1811—1887）被认为是最早对藏书票进行系统性收藏的人。1837年，他在牛津大学考古学和纹章学学会的年报上发表过一篇关于其藏书票收藏的文章，这可能是最早发表的关于藏书票的文字。他收藏的约1千枚藏书票现仍完整保存在唐塞德修道院图书馆（Downside Abbey Library）。他曾有志写一部藏书票历史，却未能实现。

首先完成这项工作的是在1880年出版《藏书票研究指南》【86】的沃伦（图65、图121）。这部书对于各种式样、风格进行了归纳，并汇集了雕刻师名录。他还提到了一些曾对他的研究和编写给予帮助的收藏家，相当于记载了这些人物；不过，他似乎忽略了最早引导他收藏藏书票的斯科特（图65）。

威廉·约翰·哈迪（William John Hardy，1857—1919）出身世家，父亲和叔父曾先后担任国家档案馆副馆长，他们和哈迪本人都是古物学会会员，且拥有自己的藏书票。哈迪年少时期就曾随父亲在市面上购买藏书票。在这样的背景下，他积累了丰富的藏书票知识，1893年出版《藏书票》【33】（图279）。这是继沃伦著作之后的又一部经典文献，除了分析主要的藏书票式样外，还将视野扩大到其他欧美国家，并且提供了当时技术条件下难能可贵的精细插图。

至19世纪后期，藏书票收藏已经形成一个圈子，其中成就莫大者当属弗朗克斯（图2、图122）。除他之外，这个圈子里不乏各路学人，不少人是古物学会会员，有阿尔伯特·韦（参见图43）、约翰·汉德森（John Henderson，1797—1878，考古学家和艺术品收藏家）、费利克斯·斯莱德（Felix Slade，1790—1868，斯莱德美术学院即得名于他）、约翰·莱顿（John Leighton，1822—1912，插图画家和书籍艺术家，藏书票协会首任主席）等；C. V. 贝雷（C. V. Bailey，生卒年不详）是使弗朗克斯初识藏书票之人，不过其事迹未详。

（下接第412页）

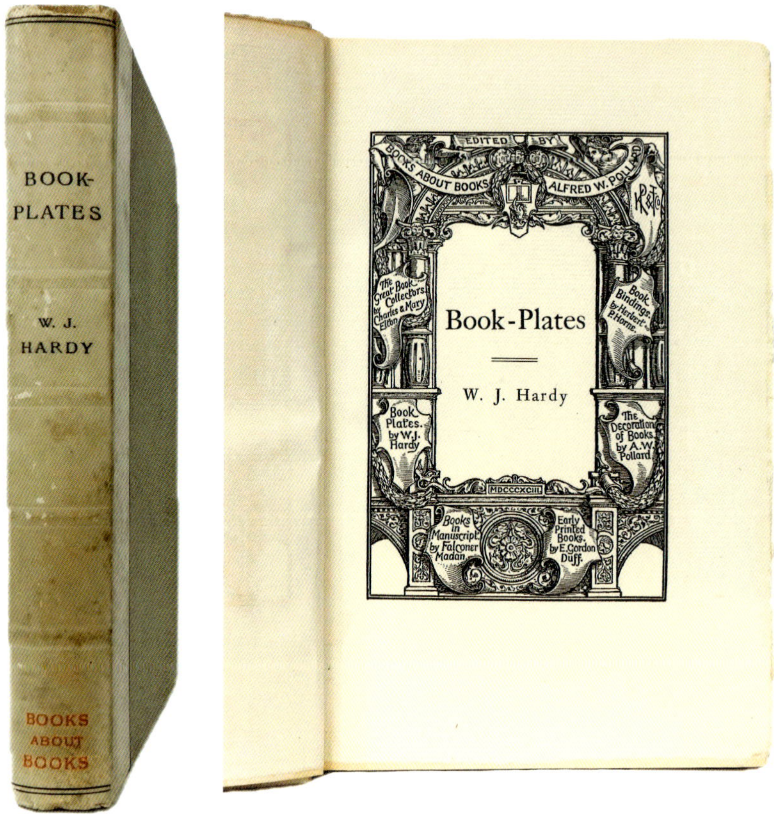


图279A

**图279（A、B、C） 威廉·约翰·哈迪《藏书票》**
***William John Hardy*****：*Book-Plates***

如扉页所示，该书是“关于书之书”（Book about Books）系列丛书之一种，版本信息见【33】。有大开本（23.0×14.5，限量150册）和普通开本（20.5×12.5）两种版本，二者版式和版面尺寸相同。大开本收入藏书票插图39幅，以犊皮纸印制；普通开本收入藏书票插图36幅，以普通光纸印制。此处所示为大开本。

作者在书中引用了沃伦勋爵的一些观点，而图片则主要来自弗朗克斯的收藏，因此在前言中特别对他们表示感谢。另外，他也提到同年由另一家出版社出版的《古代和现代英国藏书票》【17】，认为它对现代（即19世纪）藏书票的研究为其所不及。但与同期同类书籍相比，哈迪这部著作的图片质量非常出色，兹举两例如下。

图279B

图279C

**图279B　哈迪《藏书票》第68—69页间插图：H. F. 贝斯伯勒　H. F. Bessborough**

巴托洛奇于1796年为贝斯伯勒伯爵夫人（本名Henrietta Frances Spencer，1761—1821）所作。她是斯潘塞一世伯爵（图35）的长女，1780年嫁贝斯伯勒三世伯爵。票面画维纳斯坐于一座古宅内，她面带微笑，左手托起一颗冒出火焰的心脏，右手捧一只鸽子；在她的身后地面上隐约有一个大花盆，两个丘比特在她上方张起一条写有票主名号的横幅。

画面底部左右底角处分别有G. B. Cipriani inv. 和F. Bartorlozzi Sculps 1796 RA的字样，即“G. B. 希普里亚尼设计”和“皇家美术院F. 巴托洛奇1796年雕刻”。出于保护作品版权的目的，巴托洛奇在票面底部中央郑重雕刻了这样的声明：London Pub.d Dec.r 30, 1796 by F. Bartolozzi，意即“1796年12月30日由F. 巴托洛奇在伦敦出版”。（参见第173页）

**图279C　哈迪《藏书票》第156—157页间插图：塞缪尔·皮普斯　Samuel Pepys**

票主有两款一大一小肖像藏书票和一款锚链图案藏书票，用于他所整理和赠予其母校剑桥大学莫德林学院的文献（1724年设立皮普斯图书馆，又见图263）。在每部文献卷首，依开本规格贴一枚其肖像藏书票，在卷末则贴一枚他的锚链藏书票。此处为其中较小款的肖像票。像框上方为拉丁文铭文Mens cujusque is est quisque，大意“人之所思，令其所然”（语出西塞罗《论共和国》）；下方为拉丁文票主名号SAM PEPYS CAR ET JAC ANGL REGIB/A SECRETIS ADMIRALIAE，即“塞缪尔·皮普斯　英格兰查理和雅各国王之海军部长”。

该票所本为戈弗雷·奈勒（Godfrey Kneller，1646—1723，御用画师，与票主为密友）于1689年为票主所作画像，原作现藏国家海事博物馆（图186）；由罗伯特·怀特（Robert White，1645—1703）在1690年或稍后雕刻完成。彼时已是“光荣革命”之后，票主不愿尊奉威廉和玛丽国王而从海军大臣任上退休。他在藏书票上称自己是“查理和雅各国王之海军部长”（查理即查尔斯二世，雅各即詹姆斯二世），表明了他在那个动荡时期的心迹。

（上接第409页）

1884年，彩色石版印刷商威廉·格里格斯（William Griggs，1832—1911）出版了一部限量版的《83例纹章藏书票》【30】。它汇集了一批具有重大历史价值的藏书票，其筛选在今天来看也是颇具水准的。票样出自当时有名的几位收藏家，而且据李推测，实际编选人很可能是弗朗克斯。1892年，该书又出了续集【31】。

可见，最早的收藏家主要是一批对于考证和研究古物有特殊兴趣的人，包括一些纹章学专家。他们看重藏书票所承载的历史和家族信息。在他们所处的19世纪中期，藏书票仅为少数人所知，在市面上大都并非难得（参见图34），因而被认为是收藏藏书票的黄金时代。在藏书票协会成立之前，人们常常通过一些期刊来发表所见和交换信息，例如语言文学杂志《笔记与问题》（*Notes and Queries*）和《西方古物》（*Western Antiquary*）等。但总的来说，那既是所谓收藏的黄金时代，也是缺少广泛交流、收藏情况不甚明朗的时期。

**图280　1891年藏书票协会（The Ex Libris Society）会标**

年代：　1893
尺寸：　5.2 × 4.6
作者：　查尔斯·威廉·舍邦设计，哈里·索恩制版
署名：　C. W. S./H. S.

这是由舍邦（参见第198页）设计、索恩（图66）制版的藏书票协会会标。在椭圆形字框中央是由藏书票协会缩写ELS组成的花押，悬挂于中间的字幅上写协会全称，顶部1891字样指协会成立年份，底部打开的书籍上有设计者和制版者的姓名缩写。

这个会标最早登载于协会1893年12月号会刊【25】上，配文称“这是协会理事会收到的舍邦新设计”，因此其设计和印制年份应即在当年。自1893年第Ⅲ卷起，协会在每年装订成卷的会刊上将它用于扉页；此外，它还被用于协会会员卡和会员用纸等。

## 1891年藏书票协会
## The Ex Libris Society

1891年2月10日，英国的第一个藏书票协会在舰队街安德森饭店成立，当时的召集人是W. H. K. 怀特（W. H. K. Wright，后担任秘书长兼会刊主编，图272、图281）。从当时藏书票收藏活动已经达到的规模和水平来看，这是一件水到渠成之事。至当年底，会员达到216人，也反映了协会成立之初迅速扩大的影响。

根据协会章程，其宗旨是帮助收藏者完善对藏书票的研究，为自由交流意见提供一个中立的场合，以及提供交换机会。协会认为自己与集邮协会具有相似的功能和服务，不过它更多着眼于过去的旧物，而非当前的新品，这成了英国藏书票协会的“基因”。

协会设理事会（Council），由主席（Chairman）和其他14名理事组成。首届理事会的主席是约翰·莱顿，理事有詹姆斯·罗伯茨·布朗（James Roberts Brown，图120）、罗伯特·戴（Robert Day，图126）、亨利·沃尔特·芬彻姆（Henry Walter Fincham，1859—1952）、沃尔特·汉密尔顿（Walter Hamilton，1844—1899，司库）、舍邦、怀特等人。

这些理事大都拥有伦敦古物学会、皇家地理学会、皇家历史学会会员或纹章官等身份，仅约翰·莱顿和查尔斯·威廉·舍邦是职业艺术家（同时也是收藏家）。理事会的这种构成一直没有明显变化，对协会的发展方向有深刻影响。

除理事会外，协会还有会长（President）和副会长。他们主要负责组织会议或个别项目，但并无固定任期。

协会的主要活动内容是发行会刊和举办展览，每年还组织一次会员餐会，以促进交流和联络。当然，协会也为会员提供各种交换藏书票的机会。

会刊从1891年7月起每月出版一次，直至1908年12月止。其内容包括每期的主题文章、藏书票分类编目、专题探讨、问题与答疑等。内容范围以英国藏书票为主，但也编选有关美国和欧洲大陆藏书票的题材。会刊按年份集合为18卷【25】，100多年来一直属于最重要的藏书票研究资料。

与其他协会组织一样，在藏书票协会的事务中，负责人士——特别是主席和秘书长等——发挥的作用和影响力十分重要，要求他们具有号召力、凝聚力和奉献精神，特别是通过会刊对藏书票研究和交流有所贡献。在协会存续的18年间，在约翰·莱顿之后的历任主席有詹姆斯·罗伯茨·布朗、沃尔特·汉密尔顿、亚瑟·爱德华·维克斯（Arthur Edward Vicars，1864—1921）、詹姆斯·贝尔福·保罗（James Balfour Paul，1846—1931）、亨利·本杰明·惠特利（Henry Benjamin Wheatley，1839—1917）、亨利·沃尔特·芬彻姆、卡内基·约翰逊（Carnegy Johnson，？—1946）、乔治·波特（George Potter，？—1927）、威廉·布鲁斯·班纳曼（图136）、乔治·C. 皮奇（George C. Peachey，1862—1935）。

汉密尔顿是一位文学批评家，编有一部《纪年藏书票》【32】；此外，他还是法国藏书票收藏家协会副会长，著有《法国藏书票》（*French Book Plates*, George Bell & Sons，1892），惜其因心脏病早逝。维克斯是纹章官和谱系学家，1896—1900年任主席，后遭爱尔兰共和军杀害。保罗是苏格兰纹章学家和历史学家，1900—1904年任主席。维克斯和保罗的任期比其他人都长，而且他们在任时也是协会发展的高峰期（当时限定会员数不超过500名）。

**图281　威廉·亨利·基尔利·怀特　William Henry Kearley Wright**

年代：1892

尺寸：10.9 × 7.0

作者：J. E. 伍德

署名：J. E. WOOD DEL ET SC/PLYMOUTH（J. E. 伍德绘制并雕刻/普利茅斯）

票主（1844—1915，又见图272）是藏书票协会初创时的召集人，并长期担任秘书长。在协会存续的18年间（1891—1908），一直负责编辑其月刊《藏书票协会杂志》【25】。在约稿不足时，他必须自己动笔撰写，堪称是使这个重要刊物成功延续的关键人物。事实上，他在协会创立之前，就已经在他负责编辑的另一份刊物《西方古物》（*Western Antiquary*）上开辟了一个“藏书票收藏家杂记”专栏（1890—1891）。

票面展现票主正在他的书房内研读和书写的情景。这间坡顶书房的空间十分高大，沿墙壁所见除窗口和壁炉外尽是书柜，书柜上方有若干人物画像和塑像。桌面和地面上也摆放了许多书籍；其中，在近端两摞书籍中，一摞的书脊上有WESTERN ANTIQUARY字样，另一摞的封面上有EX LIBRIS SOCIETY字样，即票主负责编辑的两种杂志。在书案近端立置一本大书，封面上隐约有EX LIBRIS字样。画面下方有XL花押（即指EX LIBRIS）和1892年份字样相组合，手写体W. H. K. Wright则是票主常用的简写名号。

惠特利是一位饱学之士，曾编辑和注释第六版八卷本《塞缪尔·皮普斯日记》（*The Diary of Samuel Pepys*，1893—1896年出版）。芬彻姆所著《英美藏书票艺术家和雕刻师》【26】是一部编辑难度很大而十分有用的工具书。

协会也为当代艺术家提供了一个展示作品的园地。尽管这并不是协会的突出功能，但是协会的确大大便利了艺术家和他们的客户之间的联系。马克斯（参见第190页）即是一个比较突出的例子。索恩（图66）在伦敦从事版画制作和经营，协会对他来说无疑是一个重要渠道。约翰·维尼康姆（John Vinycomb，1833—1928）曾跟随威廉·贝尔·斯科特（图65）学习雕刻，并钻研现代制版工艺，著有《藏书票制作工艺》【83】；另外也从事收藏和研究，发表过关于马克·兰伯特（图113）藏书票作品的重要资料【82】。

这个世界最早、兴盛一时的藏书票协会在没有发布任何有关消息或声明的情况下，在1908年底戛然而止，其具体原因至今仍是一桩悬案。但协会最后两年出现了资金短缺、会员大减（从367人骤减至281人）、会刊稿源不足等一系列情况，或许说明它逐渐陷入困难境地【43】。

实际上，在协会发展的高峰期，圈内已经出现了对于藏书票艺术的不同意见。辛普森（参见第275页）辛辣地指出，协会的收藏家们并不是藏书票艺术性的追求者，却是一些从稀缺性来评判其价值的猎奇者。1898年，格利森·怀特（图70）通过《工作室》杂志提出了类似的意见【87】，认为协会并未把提升藏书票设计的艺术性作为己任。这些意见在很大程度上反映了当时在欧洲大陆兴起的新艺术潮流的影响。

辛普森甚至另组了一个藏书票协会（The Book-Plate Society），并以自己创办的《藏书票之书》【72】为主要阵地，还举办过展览。他的杂志登载了不少当代名家作品，有利于推广这些艺术家；但是，以后来的眼光来看，很多作品随着时间过去也不再新奇。这个协会仅存在了几年时间即无疾而终，最后只有格斯里（图85）继续支撑刊物的编辑出版。

首个藏书票协会停办之后，1899年在原协会内部成立的一个藏书票交换俱乐部（The Bookplate Exchange Club）仍继续存在，其最早的发起人是詹姆斯·罗伯茨·布朗。可以理解，它主要是在协会停办即1908年之后才发挥较大作用，其历史一直延续了85年，直到1972年后新的协会逐步取代它的地位。正如其名，它主要服务于收藏者之间交换或买卖藏书票。但它的成员范围又是极其有限的，整个85年间累计成员数不过130多人，而同时在会的人数从未超过30人。这是一个小众但十分“高端”的组织。

藏书票组织在经历了19与20世纪之交的高光时刻后，陷入了一个几乎“默默无闻”的时期，而且二战期间伦敦遭遇大轰炸也让一些收藏家损失惨重。但在仅存的交换俱乐部内，仍不乏值得记述的人物和故事，例如将上万枚藏品捐赠到大英博物馆的维纳（图137）。

二战之后的50年代，在交换俱乐部内出现了一位年纪不大却身体羸弱的基夫先生（A. Bernard C. K. Keeve，约1913—1961）。他创办了一个《藏书票收藏家新闻》（*The Bookplate Collectors News*）【38】，自1956年10月至1960年1月共出了12期，总计138页。其内容除提供交换和买卖信息之外，还包括每期的主题文章等。但总的来说，他受欧洲大陆藏书票风气的影响较大；就他的刊物而言，海外订户远远多于英国本地。因此，他与藏书票交换俱乐部里其他藏家的关注点并不十分一致，甚至在某些方面格格不入，他的刊物最终因他的早故而无法继续。但不管怎样，在当时英国藏书票活动低迷的情况下，他对于促进国内外的相互了解做出了贡献，并在这方面为日后新的藏书票协会打下了基础。

**图282　1972年藏书票协会（The Bookplate Society）会标**

年代：　1971

尺寸：　5.0 × 3.9

作者：　戴安娜·布鲁姆菲尔德

1972年，新的藏书票协会成立，并自当年12月起每季度向会员提供《简讯》【13】。《简讯》自1976年3月号至1978年12月号以此会标为刊头。之后，改用利奥·亚特（图283B中）设计的专用通栏刊头，这个会标则用于协会信纸。

作者（Diana Bloomfield，1915—2010）是一位擅长字体艺术的木刻家，并从事教学。她作有约60款藏书票，其中多数为字体书标。

（本处展示会标已经协会同意。）

## 1972年藏书票协会
## The Bookplate Society

藏书票交换俱乐部在20世纪60年代末逐渐变得衰微。1971年，俱乐部的几个成员——包括李等人——提出在私人藏书协会（The Private Library Association）内部成立新的藏书票协会，其出发点是便于吸引私人藏书协会中对藏书票也有兴趣的人参加。新的协会在1972年底出了第一期《简讯》【13】，它的正式成立也被确定是在1972年，此时距上一个藏书票协会终止已经过去了60多年。藏书票交换俱乐部则在新的藏书票协会内部继续存在。

新协会成立之初有30多位会员，欧文当选会长（President）。第一届理事会（Committee）的主席是贝丁厄姆。李为秘书长，其他理事有萨默斯、钱伯斯和威尔逊。

托马斯·E. 欧文（Thomas E. Oven，1897—1975）和他的夫人从1942年起终生为藏书票交换俱乐部的成员（他的夫人仅比他晚6个月去世）。他是李进入藏书票收藏领域的引路人；在协会成立后他被推举为首任会长，不过，他因为身体原因并未能实际参加多少活动。

菲利普·查尔斯·贝丁厄姆（Philip Charles Beddingham，1925—1983）担任了第一任理事会主席（Chairman）。他在1953年加入藏书票交换俱乐部，后为协会理事会主席达10年，直至去世。作为格雷律师学院图书馆馆长，他在那里为协会的早期活动安排了所需场地。在藏书票研究方面，编写了弗兰德的作品目录【7】。

接任欧文担任会长的是霍勒斯·E. 琼斯（Horace E. Jones，1898—1978）。他在一战前后就开始收集藏书票，1936年加入藏书票交换俱乐部。他曾是最后一个与早先那一代收藏家有关系的人。在长达60年的收藏生涯中，他知晓很多不为外界所知的逸闻轶事，所编《1896—1928年署名W. P. B.藏书票》【35】揭开了一段历史真相。

大卫·约翰·钱伯斯（David John Chambers，1930—2025）原从事保险业。他是私人藏书协会的早期会员，是书目文献、印刷史方面的权威人士和大藏书家，所编《琼·哈赛尔版画与素描》【18】汇集了这位女画家的全部藏书票作品。藏书票协会依托私人藏书协会成立时，他是私人藏书协会的会长，其大力支持功不可没。

彼得·G. 萨默斯（Peter G. Summers，1910—1994）是藏书票交换俱乐部的最后一任秘书长。当年李正是和他共商策划成立新的藏书票协会。1978接任琼斯为会长，至1986年。

协会成立之初的活动主要是定期的会议，曾邀请哈赛尔（参见第147页）和布鲁姆菲尔德（图282）等前来讲解木刻和藏书票艺术。另外，每季度出一份《简讯》【13】。虽名为“简讯”，但是其内容颇为丰富，包括一些重要的研究资料。此外，私人藏书协会的季刊【65】也经常登载藏书票专文。

协会还分别于1972年和1974年在全国图书联盟（The National Book League）的图书馆举办过两次展览，其中第二次以“书籍插图画家的藏书票作品1880—1940”为主题【10】。第三次展览于1979年在维多利亚与阿尔伯特博物馆举办【14】。展览对于扩大协会的社会影响力颇有意义。

1978年，英国的藏书票协会终于出现在国际藏书票协会联合会（FISAE）第17届大会（瑞士卢加诺）上。1982年，英国在牛津主办了FISAE第19届大会（由安东尼·平考特担任大会主席）。这是一次十分成功的活动，振兴和扩大了英国藏书票的影响，而且还为协会带来一些结余收入。

作为协会的一位重要人物，威廉·E. 巴特勒（William Elliott Butler，1939—　）教授对于扩大藏书票的国际影响做出过特殊贡献。他是英美两地的一位法学教授，同时也是一位藏书家和藏书票收藏研究家。曾主编协会最早的4卷会刊，后一度与李交替担任主编。除为会刊撰文之外，作有《现代英国藏书票》【16】。在20世纪90年代曾担任国际藏书票协会联合会（FISAE）的秘书长，主编《国际藏书票》（*Bookplate International*）和《藏书票收藏者和设计者名录》（*Directory of Bookplate Collectors and Designers*）。

在增进国际交流的同时，英国藏书票协会仍然坚守自己的传统。二战之后，藏书票收藏在英国变成“小众”活动之际，在欧洲大陆特别是东欧区域的藏书票世界却是另一番景象。在那里，藏书票爱好者热衷于追逐名家作品，力求增加可用于交换的藏品数量；而不少艺术家则为了提升自己的影响而为圈内权威或知名人士创作“致敬”作品，让自己的署名出现在受追捧的名人票上，这些“名人”则轻易拥有并非自己订制却属于自己的藏书票。在这种情况下，藏书票设计向“公共艺术品”方向发展，其专属性逐渐被削弱。而在英国，收藏家和研究者们仍然主要把藏书票看作一门“学问”；他们委托藏书票设计往往是出于自己使用需要，要与艺术家仔细沟通，努力达到双方一致。这种立场在国际上并非与人格格不入。国际藏书票协会联合会的一位领导人物、瑞士外交家贝诺特·朱诺（Benoit Junod）就受此吸引而积极参与英国藏书票协会的活动。

经会员投票决定，1983年藏书票协会从私人藏书协会中独立出来，并利用主办世界藏书票大会的结余资金创办半年刊《藏书票杂志》【11】，作为会刊。同时，继续每季出版《简讯》【13】，以及每年的专题出版物。这是协会进入蓬勃发展的时期，而这在很大程度上要归功于李的卓越贡献。

布莱恩·诺斯·李（Brian North Lee，1936—2007）青年时期曾加入皇家空军，退伍后接受圣公会神职培训，但很快转学教师职业。曾在加纳做教师，1962年回到伦敦在金斯顿大学教授英语文学。可能是由于职业关系，那时他经常在伦敦街巷以独到的眼光访求于旧书店。1969年加入藏书票交换俱乐部，在托马斯·欧文夫妇的引导下丰富了藏书票收藏和知识。曾委托琼·哈赛尔、雷诺兹·斯通、马克·F. 塞维林等多位名手为他设计雕刻藏书票。

他是新的藏书票协会的创始人之一。1972—1983年担任秘书长并负责编辑《简讯》。1978年当选伦敦古物学会会员。1986年接替萨默斯担任会长，直至1999年。1987—2002年为会刊主编之一。在协会历年简讯和会刊上发表过大量文字。自1973年出版第一部关于惠斯勒的专著【45】后，至晚年共出版过20多部藏书票著作，其中，《图说英国藏书票历史》【51】（图283）和《英国皇家藏书票及王室亲眷藏书票》【52】的题材和体例都堪称前无古人。他以丰富的知识、严密的考证和英语教授的优雅文笔成为一位藏书票大作家，著作数量无人可及。他擅于沟通和交际，作为协会组织者是一位众望所归的人物。2002年末，在他从会刊主编卸任之际，协会专门向他颁发了一个纪念银盘，表彰他30余年来的突出贡献。

詹姆斯·威尔逊（全名James Ley Wilson，1920—2012）于1999年接替李为会长，直至去世。他年轻时曾从事体力劳动，1940—1952年从军并在军中完成学业。退伍后进入迪克森公司（Dixons），1975年以总经理和执行董事身份从这家拥有庞大网络的电子产品零售公司退休。一生爱好书籍，退休后开启作为书商的新事业。他很早就加入了私人藏书协会，并受到钱伯斯的启发而开始收集藏书票。他的收藏主要来自向其他藏家的成批收购，经整理后留下藏品，再以成本价出售复品。在当选协会会长之前，曾担任司库、理事会主席等职。除自己研究写作外，他慷慨出借其藏品给同行供研究使用。他去世后，其藏品经其后人之手逐渐流出。

董桥在回忆英伦访书和搜求藏书票的文章中多次提及威尔逊。20世纪70年代，他在英国访学、工作期间加入藏书票协会，撰文系统讲述藏书票历史【24】，向国人提供了具体、详实的藏书票知识。

（下接第 422 页）

**图283（A、B）　布莱恩·诺斯·李《图说英国藏书票历史》**
**Brian North Lee: *British Bookplates/A Pictorial History***

李的这本书是自藏书票协会重建以来唯一一部大型综合性的藏书票研究著作（版本信息见【51】）。出版于1979年，上距沃伦《藏书票研究指南》【86】已有100年时间，距哈迪【33】、卡斯尔【17】的著作也已80多年。以262款藏书票（包括54款字体式书标）为例，贯穿了自藏书票在英国诞生以来的约450年历史。除考证较早期的藏书票外，对于自19世纪80—90年代以来英国藏书票历史的研究是开创性的，是当代经常被引用的权威著作。

所示为李自用的私人订制皮装本，三面书口刷金，环衬用特制花纹纸，内文版式设计和印刷用纸则与普通本相同。开本尺寸32.4×22.8。

在封里自上而下贴有三枚藏书票，显示曾先后拥有此书的三位书主。从粘贴方式来看，它们应该是由第三位书主高登·P. 史密斯依次贴上的，粘贴时间估计在2010年左右。

对这三枚藏书票依次介绍如下。

**图283B上　布莱恩·诺斯·李　Brian North Lee（1936—2007）**

年代：印制藏书票约在1973

尺寸：3.5 × 2.5

作者：菲利普·斯皮克曼·韦伯木刻，威尔·卡特尔印制藏书票

主图画一只新生的不死鸟从火焰中飞出。原是与莫里斯并称为“工艺美术运动之父”的韦伯（Philip Speakman Webb，1831—1915）所作木刻。票主发现这件木刻之后，拿到威尔·卡特尔（图263）的出版社，配上藏书票标记和自己的姓名缩写字样后印出50枚藏书票。据票主回忆，此事约在1973年【57】。

票主发现这件木刻的地点是在汉默史密斯排屋7号，即埃默里·沃克（图80）于1903年迁入的住宅。埃默里于1933年去世后，房子留给了他和夫人唯一的女儿多萝西·沃克（Dorothy Walker，1878—1963）。由于父亲的关系，多萝西少时与莫里斯和韦伯等人相熟。1899—1901年她在斯莱德美术学院学习，后曾到法国、美国乃至俄国广泛游历。她继承父亲的住宅后，一直保持它在父亲在世时的状态不变。

1948年，多萝西70岁时，通过《妇女周刊》（*The Lady*）招募一位居住同伴，协助日常打理居所。来自荷兰的伊丽莎白·德·哈斯（Elizabeth de Haas，1918—1999）应征后被选中。这位哈斯小姐在二战时期曾参加抵抗纳粹，在1944年阿纳姆战役中为英军提供过帮助。多萝西由她陪伴，直至去世，并把这所住宅遗赠给她。

在这样的背景下，哈斯小姐自然对工艺美术运动有了很多了解，并且认识和联系了不少相关人士。她继续保持着这所住宅的原始状态，在晚年开始为保护它寻求途径。她在1990年与切尔滕纳姆美术馆和博物馆达成交易，由多方出资共计45万镑，将保存在这处旧居的沃克旧藏转让给这家博物馆。沃克的这批藏品包括手稿和他与莫里斯早期制作的出版物、凯尔姆斯考特出版社和鸽子出版社出版物，以及幸存的少量鸽子出版社字模，它们得以在这家博物馆集中收藏和展出，避免了流散海外。哈斯小姐则以这笔资金成立了一个负责管理和保护沃克旧居的“埃默里·沃克信托机构”（The Emery Walker Trust）。这家信托机构在哈斯小姐去世前4个月正式成立，并使这所旧居成为“埃默里·沃克纪念馆”。

在哈斯小姐结交的人士中有一位蚀刻家罗宾·唐纳（Robin Tanner，1904—1988）。唐纳亦与票主为友，并把他介绍给哈斯小姐。那时，票主已在离汉默史密斯排屋步行不到2千米的奇斯威克（Chiswick）安家，于是哈斯小姐委托票主在她外访期间帮助照看住宅，包括给植物浇水。票主借此有机会观摩和浏览旧主遗物，在一个抽屉内发现了这件木刻。考虑到沃克是韦伯的遗嘱执行人和主要受益人，这似乎并不奇怪。它小巧精致，非常适合于藏书票，并引人回想故人旧事。

### 图283B中　詹姆斯·莱伊·威尔逊　James Ley Wilson（1920—2012）

年代：1972

尺寸：2.1 × 4.3

作者：利奥·亚特

作者（Leo Wyatt，1909—1981）除创作铜版作品外，所作木刻字体式藏书票与同时代的雷诺兹·斯通（参见第148页）堪称双璧，在英、美两地都颇受欢迎。他为票主所做这款字体书标尺寸小巧，却足以体现他的艺术风格。此外，他为藏书票协会的其他重要人物如李和拉蒂默尔等也都作有藏书票。

### 图283B下　高登·彼得·史密斯　Gordon Peter Smith（1932—2021）

年代：1997

尺寸：13.7 × 6.7

作者：罗伊·库尼

署名：E. BURNE-JONES Pinx/W. MORRIS Del./R. COONEY Sc.

（爱德华·伯恩-琼斯图稿/威廉·莫里斯绘制/罗伊·库尼雕刻）及铅笔签名Roy Cooney '97

1877年，威廉·莫里斯从学习操作织机开始尝试制作挂毯。爱德华·伯恩-琼斯在1882—1883年之交为莫里斯提供了花神（Flora）和果树女神（Pomona）两种设计。莫里斯依此绘制出配有花草或果实背景和边框的挂毯图案，交由他的工作坊放样、编织。该票即是基于其中“花神”挂毯的设计所作铜版雕刻，如上边框中央“FLORA”字样所示，但人物背景和画面边框与所见挂毯图案似有不同。藏书票标记和票主姓名分别写于主图上、下方。

作者（Roy Cooney，参见第148页）在1994—1997年为票主作有3款藏书票。除本票外，另两款稍早的作品分别根据阿尔丰斯·穆夏（Alphonse Maria Mucha，1860—1939，捷克画家）的一幅作品和爱德华·伯恩-琼斯的另一幅作品设计。

（上接第418页）

在威尔逊之后，约翰·布莱奇利（John Blatchly，1932—2015）为会长；他的收藏重点是东盎格鲁三郡（诺福克、萨福克和埃塞克斯）人物的藏书票，考证英国最早的彩绘纹章藏书票（参见第32页）的文章也出自其手。其继任者保罗·拉彻姆（Paul Latcham，1936—2018）的一个突出贡献则是从2003年起出版彩印新系列会刊。

与英国传统的藏书票收藏家相比，高登·史密斯（全名Gordon Peter Smith，1932—2021）的兴趣更加广泛和多元化，是有一定代表性的后起收藏家。他与人合作会计师事务所获得成功，得以早早退休。曾参加射击俱乐部，后在1990年左右开始玩赏藏书票。他委托各国名家为他设计制作藏书票，在20年间订制了200余款属于自己的藏书票。因拥有不少情色作品而在圈内以偏好这类题材出名，但实际上，他也认真收藏英国传统藏书票和欧洲大陆新艺术时期的名家作品。他与李和威尔逊等人关系密切，从中获益良多。晚年感慨故友先后离世，自己的后人却又兴趣不同，于是散出藏品。

协会目前有200余位个人会员，其中英国本土以外的会员占有很大比例，另外还有近50家机构会员。至2024年，最后一任会长是拉蒂默尔博士（Dr. Colin R. Lattimore，1934—2024），他所作《草莓之叶》【41】综合记述了公爵藏书票。而两位创始会员平考特（Anthony K. Pincott）和尤亚特（Peter Youatt）除自己从事收藏和研究外，还负责会刊编辑、财务和会员等工作。2020年新冠疫情带来很大困难，但是他们仍然不遗余力地运作着这个已有50多年历史的协会。

* * *

虽然英国的藏书票协会组织曾经中断多年，但李在1991年初撰文【11：1991-3】纪念1891年藏书票协会成立100周年时，仍把这100年看作经历了老协会、交换俱乐部和新协会的一段完整历史。从那时至今，弹指又已是30多年！

作为本书结尾，这里向读者奉上李作于2000年左右的一首《无题诗》。这是他在某个圣诞节之际写给几位藏友的，虽然并未被正式发表过，但明白道出了他对藏书票的追求和理解，也让人见识了一位英语教授笔下的浪漫和风趣。斯人已矣，遐慕何止……

## 布莱恩·诺斯·李《无题诗》一首

（由高登·P. 史密斯提供）

| | |
|---|---|
| I'm old, I know well, but in Santa I trust | 我自知年事已高，但还是笃信 |
| To come down the chimney amidst clouds of dust. | 圣诞老人会卷着一身尘土从烟囱降临。 |
| He's never failed yet, but last year was a bore. | 他从不爽约，可去年却出了烦恼。 |
| When, trying to climb down, his tunic he tore. | 为爬烟囱，他扯破了罩袍。 |
| I said, "It's just due to the clothing you're wearing", | 我说，“都是因为你穿着有失”， |
| But stifled a laugh to see Santa Claus swearing. | 看老家伙怨天尤人我强忍笑嗤。 |
| I'd sent up the chimney a letter outlining | 我早先已从烟囱递出我的一纸心愿 |
| The things for which I'd been most avidly pining: | 写明我所渴求之桩桩件件： |
| Ex-libris by Gooden and Whistler and Gill, | 那就是古登、惠斯勒和吉尔的藏书票， |
| And some splendid rare royals my album to fill. | 另外册子里还要添些精稀的皇家御用之宝。 |
| He fully ignored these, and just handed over | 他完全没在意这些，手里边儿 |
| Such rubbish as offers no resting in clover: | 只有些让人无法消受的破烂儿： |
| Some boring old die-sinkers, plates so a-plenty | 一些乏味的“制模工”货色，如此而已 |
| That in my poor stock I already have twenty. | 我收藏不富却也有不下二十。 |
| I begged him to sit down, and, when he was rested, | 我请他坐下，待他入座， |
| His knowledge of bookplates I forthrightly tested. | 便不客气问他对藏书票所知几多。 |
| He'd none of my books, so I made him a gift | 我的书他闻所未闻，所以我送他为谢 |
| Of a handful in order his sights he could lift, | 几本小书希望能帮他开阔眼界， |
| "I'll do better next time", he said, but he seemed sad | “下次定然不负所托”，他说，但是看来有些心伤 |
| To have so disappointed me by what he had. | 因为他拿来的东西让我如此失望。 |
| "Give nudies to Gordon, and Welsh plates to Tom, | “给高登弄到裸女票，威尔士票给汤姆， |
| And sweets to Jim Wilson, to help him along; | 美人给吉姆·威尔逊让他心满意足； |
| rare old plates to Benoit, and Suffolk to John. | 珍稀老票给贝诺特，萨福克古物送约翰。 |
| What else do you need to lead you further on?" | 你另外还要什么才能了却心愿？” |
| "I'll go off at once and do all your wise bidding", | “我马上就走，依你的明智之选去竞逐标的”， |
| He added, well knowing that I was not kidding, | 他又加一句，总算明白我并非漫无边际， |
| But the chimney defeated him, and he fell flat, | 但是烟囱挫败了他，他跌了下来， |
| With a gesture of anguish, laid out on the mat. | 瘫倒在地，摆手告哀。 |
| "I wonder, in mercy, if there is a way | “上帝慈悲，能不能给一条路 |

| | |
|---|---|
| I could leave there in comfort?" I next heard him say. | 让我顺顺当当离开？"我听见他嘴里嘟嘟。 |
| "There's always the door", I said, flinging it wide. | "天无绝人之路"，我说着便推开房门。 |
| "It never occurred to me", Santa replied. | "我从未窘迫若此"，老家伙总算脱身。 |
| "You'll have goodies galore | "你会收到很多好东西， |
| when next Christmas comes nigh", | 等下个圣诞夜"， |
| He promised as I gladly waved him goodbye. | 他信誓旦旦，我欣然挥别。 |
| Let's hope that he means it, for it's really shocking | 愿他所言不虚，因为那实在不快 |
| When nothing you want is contained in your stocking. | 如果所藏竟无所爱。[1] |

诗中人名注释：古登，即Stephen Gooden；惠斯勒，即Rex Whistler；吉尔，即Eric Gill；高登，即Gordon P. Smith；汤姆，即Thomas Oven；吉姆·威尔逊，即James Ley Wilson；贝诺特，即Benoit Junod；约翰，即John Blatchly。（均见本书前文）

— 全书正文完 —

[1] 莎士比亚《驯悍记》（*The Taming of the Shrew*）第一幕第一场有警句 No profit grows where is no pleasure ta'en。朱生豪译为"（学问）必须合乎自己的兴趣，方才可以得益"，见人民文学出版社 11 卷本《莎士比亚全集》第 3 卷，1978 年。

# 附录　英国贵族与荣誉称号
# Appendix. British nobility and honours

藏书票设计经常关联到票主的地位和荣誉，创作藏书票的艺术家中也不乏拥有显赫地位和声名的人物。为此，有必要集中说明与本书收入藏书票和藏书票艺术家相关的贵族与荣誉称号。因为查找它们的基本情况并非难事，这里的工作主要是按照这些称号列示所收入的藏书票，并对它们做简单的注解，以增进从这些方面对藏书票的理解。

需要说明的是，以下表格中列示的图号均指与之对应的藏书票的票主；藏书票作者的获勋情况则于文字中说明。为避免混杂甚至误解，著录范围不包括与他们相关的人物。以图27藏书票为例，尽管票主的父亲为公爵、丈夫为伯爵，但她本人并无爵位，因此该票并不会被列于公爵或伯爵项下。

如果某人一生中因晋封而拥有不同等级贵族称号，或多次获得同类荣誉中不同级别的称号，则只在其所获最高贵族地位或某类荣誉之最高级别之项下列入其藏书票，以避免过多重复。曾为公爵的国王不再列为公爵。在同一人有多款藏书票被收入本书的情况下，如需在某称号项下列入其藏书票，则将其藏书票一并收入，而不论它们是否均与其称号直接相关。例如图65、图121，其中图65藏书票的时间实际早于票主获得男爵封号。

### 君主和王储以下的贵族称号

| 英国贵族 | British nobility | 关联藏书票图号（括号内指其他国家爵位） |
|---|---|---|
| 公爵 | Duke | 4，17，22，23，25，56，134 |
| 侯爵 | Marquess | 48 |
| 伯爵 | Earl | 35，44，50，58，86，158，（181） |
| 子爵 | Viscount | 160，182，196 |
| 男爵 | Baron | 12，53，59，63，65/121，85，123，127，142，（210），（212），222 |
| 从男爵 | Baronet | 19，24，26，38，80，105，169，177，184，231，233，234 |
| 骑士 | Knight | 11，14，37，42，66，80，84，92，94，（135），146，187，201 |

在君主和王储以下，英国的贵族阶层包括五个等级，按等级递降依次为公爵、侯爵、伯爵、子爵和男爵，尊称“勋爵”（Lord）。在贵族阶层之下，还有从男爵和骑士这样的荣誉封号，尊称“爵士”（Sir），但它们不被视为拥有实际贵族地位。

贵族册封体系是数百年来逐渐形成的，同级别贵族中较早获得或较早启用的封号具有更高地位。例如，英格兰和苏格兰序列的贵族头衔被认为资格较高，而后来的不列颠、爱尔兰和联合王国的贵族头衔被认为地位相对较低。但本书为简省起见，除必要之处外，对这些不同序列的贵族头衔不再作细分。在上表中对于其他国家的贵族头衔则以括号表示。

**公爵**　最初设立于1337年，即爱德华三世册封其长子黑太子爱德华为康沃尔公爵。英国国王和王储分别拥有兰开斯特公爵和康沃尔公爵地位，但他们的藏书票不列入此处公爵项下。国王的其他儿子在成年或结婚后通常获封公爵；还有最早出现于15世纪的“平民”公爵，包括与王室结成婚姻关系、对支持君主统治发挥重大作用或立下重大军功的人士等。册封“平民”公爵延续到维多利亚女王，之后仅限王室直系亲属获得公爵爵位。公爵冠的特征是8片草莓叶（平面图案可见5叶）。

**侯爵**　英国最早的侯爵册封于1385年。虽然它的地位仅次于公爵，但一直是获封人数较少的贵族。侯爵冠的特征是4片草莓叶和4个银球（平面图案可见3叶2球）。

**伯爵**　早在11世纪初就已出现在英格兰，是最古老的贵族头衔，并与法国和德国的伯爵相对应。伯爵冠的特征是有8颗被支起的珠和8片草莓叶（平面图案可见5珠4叶）。

**子爵**　最早出现于1440年，但自17世纪的斯图亚特王朝起才逐渐有较多人获封。子爵冠的特征是有16颗珠围绕冠沿紧密排列（平面图案可见9珠）。

**男爵**　最早出现于1387年。男爵冠的特征是有8颗珠（平面图案可见5珠）。英国藏书票艺术家中获男爵爵位者有亨利・J. F. 巴德利。另外，图256作者获封俄国男爵。

**从男爵**　1611年詹姆斯一世为筹措资金用于镇压爱尔兰阿尔斯特的叛乱而设立。从男爵的地位高于除英格兰嘉德勋章和苏格兰蓟花勋章获得者以外的所有骑士头衔。画家爱德华・伯恩-琼斯获封从男爵。

**骑士**　由君主颁授的最低等级贵族称号，且不可世袭。

### 三大最高荣誉勋章

| 名称 | 关联藏书票图号 |
|---|---|
| 嘉德骑士勋章<br>The Most Noble Order of the Garter (KG) | 4，17，22，23，25，48，56，58，101，125/168/171，134，154，162，242，243，244/245，246，247/248/249/250，251，252/253/254，257/258，259/260，261/262/263 |
| 蓟花骑士勋章<br>The Most Ancient and Most Noble Order of the Thistle (KT) | 56，134 |
| 圣帕特里克骑士勋章<br>The Most Illustrious Order of the Knights of Saint Patrick | — |

**嘉德骑士勋章**　爱德华三世于1348年设立，为英国最高荣誉。由于早期的记载毁于火灾，最初设立这个勋章的具体情况已经不明。一种说法是在一次庆祝舞会上爱德华国王的舞伴不小心掉落了蓝色的吊袜带，因此受到旁观者耻笑；国王则捡起吊袜带戴在自己的腿上，并用法语“Honi soit qui mal y pense”（心怀邪念者蒙羞）告诫众人。当爱德华国王意欲恢复亚瑟王的圆桌骑士团时，为纪念这个事件，即以Garter（嘉德，意为“吊袜带”）来命名他的骑士团，并以吊袜带作为嘉德勋章的特征形象，而那句法文也成了嘉德勋章的专属铭文。嘉德勋章由国王授予其近亲属以及亲信；在世的获得者不超过24人，称为嘉德骑士。由于王储都会被授予这个勋章，所以在位国王都拥有嘉德勋章。获勋骑士的披戴包括深蓝色天鹅绒披风，配羽毛的黑色天鹅绒圆顶帽，用深蓝色天鹅绒制成、上书金色铭文的吊袜带式绑带，用纹章结和吊袜带-玫瑰徽章串成的纯金项链，挂在项链上的珐琅制乔治屠龙吊坠，金质乔治屠龙徽章，和中央为吊袜带勋章的八角星形银徽章。在纹章式藏书票上这个勋章的基本造型是系成环状的吊袜带，沿吊袜带书写铭文。

**蓟花骑士勋章**　苏格兰王国最高勋位，传说最早出现于8世纪末，其可追溯的历史也早至12世纪，因此被视为最古老的勋位。经过数次废立，近代重新恢复这一勋位是在安妮女王时期的1703年。在苏格兰与英格兰合并之后，它在英国的尊贵地位仅次于嘉德勋章。蓟花勋章包括由蓟和香蒿枝连缀的项链、圣安德鲁和十字架吊坠以及圣安德鲁十字星章（星章中央有一绿色蓟）。铭文是拉丁文Nemo me impune lacessit（直译“无人能挑衅于我而不受惩罚”）。圣安德鲁是苏格兰的保护神，即如圣乔治是英格兰的保护神。

**圣帕特里克骑士勋章**　由乔治三世国王于1783年设立，以爱尔兰主保圣人圣帕特里克命名，作为与英格兰嘉德勋章和苏格兰蓟花勋章对等的爱尔兰最高荣誉勋章，包括项链、徽章吊坠和星章。因爱尔兰自治运动的兴起，至1869年废止。本书未收入与该勋章直接相关的藏书票。

| 巴斯勋章 | The Most Honourable Order of the Bath | 关联藏书票图号 |
|---|---|---|
| 骑士大十字级 | Knights or Dames Grand Cross (GCB) | 160 |
| 骑士司令级 | Knights or Dames Commanders (KCB or DCB) | 2/122，63，127，139，141 |
| 册勋级 | Companions (CB) | — |

**巴斯勋章** 由乔治一世于1725年设立。巴斯（Bath）为沐浴之意，在中世纪时作为具有宗教意义的净化仪式成为骑士制度的一部分。从亨利四世到查尔斯二世，在君主的加冕礼上都会册封一批“洗礼”骑士；乔治一世则恢复了这个册封头衔并颁发奖章，用以表彰在军事或民事领域对王国有突出贡献的人（包括君主本人及王室亲属）。巴斯勋章分为三级，获得最高两级勋章的人自动获得骑士地位（如果他们此前尚无骑士身份）。获勋者的披戴包括绶带、项链、徽章和星章。勋章的拉丁文铭文为Tria juncta in uno，意为“三合而为一”，指英格兰、苏格兰和爱尔兰的合并，也指基督教的“三位一体”。本书中出现的获勋者还包括藏书票艺术家亨利·J. F. 巴德利（KCB，1935）。

| 印度之星勋章 | The Most Exalted Order of the Star of India | 关联藏书票图号 |
|---|---|---|
| 骑士大司令级 | Knight Grand Commander (GCSI) | 63，160 |
| 骑士司令级 | Knight Commander (KCSI) | — |
| 册勋级 | Companion (CSI) | — |

**印度之星勋章** 由维多利亚女王于1861年设立，用以表彰印度王公、高官和在印度任职的英国官员。自1948年起再未颁授过，最后获得这个勋章的印度王公已于2009年去世。因此，尽管这一勋章并未被废止，但实际上现已无人拥有此项荣誉。分为三等，获得最高两级勋章的人自动获得骑士地位（如果他们此前尚无骑士身份）。

| 皇家维多利亚勋章 | Royal Victorian Order | 关联藏书票图号 |
|---|---|---|
| 骑士大十字级 | Knight or Dame Grand Cross (GCVO) | 4 |
| 骑士司令级 | Knight or Dame Commander (KCVO or DCVO) | 128，196 |
| 司令级 | Commander (CVO) | 66 |
| 督官级 | Lieutenant (LVO) | — |
| 员佐级 | Member (MVO) | — |

**皇家维多利亚勋章** 由维多利亚女王于1896年设立，用以表彰对君主本人的服务，因此其颁授完全由君主来决定。分为五等，获得最高两级勋章的人自动获得骑士地位（如果他们此前尚无骑士身份）。

| 大英帝国勋章 | The Most Excellent Order of the British Empire | 关联藏书票图号 |
|---|---|---|
| 骑士大十字级 | Knight and Dame Grand Cross (GBE) | 139，148，160，163 |
| 骑士司令级 | Knight or Dame Commander (KBE or DBE) | 101，195，223 |
| 司令级 | Commander (CBE) | 200，222 |
| 官佐级 | Officer (OBE) | 183 |
| 员佐级 | Member (MBE) | 196 |

**大英帝国勋章**　由乔治五世于1917年创立，用以表彰在战争期间做出杰出贡献的军人和平民，后继续颁发给在和平时期对国家、政府做出杰出贡献和战时有英勇表现的军人。分为五等，获得最高两级勋章的人自动获得骑士地位（如果他们此前尚无骑士身份）。这是当代英国最常颁发的荣誉勋章。

在20世纪以来的藏书票艺术家中，有多人获得过大英帝国勋章，包括约瑟夫·W. 辛普森（CBE，约1919）、乔治·泰勒·弗兰德（OBE，1952）、斯蒂芬·古登（CBE，1942）、雷诺兹·斯通（CBE，1953）、琼·哈赛尔（OBE，1987）等。

此外，本书还包括获得以下荣誉的票主人物：

**圣约翰勋章**（The Order of St John），由维多利亚女王于1888年正式设立。分为五等，其中第二等的骑士级（KStJ）和格蕾丝夫人级（Dame of Grace）分别见图128、图160和图77。

**一九一四之星**（1914 Star），由乔治五世设立于第一次世界大战初期。见图160。

**军功十字勋章**（Military Cross，简称MC），最初设立于1914年。见图161。

**法国荣誉军团骑士**（Chevalier of the Legion of Honor），见图128。

# 文献选录
# Selected bibliography

说明：

1. 收录范围：限于作者所见或所知与英国藏书票有关的文献，其中大部分与本书内容直接相关，同时也收入一些未在本书内引用但可供读者进一步参考的文献。但必须强调，这个目录并非完整，甚至未能包括所有重要的文献。
2. 排序方式：按著作人姓名或机构名称的英文或汉语拼音字顺排序。同一著作人或机构名下的文献按标题字顺排序。


[1] **Allen, Charles Dexter:** *Ex Libris Essay of a Collector*, Lamson, Wolffe, and Company, 1896.

[2] **Barnett, Percy Neville**: *Australian Book-Plates and Book-Plates of Interest to Australia*, privately printed, 1950.

[3] **Barnett, Percy Neville**: *Woodcut Book-Plates*, privately printed, 1934.

[4] **Becket, David** (Designer): *David Becket: His Book of Book Plates*, Otto Schulze, 1906.

[5] **Badeley, J. F.**: *Bookplates*, Print Collectors' Club, 1927.

[6] **Barrett, W. P.**: *LV. Book Plates Engraved on Copper from Designs by W. P. Barrett*, John & E. Bumpus, 1900.

[7] **Beddingham, Philip Charles**: *The Bookplates of G. T. Friend*, London, 1972.

[8] **Belgrade Ex-libris Circle**: *The World of Ex-libris – Ex-libris and Their Artists*; *Ex-libris and Their Owners*; *Ex-libris: a historical retrospective*, 1995.

[9] **Blatchly, John**: *The Bookplates of Edward Gordon Craig*, The Bookplate Society and the Apsley House Press, 1997.

[10] **The Bookplate Society**: *Bookplates by Book Illustrators, 1880-1940*, Catalogue of the Bookplate Society's Second Exhibition October 1974.

[11] **The Bookplate Society**: *The Bookplate Journal*, Vol. 1-20, 1983-2002.

[12] **The Bookplate Society**: *The Bookplate Journal*, New Series, Vol.1-16, 2003-2018

[13] **The Bookplate Society**: *Newsletter*, Vol.1-44, 1972-2022.

[14] **The Bookplate Society** and **The Victoria & Albert Museum**: *A Brief History of Bookplates in Britain*, London: Her Majesty's Stationary Office, 1979.

[15] **British Museum**: *A. W. Franks/Nineteenth-Century Collecting and the British Museum*, British Museum Press, 1997.

[16] **Butler, W. E.** and **D. J.**: *Modern British Bookplates*, Silent Books, 1990.

[17] **Castle, Egerton**: *English Book-Plates/Ancient and Modern*, George Bell & Sons, 1893.

[18] **Chambers, David**: *Joan Hassall Engravings & Drawings*, Private Libraries Association, 1985.

[19] **Clark, Keith**: *Bookplates of the Nineties*, James Wilson and the Bookplate Society, 1976.

[20] **Clark, Keith**: *The Bookplate Designs of Robert Anning Bell*, Vol.43, Year Book 1980, American Society of Bookplate Collectors and Designers.

[21] **Craig, Edward Gordon**: *Nothing or the Bookplate*, J. M. Dent & Sons, 1931.

[22] **Dawson, Charles E** (Designer): *Charles E Dawson: His Book of Book Plates*, Otto Schulze, 1907.

[23] **Dodgson, Campbell**: *An Iconography of the Engravings of Stephen Gooden*, Elkin Mathews, 1944.

[24] 董桥：辩证法的黄昏——藏书票史话，台北合志文化事业股份有限公司，1988.

[25] **The Ex Libris Society**: *Journal of the Ex Libris Society*, Vol.1-18, 1891-1908 (Reprinted by Greenwood in 1970).

[26] **Fincham, Henry W.**: *The Artists and Engravers of British and American Book Plates*, Kegan Paul, Trench, Trübner & Co., Ltd., 1897.

[27] **FISAE**: *Artisti Dell' Exlibrs* (IV), 1978; *Exlibris Künstler* (V), 1980; *Ex-Libris Artists* (VI), 1982; *Exlibris Künstler* (VII), 1984.

[28] **Guthrie, James Joshua** (Editor): *The Bookplate Magazine*, No.1-8, 1919-1921.

[29] **Guthrie, James Joshua** (Designer): *James Guthrie: His Book of Book Plates*, Otto Schulze, 1907.

[30] **Griggs, William**: *83 Examples of Armorial Book Plates*, W. Griggs & Sons, 1884.

[31] **Griggs, William**: *147 Examples of Armorial Book Plates (Second Series)*, W. Griggs & Sons, 1892.

[32] **Hamilton, Walter**: *Dated Book-Plates (Ex Libris) with a Treatise on Their Origin and Development*, A. & C. Black, 1895.

[33] **Hardy, William John**: *Book-Plates*, Kegan Paul, Trench, Trübner & Co., Ltd., 1893.（中译本，金城出版社，2020）

[34] **Hopkinson, Martin**: *Ex Libris/The Art of Bookplates*, The British Museum Press, 2011.（中译本，北京时代华文书局，2014）

[35] **Jones, Horace E.**: *Bookplates Signed "W.P.B." 1896-1928/Some 550 Examples Annotated and Described*, James Wilson and the Bookplate Society, 1978. (A supplement was issued in 1997.)

[36] **Howe, E. R. J. Gambier**: *Catalogue of British and American Book Plates/Bequeathed to the Trustees of the British Museum by Sir Agustus Wollaston Franks, K.C.B., F.R.S., P.S.A., Litt. D.*, William Clowes and Sons Limited, 1903.

[37] 嘉德艺术中心：寸纸盈香（上）——中外名人藏书票（黄显功、安行等提供藏品并撰文），国家图书馆出版社，2024.

[38] **Keeve, A. Bernard C. K.**: *The Bookplate Collectors News*, No.1-12, 1956-1960.

[39] **Labouchere, Norna**: *Ladies' Book-Plates*, George Bell & Sons, 1895.（中译本，商务印书馆，2024）

[40] **Lasner, Mark Samuels**: *The Bookplates of Aubrey Beardsley*, The Rivendale Press, 2008.

[41] **Lattimore, Colin R.**: S*trawberry Leaves, An Account of Some Ducal Families and Their Bookplates*, The Bookplate Society, 2016.

[42] **Lee, Brian North**: *Bookpile Bookplates*, The Bookplate Society and the Apsley House Press, 1992.

[43] **Lee, Brian North**: *Bookplate Collecting in Britain/Past and Present*, The Bookplate Society and The Apsley House Press, 1991.

[44] **Lee, Brian North**: *The Bookplate Designs of Claud Lovat Fraser*, Harold Berliner, 1985.

[45] **Lee, Brian North**: *The Bookplate Designs of Rex Whitler*, Private Libraries Association for the Bookplate Society, 1973.

[46] **Lee, Brian North**: *Bookplates by Edmund Hort New*, The Bookplate Society, 1999.

[47] **Lee, Brian North**: *Bookplates and Labels by Leo Wyatt*, The Fleece Press, 1988.

[48] **Lee, Brian North**: *Bookplates by Richard Shirley Smith*, The Fleece Press, 2005.

[49] **Lee, Brian North**: *Bookplates by Robert Osmond*, The Bookplate Society, 1998.

[50] **Lee, Brian North**: *Bookplates by Simon Brett*, The Fleece Press, 1989.

[51] **Lee, Brian North**: *British Bookplates/A Pictorial History*, David and Charles Inc, 1979.

[52] **Lee, Brian North**: *British Royal Bookplates and Ex-libris of Related Families*, Solar Press, 1992.

[53] **Lee, Brian North**: *Early Printed Labels*, Private Libraries Association and the Bookplate Society, 1976.

[54] **Lee, Brian North**: *The Ex-Libris of Philip Hagreen*, The Bookplate Society and Forlaget Exlibristen, 1987.

[55] **Lee, Brian North**: *J. A. C. Harrison/Artist & Engraver*, The Bookplate Society and Forlaget Exlibristen, 1983.

[56] **Lee, Brian North**: *London Bookplates*, The Bookplate Society and Forlaget Exlibristen, 1985.

[57] **Lee, Brian North**: *My Personal Bookplates*, 2001.

[58] **Lee, Brian North**: *Some Bookplates of Heralds and Related Ex-Libris*, The Bookplate Society, 2003.

[59] **Lee, Brian North**: *Some Indian and Related Bookplates*, The Bookplate Society and the Apsley House Press, 1995.

[60] **Lee, Brian North** and **Campbell, Ilay**: *Scottish Bookplates*, The Bookplate Society, 2007.

[61] **Nelson, Harold** (Designer): *Harold Nelson: His Book of Book Plates*, Otto Schulze, 1904.

[62] **Parfit, Cliff**: *Golden Age Exlibris*, Nippon Koshotsushinsha Ltd, 1996.

[63] **Philpotts, Eden**: *Bookplates by Frank Branwyn R. A.*, Morland Press, 1920.

[64] **Pincott, Anthony**: *Ex-Libris Forever*, Illustration, Issue 60, Summer 2019.

[65] **The Private Libraries Association**: *The Private Library*, Quarterly Journal, 1972 to date.

[66] **Ricketts, E. Bengough**: *Composite Book-Plates 1897-8*, Edward Arnold, 1898.

[67] **Ryland, J. Paul**: *Notes on Book-Plates (Ex-Libris), A Paper Read before the Historic Society of Lancashire and Cheshire*, 18th October, 1888. (Private Circulation)

[68] **Severin, Mark**: *Making a Bookplate*, The Studio Publications, 1949.

[69] **Severin, Mark** and **Reid, Anthony**: *Engraved Bookplates: European Ex Libris 1950-70*, Private Library Association, 1972.

[70] **Sherborn, Charles Davies**: *A Sketch of the Life and Work of Charles William Sherborn, Painter-Etcher*, Ellis, 1912.

[71] **Simpson, Joseph W.** (Designer): *Joseph W. Simpson: His Book of Book Plates*, Otto Schulze, 1905.

[72] **Simpson, Joseph W.**, **Stewart Dick** and **Guthrie, James J.** (Editors): *The Book of Book Plates (Vol. 1-4)* and *Books & Book Plates (Vol. 5)*, Williams & Norgate and Otto Schulze, 1900-1905.

[73] **Skelton, Christopher**: *The Engraved Bookplates of Eric Gill 1908-1940*, The Book Club of California, 1986.

[74] **Slater, J. H.**: *Book Plates and Their Value/English and American Plates*, Eden Fisher & Company, 1898.

[75] **Stone, Reynolds, etc.**: *Reynolds Stone Engravings*, John Murray (Publisher) Ltd, 1977.

[76] **Stone, Wilbur Macey**. *Book-plates of To-day*, Tonnelé & Company, 1902.

[77] **Swarth, George S.**: *An Annotated Catalogue of the Edith Emerson Spencer Collection of Royal and Related Bookplates*, Vol.56, Year Book 1996/97, American Society of Bookplate Collectors and Designers.

[78] **Symons, A. J. A.**: *Ex Libris, The Mark of Possession*, The Studio, No.513, December 1935.

[79] **Tattersfield, Nigel**: *Bookplates by Beilby and Bewick*, The British Library and Oak Knoll Press, 1999. (With a supplement in 2024.)

[80] **Viner, George H.**: *A Descriptive Catalogue of the Bookplates Designed and Etched by George W. Eve, R. E.*, The American Bookplate Society, 1916.

[81] **Vinycomb, John**: *His Book of Book-Plates Consisting of 24 Original Designs*, Otto Schulze, 1908.

[82] **Vinycomb, John**: *Lambert as an Engraver of Book-Plates*, Andrew Reid, 1896.

[83] **Vinycomb, John**: *On the Processes for the Production of Ex Libris (Book-Plates)*, A. & C. Black, Soho Square, 1894.

[84] **Victoria and Albert Museum**: *Reynolds Stone 1909-1979*, Skelton's Press, 1982.

[85] **Walton, Julian**: *Robert Day and the World of Bookplates*, Vol. 119, Journal of Cork Historical and Archeological Society, 2014.

[86] **Warren, John Byrne Leicester**: *A Guide to the Study of Book-Plates (Ex-Libris)*, John Pearson, 1880.

[87] **White, Gleeson, etc.**: *Modern Book-Plates and Their Designers*, The Studio, Special Winter-Number 1898-1899.

[88] **Wilson, James** and **Lee, Brian North**: *Bookplates by Lord Badeley*, The Bookplate Society and the Apsley House Press, 1993.

[89] 吴兴文：我的藏书票之旅，生活・读书・新知三联书店，2001.

[90] 叶灵凤：藏书票之话，施蛰存、杜衡主编《现代》第四卷第二期，1933.

[91] 子安：藏书票札记，生活书店出版有限公司，2017.

# 索引
# Index

说明：

1. 本索引包括自“绪言”至“收藏家与藏书票协会”各篇章出现的人名，和出现于图名的组织机构名称（例如博物馆、图书馆）。但其中以下文字和图表中的人名不出索引：脚注，第167页选介艺术家汇总表，第335页霍尔家族人物关系图，第353页汉诺威王朝以来国王藏书票汇总表，著作名称和术语等专有名词，以及仅用以指称历史时期的国王称号。
2. 每条索引均为英文、中文对照，英文在前、中文在后。
3. 人名按英文字顺排序。一般情况下，姓在前，名在后，姓、名之间以逗号分隔；后接中文译名与此相仿。为简省起见，中间名仅以首字母表示，但复姓仍取全称。例如，William John Arthur Charles James Cavendish-Bentinck简写为“Cavendish-Bentinck, William J. A. C. J.”（中文译名简写为“卡文迪什–彭廷克，威廉・J. A. C. J.”）。对同一家族中不同辈分的同名同姓人物，注明出生年份以区分。华人中文姓、名之间不用逗号分隔。
4. 对于以国王或贵族称号为名的人物，如果其姓名未出现于票面，则取其称号而不用其本名来排序；如果其姓名和称号均出现于票面，则二者均出。例如“George I”（译名“乔治一世”）。又如“William Arthur, Six Duke of Portland”分别出全名（见第3项说明），和其贵族称号“Duke of Portland 波特兰公爵”。
5. 对于机构名称，录其全称并取除冠词外的首字排序，如The Royal Society取“Royal”排序。
6. 在标注图号和正文页次时，以粗体数字表示票主（人物和机构）和作者所在图号（例如“**28**”），以蓝色字体表示其他人物所在图号（例如“128”），以斜体字表示人物所在正文页次（例如“*288*”）。

# 后记
# Afterword

Benoit Junod回忆他在1982年初见Brian North Lee，向李请教英国藏书票收藏的妙处。李叼着烟斗，沉吟片刻答道："这个嘛，我们这里不走他们大陆那边的路子（Well, we don't do things here the way they do on the Continent）。"20世纪上半叶，世界屡遭风尘之变，欧陆两度山河重整，那之后人们重拾藏书票雅趣，也许难以再埋首故纸，更乐于玩出新花样。英国人却仍然特别看重藏书票的蕴藉，Anthony Pincott曾写道："一张藏书票说不定就是某人先祖仅存的遗物呢。"

当我开始收集西方藏书票时，老辈艺术家和收藏家们或仙途已远，或桑榆既夕，我和他们的缘分往往是通过他们的后代，或者其他渠道。但我仍然有幸结识一些"老者"，其中关系最密切的是Gordon P. Smith。

差不多十年前的事了。入冬时节，离圣诞节还有两个星期，我到英国出差，与高登约了事毕去访他一次，他马上就答应了。后来才知道，其实他早就和中国藏书票界颇有些来往。我们在卡莱尔火车站前的小广场上碰面，他年过八旬，却步履轻盈，我们一见如故。他开一辆老旧但仍然动力十足的墨绿色萨博。我告诉他这家车企已被一个中国公司收购了，他摇摇头，并无所谓，一上路就和我讲藏书票，讲他的藏趣。我们穿过市区，去他在近郊的住所。他望着前方，继续意味深长地说他蓦然回首，老朋友们都已故去，但觉形单影只……语气中并无多少惆怅，但是我看不见他的眼神。

他的宅子坐落在离伊甸河不远的一个高地上。夫人Iris很是热情，且不乏幽默。那天我们一直聊到下午，后来决定去河边散步。冬季日短，斜阳满天。伊甸河刚刚发过洪水，河水漫上河滩，变得开阔了许多，一些树木陷于水中。我们下到堤坡下的小路上，河畔格外清冷，却是霞光万道，波光潋滟，层林尽染。

高登有多样爱好，在藏书票收藏界也是知名人物。他收藏的藏书票并不限于某一范围，英国当然是重点。他向我讲John Buckland Wright、Mark F. Severin和Frank V. Martin之间用版画小品相互"酬唱"（他向马丁订制过藏书票，与塞维林恐怕是缘悭一面，莱特则早得多了）；又讲他与李和威尔逊的交往，给我看威尔逊的便装彩照——那正是董桥笔下的那位"老书商"。

那次晤面之后，我继续向他买一些中意的东西。有一天，他向我推荐英国老票。我对纹章所知寥寥，但相信他所言不差。现在想来，我能对英国藏书票有所了解真是要拜高登之惠呢。他有一台苹果台式电脑，主要用来扫描、存储图片和收发邮件；即使藏品脱手，他也悉心留档。另一方面，他给我藏书票时总是尽可能附上原有的参考，包括李写给他的说明文字，都一一夹好。他的账单都是手写的，但总是明白无误，让我想起自己数十年前在南亚做工程时须用计算器算工程量的情形。

又过几年，忽然接到他患病的消息。彼时国际航线停运，我在圣诞夜给他打去电话，他语调如常，仍然亲切、安详，说此生不虚，并无遗憾。他在半年多之后西去，只差一点儿未到九十岁；又一年多，艾莉斯竟也故去了！

系念的盘桓与思绪的萦回，全赖点点记忆串联起来的线索。藏书票固有其美；如果说美是主观的感受，那么藏书票之美的源泉在乎其作为一种记忆的意义。曾经专属的记忆一旦被发现，或可为人所“共食”。

我仍难以停止收集藏书票。在收到的藏书票背后，碰巧会有那熟悉的笔迹：高登习惯用铅笔在票背写上编号，字体工整有力。这时，我好像在一棵熟悉的大树下捡到它的一片落叶，直起身时，伊甸河畔的霞光又扑面而来。

史　扬

2025年4月记于京